revista de derecho público

Allan ‖‖‖‖‖‖‖‖‖‖ I0050307

allan@brewercarias.com
http://www.allanbrewercarias.com

José Ignacio **HERNÁNDEZ G**, Sub-Director
jihernandez@ghm.com.ve

Mary **RAMOS FERNÁNDEZ**, Secretaria de Redacción
maryra77@gmail.com

Revista de Derecho Público
Fundación de Derecho Público

Torre América, PH, Av. Venezuela, Bello Monte, Caracas 1050, Venezuela
Email: fundacionderechopublico1@gmail.com.

Editada por la **Fundación Editorial Jurídica Venezolana**, Avda. Francisco Solano López, Torre Oasis, P.B., Local 4, Sabana Grande, Caracas, Venezuela. Telf. (58) 212 762–25–53/38–42/ Fax. 763–52–39 Apartado Nº 17.598 – Caracas, 1015–A, Venezuela.

Email: fejv@cantv.net

Pág. web: http://www.editorialjuridicavenezolana.com.ve

© 1980, FUNDACIÓN DE DERECHO PÚBLICO/EDITORIAL JURÍDICA VENEZOLANA

Revista de Derecho Público
N° 1 (Enero/marzo 1980)
Caracas.Venezuela

Publicación Trimestral

Hecho Depósito de Ley
Depósito Legal: pp 198002DF847
ISSN: 1317-2719
1. Derecho público–Publicaciones periódicas

Normas para el envío de originales

La Revista de Derecho Público aceptará artículos inéditos en el campo del derecho público. Los artículos deberán dirigirse a la siguiente dirección secretaria@revistadederechopublico.com

Se solicita atender a las normas siguientes:

1. Los trabajos se enviarán escritos a espacio y medio, con una extensión aproximada no mayor de 35 cuartillas tamaño carta.

2. Las citas deberán seguir el siguiente formato: nombre y apellidos del autor o compilador; título de la obra (en letra cursiva); volumen, tomo; editor; lugar y fecha de publicación; número de página citada. Para artículos de revistas u obras colectivas: nombre y apellidos del autor, título del artículo (entre comillas); nombre de la revista u obra colectiva (en letra cursiva); volumen, tomo; editor; lugar y fecha de publicación; número de página citada.

3. En su caso, la bibliografía seguirá las normas citadas y deberá estar ordenada alfabéticamente, según los apellidos de los autores.

4. Todo trabajo sometido deberá ser acompañado de dos resúmenes breves, en español e inglés, de unas 120 palabras cada uno y con una palabras clave (en los dos idiomas)

5. En una hoja aparte, el autor indicará los datos que permitan su fácil localización (N° fax, teléfono, dirección postal y correo electrónico). Además incluirá un breve resumen de sus datos académicos y profesionales.

6. Se aceptarán para su consideración y arbitraje todos los textos, pero no habrá compromiso para su devolución ni a mantener correspondencia sobre los mismos.

La adquisición de los ejemplares de la Revista de Derecho Público puede hacerse en la sede antes indicada de la Fundación Editorial Jurídica Venezolana, o a través de la librería virtual en la página web de la Editorial: http://www.editorialjuridicavenezolana.com

La adquisición de los artículos de la Revista en versión digital puede hacerse a través de la página web de la Revista de Derecho Público: http://www.revistadederechopublico.com

Las instituciones académicas interesadas en adquirir la Revista de Derecho Público mediante canje de sus propias publicaciones, pueden escribir a canje@revistadederechopublico.com

La Revista de Derecho Público se encuentra indizada en la base de datos CLASE (bibliografía de revistas de ciencias sociales y humanidades), Dirección General de Bibliotecas, Universidad Nacional Autónoma de México, LATINDEX (en catálogo, Folio N° 21041), REVENCYT (Código RVR068) y DIALNET (Universidad de la Rioja, España).

Portada: Lilly Brewer (1980)

Diagramado y montaje electrónico de artes finales: Mirna Pinto, en letra Times New Roman 9,5, Interlineado 10,5, Mancha 20x12.5

Hecho el depósito de Ley
Depósito Legal: lfi54020153401896
ISBN Obra Independiente: 978-980-365-310-1

Impreso por: Lightning Source, an INGRAM Content company para Editorial Jurídica Venezolana International Inc.
Panamá, República de Panamá.
Email: ejvinternational@gmail.com

N° 136

Octubre – Diciembre 2013

Director Fundador: Allan R. Brewer-Carías
Editorial Jurídica Venezolana
Fundación de Derecho Público

SUMARIO

ESTUDIOS

Artículos

Comentarios Monográficos

LEGISLACIÓN

Información Legislativa

Comentarios Legislativos

JURISPRUDENCIA

Información Jurisprudencial

RESEÑA BIBLIOGRÁFICA

ÍNDICE

ESTUDIOS

Artículos

Sobre el régimen de los recursos naturales y el ambiente, y las técnicas tradicionales del derecho administrativo·

Allan R. Brewer-Carías

Profesor de la Universidad Central de Venezuela

Resumen: *Este estudio pasa revista de las técnicas jurídicas tradicionales del derecho administrativo empleadas para controlar las actividades desarrolladas por los particulares que puedan afectar los recursos naturales y el ambiente, entre ellas, la planificación, las concesiones o contratos y los actos administrativos autorizatorios y de registro.*

Palabras Clave: *Recursos Naturales. Planificación. Autorizaciones. Permisos. Registros.*

Abstract: *This Paper is a review of the administrative law traditional legal techniques applied in order to assure the control of private activities that could affect natural resources and the environment, like planning, concessions and contracts and administrative acts of authorization and registry.*

Key words: *Natural Resources. Planning. Concessions. Authorization. Permits.*

SUMARIO

---

* Texto preparado para el **Congreso Internacional de Derecho Administrativo**, a celebrarse con ocasión del **XII Foro Iberoamericano de Derecho Administrativo**, organizado por Colegio de Abogados de Arequipa, la Asociación Peruana de Derecho Administrativo y el Foro Iberoamericano de Derecho Administrativo, en la ciudad de Arequipa, Perú, del 28 de octubre al 1° de noviembre de 2013.

V.   LA TÉCNICA DE LA AUTO-TUTELA DE LA ACCIÓN ADMINISTRATIVA MEDIANTE EL EJERCICIO DE LA POTESTAD DE RESCISIÓN DE CONCESIONES Y CONTRATOS ADMINISTRATIVOS, Y DE REVOCACIÓN ACTOS ADMINISTRATIVOS, POR RAZONES DE MÉRITO
1. Sobre la rescisión de contratos y concesiones administrativas. 2. Sobre la revocación de los actos administrativos por razones de interés general.

VI.   LA TÉCNICA ADMINISTRATIVA DE ASEGURAR LA PARTICIPACIÓN CIUDADANA EN EL RÉGIMEN DE LOS RECURSOS NATURALES Y DEL AMBIENTE, EN PARTICULAR DE LOS PUEBLOS Y COMUNIDADES INDÍGENAS

El régimen ambiental y de los recursos naturales sigue siendo, aún cuando cada vez con mayor interés e importancia, uno de los aspectos fundamentales de las regulaciones de derecho administrativo, al punto de haber dado origen en muchos casos, a ramas especiales del mismo, como son el derecho ambiental, el derecho minero, el derecho de los hidrocarburos, el derecho de aguas, el derecho forestal, o el derecho urbanístico, que se han desarrollado en muchos países conforme a la importancia que histórica y efectivamente han tenido en los mismos han tenido determinados recursos.

Desde los años cuarenta, por ejemplo, en el programa regular de estudios de la carrera universitaria de derecho en Venezuela, en paralelo con la entonces naciente asignatura del derecho administrativo general, existió una asignatura específica denominada "derecho minero" precisamente por la importancia que ya tenía la minería y la explotación de los hidrocarburos en el desarrollo del país. Ese desarrollo independiente inicial de esa disciplina, frente a la aún embrionaria teoría del derecho administrativo, había estado motivado, entre otros factores, más por el interés jurídico que entonces prevalecía de proteger a los administrados en la explotación de los recursos mineros, que por el interés de regular la gestión del Estado en la conducción de dicha explotación su explotación. Era un derecho minero con un enfoque más *ius privatista* que *ius publicista*. Por ello, el cambio de orientación en su enseñanza, años después, y por supuesto, en el contenido de la regulación legal de la actividad, fue lo que conformó dicho derecho minero, claramente, en una parte del derecho administrativo, como actualmente existe. Es decir, con el desarrollo posterior de los estudios y de la teoría del propio derecho administrativo, particularmente a partir de los años sesenta del siglo pasado, el derecho minero comenzó a desaparecer como asignatura separada de aquél, y pasó directamente a integrarse al derecho administrativo como una rama especial.

Lo mismo sucedió en muchos otros aspectos del régimen de los recursos naturales y del ambiente, en muchos otros países, como ocurrió por ejemplo con el derecho urbanístico o con el derecho de aguas. En general, inicialmente se trató de materias que estaban reguladas exclusivamente en el Código Civil, vinculadas al régimen de los bienes y de la propiedad privada, y que, por tanto, se estudiaban en general bajo el ángulo del derecho civil de los bienes. La publicización progresiva de estas materias, y de su régimen legal, fue también lo que originó su integración al derecho administrativo y, en muchos casos, a la conformación, por ejemplo, del derecho administrativo especial urbanístico o de las aguas.

Todas estas materias encontraron entonces en el derecho administrativo el equilibro que siempre debe guiar sus regulaciones, entre el régimen de los derechos de los administrados y el régimen de las potestades públicas; equilibrio que tiene especial interés en materia de recursos naturales y el ambiente por la importancia que estos tienen para el desarrollo económico, social y cultural de cada país.

En la actualidad, por tanto, el régimen de los recursos naturales y el ambiente, y todos los regímenes jurídicos que derivan de la regulación y explotación de la minería, la pesquería, los hidrocarburos, los recursos forestales, los recursos hídricos, y de la protección de áreas naturales específicas, por ejemplo, constituyen en el mundo contemporáneo, una parte fundamental del derecho administrativo.

En su régimen, por tanto, y ese es el común denominador que existe entre todas esas materias, se han venido aplicando y desarrollando progresivamente todas las técnicas generales del derecho administrativo como *primero*, la técnica de la publicización de la actividad, cuando el Estado se la reserva; *segundo*, la técnica de la planificación de las actividades que se pueden desarrollar en relación con dichos recursos; *tercero*, la técnica de la concesión administrativa como técnica de asignación de derechos de explotación de los mismos, y de la contratación administrativa para asociar a los particulares en empresas mixtas; *cuarto*, la técnica de la intervención administrativa previa mediante autorizaciones, permisos, licencias, y registros administrativas para el desarrollo de las actividades en relación con dichos recursos por los sujetos de derecho, *quinto*, la técnica de la auto-tutela del interés general mediante la revocación de actos administrativos o la rescisión de contratos y concesiones; y por último, *sexto*, la técnica administrativa de asegurar la participación de los administrados en la gestión de los asuntos públicos.

Y es sobre estas técnicas generales y comunes del derecho administrativo, las cuales en una forma u otra se han desarrollado en todos nuestros países, sobre las que quisiera elaborar en este Congreso, haciendo énfasis en los aspectos de mayor interés o conflicto en las relaciones entre los administrados y el Estado que las mismas conllevan, en particular en materia de limitación a las actividades de los administrados y de sometimiento de la Administración a la legalidad. Para ello, por supuesto, y como ineludiblemente debo hacer referencia a algún derecho positivo, lo haré respecto del que más o menos conozco que es el de mi país, Venezuela, sobre todo al que se desarrolló antes de la destrucción institucional de los últimos años[1].

I.   LA TÉCNICA DE LA PUBLICIZACIÓN O RESERVA AL ESTADO DE DETERMINADOS BIENES O ACTIVIDADES

La primera técnica de derecho administrativo que incide en el régimen del ambiente y de los recursos naturales es la de la publicización o reserva al Estado de determinados bienes o de determinadas actividades, que afectan la apropiabilidad de bienes o la libertad económica de los administrados.

En cuanto al primer caso, la reserva al Estado de terminados bienes implica el cambio del estatus jurídico de los mismos, que de bienes susceptibles de apropiabilidad por los particulares, pasan a ser bienes de la exclusiva propiedad del Estado. No se trata, en estos casos, de limitaciones legales a la propiedad pues las mismas presuponen la existencia del derecho y lo limitan; se trata en realidad, de la imposibilidad misma de la propiedad.

En efecto, si bien las Constituciones consagran el derecho de propiedad, es claro que en todos los ordenamientos jurídicos no todos los bienes son susceptibles de apropiabilidad. Hay ciertos bienes que el Estado se ha reservado, considerándolos como del dominio público, que pueden ser objeto de propiedad. Esta es una situación que con mucha frecuencia se presenta específicamente en materia de recursos naturales renovables.

---

[1]   Véase. Allan R. Brewer-Carías, *Dismantling Democracy In Venezuela. The Chávez Authoritarian Experiment*, Cambridge University Press, New York 2010.

En estos casos es el legislador el llamado a determinar el ámbito de los bienes susceptibles de ser apropiados, y determinar cuáles no lo son por ser declarados o considerados como del dominio público. La calificación, por supuesto ni es absoluta, ni eterna, ni inmutable, de manera que además de los bienes que se consideran del dominio público "por su afectación" al uso público (el mar, los caminos públicos), hay otros que lo son por voluntad del legislador, conforme a una determinada política pública. Tradicionalmente, en nuestros ordenamientos, había sido en el Código Civil que se habían delineado estos conceptos y se había deslindado la clasificación básica de ambos tipos de dominio, precisándose que el ámbito de la propiedad privada no llega hasta los bienes que habían sido declarados por el legislador como bienes del dominio público.

Pero es evidente que dicho deslinde jurídico del Código Civil entre bienes susceptibles de propiedad privada y bienes que no lo son (dominio público), no puede ser una demarcación cerrada y eterna, que no podría admitir modificaciones. Al contrario, como las leyes se derogan y modifican por otras leyes, y en la Constitución, donde está el límite de la acción del legislador, en general no se consagra el carácter absoluto e inmutable de la propiedad, el legislador siempre puede en un momento determinado, excluir ciertos bienes del ámbito de la propiedad privada, declarándolos del dominio público, sin que ello pueda considerase que implica, en forma alguna, una violación del derecho de propiedad. En esos casos, como lo resolvió la antigua Corte Suprema de Justicia de Venezuela en una sentencia del 12 de agosto de 1968, "para que proceda la indemnización en derecho público, es necesario que se compruebe: a) *la singularidad del daño;* b) que lo afectado *sea un verdadero derecho;* y c) que el daño *sea mensurable económicamente,"*[2] lo que nunca se da en casos de la declaratoria general de bienes como del dominio público. En estos casos, el legislador ni expropia unos derechos determinados ni los confisca; sólo establece que un género de bienes no pueden ser susceptibles de propiedad privada, es decir, que ésta no puede existir, y que la que existía, se extingue, por imposibilidad en el objeto.

En Venezuela, por ejemplo, en materia de recursos naturales, además de las genéricas normas del Código Civil que se referían a los lagos y a ciertas aguas como del dominio público, y a algunas leyes que tácitamente consideraban por ejemplo a los recursos mineros del subsuelo como del dominio público, la Constitución de 1999 ha complementado en forma importante dicho régimen al haber expresamente declarado como tales bienes del dominio público, primero, a los yacimientos mineros y de hidrocarburos (Art. 12), siguiendo lo que ya se había dispuesto en la Ley de Minas de 1999 (art. 2), y en la Ley Orgánica de Hidrocarburos Gaseosos de 1999 (art. 1); segundo, a las "las costas marinas" (art. 12); lo cual se complementó a parir de la Ley de Conservación y Saneamiento de Playas de 2000 (art. 2); y tercero, las aguas, al establecer el artículo 304 de la Constitución que "Todas las aguas son del dominio público de la Nación, insustituibles para la vida y el desarrollo..." lo cual se ratificó en la Ley de Aguas de 2005.[3] Estos bienes públicos del dominio público, se han regulado además en la Ley Orgánica de Bienes Públicos de 2008,[4] la cual siguiendo fundamentalmente lo dispuesto en la Constitución, considera que son tales:

---

[2]   Veáse en *Gaceta Forense* N° 61, 1968, pp. 105 a 108.

[3]   Véase *Gaceta Oficial* N° 38.595 de 02-01-2007. Véase los comentarios en Allan R. Brewer-Carías, "La declaratoria de todas las aguas como del dominio público en el Derecho Venezolano" en *Revista de la Facultad de Derecho y Ciencias Sociales*, Universidad de Montevideo, Nos. 3-4, año XXIII, Montevideo 1975, pp. 157-169; *Ley de Ag*uas, Editorial Jurídica Venezolana, Caracas 2008.

[4]   Véase en *Gaceta Oficial* N° 39.952 de 26-06-2012.

"1.- Los bienes destinados al uso público, como plazas, parques, infraestructura vial, vías férreas, caminos y otros.

2.- Los bienes que en razón de su configuración natural, construcción o adaptación especial, o bien por su importancia histórica, científica o artística sean necesarios para un servicio público o para dar satisfacción a una necesidad pública y que no puedan ser fácilmente reemplazados en esa función.

3. Los espacios lacustre y fluvial, mar territorial, áreas marinas interiores, históricas y vitales y las comprendidas dentro de las líneas de base recta que ha adoptado o adopte la República; las costas marinas; el suelo y subsuelo de éstos; el espacio aéreo continental, insular y marítimo y los recursos que en ellos se encuentran, incluidos los genéticos, los de las especies migratorias, sus productos derivados y los componentes intangibles que por causas naturales allí se hallen.

4.- Los yacimientos mineros y de hidrocarburos, cualquiera que sea su naturaleza, existentes en el territorio nacional, bajo el lecho del mar territorial, en la zona económica exclusiva y en la plataforma continental.

5.- Todos aquellos bienes a los que por ley se confiera tal cualidad."

Lo importante a destacar sobre los bienes del dominio público, es que la técnica de publicización que ello implica, excluye la posibilidad de derecho alguno de los administrados de tener el uso exclusivo de dichos bienes o de explotar los recursos naturales existentes en ellos, lo cual sólo pueden hacer mediante una concesión administrativa, o mediante permisos o licencias, de acuerdo con el grado de intervención administrativa, todas técnicas administrativas del derecho administrativa mediante las cuales el Estado concede u otorga el derecho de explotación a un administrado.

En cuanto a las concesiones, por ejemplo, en la Constitución venezolana de 1999 se mencionan las de explotación de recursos naturales, al disponerse que en los casos de explotación de recursos naturales propiedad de la Nación con exclusividad o sin ella, "el Estado podrá otorgar concesiones por tiempo determinado, asegurando siempre la existencia de contraprestaciones o contrapartidas adecuadas al interés público" (art. 113).

En cuanto al segundo caso, se trata de la reserva al Estado de terminadas actividades económicas, lo que también implica el cambio de su estatus jurídico de las mismas, que de actividades susceptibles de ser realizadas por los administrados conforme a su libertad económica, pasan a ser actividades reservadas al Estado y excluidas del libre desarrollo por los particulares.

En este caso, tampoco se trata de limitaciones a la libertad económica de los administrados, las cuales una vez establecidas legalmente tienen en común que presuponen su existencia, y en tanto que ello es así, se limita su ejercicio o se lo restringe, en un caso específico. En los casos de actividades reservadas al Estado, no constituyen limitaciones a la libertad económica, pues esta no se presupone, sino que se excluye.

En la Constitución venezolana de 1961, en una norma que luego se recogió en la Constitución de 1999 (art. 302), y siguiendo la orientación de la Constitución de 1947, se estableció expresamente la posibilidad que tiene el Estado de "reservarse determinadas industrias, explotaciones o servicios de interés público por razones de conveniencia nacional" (Art. 97), abriéndose así la posibilidad, no ya de que el Estado pueda desarrollar actividades empresariales, sino que las pueda realizar en forma exclusiva, reservada, excluyendo a los particulares del ámbito de las mismas.

En estos casos, la reserva de actividades económicas por parte del Estado conlleva bási-camente una prohibición impuesta a los particulares de realizar actividades propias del sector reservado, lo que afecta tanto a aquellos particulares o empresas que venían realizando acti-vidades en el sector, como a cualquier particular o empresa, que pretendiera, en el futuro, realizar dichas actividades. Después de la reserva, los particulares o empresas que operaban en el sector no podrían continuar realizando sus actividades, y hacia el futuro, ningún otro particular podría realizar nuevas actividades en el sector. La libertad económica, en el mismo, con la reserva, queda excluida y es imposible ejercerla.

Como consecuencia de ello, el acto de reserva, *per se,* no conlleva derecho alguno de los particulares afectados a indemnización por parte del Estado. Aquellos, simplemente, cesan en sus actividades, y un deber de indemnización sólo surgiría *si* el Estado decide apro-piarse de las instalaciones o de las empresas de los particulares que operaban en el área reser-vada, es decir, decide nacionalizar esas empresas.

Esto se dedujo por ejemplo de las normas de la Ley que reserva al Estado la industria del Gas Natural, dictada en Venezuela el 26 de agosto de 1970[5], en la cual se reservó al Esta-do la "industria del gas proveniente de yacimientos de hidrocarburos" (Art. 1°), establecién-dose la obligación de antiguos concesionarios de "entregar al Estado, en la oportunidad, medida y condiciones que determine el Ejecutivo Nacional, el gas que se produzca en sus operaciones" (Art. 3°). Por ello, el Estado se obligó a pagar a los concesionarios "los gastos de recolección, compresión y entrega del gas" (Art. 7°). En ese caso la reserva, *per se,* no dio ningún derecho a indemnización a favor de los antiguos concesionarios, pero el Estado si estaba obligado a pagar los costos de la recolección, compresión y entrega del gas, previén-dose en la Ley una compensación "en el caso de que el Estado decida asumir las operaciones de recolección, compresión y tratamiento en plantas que actualmente realizan los concesiona-rios", fijándose incluso su monto equivalente "a la parte no depreciada del costo de las insta-laciones y equipos que requiere para esas operaciones o el valor de rescate de los mismos si éste fuere menor que aquél" (Art. 8°). De acuerdo a esto, la indemnización sólo procedía si el Estado decidía apropiarse de las instalaciones, y por esa apropiación indemnizaba al conce-sionario; la reserva, en sí misma, en cambio, como prohibición impuesta a los concesionarios de seguir aprovechándose del gas natural, no dio derecho alguno a indemnización.

Esto mismo ocurrió en materia de la industria petrolera en 1975 respecto de la cual se produjo la nacionalización de la misma,[6] al imponerse la a las antiguas empresas concesiona-rias transferirle a éste la propiedad de los bienes de las mismas, mediando indemnización.

En estos casos, la reserva tiene como consecuencia dos efectos fundamentales: en pri-mer lugar, establecer a favor del Estado un monopolio de derecho; y en segundo lugar, esta-blecer, como consecuencia, una prohibición para los particulares de realizar actividades en el sector reservado, en virtud de la exclusión de la libertad económica que implica. Por esta sola reserva, no tiene el Estado obligación alguna de indemnizar a los particulares excluidos. Pero si además de la reserva, ésta se acompaña con la exigencia y obligación impuesta a los parti-culares y empresas afectadas, de transferir forzosamente al Estado las instalaciones, con que operaban, se está en presencia de la figura de la nacionalización, que sí da derecho a indem-nización.

---

[5]   Véase en *Gaceta Oficial* N° 29.594, de 26-08-1971.

[6]   Véase Allan R. Brewer-Carías, "Comentarios en torno a la nacionalización petrolera" en *Re-vista Resumen*, N° 55, Vol. V. Caracas, 1974, pp. 22-24.

En el ordenamiento jurídico venezolano, por tanto, la figura de la reserva junto con la expropiación, da origen a la institución de la nacionalización, la cual se realizó entre otras respecto de las industrias del hierro y del petróleo[7], mediante el Decreto-Ley que reserva al Estado la industria de la explotación de mineral de hierro[8] y en la Ley Orgánica que reserva al Estado la industria y el comercio de los hidrocarburos, de 29 de agosto de 1975 (Ley de nacionalización petrolera)[9], con la cual, junto con la reserva al Estado de las mismas, el Estado asumió las industrias con empresas públicas constituidas mediante la expropiación de los bienes de las antiguas concesionarias.

El efecto de la nacionalización de la industria petrolera, que por supuesto no afectó la propiedad del subsuelo que siempre ha sido del dominio público, fue que la actividad económica de la misma se excluyó del ámbito de la propiedad privada, quedando reducida la posibilidad de los administrados de participar en las actividades de la industria a la aplicación de la técnica de la contratación administrativa, mediante convenios de operación o de asociación. Para ello, el artículo 5° de la Ley Orgánica que reserva al Estado la industria y el comercio de los hidrocarburos (1975), estableció que:

"Artículo 5°. El Estado ejercerá las actividades señaladas en el artículo 1° de la presente Ley directamente por el Ejecutivo Nacional o por medio de entes de su propiedad, pudiendo celebrar los convenios operativos necesarios para la mejor realización de sus funciones, sin que en ningún caso estas gestiones afecten la esencia misma de las actividades atribuidas.

En casos especiales y cuando así convenga al interés público, el Ejecutivo Nacional o los referidos entes podrán, en el ejercicio de cualquiera de las señaladas actividades, celebrar convenios de asociación con entes privados, con una participación tal que garantice el control por parte del Estado y con una duración determinada. Para la celebración de tales convenios se requerirá la previa autorización de las Cámaras en sesión conjunta, dentro de las condiciones que fijen, una vez que hayan sido debidamente informadas por el Ejecutivo Nacional de todas las circunstancias pertinentes".

Se estableció así una reserva al Estado de carácter exclusivo, pues el derecho a ejercer la actividad no podía otorgarse a los particulares mediante concesiones, aún cuando no totalmente excluyente, al permitirse la participación de los particulares o del sector privado en la industria, mediante las dos modalidades contractuales señaladas: los convenios operativos y los convenios de asociación que se podían establecer con empresas privadas. Los primeros no afectaban en forma alguna la reserva que se había hecho al Estado de la industria, y podían suscribirse todos los que las empresas petroleras nacionalizadas considerasen necesarios para la mejor realización de sus actividades.

Los convenios de asociación, en cambio, permitían al Estado asociarse con particulares para realizar las actividades reservadas, lo que implicaba un régimen jurídico excepcional de asociación o participación del sector privado en las actividades reservadas a través de empresas mixtas sometidas al control estatal, lo que exigía la intervención previa del órgano legislativo para que pudieran suscribirse.

[7] Véase Allan R. Brewer-Carías y Enrique Viloria V., *Sumario de las nacionalizaciones (hierro y petróleo)* Ediciones Conjuntas, Editorial Jurídica Venezolana, Universidad Católica del Táchira, Caracas-San Cristóbal, 1985.

[8] Véase Decreto-Ley N° 580, de 26-11-74, en *Gaceta Oficial* N° 30.577, de 16-12-1974.

[9] Véase en *Gaceta Oficial* N° 1.769, Extr. de 29-8-1975. Véase Allan R. Brewer-Carías, "Introducción al Régimen Jurídico de las Nacionalizaciones en Venezuela", en *Archivo de Derecho Público y Ciencias de la Administración*, Vol. III, 1972-1979, Tomo I, Instituto de Derecho Público, Facultad de Ciencias Jurídicas y Políticas, Universidad Central de Venezuela, Caracas 1981, pp. 23-44.

En todo caso, era sólo a través de los referidos convenios de asociación que en la Ley de Nacionalización se permitió la participación del capital privado en la industria petrolera nacionalizada, es decir, en la industria y comercio de los hidrocarburos. Para ello, en 1995, las Cámaras Legislativas autorizaron mediante Acuerdo, la "celebración de los Convenios de Asociación para la exploración a riesgo de nuevas áreas y la producción de hidrocarburos bajo el esquema de ganancias compartidas[10]", habiéndose procedido a la suscripción de los mismos, mediante la constitución de empresas mixtas, con capital mayoritario de los inversionistas privados pero sometidas a control del Estado[11].

Esa modalidad de participación del sector privado en la industria petrolera comenzó a cambiar con la sanción en 2001 de la nueva Ley Orgánica de Hidrocarburos,[12] que derogó la Ley de nacionalización Petrolera de 1975 y con ella la figura de los Convenios Operativos y de Asociación, los cuales posteriormente fueron terminados anticipadamente a partir de 2006, habiendo producido la estatización de la industria petrolera[13] y la subsecuente constitución de empresas mixtas con capital mayoritario del Estado. Dicho proceso de terminación anticipada de los Convenios Operativos y de extinción de los Convenios de Asociación se produjo mediante las siguientes leyes: la Ley de Regularización de la Participación Privada en las Actividades Primarias Previstas[14], el Decreto Ley 5.200, contentivo de la "Ley de Migración a Empresas Mixtas de los Convenios de Asociación de la Faja Petrolífera del Orinoco, así como de los Convenios de Exploración a Riesgo y Ganancias Compartidas[15]", y Ley sobre los Efectos del Proceso de Migración a Empresas Mixtas de los Convenios de Asociación de la Faja Petrolífera del Orinoco; así como de los Convenios de Exploración a Riesgo y Ganancias Compartidas (en lo adelante "Ley de Efectos de la Migración")[16].

II. LA TÉCNICA DE LA PLANIFICACIÓN TERRITORIAL Y DE LA ORDENACIÓN DEL TERRITORIO

1. El régimen administrativo de la ordenación territorial

Una segunda técnica administrativa de derecho administrativo en relación con los recursos naturales y el ambiente, distinta a la reserva, que precisamente se desarrolla cuando no hay reserva al Estado de la actividad, es la de la planificación, y en específico, de la planifi-

---

[10]   Véase *Gaceta Oficial* N° 35.754 de 17-07-1995.

[11]   Véase Allan R. Brewer-Carías, "El régimen nacional de los hidrocarburos aplicable al proceso de la apertura petrolera en el marco de la reserva al Estado de la Industria Petrolera", en FUNEDA, *La apertura petrolera, I Jornadas de Derecho de Oriente*, Caracas, 1997, pp. 145-172

[12]   *Gaceta Oficial* N° 37323 de 13-11-2001. Reformada parcialmente en 2006, *Gaceta Oficial* N° 38.493 de 04-08-2006

[13]   Véase Allan R. Brewer-Carías, "La estatización de los convenios de asociación que permitían la participación del capital privado en las actividades primarias de hidrocarburos suscritos antes de 2002, mediante su terminación anticipada y unilateral y la confiscación de los bienes afectos a los mismos", en Víctor Hernández Mendible (Coordinador), *Nacionalización, Libertad de Empresa y Asociaciones Mixtas*, Editorial Jurídica Venezolana, Caracas 2008, pp. 123-188; "The 'Statization' of the Pre 2001 Primary Hydrocarbons Joint Venbture Exploitations: Their Unilateral termination and the Assets'Confiscation of Some of the Former Private parties" en Oil, Gas & Energy Law Intelligence, www.gasandoil.com/ogel/ ISSN: 1875-418X, Issue Vol 6, Issue 2, (OGEL/TDM Special Issue on Venezuela: The battle of Contract Sanctity vs. Resource Sovereignty, ed. By Elizabeth Eljuri), April 2008.

[14]   *Gaceta Oficial* N° 38.419 del 18-04-2006

[15]   *Gaceta Oficial* 38623 de 16-2-2007

[16]   *Gaceta Oficial* N° 38.785 de 08-10-2007

cación territorial; técnica que adquirió carta de naturaleza en el derecho administrativo a partir del desarrollo progresivo del régimen de regulación, protección, explotación y conservación de los recursos naturales y del ambiente, de la consiguiente limitación de las actividades de los particulares respecto de los mismos, y de la acción de control de la ocupación del territorio tanto por acciones públicas como por actividades privadas.

Esto originó un importante desarrollo legislativo, un ejemplo del cual fue la Ley Orgánica para la Ordenación del Territorio de Venezuela de 1983[17], en la cual se definió la ordenación del territorio como "la regulación y promoción de la localización de los asentamientos humanos, de las actividades económicas y sociales de la población, así como el desarrollo físico espacial, con el fin de lograr una armonía entre el mayor bienestar de la población, la optimización de la explotación y uso de los recursos naturales y la protección y valorización del medio ambiente, como objetivos fundamentales del desarrollo integral".

Esta noción, omnicomprensiva, abarcaba, por ejemplo, las acciones tendientes a definir los mejores usos de los espacios de acuerdo a sus capacidades, condiciones específicas y limitaciones ecológicas; a establecer los criterios de orientación de los procesos de urbanización, industrialización, desconcentración económica y de asentamientos humanos; a indicar la mejor distribución de la riqueza en beneficio de los sectores y regiones de menores ingresos y a las localidades menos favorecidas; a lograr un desarrollo regional armónico que permita corregir y superar el desequilibrio entre las grandes ciudades y el resto del país, y entre unas regiones y otras; a lograr un desarrollo agrícola y el ordenamiento rural integrados, para mejorar las condiciones de habitabilidad del medio rural y para la creación de la infraestructura necesaria para el fomento de la actividad del sector agropecuario; a ordenar el proceso de urbanización y la desconcentración urbana, mediante la creación de las condiciones económicas, sociales y culturales necesarias que permitan controlar el flujo migratorio a las ciudades; a determinar criterios de desconcentración y localización industrial con el objeto de lograr un desarrollo económico más equilibrado y un racional aprovechamiento de los recursos naturales; a definir los corredores viales y las grandes redes de transporte; a procurar la protección del ambiente, y la conservación y racional aprovechamiento de las aguas, los suelos, el subsuelo, los recursos forestales y demás recursos naturales renovables y no renovables en función de la ordenación del territorio; a velar por la descentralización y desconcentración administrativa regional, a los efectos de lograr una más adecuada participación de las regiones y de los Estados y Municipios en las tareas del desarrollo Nacional; a fomentar de iniciativas públicas y privadas que estimulen la participación ciudadana en los problemas relacionados con la ordenación del territorio y la regionalización.

De esta precisión tan universal de lo que implica y conlleva la ordenación de la ocupación del territorio, como política estatal, resulta evidente que la misma derivó de la incorporación progresiva de la perspectiva espacial en las técnicas tradicionales de planificación económica y social a escala nacional.

---

[17] *Gaceta Oficial* N° 3.238 de 11-08-1983. Véanse los comentarios a dicha Ley en Allan R. Brewer-Carías, "Introducción al régimen jurídico de la ordenación del territorio", en *Ley Orgánica para la Ordenación del Territorio*, Editorial Jurídica Venezolana, Caracas 1984. Dicha Ley se derogó por la Ley Orgánica de Gestión territorial y urbana publicada inicialmente en *Gaceta Oficial* N° 38.263 de 01-09-2005, fue luego reimpresa por error material (omisión de los artículos 60 y 61) en la *Gaceta Oficial* N° 38.264 del 02-09-2005. Dicha Ley también derogó la Ley Orgánica de Ordenación Urbanística de 1987, publicada en *Gaceta Oficial* N° 33.868 de 16-12-1987. Véanse los comentarios a dicha Ley en Allan R. Brewer-Carías, "Introducción general al régimen legal de la ordenación urbanística", en *Ley Orgánica de Ordenación Urbanística*, Editorial Jurídica Venezolana, Caracas 1988.

Tal como lo precisó Claudius Petit, quien fuera Ministro de Urbanismo y Reconstrucción de Francia en la década de los cincuenta del Siglo pasado, en pleno proceso de reconstrucción después de la Segunda Guerra Mundial, al indicar que esa política buscaba, "en el ámbito geográfico de Francia, la mejor repartición de los hombres en función de los recursos naturales y de las actividades económicas[18]". Ello no era otra cosa que lo dicho por uno de los urbanistas más destacados de comienzos del Siglo pasado, Le Corbusier, cuando definió la ordenación del territorio como "la organización, en el suelo, de los establecimientos humanos de manera de satisfacer mejor las aspiraciones humanas[19]". De estas aproximaciones, resultan como líneas centrales de esta política estatal, no sólo la necesaria *repartición* equilibrada de los recursos humanos y de los recursos económicos en el *espacio* para satisfacer las *aspiraciones humanas,* sino la necesidad de *organizar* ese espacio para lograr adecuadamente dicha repartición en función de los *recursos naturales renovables* existentes en el territorio.

De allí la clásica definición J. M. Auby y Rober Ducos-Ader, de la ordenación del territorio como la política "que tiene por objeto organizar y repartir en el cuadro geográfico de un país, las diversas actividades humanas, en función de una normalización de las necesidades del individuo y de la colectividad[20]".

Estas nociones generales y clásicas de la ordenación del territorio, en definitiva, identifican desde mitades del siglo pasado una política pública que los Estados han venido asumiendo a los efectos de ordenar toda medida que puede ser adoptada tanto en el sector público como en el sector privado que pueda tener influencia directa o indirectamente en la utilización del espacio. Se trata, por supuesto, de una política estatal de largo plazo, vinculada con la estrategia de desarrollo económico y social de la Nación; razón por la cual la planificación territorial siempre se vio como un instrumento de planificación general del desarrollo económico y social a largo plazo, de manera que sirva de marco de referencia espacial a los planes de desarrollo económico y social de un país y a los planes sectoriales adoptados por el Estado, considerando las potencialidades y restricciones del territorio nacional.

Planteada en estos términos la noción de ordenación del territorio, es evidente que esta política, como se dijo, no se limita a tratar problemas específicamente urbanos y del urbanismo, aun cuando, sin duda, fueron los urbanistas y los arquitectos los que por primera vez se plantearon el problema de la ordenación del territorio; ya que tiene relación además, por ejemplo, con la determinación del sistema de ciudades, y los problemas de localización industrial, de ordenación rural, de reforma agraria y de conservación y protección del ambiente.

Y en muchos casos, para poder rectificar las estructuras territoriales derivas de un crecimiento económico más o menos espontáneo o de una explosión demográfica a veces incontrolada, para darles una configuración más adecuada al interés común.

Debe recordarse que estas motivaciones, por supuesto, se plantearon con carácter dramático en Europa a comienzos de los años cincuenta, por la necesidad de reconstruir los países en forma acelerada después de la hecatombe de la guerra, lo que provocó que se llevasen a la práctica soluciones que luego se propagaron en otros países en los cuales se han producido exigencias similares, pero por causa del crecimiento desordenado y la explosión demográfica, definiéndose políticas públicas, por ejemplo, tendientes a frenar la concentra-

---

[18]   Citado por André de Laubedère, *Droit public économique,* París 1979, p. 322.

[19]   Citado por Conseil d'Europe, *Aménagement du territoire (Problème européen),* Rapport de l'Assemblée Consultative, 1968, p. 28.

[20]   Véase *Droit Administratif,* París 1973, p. 686.

ción asfixiante alrededor de los polos de las ciudades capitales, a equilibrar el crecimiento urbano, repartiéndolo en un mayor número de ciudades, a provocar una mejor utilización del espacio y de los recursos naturales renovables, y a intentar alcanzar, de un modo general, un desarrollo equilibrado sobre el conjunto del territorio utilizando el espacio de manera óptima a las necesidades de la población[21]. El problema, por supuesto, en otro contexto también se ha planteado en América Latina, provocado por la explosión demográfica, el fenómeno de urbanización, la concentración económica, el centralismo político-administrativo, la crisis del medio rural, y el deterioro de los recursos naturales.

De allí, los esfuerzos realizados por ejemplo con la sanción de leyes como la mencionada Ley Orgánica para la Ordenación del Territorio de Venezuela de 1983, en la cual se definió a la ordenación del territorio como "la política de Estado, dirigida a la promoción y regulación de la ocupación y uso del territorio nacional, a la localización y organización de la red de centros poblados de base urbana y rural, las actividades económicas y sociales de la población y la cobertura del equipamiento de infraestructuras de servicios, en armonía con el manejo y aprovechamiento de los recursos naturales y la prevención de riesgos naturales, en función de la protección y valoración del ambiente, a fin de lograr los objetivos del desarrollo sustentable, crear las condiciones favorables a la recepción del gasto público y la orientación de la inversión privada como parte integral de la planificación económica y social de la Nación" (art. 2).

Esta definición, siguió en líneas generales la que formulamos en 1980, cuando se comenzó a plantear en Venezuela la necesidad de una legislación que regulara el proceso de ordenación territorial, cuando indicábamos, con base en antecedentes previos[22], que la ley

---

[21]   Cfr. André de Laubedère, op. cit., pp. 322 y ss.

[22]   Deben recordarse, por ejemplo, que las definiciones públicas sobre la materia comenzaron a nivel técnico con los trabajos de la Comisión de Administración Pública de la Presidencia de la República entre 1970 y 1972, cuando se definieron los sectores de actividad pública entre los cuales estaba los que se calificaron del área de la ordenación del territorio (Véase Informe sobre la Reforma de la Administración Pública Nacional, Caracas 1972, Tomo I, p. 290.). A nivel de decisiones formales el proceso comenzó en 1974 en los considerandos del Decreto N° 168 de 11-06-74 destinado a crear una Comisión para la definición del programa gubernamental de viviendas (Gaceta Oficial N° 30.424 de 11-06-1974). Aun cuando el objetivo de este Decreto era otro, en sus considerandos se definieron, por primera vez, a nivel formal, los objetivos de una política de ordenación del territorio. El Decreto señalaba que la mencionada Comisión debía formular el programa de vivienda en el marco de una política integral de desarrollo espacial que debía corresponderse con los siguientes aspectos: 1. Una mejor distribución de la riqueza que beneficie prioritariamente a los sectores de menores ingresos y a las localidades menos favorecidas; 2. Un desarrollo regional armónico que permita corregir y superar el desequilibrio entre las grandes ciudades y el resto del país; 3. Un impulso eficaz y coordinado al desarrollo del sector agrícola, que mejore las condiciones de habitabilidad del agro venezolano y cree las infraestructuras adecuadas para el fomento de las actividades del sector; 4. El uso más racional de los factores productivos y fundamentales del factor humano, con miras a estimular el empleo, y 5. La desconcentración urbana, mediante la creación de las condiciones económicas, sociales y culturales necesarias que permitan detener el flujo migratorio a las ciudades. Estos considerandos del Decreto N° 168, constituyeron el primer acto oficial y público mediante el cual, quizás sin quererse, se definió lo que podía ser, en nuestro país, los objetivos de una política de población de un territorio. Antes, sin embargo, en la Exposición de Motivos de la Ley Orgánica que autorizó al Presidente de la República para dictar medidas Extraordinarias en materia económica y financiera de 31-05-74, se había anunciado la presentación al Congreso de una Ley de Ordenación del Territorio, la cual tendría "por objeto establecer los patrones para una óptima utilización del espacio físico mediante la racionalización del uso del territorio nacional y su vinculación a las exigencias del elemento humano que lo disfruta".

debía tener "por objeto establecer, dentro de la política de desarrollo integral de la Nación, los principios rectores de la ordenación de su territorio, a los efectos de lograr una equilibrada ocupación del mismo, la atenuación de los desequilibrios regionales, y la adecuada localización en el territorio nacional, de los asentamientos humanos y de las actividades económicas, en función de la protección del ambiente y de los intereses colectivos e individuales del hombre[23]".

2. *La vinculación entre ordenación del territorio y el régimen de los recursos naturales*

Uno de los aspectos que deben destacarse como de mayor influencia en la cristalización del régimen de la ordenación del territorio en Venezuela, fue su vinculación con el tema de la protección ambiental, al punto de que en Venezuela, el artículo 128 de la Constitución impone al Estado la obligación de desarrollar una política de ordenación del territorio atendiendo a las realidades ecológicas, geográficas, poblacionales, sociales, culturales, económicas, políticas, de acuerdo con las premisas del desarrollo sustentable, que incluya la información, consulta y participación ciudadana.

Esta vinculación, sin duda tuvo su origen en el sector público, en el texto de la devolución al Congreso, el 2 de septiembre de 1974, por el Presidente de la República, de la Ley sobre Conservación, Protección y Mejoramiento del Ambiente que había sido sancionada el 1° de agosto de ese año, a los efectos de su reconsideración por el órgano legislativo. En esta comunicación, por primera vez se incorporó, dentro del lenguaje político oficial, la idea de ordenación al territorio, y podría incluso decirse que la razón fundamental por la cual se devolvió la Ley de Conservación, Protección y Mejoramiento del Ambiente al Congreso, fue porque esa Ley se había redactado en forma aislada frente al problema de la ordenación del territorio, considerándose, al contrario, que la política de conservación, mejoramiento y protección del ambiente debía estar encuadrada en una política más general, de ordenación del territorio, la cual debía comprender, no sólo los problemas relativos a la conservación del ambiente, sino problemas tales como la regionalización, la urbanización, la localización industrial, el sistema de ciudades.

En efecto, según la opinión del Presidente de la República la Ley sólo atacaba un aspecto del problema general que debía regular y, decía en la comunicación, luego de una serie de consideraciones, que lo obligaban a "sostener que el problema de la conservación, protección y mejoramiento del ambiente, al que atiende de manera preferente la ley, es sólo un aspecto de una problemática más amplia y compleja en la cual es imposible inadvertir cuestiones como desconcentración industrial, aprovechamiento racional de los recursos naturales, planificación de la población y de los asentamientos humanos; utilización de las fuentes energéticas para garantizar la armonía entre las necesidades del hombre y del medio; ordenación territorial; proceso de regionalización del país, y, en general, desarrollo de una educación y de una cultura que propenda al mejoramiento de la calidad de la vida de los venezolanos de hoy a de las generaciones futuras". Agregaba el Presidente de la República que la Ley sancionada por el Congreso, era "incompleta, pues deja de regular otros factores (además de la conservación, protección y mejoramiento del ambiente) que inciden sobre el problema y constituyen cuestiones de necesaria consideración". En otras partes de esta comunicación señalaba: "En este orden de ideas, la planificación del desarrollo debe efectuarse dentro del

[23]   Véase, Allan R. Brewer-Carías, *El sistema de economía mixta. Libertad económica. Planificación y ordenación del territorio*, (mimeo), Caracas 1980, p. 154.

marco espacial que implemente la ordenación del territorio y nos permita establecer jerarquías y funciones al sistema de ciudades...”[24].

Como consecuencia de dicha devolución legislativa, se sancionó la Ley Orgánica del Ambiente de junio de 1976[25], en la cual se recogieron los principios que el Presidente de la República había expuesto en su comunicación del año 1974, en la cual se vinculó toda la problemática del ambiente con las más amplias de la ordenación del territorio, pero incorporando estas a aquella. Inclusive, a los efectos de la Ley, dice el artículo 3°: “La conservación, defensa y mejoramiento del ambiente comprenderá: 1) *La ordenación territorial* y la planificación de los procesos de urbanización, industrialización y poblamiento y desconcentración económica en función de los valores del ambiente” y luego, en el artículo 7° al hablar del Plan Nacional de Conservación, Defensa y Mejoramiento del Ambiente, dice que deberá contener, “1) *La ordenación del territorio* nacional”; es decir, de nuevo menciona, en primer lugar, la problemática de la ordenación del territorio.

Posteriormente, en virtud de lo establecido en la Ley Orgánica de la Administración Central de diciembre de 1976[26], en abril de 1977 comenzó a funcionar el Ministerio del Ambiente y de los Recursos Naturales Renovables, con lo cual se precisaron aún más, en el sector público, los elementos básicos de la política de ordenación del territorio, en relación la planificación *física y espacial* a escala nacional, regional y urbanístico; la política del *uso de la tierra* y las autorizaciones para el uso y desarrollo de las tierras por parte de los organismos públicos nacionales, y la elaboración y establecimiento de normas que orienten el proceso de utilización de la tierra. Además, se atribuyó a dicho Ministerio del Ambiente y de los Recursos Naturales Renovables, competencia para adecuar y coordinar las actividades de la Administración Pública, en cuanto tengan relación con el ambiente y los recursos naturales renovables y, en particular, las relativas a los procesos de urbanización, industrialización, desconcentración económica, desarrollo agrícola y ordenación del territorio, en coordinación con los Ministerios responsables de estas áreas. Además, se debe destacar que en 1979, al crearse los Gabinetes Sectoriales previstos en el artículo 10 de la Ley Orgánica de la Administración Central, se creó el Gabinete Sectorial de Ordenación del Territorio y de la Gestión del Desarrollo Físico[27].

3.   *Las técnicas de la planificación, la aprobación administrativa, la autorización administrativa, el silencio administrativo y la nulidad absoluta de los actos administrativos*

Pero lo importante de esta política de ordenación del territorio para el derecho administrativo es que la misma dio origen, en los sistema económicos de economía de mercado a un sistema de planificación que en contraste con la planificación indicativa en materia económi-

---

[24]   Véase en *El Nacional*, Caracas 3-9-1974.

[25]   *Gaceta Oficial*, N° 31.004 de 16-6-1976.

[26]   *Gaceta Oficial* N° 1.932, Extr. de 28-12-1976. El esquema conceptual básico de la reforma de esta ley, particularmente en los sectores de actividad pública englobados en el concepto de ordenación del territorio, los formulados en “Algunas ideas para la implementación de la reforma administrativa en los sectores de desarrollo físico y ordenación del territorio” (1974), en Allan R. Brewer-Carías, *Derecho y administración de las aguas y de otros recursos naturales renovables*, Caracas, 1976, pp. 155 a 174.

[27]   Decreto N° 133 del 31-05-79, en *Gaceta Oficial* N° 31739 de 21-5-79.

ca y social[28], debe ser una planificación imperativa, como lo es toda la que tiene relación con el uso y ocupación del territorio, y con los recursos naturales renovables. Esto es particularmente importante en lo que se establezca en los planes sobre los usos de las áreas del territorio nacional, su litoral y los espacios marinos de su influencia; la localización de actividades industriales, agropecuarias, mineras y de servicios; el sistema de ciudades; los espacios sujetos a un régimen especial de conservación, defensa y mejoramiento del ambiente; las áreas sujetas a limitaciones derivadas de las exigencias de seguridad y defensa; el régimen de explotación de los recursos naturales; la localización de las obras de infraestructura relativas a energía, comunicaciones terrestres, marítimas y aéreas; aprovechamiento de recursos hidráulicos; y los corredores viales y de transporte.

Como lo estableció la Ley Orgánica de Ordenación del territorio de Venezuela en 1983, la ejecución de los planes de ordenación del territorio puede llevarse a cabo por los organismos públicos directamente o mediante entidades creadas al efecto, y por los particulares, actuando éstos bajo la dirección y control de aquéllos (art. 41), correspondiendo a todos de los organismos públicos dentro de la esfera de sus respectivas competencias deben velar por la efectividad y cumplimiento de las previsiones contenidas en los planes de ordenación del territorio (art. 40). Para ello, la ley orgánica expresamente estableció el carácter imperativo de los planes de ordenación del territorio, disponiendo que "los organismos de la Administración Pública Nacional, de los Estados y de los Municipios, las demás entidades o instituciones estatales que conforman la Administración Descentralizada, y los particulares y demás entidades de carácter privado, están obligados al cumplimiento de las disposiciones contenidas en los planes de ordenación territorial" (art. 42).

A los efectos de asegurar la ejecución de los planes de ordenación del territorio tanto por el sector público como por el sector privado, se recurrió en la Ley venezolana de 1983 a dos técnicas tradicionales del derecho administrativo, como fueron los actos administrativos de aprobación y los actos administrativos de autorización.

En cuanto a las Aprobaciones Administrativas previstas para las actuaciones del sector público, la Ley Orgánica venezolana de 1983 dispuso que todas las decisiones que adoptasen los organismos de la Administración Pública Nacional, Central o Descentralizada que tuvieran incidencia espacial e implicasen acciones de importancia nacional de ocupación del territorio[29] debían ser aprobados por el Ministerio del Ambiente y de los Recursos Naturales Renovables, a los efectos de su conformidad con los lineamientos y previsiones del Plan Nacional de Ordenación del Territorio (art. 49). En particular, la ley enumeró como sujetas obligatoriamente a aprobación administrativa, las decisiones sobre localización y traslado de industrias; afectación de zonas para la reforma agraria; localización de grandes aprovechamientos de recursos naturales; localización de nuevas ciudades; trazado de los grandes corredores de vías de comunicación; y localización de puertos y aeropuertos.

La Ley Orgánica, además, dado el carácter obligatorio de la aprobación administrativa para la realización de actividades que afecten el territorio por parte de las propias autoridades administrativas, y para evitar dilaciones indebidas en el procedimiento administrativo, adoptó

---

[28] Véase, Allan R. Brewer-Carías "La planificación del desarrollo económico y social en Venezuela," en *Estudios de Derecho Económico*, Vol. IV, Universidad Nacional Autónoma de México, México, 1983, pp. 7-46.

[29] Para las actividades que tuviesen incidencia territorial regional o municipal, conforme a la misma ley, la aprobación debía ser otorgada por los Gobernadores de Estado y por los Municipios.

la técnica del silencio administrativo positivo al disponer que si la solicitud de aprobación administrativa no se decidía por el Ministerio del Ambiente y de los Recursos Naturales Renovables mediante un acto administrativo de otorgamiento o negativa en un lapso de 60 días continuos, "contados a partir del último requerimiento de información, vencido el cual sin que hubiese habido pronunciamiento expreso, la decisión se considerará aprobada" (art. 49).

En cuanto a las actividades de los particulares y entidades privadas que impliquen ocupación del territorio, la Ley Orgánica venezolana de 1983 adoptó la técnica de la autorización administrativa, al disponer que la ejecución de dichas actividades debía ser autorizada previamente por las autoridades encargadas del control de la ejecución de los planes, a nivel nacional, estadal o municipal, dentro de sus respectivas competencias (art. 53). La ley previó además, la técnica del silencio administrativo positivo al preverse que el otorgamiento de las autorizaciones nacionales o regionales respectivas, debía decidirse en un lapso de 60 días continuos, a contar del recibo de la solicitud respectiva, de manera que "vencido dicho lapso, sin que se hubiera otorgado o negado autorización, se considerará concedida a cuyo efecto, las autoridades respectivas están obligadas a otorgar la respectiva constancia" (art. 54).

Específicamente, además, para el caso de las Autorizaciones municipales, la ley orgánica, previó que el desarrollo de actividades por particulares o entidades privadas en las áreas urbanas y que implicasen ocupación del territorio, también debían ser autorizada por los Municipios, a cuyo efecto, los interesados debían obtener de los Municipios, los permisos de urbanización, construcción o de uso que estableciera la Ley Nacional respectivas y las Ordenanzas Municipales (art. 55), agregándose que el procedimiento para la tramitación de las solicitudes de dichos permisos municipales debía ser simplificado, y los mismos debían decidirse en un lapso de 60 días continuos, contados a partir del recibo de las solicitudes respectivas, "vencido el cual, sin que se hubieran otorgado o negado los permisos, se considerarán concedidos, a cuyo efecto los Municipios están obligados a otorgar la respectiva constancia de permiso".

Las autorizaciones administrativas, por supuesto, debían ser otorgadas de conformidad con los planes, por lo que en este caso, la Ley orgánica adoptó otra técnica de derecho administrativo importante como fue la de la nulidad absoluta, al declarar que "Serán nulas sin ningún efecto, las autorizaciones otorgadas en contravención a los planes de ordenación del territorio" (art. 56)

III. LAS TÉCNICA DE LA CONCESIÓN Y DE LA CONTRATACIÓN ADMINISTRATIVA PARA LA EXPLOTACIÓN DE LOS RECURSOS NATURALES

Como se ha indicado anteriormente, en régimen de protección, conservación y aprovechamiento de los recursos naturales renovables es quizás uno de los campos en los cuales más se han desarrollado desde antaño las técnicas propias del derecho administrativo desarrolladas con el objeto de compatibilizar las actividades de los particulares con las políticas públicas, para asegurar que aquellas se ajusten a estas. Se trata, en efecto, del mundo de las concesiones y autorizaciones administrativas.

Para ilustrar estas técnicas basta referirnos dentro del universo de los recursos naturales, a los recursos mineros y petroleros, en los cuales se han aplicado para asegurar que la explotación de los mismos se realice de acuerdo con los criterios y parámetros establecidos por el Estado, que se los ha reservado por ser bienes del dominio público, o porque la actividad industrial respecto de los mismos, también se ha reservado o se ha sometido a su control.

De nuevo, recurriré al ejemplo del desarrollo normativo de la materia en Venezuela, donde como se dijo, los recursos del subsuelo no sólo se declararon constitucionalmente como del dominio público, sino que las actividades de explotación se reservaron al Estado, con distintas modalidades de posibilidad de participación de los administrados en las mismas.

Al enfrentar este régimen en Venezuela, o hacerlo en cualquier ordenamiento jurídico, debe recordarse que en general, la gran división que tiene que hacerse primariamente respecto de las actividades económicas, sin que quepan términos medios, es si las mismas están reservadas al Estado sin que existe libertad económica respecto de ellas, o si las mismas no están reservadas al Estado existiendo libertad económica[30].

En las primeras, no existiendo libertad económica dada la reserva al Estado, este puede otorgar el derecho a los particulares a realizarlas, generalmente mediante el acto de concesión, la cual por su carácter constitutivo crea en cabeza del concesionario el derecho que se concede; en cambio en las segundas, tratándose de una limitación al derecho y libertad económica que tienen los particulares, las intervenciones del Estado se manifiestan por ejemplo, a través de actos administrativos de control, declarativos de derechos, como las autorizaciones administrativas (licencias, permisos); homologadores de derechos, como las aprobaciones; de declaración de certeza de derechos, como las inscripciones y registros; e, incluso, extintivos de derechos (ablatorios), como las expropiaciones o decomisos.

En consecuencia, la división fundamental de las actividades económicas en reservadas o no al Estado, condiciona las técnicas de intervención administrativa, concibiéndose la figura de la concesión o de contratos de asociación para la primera, y entre otras, las autorizaciones para las segundas. Así, por ejemplo, la actividad de los particulares en materia de hidrocarburos puede desarrollarse mediante contratos de asociación con el Estado o mediante autorizaciones y permisos, con sujeción a las normas de protección ambiental. En cuanto al régimen de la industria minera, las técnicas de intervención del Estado han continuado siendo las mismas, girando en torno a la reserva y a la figura de la concesión y de la autorización.

1.   *El régimen de la minería y las técnicas administrativas de la concesión y de la autorización*

Un régimen que muestra el desarrollo del régimen de las concesión administrativa y los permisos administrativos como técnica utilizada para permitir el desarrollo de una actividad específica de los particulares en relación con los recursos naturales, es el régimen de la minería, que también se ha desarrollado desde hace décadas en Venezuela, y se encuentra regulado en la actualidad en la Ley de Minas de 1999[31], en la cual se recogió, en términos generales la orientación de las leyes precedentes, estableciéndose un régimen general de reserva al Estado de la actividad, excepto respecto de la pequeña minería. La consecuencia de ello fue que siendo una materia reservada al Estado, la exclusión de la libertad económica en la misma, implicó que los particulares sólo pueden desarrollarlas mediante la técnica de la concesión minera que es como pueden adquirir el derecho de explorar y explotar minerales.

---

[30]   Véase José Ignacio Hernández, "Disciplina jurídico-administrativa de la libertad económica. La doctrina actual entre la libertad económica y el Estado Social", en *VII Jornadas Internacionales de Derecho Administrativo Allan R. Brewer-Carías, El principio de legalidad y el ordenamiento jurídico-administrativo de la libertad económica, 3-5 Noviembre de 2004*, Fundación de Estudios de Derecho Administrativo, Caracas 2000, p. 197.

[31]   Decreto-Ley N° 295 de 05-09-1999, *Gaceta Oficial* N° 5.382 Extra. de 28-09-1999

Es decir, conforme a los principios generales del derecho administrativo, cuando el Estado se reserva una actividad conforme al artículo 302 de la Constitución, ello excluye en principio la actividad privada. Pero la reserva puede ser exclusiva y excluyente, o puede ser no excluyente cuando permite, mediante la técnica de la concesión, otorgar el derecho a realizar la actividad a los particulares. Esta crea el derecho en cabeza del concesionario; derecho del cual carecía por la reserva al Estado.

Sólo en materia de pequeña minería puede hablarse de que existe libertad económica, requiriéndose para su realización un acto administrativo de autorización. En este caso de pequeña minería, puede decirse que el particular tiene derecho (libertad económica) a desarrollar la actividad, y lo que se establece en la Ley es un mecanismo de intervención administrativa para permitirle ejercer su derecho mediante la remoción administrativa de los obstáculos legales establecidos para ello, precisamente otorgando una autorización, un permiso o una aprobación.

En consecuencia, en la Ley de Minas solamente se establecieron las siguientes dos técnicas de actuación del Estado según el grado de intervención y limitación impuesta a las actividades de los particulares: por una parte, la concesión respecto de las actividades reservadas, y por la otra, la autorización, respecto de las actividades no reservadas. Además se regularon otras técnicas de intervención como los permisos y las aprobaciones para otras actividades complementarias. Por ello, el artículo 7 de la Ley de Minas al regular las "Modalidades para el Ejercicio de las Actividades Mineras": establece que:

"La exploración, explotación y aprovechamiento de los recursos mineros sólo podrá hacerse mediante las siguientes modalidades: a) Directamente por el Ejecutivo Nacional; b) Concesiones de exploración y subsiguiente explotación; c) Autorizaciones de Explotación para el ejercicio de la Pequeña Minería; d) Mancomunidades Mineras; y, e) Minería Artesanal".

Como se dijo, la Ley de Minas reserva al Estado la actividad minera, y a tal efecto establece dos modalidades de reserva: reserva exclusiva y excluyente, y reserva no exclusiva.

En cuanto a la reserva exclusiva y excluyente, esta implica el "ejercicio exclusivo por el Ejecutivo Nacional de la actividad, a cuyo efecto el artículo 23 de la Ley autoriza al Ejecutivo Nacional, cuando así convenga al interés público, para "reservarse mediante Decreto, determinadas sustancias minerales y áreas que las contengan, para explorarlas o explotarlas solo directamente por órgano del Ministerio de Energía y Minas, o mediante entes de la exclusiva propiedad de la República".

Adicionalmente en el artículo 86 de la Ley, en el cual se dispone que el almacenamiento, tenencia, beneficio, transporte, circulación y comercio de los minerales regidos por la Ley, están sujetos a "la vigilancia e inspección por parte del Ejecutivo Nacional y a la reglamentación y demás disposiciones que el mismo tuviera por conveniente dictar, en defensa de los intereses de la República y de la actividad minera" se precisó que "cuando así convenga al interés público, el Ejecutivo Nacional podrá reservarse mediante decreto cualquiera de dichas actividades con respecto a determinados minerales".

En los casos en los cuales el Estado no se ha reservado en forma exclusiva determinados minerales o áreas, los particulares pueden obtener el derecho de explorar y explotar minerales mediante concesión. Por ello, la concesión minera se define en el artículo 24 de la Ley, como el acto administrativo del Ejecutivo Nacional, mediante el cual se otorgan derechos e imponen obligaciones a los particulares para el aprovechamiento de los recursos minerales existentes en el territorio nacional. Mediante la concesión, entonces, se confiere a su titular el derecho exclusivo a la exploración y explotación de las sustancias minerales otorgadas que se encuentren dentro del ámbito espacial concedido.

Las concesiones que otorgue el Ejecutivo Nacional conforme a la Ley lo son únicamente de exploración y subsiguiente explotación. Su duración conforme al artículo 113 de la Constitución tiene que ser por tiempo determinado, por lo que la Ley dispone que no debe exceder de veinte (20) años, contados a partir de la fecha de publicación del Certificado de Explotación en la *Gaceta Oficial*, pudiendo prorrogarse su duración por períodos sucesivos no mayores de diez (10) años (Art. 25).

La concesión se otorga luego de cumplirse el procedimiento y los requisitos establecidos en la Ley, para lo cual se debe expedir el Título de Exploración mediante Resolución que se debe publicarse en la *Gaceta Oficial*.

Ahora bien, respecto de la pequeña minería, la misma fue regulada por primera vez en la Ley de Minas de 1999, en la cual se estableció la técnica de la autorización administrativa para su realización cambiando el régimen jurídico de la intervención del Estado en esta materia. Para tal fin, se estableció dicha pequeña minería como una actividad no reservada al Estado, por tanto, no sujeta a concesiones, y dejada a la libre iniciativa de los particulares pero sometida a la obtención de un acto administrativo declarativo del derecho, como es la autorización.

Conforme al artículo 68 de la Ley, en efecto, la pequeña minería sólo se puede ejercer bajo la modalidad de *autorización de explotación*, otorgada por el Ministerio de Energía y Minas mediante resolución, que se publicará en la *Gaceta Oficial*. Esta *autorización* de explotación se debe otorgar sobre los depósitos de minerales que por su naturaleza, dimensión, ubicación y utilidad económica puedan ser explotados independientemente de trabajos previos de exploración (Art. 69).

Por otra parte, la Ley establece un régimen de aprobación administrativa en relación con las Mancomunidades Mineras, que son las constituidas por la agrupación de pequeños mineros titulares de autorizaciones de explotación en diversas zonas de un mismo yacimiento o de varios de éstos, situados de forma tal, que permita la utilización conjunta de todos o parte de los servicios necesarios para su aprovechamiento en el ejercicio de la actividad minera, con el fin de obtener un mejor aprovechamiento de los recursos mineros, facilitar las operaciones técnicas, mejorar el rendimiento de las explotaciones y proteger los recursos naturales y el ambiente; y cuya constitución el Estado debe propiciar (Art. 77).

2. *El régimen de la industria petrolera reservada al Estado y las técnicas asociativas mediante contratos públicos*

Como se dijo, el régimen de la industria petrolera hasta 1975, establecía la posibilidad de que los particulares pudiesen participar en la explotación de los hidrocarburos, mediante la técnica de la concesión administrativa, es decir, las concesiones de hidrocarburos que tuvieron amplísimo desarrollo en Venezuela desde los años treinta del siglo pasado.

Ese régimen se cambió radicalmente en 1975 al decretarse mediante la Ley de Nacionalización[32], y de acuerdo con lo autorizaba la Constitución de 1961, la reserva al Estado de la industria petrolera situación que adquirió rango constitucional en 1999[33], situación de reserva

[32]   Véase nuestros comentarios sobre ese proceso en Allan R. Brewer-Carías, "Aspectos organizativos de la industria petrolera nacionalizada", en *Archivo de Derecho Público y Ciencias de la Administración,* Instituto de Derecho Público UCV, Vol. III, Tomo I, Caracas, 1981, pp. 407 a 492.

que ha continuado con la Ley Orgánica de Hidrocarburos Gaseosos de 1999[34], y la Ley Orgánica de Hidrocarburos de 2001, aún cuando con menor amplitud[35].

De allí que hemos sostenido que con la ley Orgánica de Hidrocarburos de 2001 se produjo en Venezuela un proceso de desnacionalización de la industria petrolera[36], derivada de la reducción que se produjo respecto del ámbito de las actividades reservadas al Estado, y que quedó concentrada sólo a lo que se refiere a las actividades primarias de hidrocarburos, es decir, a la "exploración, la extracción de los hidrocarburos en estado natural, su recolección, transporte y almacenamiento inicial, así como, las relativas a las obras que su manejo requiera" (Art. 9); a las actividades realizadas en las refinerías existentes al momento de dictarse la Ley Orgánica; a las actividades de comercialización externa e interna de hidrocarburos naturales; y las actividades de comercialización externa e interna sobre los productos derivados cuya comercialización se reserve al Estado mediante Decreto.

En materia de actividades primarias de hidrocarburos, la posibilidad de la participación de los particulares en el desarrollo de dichas actividades, se redujo a la técnica asociativa, mediante la constitución de empresas mixtas, con capital del Estado en más del 50 % del capital social (Arts. 22 y 27 al 32 LOH). Se destaca, de esta previsión, que al establecer la Ley Orgánica un porcentaje rígido de participación accionaría en las empresas mixtas para la participación del capital privado en el desarrollo de las actividades primarias (menos del 50% del capital social), con ello se modificó el sentido del control estatal sobre los antiguos Convenios de Asociación que regulaba la Ley de Nacionalización derogada de 1975, y que permitía que con un capital mayoritario privado, el Estado pudiera suscribir Convenios de Asociación manteniendo el control del mismo, como antes se ha analizado. Ahora, en cambio, si bien se previó que el capital público en las empresas mixtas sea mayor al 50% del capital social, el control puede estar en manos de la participación privada, pues bien es sabido que el control de las empresas no necesariamente depende de la composición accionaria.

A los efectos de la constitución de dichas empresas mixtas para participar en actividades primarias de hidrocarburos, la Ley exige la aprobación previa de la Asamblea Nacional, a cuyo efecto, el Ejecutivo Nacional, por órgano del Ministerio de Energía y Minas, debe informarla de todas las condiciones y circunstancias pertinentes a dichas constitución y condiciones, incluidas las ventajas especiales previstas a favor de la República. (Artículo 33 LOH). Para la selección de las empresas operadoras, el organismo público competente debe promover la concurrencia de diversas ofertas, a cuyo efecto, el Ejecutivo Nacional por órgano del Ministerio de Energía y Minas, debe crear los respectivos comités para fijar las condiciones necesarias y seleccionar a las empresas.

---

[33]   Esos principios son, como lo destacó Isabel Boscán de Ruesta, en primer lugar, que la reserva no fue concebida como un monopolio estatal absoluto y excluyente del sector privado; y en segundo lugar, el sistema piramidal estructurado para la administración petrolera nacional. Véase en *La actividad petrolera y la nueva ley Orgánica de Hidrocarburos,* Funeda, Caracas, 2002, p. 149.

[34]   *Gaceta Oficial* N° 36.793 de 23-09-1999. El Reglamento de Ley Orgánica de Hidrocarburos Gaseosos (RLOHG) se publicó en *Gaceta Oficial* Extra. N° 5.471 de 05-06-2000.

[35]   *G.O.* N° 37.323 de 13-11-2001

[36]   Véase Allan R. Brewer-Carías, "El régimen de participación del capital privado en las industrias petrolera y minera: desnacionalización y técnicas de regulación a partir de la Constitución de 1999", en *VII Jornadas Internacionales de Derecho Administrativo Allan R. Brewer-Carías*, Fundación de Estudios de Derecho Administrativo, Caracas, noviembre 2004.

Otra reserva específica al Estado dispuesta en la Ley Orgánica de Hidrocarburos se refiere a las actividades realizadas con hidrocarburos naturales, las cuales en este caso sólo pueden ser ejercidas por las empresas del Estado. (Artículos 27 y 57). Aquí se trata de una reserva de carácter exclusiva y excluyente, pues en este campo no se permite la constitución de empresas mixtas. Sin embargo, contradictoriamente, la Constitución (Art. 303) autoriza que las acciones de PDVSA en empresas en general, puedan ser transferidas al sector privado, con lo cual la reserva desaparecería.

Por otra parte, la Ley Orgánica de Hidrocarburos, también reserva al Estado las actividades realizadas respecto de los productos derivados de hidrocarburos cuya comercialización el Estado se haya reservado expresamente mediante Decreto, en cuyo caso también sólo podrán ser ejercidas exclusivamente por las empresas del Estado (Arts. 27 y 57 LOH). El ámbito de estas actividades reservadas, por tanto, es variable, según el decreto que dicte el Ejecutivo Nacional, en el cual se pueden aumentar o disminuir las actividades sobre productos derivados de hidrocarburos que se reservan.

Sin embargo, una vez determinados los productos, la reserva en este caso también se concibió en forma absoluta, de manera que el capital privado no podría participar en el desarrollo de las mismas por ejemplo, mediante empresas mixtas, como en cambio si puede suceder en relación con las actividades primarias. Sin embargo, también en este caso, debe señalarse que contradictoriamente, como antes se destacó, la Constitución (Art. 303) autoriza que las acciones de PDVSA en empresas en general, puedan ser transferidas al sector privado, con lo cual la reserva desaparecería.

En relación con las instalaciones destinadas a la actividad de refinación, la Ley Orgánica distingue entre instalaciones existentes al momento de publicarse la Ley (2001), y las nuevas refinerías. (Arts. 10 y 11 LOH). Sobre las primeras, es decir, sobre "las instalaciones y obras existentes, sus ampliaciones y modificaciones, propiedad del Estado o de las empresas de su exclusiva propiedad, dedicadas a las actividades de refinación de hidrocarburos naturales en el país y al transporte principal de productos y gas", dispuso el artículo 10 de la Ley Orgánica que "quedan reservadas al Estado en los términos establecidos en este Decreto Ley" (Art. 10).

La Ley Orgánica, sin embargo, nada más agrega sobre esta "reserva de instalaciones existentes" dedicadas a la refinación de hidrocarburos naturales en el país (se excluyen las que siendo propiedad de PDVSA estaban ubicadas en el exterior) o al "transporte principal de productos y gas". Por ello, en cuanto a las instalaciones de refinación existentes, la disposición de la Ley podría dar origen a dos interpretaciones: en primer lugar, que las refinerías existentes de propiedad pública, como bienes del Estado, deben permanecer siendo de propiedad del Estado, la que estimamos es la interpretación adecuada; o que las actividades de refinación que se realicen en dichas instalaciones existentes de propiedad pública, además, sólo podrían realizar por el Estado, lo que no estaría acorde con el sentido general de las nuevas regulaciones de la Ley.

En el segundo de los sentidos posibles de la norma, en efecto, el resultado sería contradictorio con el postulado general de que las actividades de refinación se pueden realizar tanto por el Estado como por los particulares conjunta y separadamente como lo establece el mismo artículo 10 de la Ley.

En consecuencia, la duda interpretativa que puede decirse que existe en relación a si en estas refinerías de propiedad pública que existían en territorio nacional al momento de sancionarse la Ley, el Estado podría asociarse con particulares mediante empresas mixtas para realizar la actividad de refinación o podría otorgar licencias a los particulares para la realización con ellas de actividades de refinación, estimamos que debería resolverse afirmativamente de acuerdo al sentido general que tiene la Ley a favor de la desnacionalización de la industria petrolera.

IV. LAS TÉCNICAS DE LAS AUTORIZACIONES, LICENCIAS, PERMISOS Y REGISTROS PARA LA EXPLOTACIÓN DE LOS RECURSOS NATURALES

Como se ha señalado, en el ámbito de las actividades vinculadas a la industria petrolera, en 2001, en Venezuela se pasó del régimen general de la reserva general al Estado de la misma derivada del proceso de nacionalización petrolera de 1975, a un régimen de una reserva restringida, como antes se ha definido, y a la consecuente previsión en las demás áreas de la industria no reservadas al Estado, de la posibilidad de realización de la libertad económica por los administrados, es decir, del derecho de los particulares al libre ejercicio de sus actividades económicas[37], con las limitaciones legales establecidas usualmente en casos similares, a través de las técnicas de actos administrativos declarativos de derechos como son las autorizaciones, denominadas indistintamente en la legislación de hidrocarburos, como licencias y permisos.

Eso se da, en *primer lugar*, en materia de actividades de refinación de hidrocarburos naturales, que comprende la destilación, purificación y transformación de los *hidrocarburos naturales* realizadas con el propósito de añadir valor a dichas sustancias (Art. 10 LOH). Estas actividades, de acuerdo con la Ley, se pueden desarrollar "por el Estado y los particulares, conjunta o separadamente" (Artículo 10 LOH), mediante la obtención de una licencia. Sin embargo, como se dijo, en cuanto a la refinación realizada en las instalaciones existentes al momento de publicarse la Ley y que eran propiedad del Estado, las mismas quedaron reservadas al Estado, disposición que podría interpretarse en el sentido de que no se permite la participación de los particulares en las actividades desarrolladas en las mismas.

Con esta salvedad, en los otros supuestos, la refinación de hidrocarburos naturales es una actividad que se puede realizar por los privados mediante licencia del Estado, que debe ser otorgada por el Ministerio de Energía y Minas (Art. 12 LOH).

Además, la ley dispone otra técnica de derecho administrativo de control, como es el registro en el Ministerio de Energía y Minas, que se exige a las personas que se dediquen a las actividades de refinación de hidrocarburos naturales (art. 14 LOH), donde deben asentarse, entre otros, las aprobaciones administrativas del mismo Ministerio a las cesiones, traspaso o gravamen de la licencia de refinación (art. 16 LOH).

En *segundo lugar*, se destaca el régimen de la las actividades de exploración y explotación de hidrocarburos gaseosos, tanto aquellos asociados con el petróleo u otros fósiles, como aquellos no asociados, regulados en la Ley Orgánica de Hidrocarburos Gaseosos (LOHG), en el cual se eliminó completamente la reserva estatal.

En dicha Ley, en efecto, se establece que tanto el Estado, directamente o mediante entes de su propiedad, como las personas privadas nacionales o extranjeras, con o sin la participación del Estado y mediante permisos o licencias, pueden realizar actividades de exploración en el territorio nacional, bajo el lecho del mar territorial, de la zona marítima contigua y en la

---

[37]   Véase Allan R. Brewer-Carías, "El régimen de participación del capital privado en las industrias petrolera y minera: desnacionalización y técnicas de regulación a partir de la Constitución de 1999", en *VII Jornadas Internacionales de Derecho Administrativo Allan R. Brewer-Carías*, Fundación de Estudios de Derecho Administrativo, Caracas, 2004.

plataforma continental, en busca de yacimientos de hidrocarburos gaseosos no asociados y la explotación de tales yacimientos; así como la recolección, almacenamiento y utilización tanto del gas natural no asociado proveniente de dicha explotación, como del gas que se produce asociado con el petróleo u otros fósiles; el procesamiento, industrialización, transporte, distribución, comercio interior y exterior de dichos gases (arts. 1 y 2).

El artículo 22 de la Ley repite el mismo principio general en cuanto a las actividades referentes a la exploración y explotación de hidrocarburos gaseosos *no asociados*, así como las de procesamiento, almacenamiento, transporte, distribución, industrialización, comercialización y exportación, indicando que pueden ser realizadas directamente por el Estado o por entes de su propiedad, o por personas privadas nacionales o extranjeras, con o sin la participación del Estado. La norma agrega que las actividades a ser realizadas por personas privadas nacionales o extranjeras, con o sin la participación del Estado, requerirán licencia o permiso, según el caso, y deberán estar vinculadas con proyectos o destinos determinados, dirigidos al desarrollo nacional, conforme al artículo 3° de la Ley.

Dependiendo de la actividad, las personas privadas nacionales o extranjeras, con o sin la participación del Estado, requerirán licencia o permiso, según el caso, otorgado por el Ministerio de Energía y Minas (Artículo 24 LOHG), debiendo estar vinculadas con proyectos o destinos determinados, dirigidos al desarrollo nacional. (Artículo 22 LOHG). Las licencias que otorgan a su titular el derecho exclusivo para realizar las actividades de exploración y explotación en un área geográfica determinada (Art. 20 Reglamento), deben ser otorgadas previo proceso licitatorio que debe efectuar el MEM, aún cuando la Ley autoriza al Ejecutivo Nacional, por órgano del MEM y previa la autorización del Consejo de Ministros, para otorgar directamente licencias, por razones de interés público o por circunstancias particulares de las actividades, siempre y cuando se cumplan las condiciones que impone la Ley (Artículo 21 del Reglamento).

En *tercer lugar*, se destacan las actividades de industrialización de *hidrocarburos refinados*, lo que comprende las de separación, destilación, purificación; conversión, mezcla y transformación de los mismos, realizadas con el propósito de añadir valor a dichas sustancias mediante la obtención de especialidades de petróleo u otros derivados de hidrocarburos. (art. 49 LOH)

Estas actividades de industrialización pueden ser realizadas por el Estado, directamente, a través del Ejecutivo Nacional; por empresas de su exclusiva propiedad; por empresas mixtas, con participación de capital estatal y privado, en cualquier proporción; y por empresas privadas, sea de capital nacional o extranjero (art. 50 LOH), mediante la obtención de permisos.

En estos casos, el permiso debe también otorgarse por el Ministerio de Energía y Minas (Art. 53), y además, quienes se dediquen en el país a las actividades de industrialización de los hidrocarburos refinados, deben inscribir el permiso en el registro que al efecto debe llevar el Ministerio de Energía y Minas. (Artículo 54 LOH).

En *cuarto lugar*, está el régimen de las actividades de comercialización (comercio interior y comercio exterior), tanto de los hidrocarburos naturales, como de sus productos derivados. (Artículo 56 LOH).

Como antes se señaló, la Ley Orgánica reserva al Estado las siguientes actividades de comercio interno y externo de hidrocarburos: aquellas realizadas con hidrocarburos naturales, las cuales sólo pueden ser ejercidas por las empresas del Estado (Artículo 57); y aquellas realizadas sobre los productos derivados cuya comercialización se reserve al Estado mediante

Decreto, en el cual el Ejecutivo Nacional debe identificar el producto expresamente, y las cuales sólo pueden ser ejercidas en exclusividad por las empresas del Estado (Art. 57 LOH), no permitiéndose la participación del capital privado en el desarrollo de las mismas.

Sin embargo, en cuanto a las otras actividades de comercio interno y externo de productos derivados no reservados o no excluidos por el Ejecutivo Nacional, las mismas pueden ser realizadas no sólo por el Estado, directamente, a través del Ejecutivo Nacional; y por empresas de la exclusiva propiedad del Estado (Empresas del Estado); sino también por empresas mixtas, con participación de capital estatal y privado, en cualquier proporción; y por empresas privadas (Art. 58 LOH) mediante la obtención de permisos.

Dentro de estas actividades relativas al comercio interior de productos derivados de hidrocarburos, el artículo 60 de la Ley declara que "constituyen un servicio público las actividades de suministro, almacenamiento, transporte, distribución y expendio de los productos derivados de los hidrocarburos, señalados por el Ejecutivo Nacional (conforme al artículo 59), destinados al consumo colectivo interno". La consecuencia de la calificación de estas actividades como servicio público es que los precios de dichos productos deben ser fijados por el Ejecutivo Nacional, por órgano del Ministerio de Energía y Minas. Dichos precios pueden fijarse mediante bandas o cualquier otro sistema que resulte adecuado, a los fines previstos en el Decreto Ley, tomando en cuenta las inversiones y la rentabilidad de las mismas.

Además, el Ministerio debe adoptar medidas para garantizar el suministro, la eficiencia del servicio y evitar su interrupción.

En todo caso, conforme al artículo 61 de la Ley Orgánica, las personas naturales o jurídicas que deseen ejercer las actividades de suministro, almacenamiento, transporte, distribución y expendio de los productos derivados de hidrocarburos, deben obtener previamente permiso del Ministerio de Energía y Minas (Artículo 61 LOH).

En cuanto a la construcción, modificación, ampliación, destrucción o desmantelamiento de establecimientos, instalaciones o equipos, destinados al comercio interior de los productos derivados de hidrocarburos, deben ser previamente autorizados por el Ministerio de Energía y Minas (art. 62).

Por otra parte, el Ministerio de Energía y Minas puede revocar los permisos, cuando el incumplimiento de las disposiciones establecidas en la Ley, su Reglamento o en Resoluciones, comprometan la eficiencia o continuidad del servicio o pongan en peligro la seguridad de personas y bienes. (Artículo 63 LOH)

En *quinto lugar*, están las actividades relativas a hidrocarburos gaseosos distintas a la exploración y explotación, respecto de las cuales dispone el artículo 27 que quienes deseen realizar actividades relacionadas con hidrocarburos gaseosos, asociados o no asociados, *producidos por otras personas*, deberán obtener el permiso correspondiente del Ministerio de Energía y Minas, previa definición del proyecto o destino determinado de dichos hidrocarburos, conforme al artículo 3º de la Ley. Estas actividades las regula el Reglamento indicando separadamente las relativas al transporte de gas, la distribución de gas, el procesamiento de los líquidos gas natural (LGN) y la comercialización del Gas licuado del petróleo (GLP).

Según el referido Reglamento, el transporte comprende el diseño, construcción, operación, mantenimiento y administración de los sistemas de transporte, desde los puntos de entrega de los productores o de otros transportistas, hasta los puntos de recepción de los distribuidores, otros transportistas o consumidores mayores. También comprende la gestión comercial para optimizar la capacidad y el uso de los sistemas de transporte. (Artículo 51 del Reglamento)

La distribución comprende el diseño, la construcción, la operación el mantenimiento y la administración de los sistemas de distribución, desde los puntos de entrega de los productores o transportistas, hasta lo puntos de recepción de los consumidores. Igualmente comprende la gestión comercial para optimizar la capacidad y el uso de los sistemas de distribución. (Artículo 52 del Reglamento).

El procesamiento del gas natural abarca los procesos de separación, extracción, fraccionamiento, almacenamiento y comercialización de los líquidos del gas natural y otras sustancias asociadas al gas natural. (Artículo 75 del Reglamento)

Por último, la comercialización del gas licuado del petróleo se refiere al transporte, almacenamiento y distribución del GLP, así como las actividades de intermediación. (Artículo 78 del Reglamento)

En este caso, también, el artículo 5 de la Ley Orgánica dispone que las actividades relacionadas directa o indirectamente con el transporte y distribución de gases de hidrocarburos destinados al consumo colectivo, constituyen un servicio público, lo que implica que los almacenadores, los transportistas y los distribuidores de dichos hidrocarburos gaseosos tienen la obligación de prestar el servicio en forma continua y de conformidad con las normas legales, reglamentarias y técnicas de eficiencia; calidad y seguridad (art. 8).

Tratándose de servicios públicos, el artículo 12 de la Ley autoriza al Ministerio de Energía y Minas para determinar los precios de los hidrocarburos gaseosos desde los centros de producción y procesamiento, atendiendo principios de equidad. Además, los Ministerios de Energía y Minas y de la Producción y el Comercio, conjuntamente, deben fijar las tarifas que se aplicarán a los consumidores finales y a los servicios que se presten de conformidad con la Ley.

En *sexto lugar*, también en cuanto a las actividades de industrialización de los hidrocarburos gaseosos, conforme al artículo 30 de la Ley, pueden igualmente ser realizadas además de directamente por el Estado, y por entes de su propiedad; por personas privadas nacionales o extranjeras, con o sin la participación del Estado, mediante la obtención de permisos. La Ley, a tal efecto, remite al Reglamento para que se establezcan medidas a fin de que se desarrollen parques industriales en zonas donde se facilite el suministro de dichos hidrocarburos; de que las refinerías y plantas procesadoras de hidrocarburos gaseosos garanticen el suministro de las materias primas disponibles; de que los precios y condiciones de suministro de las materias primas permitan la formación de empresas eficientes y competitivas; de que se estimule la creación y participación de entes financieros en la industrialización de hidrocarburos gaseosos en el país; y, de que las empresas que realicen actividades de industrialización de hidrocarburos gaseosos en el país, fomenten a su vez la industrialización, aguas abajo, de los insumos que producen. En todo caso, el Ejecutivo Nacional debe dar prioridad a los proyectos de industrialización de los hidrocarburos gaseosos que propendan a la formación de capital nacional, a una mayor agregación de valor a los insumos procesados y cuyos productos sean competitivos en el mercado exterior (Art. 32). Estos pos proyectos referentes a la industrialización de los hidrocarburos gaseosos, además, deben inscribirse en el Registro que al efecto lleve el Ministerio de Energía y Minas (Art. 33).

En todo caso, quienes deseen realizar actividades relacionadas con hidrocarburos gaseosos, asociados o no asociados, producidos por otras personas, deben obtener el permiso correspondiente del Ministerio de Energía y Minas, previa definición del proyecto o destino determinado de dichos hidrocarburos (Artículo 27 de la Ley).

V. LA TÉCNICA DE LA AUTO-TUTELA DE LA ACCIÓN ADMINISTRATIVA ME-
DIANTE EL EJERCICIO DE LA POTESTAD DE RESCISIÓN DE CONCESIONES
Y CONTRATOS ADMINISTRATIVOS, Y DE REVOCACIÓN ACTOS ADMINIS-
TRATIVOS, POR RAZONES DE MÉRITO

La utilización de técnicas propias del derecho administrativo en el régimen de los recursos naturales y del ambiente, como hemos analizado anteriormente, culmina invariablemente
en acciones de la Administración en su relación con los articulares, sea mediante la suscripción de contratos públicos, el otorgamiento de concesiones administrativas o la emisión de
actos administrativos unilaterales de autorización, permisos, licencias o registros.

Con ellos se formaliza la relación jurídica entre los particulares y la Administración a
los efectos de que aquellos puedan realizar actividades que están reservadas al Estado o sobre
las cuales el legislador le ha dado potestades de control, a los efectos de que las mismas se
cumplan de acuerdo con las políticas públicas. Dichos actos estatales, por supuesto, en el
marco de un Estado de derecho y de la necesaria seguridad que debe existir en las relaciones
jurídicas entre la Administración y los individuos, requieren de estabilidad jurídica para que
se puedan desarrollar las actividades concedidas, contratadas, autorizadas, permitidas licen-
ciadas o registradas en un todo de acuerdo con lo que los actos disponen en el marco de las
políticas públicas. Por ello, en paralelo al régimen de dichas técnicas administrativas mencionadas, el derecho administrativo también ha desarrollado todo un régimen jurídico para asegurar que la vigencia y efectos de dichos actos no quede a la merced de los funcionarios, y se
puedan garantizar los derechos concedidos, contratados, autorizados, permitidos, licenciados
o registrados en los términos dispuestos en los actos respectivos.

Ello nos lleva a referirnos al régimen tanto de la rescisión unilateral de concesiones y
contratos administrativos, como de la revocación de actos administrativos, también teniendo
como punto de referencia el derecho positivo venezolano

1.   *Sobre la rescisión de contratos y concesiones administrativas*

En aquellos casos en los cuales por el grado de reserva de la actividad o por la declaración de ciertos bienes como del dominio público, la actividad de los particulares que desarrollen actividades de explotación de recursos naturales renovables mediante concesión, está en
general regulada en las leyes especiales o sectoriales respectivas, como sucede por ejemplo
en Venezuela, con la Ley de Aguas, la Ley de Minas o la Ley de Bosques y Gestión Forestal
para las concesiones de aprovechamiento de aguas, las concesiones mineras o las concesiones
forestales. En las mismas, en específico se establecen las causales de rescisión unilateral,
generalmente por incumplimiento del concesionario de sus obligaciones legales o contractuales.

Un régimen legal general y supletorio respecto de todas las concesiones administrativas
se estableció, sin embargo, en 1999 mediante la un régimen legal de carácter supletorio en
materia de concesiones que es el establecido en la Ley Orgánica sobre Promoción de la Inversión Privada bajo el régimen de Concesiones[38], con cuya normativa se sustituyó el anterior

---

[38]   Decreto Ley N° 318 de 17-09-1999, en *Gaceta Oficial* N° 5.394 Extra. de 25-10-1999. Véase
en general los comentarios sobre la Ley en Alfredo Romero Mendoza (Coordinador), (en colaboración
con Jesús Caballero Ortiz, Manuel Rachadell, Víctor R. Hernández Mendible, Chris Brown, Christian C.
D. Petersen, Andrés Germán Otero L., José Gómez Oriol, y Antonio Vives Llabres), *Régimen Legal de
las Concesiones Públicas. Aspectos Jurídicos Financieros y Técnicos*, Colección Textos Legislativos N°
21, Editorial Jurídica Venezolana, Caracas, 2000.

régimen normativo que había sido establecido en el Decreto-Ley N° 138 sobre Concesiones de Obras Públicas y Servicios Públicos Nacionales de 1994[39], el cual, a su vez, había sustituido el establecido en la vieja Ley sobre Concesiones de Obras en caso de Obras Viales y de Transporte de 1983[40]. Esta Ley Orgánica de Concesiones se dictó con dos objetivos básicos: por una parte, "establecer reglas, garantías e incentivos dirigidos a la promoción de la inversión privada y al desarrollo de la infraestructura y de los servicios públicos competencia del poder nacional, mediante el otorgamiento de concesiones"; y por la otra regular, con tal propósito, el régimen general aplicable a los contratos públicos de concesión.

Aún cuando en esta última materia, la Ley Orgánica se refirió específicamente a los contratos de concesión para la construcción y la explotación de obras de infraestructura y de servicios públicos, sin mencionar los contratos para la explotación de recursos naturales, con excepción de las concesiones para de saneamiento y de recuperación ambiental; sin embargo, en su artículo 4, dispone que sus normas son de aplicación supletoria respecto de todas las leyes relativas a concesiones, al disponer que "los contratos de concesión cuyo otorgamiento, administración o gestión se encuentre regulado por leyes especiales, se regirán preferentemente por dichas leyes, siendo de aplicación supletoria en tales casos las disposiciones de este Decreto-Ley". La referencia general de la Ley a los contratos de obra pública y de servicios públicos, por tanto, no excluye la posibilidad o necesidad de aplicación de sus normas en forma supletoria o analógica respecto de otras concesiones distintas reguladas en leyes especiales, como por ejemplo las concesiones forestales, de aguas o mineras, y en general, todas aquellas que tienen por objeto la promoción del desarrollo. Sobre esto la Ley Orgánica es precisa: esas concesiones reguladas por leyes especiales, "se regirán preferentemente por dichas leyes [especiales]", siendo sin embargo "de aplicación supletoria en tales casos las disposiciones de la Ley Orgánica de Concesiones".

Ello, por lo demás, ya ha sido admitido así, por la jurisprudencia de la Sala Político Administrativa del Tribunal Supremo de Justicia la cual ha resuelto repetidamente que las previsiones del la Ley Orgánica particularmente en materia de terminación o rescate anticipado de concesiones, son de aplicación supletoria a todo tipo de concesiones y, en particular, respecto de las concesiones mineras reguladas en la Ley de Minas[41]. Un régimen general al respecto, en realidad, sólo encuentra regulación en el artículo 53 de dicha Ley Orgánica, no estando regulado en las leyes especiales destinadas a regular concesiones administrativas específicas, como por ejemplo es el caso de la Ley de Minas, la Ley de Bosques y Gestión Forestal o la Ley de Aguas.

Dicha norma establece, en efecto, la figura del rescatarse anticipado de las concesiones lo que debe decidirse necesariamente por el ente concedente mediante acto administrativo debidamente motivado, por causa de utilidad o interés público, en cuyo caso "procederá la

---

[39]   *Gaceta Oficial* N° 4.719 Extra. de fecha 26-04-1994.

[40]   *Gaceta Oficial* N° 3.247 Extra de 26-8-1983.

[41]   Así fue resuelto, por ejemplo, por dicha Sala Político Administrativa del Tribunal Supremo en sentencias N° 1836 de 7 de agosto de 2001 (Caso: *David Montiel Guillén y Oscar Montiel Guillén*), N° 1447 de 8 de agosto de 2007 (Caso: *Minera la Cerbatana C.A.*), N° 1929 de 27 de noviembre de 2007 (Caso: *Canteras El Toco C.A.*), N° 847 de 16 de julio de 2008 (Caso: *Minas de San Miguel, C.A.*), No. 395 de 24 de marzo de 2009 (Caso: *Unión Consolidada San Antonio C.A.*) y N° 1468 de 2 de noviembre de 2011 (Caso: *Agrominera Suárez C.A*). Véase sentencia de la Sala Político Administrativa N° 1468 de 2 de noviembre de 2011 (Caso: *Agrominera Suárez C.A* en http://www.tsj.gov.ve/decisiones/spa/Noviembre/01468-31111-2011-2010-0945.html

indemnización integral del concesionario, incluyendo la retribución que dejare de percibir por el tiempo que reste para la terminación de la concesión", cuyo monto se deberá determinar entre las partes o mediante alguno de los mecanismos de solución de conflictos contemplados en el ordenamiento.

Lo importante del régimen del rescate anticipado de concesiones es que no se había regulado expresamente en el ordenamiento jurídico ni siquiera en las leyes especiales reguladoras de concesiones administrativas. Por ejemplo, como se dijo, en la Ley de Minas por ejemplo no se regula expresamente la posibilidad de la Administración de terminar anticipadamente las concesiones mineras por razones de interés general, sin que medie culpa alguna de los concesionarios. Ello, sin embargo, es cierto que no impedía la posibilidad de la rescisión unilateral del contrato en virtud de las llamadas "cláusulas exorbitantes" del derecho común que existen en todos los contratos del Estado, y que permiten a la administración rescindirlos unilateralmente por razones de interés general; en cuyo caso, como la jurisprudencia del Tribunal Supremo lo ha reconocido, siempre debe mediar el pago al co-contratante de una indemnización o compensación por los daños y perjuicios que le cause tal rescisión unilateral.

Así, por ejemplo, lo expresó hace décadas la antigua Corte Federal, al indicar que "en el campo de acción de los contratos administrativos, y aunque no conste en las cláusulas de la convención, la rescisión unilateral de ellos, cuando así lo demandan los intereses generales y públicos, es una facultad que la Administración no puede enajenar ni renunciar[42]". La jurisprudencia de la antigua Corte Suprema, además, estableció que esta facultad de la Administración para rescindir unilateralmente el contrato, cuando así lo exija el interés general, no la exime, de una manera absoluta, de indemnizar al co-contratante cuando para éste, sin su culpa, se han derivado perjuicios de la rescisión. La indemnización en este caso, como cuando se trata de una expropiación por causa de utilidad pública o social, es la que esté conforme con la justicia y la equidad[43].

Y esto es, precisamente, lo que se ha regulado en el artículo 53 de la Ley Orgánica sobre Promoción de la Inversión Privada bajo el Régimen de Concesiones de 1999[44], cuyo estándar basado en el principio de la responsabilidad de la Administración por sacrificio individual, se ha aplicado por la jurisprudencia de la Sala Político Administrativa cuando las concesiones

---

[42]   Véase Corte Federal, sentencia de 12-11-1954, en *Gaceta Forense*. N° 6 (2ᵈᵃ Etapa), Caracas 1954, pp. 193-194. Véase en Allan R. Brewer-Carías, *Jurisprudencia de la Corte Suprema 1930-1974 y Estudios de Derecho Administrativo*, Tomo III, Vol 2, Instituto de Derecho Público, Caracas 1977, pp. 828-829

[43]   Véase Corte Federal, sentencia de 12-11-1954, en *Gaceta Forense*. N° 6 (2ᵈᵃ Etapa), Caracas 1954, pp. 204-206. Véase en Allan R. Brewer-Carías, *Jurisprudencia de la Corte Suprema 1930-1974 y Estudios de Derecho Administrativo*, Tomo III, Vol 2, Instituto de Derecho Público, Caracas 1977, pp. 804-805.

[44]   Véase *Gaceta Oficial* N° 5.394 Extra. del 25-10-1999. Los antecedentes normativos de esta previsión sobre rescisión unilateral de contratos estatales y el pago de indemnización, están en las, viejas Condiciones Generales de Contratación en los contratos de obra dictadas por la Administración, donde se indicaba que en los casos de terminación anticipada (artículo 115), conforme al artículo 116, el ente contratante debía pagar al contratista no sólo el valor de la obra ejecutada y de los materiales y equipos que hubiere adquirido para la obra, sino una indemnización conforme a unos porcentajes expresamente previstos; Esta figura de la rescisión unilateral de los contratos, fue luego recogida en la Ley sobre las concesiones de obra pública (artículos 79 y 80) y en materia de las concesiones municipales de servicios públicos o explotación de bienes, en el artículo 42 de la Ley Orgánica de Régimen Municipal.

mineras son revocadas por causas que no son imputables al titular de la concesión, para declarar la validez de los actos administrativos correspondientes.[45]

En efecto, en el caso de la Ley de Minas, la misma se limitó a establecer los casos específicos de extinción de las concesiones mineras, lo que no impide por supuesto la posibilidad de la Administración de revocar las concesiones mineras, o de ponerle fin anticipadamente a las mismas, cuando razones de interés general lo aconsejen, mediando el pago de una indemnización al concesionario por los daños y perjuicios que le cause ese rescate anticipado. En esta materia, por supuesto, se aplican todos los principios consolidados sobre la posibilidad de revocación de los actos administrativos irrevocables (creadores o declarativos de derechos a favor de particulares) por razones de mérito, respecto de lo cual la Sala Político Administrativa del Tribunal Supremo de la Justicia, en sentencia de 11 de mayo de 2005, ha declarado que la consecuencia fundamental del principio de irrevocabilidad de los actos administrativos que crean derechos a favor de particulares, cuando son revocados en forma no autorizada por el ordenamiento legal, es que los titulares tienen "el derecho de recibir la compensación por daños y perjuicios causado a ellos por la revocación o la suspensión del acto[46]" como si se tratase de una expropiación de los derechos. El principio tiene su equivalente en materia de actos bilaterales como las concesiones cuando la administración adopta la decisión de poner término anticipadamente a la concesión, expropiando los derechos del concesionario. Se trata, además, de los mismos principios clásicos establecidos por la jurisprudencia y que son aplicados en materia de rescisión unilateral de los contratos del Estado por razones de interés general, en cuyo caso, siempre se reconoce la obligación de la Administración de resarcir al co-contratante por los daños y perjuicios que le cause la rescisión.

En el ordenamiento jurídico venezolano relativo a los contratos del Estado, sin embargo, no hay previsiones legales generales que regulen la forma de establecer la indemnización que corresponde al contratista en caso de terminación anticipada de los contratos por razones de interés general, sin culpa del co-contratante; y ello tampoco se reguló por ejemplo, en la Ley de Minas respecto de los casos de terminación anticipada de concesiones mineras por razones de interés general. Es sólo en la Ley Orgánica sobre Promoción de la Inversión Privada bajo el Régimen de Concesiones de 1999 donde se regula expresamente, dentro de las causales de extinción de las concesiones, este llamado "rescate anticipado" (art. 46.d) de las mismas por causa de interés público, previendo el pago de la correspondiente indemnización integral del concesionario, "incluyendo la retribución que dejare de percibir por el tiempo que reste para la terminación de la concesión". Como se dijo, la Ley Orgánica en la norma, en realidad no hizo otra cosa que positivizar, a los efectos de las concesiones que regula, los principios que había desarrollado la jurisprudencia en materia de revocación de actos administrativos irrevocables (incluso los bilaterales) por razones de interés general, o de rescisión unilateral de contratos del Estado (contratos administrativos) por razones de interés general, mediando siempre el pago de indemnización por parte de la administración, por los daños y perjuicios causados al beneficiario del acto revocado o del contrato rescindido, en términos similares a

---

[45]   Véase la sentencia No. 847 de la Sala Político Administrativa del Tribunal Supremo de Justicia del 17-07-2008 (Caso *Minas San Miguel C.A.*), disponible en http://www.tsj.gov.ve/decisio nes/spa/Julio/00847-17708-2008-2005-5529.html; Sentencia N° 395 de la misma Sala del 25-03-2009 (Caso *Unión Consolidada San Antonio*), disponible en http://www.tsj.gov.ve/decisiones/spa/Marzo/ 00395-25309-2009-2005-5526.html.

[46]   Véase la sentencia N° 01033 de la Sala Político Administrativa del Tribunal Supremo de Justicia del 11-05-2000 (el Caso *Aldo Ferro García v. la marca comercial BESO*), disponible en http://www.tsj.gov.ve/decisiones/spa/Mayo/01033-110500-13168.htm .

los de una expropiación de derechos. Sin embargo, lo realmente innovador de la Ley Orgánica, fue el haber establecido un procedimiento específico, con participación activa del concesionario, para la determinación del monto de la indemnización que le corresponde en caso de rescate anticipado de concesiones; disponiendo que para tal efecto debe llegarse a un acuerdo de voluntades a ser formalizado entre el ente concedente y el concesionario, al aceptarse el "Pliego de Condiciones", en el cual de acuerdo con la Ley Orgánica, se deben establecer los "elementos o criterios que servirán para fijar el monto de la indemnización que haya de cubrirse al concesionario".

2. *Sobre la revocación de los actos administrativos por razones de interés general*

En materia de actos administrativos de autorización, licencias, permisos o registros otorgados a los administrados en virtud de las leyes especiales para la realización de actividades relacionadas con la explotación de recursos naturales, particularmente en los casos en los cuales ficha actividad no ha sido reservada al Estado, su estabilidad está generalmente regulada en dichas leyes, mediante el establecimiento en las mismas de causales precisas de revocación de los mismos, generalmente por incumplimiento de sus obligaciones por parte del beneficiario o por razones de ilegalidad.

En cuanto a la posibilidad de revocación de dichos actos administrativos por razones de mérito o interés general, rige el régimen establecido en la Ley Orgánica de Procedimientos Administrativos de 1981[47], en la cual se dispone respecto de los actos administrativos de efectos particulares, que si los mismos crean o declaran derechos subjetivos o intereses legítimos a favor de determinadas personas, como precisamente son las autorizaciones, permisos, licencias o registros, una vez firmes, es decir, una vez que no pueden ser legalmente impugnados[48], tienen los efectos de cosa juzgada (*cosa decidida*) administrativa, y la Administración no puede revocarlos. El principio es tal general, que de acuerdo con el artículo 19.2 de la misma Ley Orgánica, una de las causales de nulidad absoluta de los actos administrativos es "cuando resuelvan un caso precedentemente decidido con carácter definitivo y que haya creado derechos particulares[49]".

De estas normas resulta por tanto, que la irrevocabilidad de un acto administrativo se da cuando, *primero*, el acto administrativo sea de efectos particulares, pues los actos administrativos de efectos generales como los reglamentos por ejemplo, son esencialmente revisables y revocables;[50] *Segundo*, el acto administrativo cree o declare derechos o intereses a favor de

---

[47] Véase en *Gaceta Oficial* N° 2818 Extra de 01-07-1981. Sobre dicha Ley Orgánica véase Allan R. Brewer Carías *et al.*, *Ley Orgánica de procedimientos Administrativos y legislación complementaria*, Editorial Jurídica Venezolana, Caracas 2006; y Allan R. Brewer Carías, *El Derecho Administrativo y la Ley Orgánica de Procedimientos Administrativos. Principios del procedimiento Administrativo*, Editorial Jurídica Venezolana, Caracas 2002.

[48] Véase sobre las nociones de firmeza y definitividad de los actos administrativos, en Allan R. Brewer-Carías, "Las condiciones de recurribilidad de los actos administrativos en la vía contencioso administrativa," en *Perspectivas del Derecho Público en la segunda mitad del Siglo XX, Homenaje al Profesor Enrique Sayagües Lazo*, Vol. V, Instituto de Estudios de Administración Local, Madrid 1969, pp. 743-769, y en la *Revista del Ministerio de Justicia*, N° 54, Año XIV, Caracas, enero-diciembre de 1966, pp. 83-112.

[49] Véase Allan R. Brewer-Carías, "Comentarios sobre las nulidades de los actos administrativos," en la *Revista de Derecho Público*, N° 1, Editorial Jurídica Venezolana, Caracas 1980, pp. 45-50.

[50] Véase Allan R. Brewer-Carías, "Los actos administrativos normativos como fuente del derecho en Venezuela, con especial referencia a los reglamentos ejecutivos," en Jaime Rodríguez Arana

particulares, pues de lo contrario es esencialmente revisable y revocable por la administración (art. 82 LOPA); *Tercero*, el acto administrativo debe ser firme, en el sentido de que no puede ser susceptible de impugnación, ni en vía administrativa ni en vía judicial; y *Cuarto*, el acto debe ser válido y efectivo, capaz de crear o declarar derechos subjetivos o intereses legítimos a favor de particulares individuales, de manera que si el mismo está afectado por vicios de nulidad absoluta no puede ser capaz de crear o declarar derechos, siendo esencialmente revocable (Art. 83 LOPA).

De lo anterior resulta, por tanto, que conforme al Artículo 82 de la Ley Orgánica de Procedimientos Administrativos la Administración tiene amplios poderes para revocar actos administrativos, por razones de mérito y en cualquier momento, siempre y cuando los mismos no hayan creado o declarado derechos subjetivos o intereses legítimos a favor de particulares. Inversamente, cuando un acto administrativo crea o declara dichos derechos o intereses, la misma Ley Orgánica de Procedimientos Administrativos es categórica al prohibir su revocación por razones de mérito.

Así lo ha confirmado la Sala Político-Administrativa del Tribunal Supremo de Justicia en sentencia N° 1033 del 11 de mayo de 2000 en la cual declaró que "La potestad revocatoria de la Administración se limita a los actos no creadores o declarativos de derechos a favor del particular, ya que, si se trata de actos creadores o declarativos de derechos, una vez firmes, los mismos no podrán ser revocados en perjuicio de sus destinatarios por la Administración, por razones de mérito"[51]. En el mismo sentido, la misma Sala, la sentencia N° 1388 del 4 de diciembre de 2002, expresó "La revocatoria es utilizada en algunos casos por razones de mérito u oportunidad cuando el interés público lo requiere, y también en casos de actos afectados de nulidad relativa, que no hayan creado derechos subjetivos o intereses personales, legítimos y directos para un particular"[52].

La consecuencia de estos principios es que si la Administración pública, por razones de orden o interés público, a pesar de la prohibición de hacerlo, revoca actos administrativos que crean derechos individuales, contra la cosa juzgada administrativa, es lo mismo que expropiar los derechos creados por el acto y produce la obligación de pagar una compensación justa por los daños causados a las partes interesadas.

Muñoz *et al*. (Editores), *El acto administrativo como fuente del derecho administrativo en Iberoamérica (Actas del VIII Foro Iberoamericano de Derecho Administrativo)*, Congrex SA, Panamá 2009, pp. 767-784.

[51]   Véase la sentencia N° 01033 de la Sala Político-Administrativa del Tribunal Supremo de Justicia del 11-05-2000 (Caso *Aldo Ferro García v. la marca comercial KISS*), en http://www.tsj.gov.ve/decisiones/spa/Mayo/01033-110500-13168.htm.

[52]   Véase la sentencia N° 01388 de la Sala Político-Administrativa del Tribunal Supremo de Justicia del 04-12-2002 (Caso *Iván Darío Badell v. Fiscal General de la República*), en http://www.tsj.gov.ve/decisiones/spa/Diciembre/01388-041202-0516.htm Véase además, la sentencia de 14-05-1985 (Caso *Freddy Martín Rojas Pérez v. UNELLEZ*), en *Gaceta Forense*, N° 128, Vol. I, Caracas 1985, pp. 299-318. Véase también Allan R. Brewer-Carías y Luis Ortiz-Alvarez, *Las Grandes Decisiones de la Jurisprudencia Contencioso Administrativa*, Editorial Jurídica Venezolana, Caracas 1996, pp. 617-619. Véase además en la Sentencia N° 1033 de la Sala Político-Administrativa del Tribunal Supremo de Justicia del 11-05-2000 (Caso *Aldo Ferro García v. la marca comercial KISS*), en http://www.tsj.gov.ve/decisiones/spa/Mayo/01033-110500-13168.htm. En el mismo sentido, Allan R. Brewer Carías, *El Derecho Administrativo y la Ley Orgánica de Procedimientos Administrativos*, Editorial Jurídica Venezolana, Caracas 1982; edición 1997, p. 223; Eloy Lares Martínez, *Manual de Derecho Administrativo*, Universidad Central de Venezuela, Caracas 1983, p. 216.

Por lo tanto, a pesar de que la regulación en la Ley Orgánica de Procedimientos Administrativos es extrema en el sentido de que establece una prohibición absoluta de revocación
respecto de aquellos actos que crean derechos individuales, sancionando dicha revocación
con nulidad absoluta, si la Administración revoca el acto por razones de orden público o
interés público, tendría que pagar compensación por los daños causados por la revocación.
Esta es, por lo demás, la tendencia general en la legislación latinoamericana, donde la revocación de actos administrativos que crean derechos individuales se admite como una excepción si se acompaña del pago compensatorio. Por ejemplo, así se establece en las Leyes de
Procedimientos Administrativos de Argentina (Art. 18), Perú (Art. 205) y Costa Rica (Art.
155). Ésta última va incluso más lejos, al declarar que si el acto revocatorio no reconoce y
calcula la cantidad total que debe pagarse, entonces sería absolutamente nulo e inválido (Art.
155.1). En Honduras la Ley de Procedimientos Administrativos establece expresamente que
la revocación de un acto administrativo sólo resulta en pago por compensación cuando así lo
establece le ley (Art. 123)[53].

En Venezuela, también de acuerdo al principio general sobre la nulidad absoluta que
afecta a los actos administrativos que revocan a otros que han creado o declarado derechos
individuales (Artículo 19.2 de la Ley Orgánica de Procedimientos Administrativos), la única
forma en la cual dicha nulidad absoluta quedaría "saneada" sería cuando la revocación abarca
la compensación por la extinción del derecho, evidentemente con la motivación adecuada
relacionada al interés público.

De lo anterior resulta el principio de que incluso cuando los actos administrativos crean
derechos o intereses individuales, la Administración podría revocarlos por razones de interés
público siempre que medie el pago de una justa compensación, pues es evidente que no puede detenerse el poder de la Administración cuando debe hacerse prevalecer el interés público
sobre el interés privado. Por tanto, en forma similar a la potestad expropiatoria que tiene la
administración sobre cualquier tipo de bienes o derechos si así lo impone el interés público
previamente declarado, mediando justa compensación, lo mismo rige en el caso de la revocación de actos administrativos creadores de derechos. El propósito de las disposiciones legales
en Venezuela es sin duda proteger a los administrados contra el comportamiento arbitrario de
la Administración al revocar sus actos sin motivos apropiados, pero ello no puede interpretarse en el sentido de que se elimine el poder de la Administración de poder revocar actos administrativos, incluso si estos han creado derechos individuales, sustituyendo el derecho creado
por el acto revocado para la persona por el derecho a ser compensado por la pérdida sufrida
con la revocación.

La doctrina española precisó hace años el mismo criterio respecto a la revocación de actos que crean derechos individuales. García de Enterría y Tomás Ramón Fernández, por
ejemplo, señalaron que "Un acto que declare derechos a favor de un administrado y que no
presente vicios en su constitución no puede ser revocado de oficio por la propia Administración so pretexto de que el acto se ha convertido en inconveniente o inoportuno en un determinado momento;" agregando sin embargo que "una solución de equilibrio que garantizaría
tanto al interés público como al de los particulares sería la de permitir la revocación por motivos de simple oportunidad o conveniencia, condicionándola, sin embargo, al reconocimiento y pago de un indemnización adecuada que compensase la pérdida de los derechos recono-

---

[53]   Véase en Allan R. Brewer-Carías, *Principios del Procedimiento Administrativo en América
Latina*, Universidad del Rosario, Bogotá 2003, pp., 33-42.

cidos por el acto revocado[54]". Agregaron, en todo caso, que para dicha solución sea viable requiere una disposición que permita la revocación por razones de mérito, la cual en cualquier caso debe reconocer los derechos de las personas afectadas a recibir una compensación, conforme al principio de responsabilidad administrativa por sacrificio individual o de pérdida de igualdad en presencia de cargas públicas[55].

En conclusión, sólo los actos administrativos de efectos generales y los actos administrativos de efectos particulares que no crean o declaran derechos subjetivos a favor de una persona son revocables por razones de mérito o conveniencia. Excepcionalmente, la Administración puede revocar actos administrativos que crean derechos subjetivos o intereses legítimos a favor de particulares por razones de mérito u oportunidad, pero siempre mediando el pago de una justa compensación por la expropiación del derecho o interés. Este es el sentido de lo decidido por la Sala Político-Administrativa del Tribunal Supremo de Justicia en sentencia de 11 de mayo de 2005, donde estableció que la revocación de "un acto administrativo creador o declarativos de derechos a favor de los particulares en forma no autorizada por el ordenamiento jurídico, da derecho a éstos a ser indemnizados por los daños y perjuicios que les cause la revocación o suspensión de los efectos del acto[56]". En la sentencia, en efecto se resolvió lo siguiente:

"la potestad declaratoria de nulidad que está prevista en el artículo 83 *ejusdem*, cuando autoriza a la Administración para que, en cualquier momento, de oficio o a instancia del particular, reconozca la nulidad absoluta de los actos por ella dictados. De allí que la Ley consagre la irrevocabilidad de los actos creadores de derechos a favor de los particulares, pero un acto viciado de nulidad absoluta –en sede administrativa– no es susceptible de crear derechos.

La consecuencia fundamental de este principio es que la revocación o suspensión de los efectos de un acto administrativo creador o declarativos de derechos a favor de los particulares en forma no autorizada por el ordenamiento jurídico, da derecho a éstos a ser indemnizados por los daños y perjuicios que les cause la revocación o suspensión de los efectos del acto[57]".

VI. LA TÉCNICA ADMINISTRATIVA DE ASEGURAR LA PARTICIPACIÓN CIUDADANA EN EL RÉGIMEN DE LOS RECURSOS NATURALES Y DEL AMBIENTE, EN PARTICULAR DE LOS PUEBLOS Y COMUNIDADES INDÍGENAS

La técnica de derecho administrativo de asegurar la participación ciudadana en las tareas administrativas, que se ha venido desarrollando en forma dispersa en las últimas décadas,[58] puede decirse que ha encontrado una regulación concreta en relación con los pueblos y comunidades indígenas, incluso con amplio fundamento constitucional.

En la actualidad, en efecto, en casi todas las Constituciones recientes de América Latina se ha incorporado un amplio conjunto normativo en relación con los Pueblos y Comunidades

---

[54]   Véase Eduardo García de Enterría y Tomás-Ramón Fernández, *Curso de Derecho Administrativo*, Vol. I, 6ª Ed., Editorial Civitas, Madrid 1994, p. 637.

[55]   *Ídem.*

[56]   Véase la Sentencia N° 01033 de la Sala Político-Administrativa del Tribunal Supremo de Justicia de 11-05-2000 (Caso *Aldo Ferro García v. la marca comercial KISS*), en http://www.tsj.gov.ve/decisiones/spa/Mayo/01033-110500-13168.htm.

[57]   *Ídem.*

[58]   Véase Allan R. Brewer-Carías, "El derecho administrativo y la participación de los administrados en las tareas administrativas", *El Derecho Administrativo en Latinoamérica*, Vol. II, Ediciones Rosaristas, Colegio Mayor Nuestra Señora del Rosario, Bogotá 1986, pp. 275-310.

Indígenas, garantizándoseles en especial, el derecho a la participación particularmente en materia de políticas públicas en materia de aprovechamiento de los recursos naturales. En tal sentido, por ejemplo, la Constitución venezolana de 1999 establece que

> *Artículo 120.* El aprovechamiento de los recursos naturales en los hábitats indígenas por parte del Estado se hará sin lesionar la integridad cultural, social y económica de los mismos e, igualmente, está sujeto a previa información y consulta a las comunidades indígenas respectivas. Los beneficios de este aprovechamiento por parte de los pueblos indígenas están sujetos a esta Constitución y a la ley.

Esta necesaria participación de los pueblos y comunidades indígenas en las decisiones sobre aprovechamiento de los recursos naturales en los hábitats indígenas por parte del Estado, mediante "información previa y consulta" a las comunidades indígenas respectivas, en particular se ha regulado en la Ley Orgánica de Pueblos y Comunidades Indígenas de 2005,[59] en la cual se dispone en forma general que el Estado debe promover y desarrollar acciones coordinadas y sistemáticas que garanticen la participación efectiva de los pueblos, comunidades y organizaciones indígenas en los asuntos nacionales, regionales y locales; garantizándose el derecho a los mismos, de participar directamente o a través de sus organizaciones de representación, en la formulación de las políticas públicas no sólo dirigidas a estos pueblos y comunidades, sino de cualquier otra política pública que pueda afectarles directa o indirectamente (Art. 6); y que el aprovechamiento por parte del Estado de los recursos naturales propiedad de la Nación en el hábitat y tierras de los pueblos y comunidades indígenas, está sujeto a la consulta previa a los mismos que estén involucrados, la cual debe ser suficientemente informada, fundamentada y libremente expresada por dichos pueblos y comunidades indígenas, conforme al procedimiento establecido en la Ley (art. 54). La Ley, además, prohíbe la ejecución de actividades en el hábitat y tierras de los pueblos y comunidades indígenas que afecten grave o irreparablemente la integridad cultural, social, económica, ambiental o de cualquier otra índole de dichos pueblos o comunidades.

En relación con la mencionada consulta previa, el artículo 11 de dicha Ley Orgánica dispone que "toda actividad susceptible de afectar directa o indirectamente a los pueblos y comunidades indígenas, debe ser consultada aquellos involucrados. En particular, conforme a la misma norma, toda actividad de aprovechamiento de recursos naturales y cualquier tipo de proyectos de desarrollo a ejecutarse en hábitat y tierras indígenas, esta sujeta al procedimiento de información y consulta previa establecido en la Ley. Este procedimiento exige que los proyectos se presenten a dichos pueblos y comunidades indígenas involucrados, para que reunidos en asamblea decidan en qué medida sus intereses puedan ser perjudicados y los mecanismos necesarios que deben adoptarse para garantizar su protección (art. 13). A tal efecto la ley regula con precisión la forma de presentación de los proyectos, con lapsos para ello, las reuniones previas que deben realizarse con los proponentes del proyecto, la forma cómo deben realizarse las asambleas, y los acuerdos que se adopten, que conforme a la ley, deben establecerse por escrito de mutuo acuerdo entre éstos y los proponentes, con las condiciones de su ejecución según el proyecto presentado (arts. 16-18).

La ley Orgánica incluso consagra expresamente el derecho de los pueblos y comunidades indígenas de poder intentar "la acción de amparo constitucional contra la actuación de cualquier institución pública, privada o de particulares, que inicien o ejecuten cualquier proyecto dentro del hábitat y tierras indígenas sin cumplir con el procedimiento establecido" para las consultas previas, legitimándose además, a los mismos para "solicitar la nulidad de

---

[59] Véase en *Gaceta Oficial* N° 38344 de 27-12-2005.

las concesiones o autorizaciones otorgadas por el Estado cuando los proponentes o encargados de la ejecución del proyecto, violen lo acordado con los pueblos y comunidades indígenas involucrados. Art. 19).

Esta consulta previa e informada para los pueblos y comunidades indígenas prevista en la Ley Orgánica, en los casos de exploración, explotación y aprovechamiento de los recursos naturales, conforme a la previsión expresa del artículo 59 de la Ley es obligatoria, so pena de nulidad del acto que otorgue la concesión. El contrato de concesión respectivo debe incluir las condiciones en que debe realizarse dicha exploración, explotación y aprovechamiento, de manera que en caso de incumplimiento de las condiciones de consulta y participación en la exploración, explotación y aprovechamiento de los recursos naturales y en la ejecución de los proyectos de desarrollo, o de ocurrir cambios no previstos en el diseño del proyecto original conocido, hace nulo el contrato de concesión y sin lugar a indemnización. A tal efecto, la Ley legitima a los pueblos indígenas, sus comunidades y organizaciones para ejercer las acciones judiciales y administrativas que correspondan para garantizar el respeto de este derecho[59.]

Además, y en especial en relación con el aprovechamiento de los recursos naturales en hábitat y tierras de los pueblos y comunidades indígenas, la Ley Orgánica, además de establecer el derecho de los pueblos y comunidades indígenas al uso y aprovechamiento sustentable y a la administración, conservación, preservación del ambiente y de la biodiversidad; y al aprovechamiento de las aguas, la flora, la fauna y todos los recursos naturales que se encuentran en su hábitat y tierras, para su desarrollo y actividades tradicionales (at. 53).

Además, la Ley Orgánica garantiza a los pueblos y comunidades indígenas, en cuyo hábitat y tierras se ejecuten actividades de aprovechamiento de recursos naturales o proyectos de desarrollo por parte del Estado o particulares, directa o indirectamente, el derecho a percibir beneficios de carácter económico y social para el desarrollo de sus formas de vida, los cuales deben ser establecidos en el mecanismo de consulta previsto en la Ley (art. 57).

El pliego de condiciones y su naturaleza jurídica en el procedimiento administrativo especial de selección de contratistas

César A. Estéves Alvarado

Profesor de Postgrado de la Universidad Católica Andrés Bello

Resumen: *Este trabajo de investigación trata sobre el Pliego de Condiciones incorporado en la Ley de Contrataciones Públicas, considerada herramienta central del procedimiento administrativo especial de selección de contratistas, en virtud de que el pliego define las necesidades del Poder Público por lo que concierne a la obras, a los bienes muebles y a los servicios comerciales destinados a beneficiar al interés general, cumpliendo así con un aspecto importante de los fines del Estado. Al estudiar el pliego de condiciones, investigamos su naturaleza jurídica a nivel doctrinario y jurisprudencial en el ámbito del Derecho Administrativo nacional e internacional, con el resultado de calificarlo en consecuencia como un Acto Administrativo.*

Palabras Clave: *Pliego de condiciones, acto administrativo, ley de contrataciones públicas, derecho administrativo, derecho publico*

Abstract: *This research paper deals with the specifications incorporated in the Public Contracting law as a main tool for the special administrative procedure for selection of contractors by virtue that the specification defines the needs of the public power as regards to the works, the movable goods and commercial services to benefit the public interest thus fulfilling a significant part of the purposes of the State. By studying the specifications, we investigated their legal nature to doctrinal and jurisprudential level in the field of administrative law nationally and internationally, with the result of rate it accordingly as an administrative act.*

Key words: *Specifications, administrative act, public contracting law, administrative law, public law.*

I.   ANTECEDENTES NORMATIVOS

Trasladándonos al primer instrumento de rango sublegal del siglo XX, que se destinó a regir las contrataciones del Estado, y partiendo de allí hasta el presente, se observa, que en el año 1909, para entonces el Ejecutivo Federal, dictó lo que denominó una *Ley Reglamentaria* [al presente, Decreto Reglamentario, la conjunción de dos actos administrativos][1,] para orga-

---

[1]   Esta Ley Reglamentaria como se le denominaba para la época, fue precedido por la revisión del estudio del proyecto de ese instrumento de obras públicas nacionales y de interés nacional (*sic*) de fecha 26 de febrero de 1909, cuyo resultado fue expuesto en la Resolución del Ministerio de Obras Públicas de fecha 14 de abril de 1909, publicada en la *Gaceta Oficial de los Estados Unidos de Venezuela* N° 10.568 de esa misma fecha. El artículo 116 de esta Ley Reglamentaria derogó el Decreto del 13 de abril de 1874 (S. XIX), sobre obras de fomento y cualesquiera otras disposiciones sobre la materia que pudieran estar en oposición con la letra del aludido instrumento.

nizar según sus artículos 1° y 2°, las obras públicas nacionales, tanto de *necesidad pública* como de *comodidad, de utilidad pública y de ornato público*; y se prescribió en su texto entre otros, de modo expreso, que la construcción de las obras públicas podía realizarse con sus propios medios y elementos o mediante la contratación con particulares y llegaría a perfeccionarse una vez suscritos los contratos con el Gobierno Nacional; que la ejecución de esas obras sería pagada con recursos provenientes del Tesoro Nacional (artículo 3°, artículos 67°-86°) y, admitía que la ejecución y explotación de las obras de interés nacional, podía otorgase bajo la figura de la concesión de obras públicas (artículo 4°); que la ejecución de obras públicas nacional debía someterse previamente a licitación con la participación de las personas naturales o jurídicas privadas capaces de ejecutar las mismas, y de ejercer efectivamente, la posición de patrono del personal técnico y obrero destinado a esa ejecución; asimismo ordenaba, que se indicaría el objeto y el lugar donde se ejecutaría y la suma máxima de dinero disponible por el gobierno para sufragar esa obra, la caución real o personal que debía prestar el agraciado (sic; léase, la persona natural o jurídica beneficiada con la buena pro o adjudicación del contrato); se admitía, distinta a las obras, los trabajos de reparación o refacción de edificios y estos no serían sometidos a licitación; que a todos los efectos, se entendería decretada una obra, con la aprobación de los planos, descripción de los trabajos, presupuesto (s) -oferta-, memoria -descriptiva- levantados para ella (artículos 7°-11°, 13°, 17°). En esta Ley Reglamentaria, *no se hacía referencia alguna a los pliegos de condiciones ni a las condiciones mínimas* para ofertar, presumiendo que para poder elaborar esa oferta el gobierno facilitaba a los interesados la información técnica indispensable para ello. Quedó encargado de la ejecución de ese instrumento (artículo 118°) por el gobierno nacional, el para aquel entonces Ministerio de Obras Públicas. Esta Ley Reglamentaria como lo indicaba su artículo 117°, derogó el Decreto de fecha 13 de abril de 1871 sobre obras de fomento y otras disposiciones sobre la materia; todo lo expuesto se desprende de su publicación en la *Gaceta Oficial* de los Estados Unidos de Venezuela, Número Extraordinario de fecha 15 de abril de 1909.

Años después, en 1947, el Ministerio de Obras Públicas dictó la Resolución Ministerial N° 8 de fecha 08 de marzo de 1947 publicada en la Gaceta Oficial N° 22.257 de la misma fecha, y en ella se observa, la inexistencia de referencia expresa al pliego de licitaciones o pliego de condiciones; lo que sí aparece en ese acto administrativo es la específica mención a pautas o condiciones especiales o estipulaciones relativas entre otras, a la forma y oportunidad para presentar tanto propuestas como la apertura de los sobres y ofertas.

Otro instrumento de importancia para las contrataciones del Estado, fue el Reglamento de compras -ordenador orgánico- (adquisiciones / procura de bienes muebles) del Ministerio de Minas e Hidrocarburos dictado por la Resolución Ministerial N° 1.400 de fecha 08 de octubre de 1958, publicada en la *Gaceta Oficial* N° 25.780 de la misma fecha, que ordenaba entre otros requerimientos, fijar las etapas o fases del procedimiento, listar los materiales y otros bienes solicitados por ese Ministerio que se proponía adquirir a través de la licitación, mediante el llenado de formularios y la entrega de sobres oficiales que debían adquirir y suministrar los participantes; y como en el caso anterior no se hizo mención alguna a los pliegos de licitaciones o de condiciones.

En el año 1974 se dictó la Ley Orgánica de la Hacienda Pública Nacional -LOHPN- publicada en la *Gaceta Oficial* N° 1.660 Extraordinario de fecha 21 de junio de 1974, consolidando mediante normas de rango legal, la licitación pública como procedimiento especial de estricta observancia, dirigido a ordenar la selección de contratistas para la Administración Pública. En su artículo 428 se marcó el rumbo de ese procedimiento, y de modo expreso se indicó que las condiciones y otras especificaciones de la licitación de obras y bienes se anunciarían en prensa. Por primera vez se ve reflejado en un instrumento legal que marcaba una regulación primaria de las contrataciones del Estado, un *pliego cerrado "sui generis"* para referirse al *medio o mecanismo* que utilizaban los participantes para *consignar* sus documentos legales y económico-financiero, propuesta u oferta, cauciones y fianzas; así mismo se indicaba en el aviso de prensa, la fecha y hora para la apertura de ese pliego. A nuestro juicio, fue otro *el fin o el destino* que la Ley le dio a ese instrumento reputado pliego, al dejar entrever, que se trataba más de la estructura de una oferta que de un pliego de condiciones propiamente dicho como posteriormente será analizado.

Siguiendo el lineamiento y el sometimiento a lo contenido en la mencionada Ley Orgánica, el Ejecutivo Nacional dictó el Instructivo Presidencial N° 24, contentivo de normas de rango sublegal destinadas a complementar o desarrollar los precitados artículos 427 y 428, identificadas como *normas de licitación para la contratación de obras y adquisición de bienes de la administración pública nacional*; publicado en la *Gaceta Oficial N°* 30.905 de fecha 27 de enero de 1976, igualmente aplicable, a la naciente Administración Descentralizada, integrada entre otras, por las empresas del Estado que asumían la responsabilidad por el manejo del negocio petrolero y del minero recién nacionalizados. En ese Instructivo por ejemplo, se sigue en sus artículos 1 al 7 el mismo esquema de publicación en prensa del aviso de licitación, fecha y hora de los actos públicos de recepción de documentos legales y económicos-financieros de las condiciones generales o particulares, de la oportunidad de presentar la manifestación de voluntad y ofertas, etc. No se evidencia la existencia de *un pliego de licitaciones* ordenador del cúmulo de requerimientos y exigencias del procedimiento licitatorio.

Entre los años 1985 y 1989, se dictaron los Decretos Ejecutivos N°s. 337, 543, y 133 [que se modificaron sucesivamente en ese orden], reguladores de *licitaciones públicas, concursos privados y adjudicaciones directas para la contratación de obras y la adquisición de bienes muebles para la administración central* y de aplicación supletoria en la Administración Descentralizada. El último de ellos, el Decreto N° 133 publicado en la *Gaceta Oficial N°* 34.200 de fecha 17 de abril de 1989 se mantuvo en vigencia hasta el mes de agosto de 1990.

En ese mismo mes de agosto el Congreso de la República dictó el primer instrumento de rango legal denominado **Ley de Licitaciones** publicada en la *Gaceta Oficial N°* 34.528 de fecha 10 de agosto de 1990; en su texto no se hace mención alguna al pliego de licitación, y se mantiene la referencia a las condiciones generales de la licitación. Esta ley fue reformada en el año 1999, mediante Decreto con Rango de Ley N° 296 de fecha 15 de septiembre de 1999, en el cual por primera vez se alude al pliego de licitación y su contenido como lo prescribía su artículo 11.

Posteriormente, la aludida Ley fue nuevamente reformada por el Decreto con Rango y Fuerza de Ley N° 1.121, en cuyos artículos 11 al 22, aparece una referencia directa por segunda vez al pliego de licitación, su contenido y valor en el procedimiento de licitación, tal como se evidencia de su publicación en la *Gaceta Oficial N°* 37.097 de fecha 12 de diciembre de 2000. El año siguiente, fue reformada esa Ley mediante Decreto con Rango y Fuerza de Ley N° 1.555 publicado en la *Gaceta Oficial N°* 5.556 Extraordinario de fecha 13 de noviembre de 2001, en cuyo texto se amplían los particulares del pliego de licitación como se observa de los artículos 42, 43, 46-53. Esta Ley mantuvo su vigencia hasta el mes de marzo de 2008.

Fue entonces en el año 2008, cuando se promulga la Ley de Contrataciones Públicas -LCP- publicada la primera vez como Decreto con Rango, Valor y Fuerza del Ley de Contrataciones Públicas en la *Gaceta Oficial N°* 5.877 Extraordinario de fecha 14 de marzo de 2008; y una segunda vez, republicada por fallas originales en la *Gaceta Oficial N°* 39.895 del 25 de marzo de 2008; posteriormente, se promulgó como aparece en la Gaceta Oficial N°

39181 de fecha 19 de mayo de 2009, el Reglamento de la Ley de Contrataciones Públicas en lo adelante referido con el acrónimo RLCP; sin embargo, la Ley de Contrataciones Públicas, en lo adelante mencionada con el acrónimo LCP, fue reformada parcialmente y publicada en la *Gaceta Oficial* N° 39.503 de fecha 06 de septiembre de 2010, para así incorporar un nuevo capítulo (VII) titulado medidas preventivas. En ambos instrumentos se mantuvieron significativas referencias al pliego de condiciones como elemento fundamental del procedimiento administrativo especial de selección de contratistas para la Administración Pública.

No obstante haberse incorporado en el procedimiento administrativo de selección de contratistas, el instrumento denominado pliego de licitación o de condiciones a partir del ya mencionado Decreto con Rango y Fuerza de Ley N° 1.121 de la Ley de Licitaciones pasando por la vigente Ley de Contrataciones Públicas, no se ha encontrado en la doctrina patria referencia conceptual y extensamente explicativa, simplemente incipiente, del significado y de la naturaleza jurídica de pliego de licitaciones o de condiciones; en síntesis, se tratará de precisar, si este pliego configura o encaja dentro de la figura de acto administrativo o si por el contrario, se está en presencia de un reglamento, discusión ésta, ya avanzada por la doctrina y la jurisprudencia administrativa, tanto del Consejo de Estado de la República de Colombia como de la Procuraduría General y de la Corte Suprema de la República Argentina, del Tribunal del Contencioso Administrativo de la República Oriental del Uruguay, de la doctrina administrativa chilena y del Tribunal Supremo Español que a continuación se examinarán.

II. NATURALEZA JURÍDICA DEL PLIEGO DE CONDICIONES Y DE SU CONFECCIÓN

Previo al análisis a través del cual se determinará si el pliego de condiciones, en el procedimiento administrativo de selección de contratista, se corresponde o encaja en la figura de un reglamento o de otro tipo de acto administrativo, deberá indagarse, si en la jurisprudencia y en la doctrina foránea se conceptualiza y se explica pormenorizadamente el pliego de condiciones o de licitación, desde la perspectiva de su naturaleza jurídica.

1.   *Doctrina y jurisprudencia foránea comparada*

A.   *Doctrina y Jurisprudencia Administrativa Argentina*

De un modo amplio y elaborado, la ***doctrina y la jurisprudencia administrativa argentina*** han calificado el pliego de condiciones o de licitación como sigue:

En criterio del Profesor Roberto Dromi, "El pliego o "programa contractual", es el conjunto de cláusulas formuladas unilateralmente por el ente licitante. En el se especifican el suministro, obra o servicio que se licita, las condiciones a seguir en la preparación y ejecución del contrato y los derechos y obligaciones de los oferentes y del futuro contratista"[2]. Según un dictamen producido por la Procuradurías General de la Nación Argentina citada por el Profesor Dromi, "Los pliegos de condiciones contienen reglas de carácter impersonal, ya que sirven para mantener la igualdad [observancia del principio de igualdad] entre los oferentes, siendo además la principal fuente de derechos y obligaciones…omissis…La fusión de voluntades [de la Administración y de los oferentes], se opera sin discusión porque el oferente debe aceptar íntegramente las cláusulas redactadas por el licitante. Caso contrario, su propuesta es inadmisible"[3]. (Corchetes nuestros)

---

2   Dromi, Roberto. *Licitación Pública,* Edición Ciudad Argentina 1995, p. 245.

3   *Ibid.* p. 247.

En cuanto al sometimiento de los pliegos al imperio de la Ley, Dromi agrega, "En este sentido [esto es, refiriéndose al Principio de Legalidad al cual está sometida la Administración Pública], la Corte Suprema de Justicia de la Nación [Argentina] destacó la sujeción de la Administración y de las entidades estatales al principio de legalidad en materia de contratos públicos…omissis…En virtud de este principio -dice la Corte- queda desplazada la regla de la autonomía de la voluntad de las partes…que la celebración del contrato queda sometida a las *formalidades preestablecidas para el caso*, y el objeto del contrato a contenidos *impuestos normativamente*, de los cuales las personas públicas no se hallan habilitadas para disponer sin expresa autorización legal, y *no corresponde admitir que, por su condición de reglamentos, las previsiones de los pliegos de condiciones generales* prevalezcan sobre lo dispuesto en normas de rango legal y, en cambio, debe en todo caso entenderse que *el sentido, la validez e incluso la eficacia de las primeras queda subordinada* a lo establecido en la *legislación* general aplicable al contrato, *que los pliegos tienen por finalidad reglamentar*"[4].(Cursivas nuestras)

Por consiguiente, se deduce de lo precedente, que para la Argentina, tanto la doctrina como la jurisprudencia generada en su más alta Corte, admiten el carácter *reglamentario* del pliego de condiciones, más aun cuando, Dromi refiere a que el pliego deberá ser aprobado mediante decreto del Poder Ejecutivo o por resolución ministerial[5]; y más adelante indica lo siguiente: " …omissis... El pliego de bases y condiciones para la contratación de obras públicas *fue aprobado por res. Ministerial 2529/54*, siendo objeto de posteriores modificaciones"[6]. De lo anterior se puede concluir, que para el Derecho administrativo argentino, el pliego de condiciones es parte sustancial del procedimiento de selección de contratistas para las contrataciones públicas, es un *reglamento de la Ley* que regula las condiciones generales o especiales fijadas para la selección de contratistas y de sus ofertas, que se incorporarán como parte del contrato que suscriba la Administración con el contratista beneficiado con la adjudicación; como tal, el pliego de condiciones deberá ser aprobado por *Decreto emanado del Poder Ejecutivo* o por *resolución ministerial emanada del ministerio competente*, dentro del alcance de la potestad reglamentaria en ese sistema de Derecho.

B.   *Sistema Jurídico-Administrativo Uruguayo*

En el *sistema jurídico-administrativo uruguayo*, el prominente jurista Profesor Sayagués Lazo, define el pliego de condiciones "Como el conjunto de cláusulas redactado por la Administración, especificando el suministro, obra o servicio que se licita estableciendo las condiciones del contrato a celebrarse y determinando el trámite a seguir en el procedimiento de licitación"[7] En criterio del maestro, el pliego "es la principal fuente de donde se derivan los derechos y obligaciones de las partes intervinientes, y al cual ha que acudir, en primer término, para resolver todas la cuestiones que se promuevan, tanto mientras se realiza la licitación, como después de adjudicada, durante la ejecución del contrato…"[8]. Y agrega, que "Por lo general se confecciona un pliego expresamente para cada licitación. En este sentido se dice que el pliego es especial. Pero ocurre que la Administración celebra con mucha frecuencia

---

4   *Ibid*. p. 246.

5   Dromi, *op.cit.* supra, nota 1, p. 245.

6   Dromi, *op.cit.* supra, p. 256.

7   Sayaguéz Lazo, Enrique. *La Licitación Pública*. B de f. Montevideo, Buenos Aires, 2005, p.101.

8   *Ibid*. p.102.

determinados contratos, que por ser de la misma clase requieren pliegos de condiciones coincidentes en la mayoría de sus cláusulas, tal como sucede con los contratos de obras públicas...como...construcciones de puentes, calzadas, etc...se confeccionan pliegos generales para esas categorías de contratos"[9].

En dicho sistema, el pliego de condiciones forma parte del contrato; al respecto el Profesor Sayagués cita un extracto de una sentencia signada 437/91 dictada por el Tribunal Contencioso Administrativo -TCA- de la República Oriental del Uruguay[10] al tenor que sigue:

- *Jurisprudencia.* "Algunos autores lo han denominado [al pliego] como ley del contrato, puesto que sus cláusulas constituyen la fuente principal de los derechos y obligaciones de la Administración y de quien en definitiva suscriba el contrato como proponente aceptado, debiendo cumplirse estrictamente...omissis...que una vez adjudicada la licitación y celebrado el contrato [el pliego] forma parte del mismo, es más, constituye la fuente principal de donde se derivan derechos y obligaciones de las partes intervinientes, a la que deberá acudirse en primer término, para resolver todas las cuestiones que se promuevan tanto durante el procedimiento licitatorio, como una vez adjudicada la licitación en la ejecución del contrato".

Por lo que respecta a su naturaleza jurídica, el profesor Sayagués sin afirmarlo expresamente, indica que en Uruguay, "existen Pliegos Generales y pliegos con cláusulas especiales, y de los primeros más importantes son los aprobados para la construcción de Obras Públicas Nacionales...Obras Públicas de Arquitectura...Obras Públicas Municipales... el de adquisición de Muebles y Útiles..., todos aprobados mediante *Decretos emanados del Poder Ejecutivo* contentivos de un *reglamento* o *de normas de carácter reglamentario*[11], dictados por la autoridad administrativa competente"[12].

C.   *Doctrina y Jurisprudencia Colombiana*

En el caso de la ***doctrina y jurisprudencia colombiana*** y a pesar de las diferencias de opiniones sobre la naturaleza jurídica del pliego, que van desde afirmar su carácter reglamentario[13] o por el contrario, sostener su esencia de acto administrativo[14], ha sido una vez más, la jurisprudencia del Consejo de Estado y de la Corte Constitucional las que han despejado las

---

[9]   *Ibid.* p.108.

[10]   Sayaguéz, *op.cit.*supra. p. 102.

[11]   *Ibid.* p.110

[12]   *Ibid.* p.108, notas 11-14 a la p. 109.

[13]   En el caso de la doctrina colombiana, referida en el Caso Francisco I. Herrera Vs. Instituto de Planificación y Promoción de Soluciones Energéticas (IPSE) extractado en el texto supra, se cita la opinión del Profesor Rodrigo Escobar Gil, quien afirma que los términos de referencia [los pliegos de condiciones] tienen una naturaleza exclusivamente normativa y reglamentaria, porque en ellos se consagran directrices abstractas e impersonales que en forma unilateral expide la administración pública, cuyo contenido está dirigido a todos aquellos que intervienen en el proceso de selección". (Corchetes, nuestros)

[14]   Consejo de Estado. Sala en lo Contencioso Administrativo, Sección Tercera. 01 de agosto de 1.991. Radicación número: 6802. Caso *Fernando Sarmiento C., vs. Instituto Nacional de Radio y Televisión - Inravisión - Consejo Nacional de Televisión.* Afirmó la sentencia: "El pliego de peticiones es un acto unilateral proferido por la entidad pública, con efectos jurídicos propios tanto en el proceso de selección del contratista como en los posteriores de celebración y ejecución del contrato; reglamenta las relaciones de quienes participan en el primero; es fuente de interpretación de las cláusulas que se acuerdan y se ejecutan en los últimos; *de allí que su naturaleza corresponda a la de un acto administrativo general".* (Cursivas nuestras)

dudas y ha ampliado la comprensión en conexión con la finalidad y utilidad de pliego dentro del procedimiento de selección del contratista de la Administración, como se nota del extracto de sentencias que se transcriben a continuación:

- *Jurisprudencia.* "...[La Ley] consagra *el deber* que tiene la Administración Pública, previamente a la apertura de la licitación o del concurso, *de elaborar los pliegos de condiciones o términos de referencia* que contengan *reglas claras, justas y completas* que permitan la presentación de ofrecimientos de la misma índole, aseguren *la escogencia objetiva del contratista* y *eviten la declaratoria de desierta de la licitación*; en dichos pliegos, *la entidad pública debe definir* el objeto del contrato, las condiciones de costo y calidad, el régimen jurídico que lo gobernará, los derechos y deberes de las partes y determinará los factores objetivos de selección del contratista...omissis... *No puede, entonces, aceptarse* que en los pliegos de condiciones o términos de referencia se consagren como requisitos habilitantes o criterios ponderables, *cláusulas, disposiciones o factores que no permitan medir o evaluar sustancialmente el mérito de una propuesta frente a las necesidades concretas de la Administración, toda vez que ello contraría principios de la contratación pública, como los de planeación, de transparencia y el deber de selección objetiva*"[15].

Ya más específicamente, una nueva decisión discute *la naturaleza jurídica del pliego*, como se evidencia del pronunciamiento emanado del Consejo de Estado en Sala en lo Contencioso Administrativo. Sección Tercera, fecha 24 de junio de 2004, radicación número: 25000-23-26-000-1994-0042-01(15235) DM. Sociedad Geominas, S.A., vs. Instituto de Fomento Comercial -IFI- Concesión Salinas[16], de cuyo texto se extrajo lo siguiente:

- *Jurisprudencia.* "El *pliego de condiciones*, precisa la sala, tal como lo señaló la delegada del Ministerio Público, ha sido ampliamente definido *por la doctrina y la jurisprudencia como un acto administrativo*, que cuando contiene cláusulas violatorias de la ley de contratación que restrinjan ilegalmente la participación de los oferentes o que de alguna manera se conviertan en un obstáculo para la selección objetiva, *es posible demandarlo en acción o de nulidad o de nulidad y restablecimiento del derecho en defensa de la legalidad* que debe presidir toda actuación administrativa...etc". (Cursivas nuestras)

En otra sentencia posterior emanada del precitado Consejo de Estado en la misma Sala, Sección Tercera, de fecha treinta (30) de noviembre de dos mil seis (2006). Radicación número: 11001-03-26-000-2000-00020-01(18059). Caso *Francisco I. Herrera vs. Instituto de Planificación y Promoción de Soluciones Energéticas (IPSE)*[17], se desecha para el pliego su configuración como reglamento, se ratifica su condición de *acto administrativo* y su posterior conversión en cláusula contractual como de seguida se transcribe:

- *Jurisprudencia.*"(...) La Sala, puesta de nuevo sobre el problema, estima que ambas posiciones son inexactas, la primera por equivocada y la segunda por insuficiente, según pasa a explicarse El *pliego de condiciones*, según la normatividad actualmente vigente en Colombia, *no es un reglamento* ya que, por definición, éste es un acto de carácter general, que tiene vocación de permanencia en el tiempo en tanto no se agota con su aplicación y se expide en ejercicio de la función administrativa. *Un pliego de condiciones no podría ser un reglamento administrativo porque carece de vocación de permanencia en el tiempo.* Por el contrario, está destinado *a surtir efectos en un solo proceso de contratación, al cabo del cual pierde su vigencia.* El reglamento, en cambio, admite que sea aplicado sucesivamente, sin que su utili-

15 *Vid.* Sentencia de fecha 11 de noviembre de 2009, Radicación número: 76001-23-31-000-1996-02254-01(17366) del referido Consejo, Sección Tercera, Sala de lo Contencioso Administrativo, caso *Javier Alonso Quijano vs. Empresas Municipales de Cali -EMCALI-* en www.consejodeestado.com

16 *Vid.* www.consejodeestado.com

17 *Ibidem.*

zación lo agote o extinga...omissis... Se podría decir que el pliego ostenta una "*naturaleza mixta*", en tanto su contenido es mutable, *pues nace como un acto administrativo general - naturaleza que conserva hasta el momento de la adjudicación del proceso de selección*, pero a partir de la celebración del contrato cambia, al menos en muchas de sus estipulaciones, esa naturaleza y se convierte en "*cláusula contractual*", porque no pocas de las condiciones del mismo se integran al negocio jurídico, como verdaderas cláusulas de éste, mientras que otras han perecido, a medida que avanza el proceso de selección. Así, por ejemplo, la aplicación sucesiva de las condiciones previstas en el pliego, es decir, en la medida en que avanza el procedimiento de licitación o de contratación directa, desaparecen, por agotamiento, las condiciones de participación, de evaluación, de desempate, las causales de rechazo de las ofertas, los plazos internos que rigen el proceso de licitación apertura y cierre, presentación de ofertas, evaluación, adjudicación, entre otras condiciones. Estos aspectos hacen parte del pliego de condiciones en tanto "*acto administrativo*". En cambio, "las exigencias técnicas de los bienes o servicios que se pretende adquirir, la estipulación sobre las garantías del contrato, los intereses a pagar en caso de mora, las condiciones de pago, la entrega del anticipo, la forma como se debe ejecutar el contrato, etc., *se integran al contrato como "cláusulas" del mismo* -teniendo efectos, en adelante, sólo entre la administración y el contratista". Más aún, este tipo de condiciones, de usual inclusión en los pliegos, podrían no reproducirse en el instrumento que contiene el clausulado y que, de ordinario, suscriben las partes, no obstante lo cual harán parte del mismo porque están previstas en el pliego;...omissis... de allí que *la doctrina y la jurisprudencia sostengan que "el pliego de condiciones es la ley del contrato"*, pues a él se acude, en adelante, para resolver conflictos sobre su contenido e interpretación. Las anteriores ideas reflejan que si bien *el pliego, en su origen, es un típico acto administrativo, en el camino que recorre el proceso de selección y posterior ejecución contractual cambia su naturaleza, para convertir una buena parte de su contenido en cláusula contractual*, pues múltiples condiciones perviven y se incrustan en el contrato mismo, rigiendo exclusivamente la relación administración-contratista". (Cursivas nuestras)

Finalmente, se extractan a continuación aspectos relativos en primer término, a la licitación pública y consecuentemente, a los pliegos de condiciones, contenidos en una amplia *sentencia de unificación dictada por la Corte Constitucional de la República de Colombia* en el caso *INVERAPUESTAS, S.A., vs. Lotería de Bolívar*[18] de gran utilidad y aporte doctrinario destinados a precisar la naturaleza jurídica del pliego de condiciones. Así la Corte, inicia su extenso análisis, comenzando por el principio de todo, léase, de la licitación pública afirmar:

- *Jurisprudencia.* "(...) En este orden de ideas, la doctrina especializada ha definido la licitación pública, como el procedimiento de formación de la voluntad contractual, mediante el cual, la Administración a través de una invitación de carácter público se dirige a todas las personas que reúnan las condiciones y aptitudes para celebrar un negocio jurídico determinado, para que en igualdad de oportunidades *y con estricta sujeción a los pliegos de condiciones*, presenten propuestas de negocio jurídico, *a fin de seleccionar aquella oferta que resulte más favorable a los intereses públicos del Estado...Omissis...* Así las cosas, la licitación pública se convierte en la herramienta idónea para salvaguardar la vigencia de dicho principio (léase, de la moralidad administrativa) *por cuanto asegura mediante el desarrollo de un procedimiento reglado, la transparencia e imparcialidad de las entidades para elegir al mejor proponente.*

En efecto, *la naturaleza reglada de la licitación pública* permite que el contrato estatal se adjudique al oferente que presentó la mejor propuesta, y proscribe cualquier discrecionalidad que permitiera a los servidores públicos adjudicar el contrato a favor del proponente o licitante que no reúna las mejores condiciones para la ejecución del proyecto.

---

[18] *Vid.* www.corteconstitucional.gov.co. Sentencia N° SU 713/06 de fecha 23 de agosto de 2006. Expediente N° T-851356.

- Mediante la licitación pública *se protegen igualmente los intereses económicos del Estado*, ya que a través del desarrollo de dicho procedimiento reglado, las entidades estatales aseguran que el oferente tenga las condiciones idóneas para ejecutar el objeto previsto en el pliego de condiciones y, a la vez, en concordancia con el principio de libre concurrencia, tienen la opción de escoger la mejor oferta, conforme a una serie de factores de evaluación, como es la experiencia, la calidad, el cumplimiento de contratos anteriores, etc., y se asegura también que el precio se ajuste a las condiciones de mercado y a la disponibilidad presupuestal de la entidad contratante.

- La licitación pública *salvaguarda además la vigencia de los principios constitucionales de igualdad* (artículo 13) *y de libre concurrencia* (artículo 333), al otorgar a todas las personas previstas en el pliego de condiciones que reúnan la capacidad técnica, administrativa, económica y financiera, la oportunidad de presentar ofertas a la Administración y de obtener el derecho a ser beneficiario de la adjudicación del contrato, siempre y cuando presenten la propuesta más favorable...*Omissis... El procedimiento administrativo de la licitación pública*, necesario en los contratos administrativos de mayor trascendencia, tiene por objeto asegurar el cumplimiento de dos objetivos fundamentales: que las entidades públicas estén en capacidad de elegir al mejor contratista, a través del conocimiento y comparación del mayor número de ofertas y que, a su vez, todos los empresarios o contratistas, estén en capacidad de contratar con las entidades públicas, a través de un medio que asegure la igualdad de trato...*Omissis...* Entre sus propósitos (de la licitación pública) están los de *evitar la realización de negocios amañados, ofrecer igualdad de oportunidades* a todos los posibles contratantes y, desde luego, *escoger las mejores propuestas...Omissis...*En consecuencia, la licitación es el procedimiento que *permite satisfacer integralmente el interés público* mediante la escogencia de la mejor oferta *que reúna todas las condiciones previstas en los pliegos de condiciones*; asegurando, por una parte, la moralidad, transparencia e imparcialidad en el ejercicio de las funciones administrativas por parte de las entidades estatales; y, por la otra, constituyendo el instrumento idóneo para hacer efectiva la igualdad de trato y la vigencia de la libre concurrencia en el trámite de formación de la voluntad contractual...*Omissis...*Por otra parte, *El Consejo de Estado*, en varias providencias, ha ratificado que la licitación pública es un *procedimiento administrativo complejo*, que se compone de *distintos actos y trámites preordenados y subsecuentes* destinados a la escogencia del proponente que presente la mejor oferta *y reúna la plenitud de condiciones previstas en los pliegos de condiciones...Omissis... El sistema estatal de selección de contratista es invariablemente un procedimiento administrativo* donde se articulan la demanda del Estado, las ofertas de los particulares interesados, el desenvolvimiento de distintos actos principales y accesorios y un *acto definitivo de elección que se denomina adjudicación...Omissis...La licitación es un proceso integrado por varias fases que se cumplen en oportunidades distintas pero sucesivas, convenientemente reguladas por la ley y el pliego de condiciones*, mediante normas que obligan y por lo tanto regulan la conducta de la entidad contratante como de los sujetos que en calidad de oferentes intervienen en aquél...*Omissis...*17. Dentro de este *conjunto de actos se encuentra el denominado pliego de condiciones*, el cual se puede definir como *el conjunto de reglas que elabora exclusivamente la Administración para disciplinar el procedimiento de selección objetiva del contratista y delimitar el alcance del contrato estatal.* Se trata de *un acto de contenido general, que fija los parámetros para comparar las propuestas presentadas por los oferentes y que permite regular los derechos y obligaciones que emanan de la suscripción del contrato. De ahí que no sea un simple acto de trámite, sino un verdadero acto administrativo mediante el cual se plasma una declaración de inteligencia y voluntad dirigida a producir efectos jurídicos*, máxime cuando los pliegos tienen esencialmente un contenido normativo por ser la ley de la licitación y la ley del contrato...*Omissis...* Los pliegos de condiciones son elaborados unilateralmente por la Administración, sin ninguna participación de los eventuales proponentes, ya que corresponden a *una manifestación del poder o imperium del Estado*, quien a través de sus entidades estatales evalúa discrecionalmente la conveniencia, idoneidad, suficiencia y proporcionalidad de los requisitos habilitantes y de los factores de selección en ellos previstos, con el propósito de satisfacer el interés público que subyace en los fines de la contratación estatal...*Omissis...*Estas exigencias se enmarcan finalmente en el principio constitucional de la buena fe, que *le impone a la Administración la* *carga de elaborar con absoluta transparencia, objetividad e imparcialidad los pliegos de condiciones*, sobre la base de una plena identificación de las obras, bienes o servicios que le interesa contratar, las condiciones técnicas, legales y económicas mínimas para su desarrollo y la plena identificación de las calidades exigibles a los concursantes; requisitos que, so pena de ser considerados ineficaces, deben resultar proporcionales con el objeto licitado. Al respecto, dispone el artículo 25-5 de la Ley 80 de 1993, que: 5. En *los pliegos de condiciones o términos de referencia*:

a) Se indicarán los requisitos objetivos necesarios para participar en el correspondiente proceso de selección;

b) Se definirán reglas objetivas, justas, claras y completas que permitan la confección de ofrecimientos de la misma índole, aseguren una escogencia objetiva y eviten la declaratoria de desierta de la licitación o concurso;

c) Se definirán con precisión las condiciones de costo y calidad de los bienes, obras o servicios necesarios para la ejecución del objeto del contrato;

d) No se incluirán condiciones y exigencias de imposible cumplimiento, ni exenciones de la responsabilidad derivada de los datos, informes y documentos que se suministren;

e) Se definirán reglas que no induzcan a error a los proponentes y contratistas y que impidan la formulación de ofrecimientos de extensión ilimitada o que dependan de la voluntad exclusiva de la entidad, y

f) Se definirá el plazo para la liquidación del contrato, cuando a ello hubiere lugar, teniendo en cuenta su objeto, naturaleza y cuantía.

Serán ineficaces de pleno derecho las estipulaciones de los pliegos o términos de referencia y de los contratos *que contravengan lo dispuesto en este numeral*, o dispongan renuncias o reclamaciones por la ocurrencia de los hechos aquí enunciados...***Omissis***... En consecuencia... Queda claro entonces que *los pliegos de condiciones constituyen un acto administrativo definitivo de contenido general, respecto del cual se predica la existencia de una declaración unilateral de voluntad por parte de la Administración dirigida a producir efectos jurídicos...***Omissis***...Los pliegos de condiciones como actos administrativos gozan de la presunción de legalidad y son de obligatorio cumplimiento para la Administración, los licitantes y los contratistas*. Por lo anterior, (i) los pliegos resultan inalterables e inmodificables, salvo las excepciones que establezca la ley...***Omissis***...; (ii) Las propuestas deben ajustarse a los requisitos y condiciones en ellos previstos so pena de rechazo...***Omissis***... y finalmente, (iii) su nulidad por violación de la Constitución o la ley debe impugnarse ante la justicia administrativa, por parte de quienes tengan interés directo en ello". (Cursivas y subrayado nuestros)

D.   *Doctrina y Legislación Chilena*

Pasamos ahora a considerar, el criterio sostenido por la doctrina administrativa chilena con respecto a las denominadas Bases de Licitación o Bases Administrativas de una Licitación.

En principio, la legislación que rige la contratación administrativa chilena, está dispersa en varios instrumentos de naturaleza constitucional, legal y sublegal. A tal efecto, el Profesor Christian Rojas Calderón de la Pontificia Universidad Católica de Chile- Universidad Católica del Norte, expone sobre el particular lo siguiente: "(...) Si bien no hay en Chile una ley general de contratos administrativos, las *bases de la contratación administrativa* se encuentran consagradas en lo medular en el *artículo 63 de la Constitución Política de la República (CPR)*, en el *artículo 9 de la Ley 18.575* y en la *Ley N° 19.886, de Bases sobre Contratos*

Administrativos de Suministro y Prestación de Servicios[19]. Según el referido artículo 9, el Profesor Rojas Calderón apunta lo siguiente: "En la Ley 18.575, en cuanto el artículo 9 prescribe sobre los sistemas de contratación administrativos, en los siguientes términos: "(...) "El procedimiento concursal se regirá por los principios de libre concurrencia de los oferentes al llamado administrativo *y de igualdad ante las bases que rigen al contrato*"[20].

La igualdad de los participantes en el procedimiento de selección de contratistas, fundamentalmente se materializa y se garantiza con la inalterabilidad de las Bases de Licitación; así lo sostiene el Profesor Rojas en los términos que se transcriben: "Dentro de un procedimiento administrativo destinado a adjudicar un contrato, debe prevalecer la garantía que los participantes en él, así como la propia entidad licitante, se encuentren en todo momento en *la obligación de sujetarse estrictamente a las bases de licitación* que normen el procedimiento de contratación ...*omissis*... las bases *se hacen inmodificables* recién a partir del momento en que se da inicio al acto de entrega de ofertas y hasta que no se adjudique ni perfeccione el contrato...*omissis*... el artículo 3° del Reglamento para Contratos de Obra Pública prescribe que "Las bases administrativas de una licitación no podrán modificarse una vez que ésta haya sido abierta", *es decir, una vez que se hayan presentado las ofertas de los licitadores o interesados*"[21].

En conexión con la naturaleza jurídica de esas bases de licitación, el Profesor Rojas Calderón transmite el criterio doctrinal administrativo prevaleciente como sigue:

A estas bases también se las denomina *"Pliego de Condiciones" o "Bases Generales"* o *"Bases de Licitación."* Regularmente, las Bases de Licitación se componen de dos partes: una primera, denominada "bases administrativas" en que se regula la propia convocatoria al concurso y se establece el objeto, contenido, requisitos, derechos y deberes que impone el contrato a cada contratante; y una segunda parte, denominada "bases o especificaciones técnicas", que reflejan el proyecto que deberá ejecutarse o el servicio que deberá prestarse, con indicación precisa de los estándares mínimos de calidad y servicio que se exigirá al contratante. Así, las Bases *constituyen un estatuto único y unitario de carácter público* al que deben ceñirse, en forma estricta, todos y cada uno de los oferentes. Se trata de *la proposición pública y específica que se formula a los oferentes* para que participen en la licitación que se iniciará con el aviso de invitación al concurso público;...*omissis*... y agrega con mayor precisión, que tales bases o pliegos de condiciones están sujetos, en el caso de Chile, a la *previa aprobación de un órgano administrativo de control*, que se identifica con la Contraloría General de la República -CGR-, mediante la emisión de un acto administrativo contentivo e inseparable del pliego o base de licitación, al tenor siguiente: "Existe la eventualidad de que las Bases de Licitación, antes de convocarse públicamente al concurso o licitación *deban ser controladas por la CGR*. Así, por ejemplo, la *Resolución N° 520, de 1996, somete a toma de razón al acto administrativo que aprueba las Bases administrativas y técnicas de contratos de obras públicas que, a su turno, también deban estar afectos a toma de razón*[22].

---

[19] Rojas Calderón, Christian. Apuntes de Derecho Administrativo: Actividad Administrativa: Contratación Administrativa. Borrador. 2006. Universidad Católica del Norte. Chile. p.26. *Vid.* en http//todouniversidad.wikispaces.com/file/view/Actividad+administrativa.+Contratacion.doc. Consultada en agosto 2011.

[20] Rojas Calderón, *op.cit.* supra. p.27.

[21] *Ibid.* p.29.

[22] Rojas Calderón, *op.cit.* supra. p.33.

De lo trascrito, se evidencia la inclinación, tanto de la doctrina como de las normas reguladorias chilenas, de encuadrar *la naturaleza jurídica del pliego de condiciones o bases de la licitación* en un *acto administrativo*, en el cual la Administración las *incorporará y las hará una*; así, es ese *acto administrativo* el que les dará vida, que las legitimará y que al ser aprobadas llegarán a producir los efectos jurídicos esperados en el procedimiento de selección de contratistas, léase entre otros, la manifestación expresa de la Administración de requerir la intervención de personas naturales o de personas jurídicas de naturaleza pública o privada en la ejecución de contratos de obras, de adquisición-suministro de bienes muebles y la prestación de servicios comerciales, para y en beneficio del interés general, del interés público, del colectivo; la calificación o descalificación del participante, la aceptación o el rechazo de las ofertas, la exigencia de constitución de garantías de mantenimiento de la validez de las ofertas por un período excepcional, el requerimiento a los oferente para la ejecución de proyectos de envergadura, del establecimiento de consorcios con personas jurídicas nacionales y extranjeras con amplia y demostrada experiencia en el manejo de contratos IPC llave en mano o producto en mano, del fraccionamiento de un contrato en varios contratistas-ofertas participantes, etc.

En fin, sin el *acto administrativo* aprobatorio no se podrá afirmar, la existencia del elemento o mecanismo esencial que define, estructura y consolida la pretendida contratación administrativa, y que se identifica con el pliego de condiciones o bases de licitación, columna vertebral del procedimiento de selección de contratistas.

Por consiguiente, en el caso de Chile, el órgano o ente público licitante en cabeza de sus funcionarios competentes, asumen la responsabilidad de someter al criterio determinante de la Contraloría General de la República, los pliegos o bases de licitación, por lo que su utilización en los procedimientos administrativos de selección de contratistas estará sujeto a su revisión, a las observaciones si este fuere el caso, y en definitiva condicionada, a la previa autorización de la Contraloría General de la República -CGR-, mediante un Acto Administrativo contentivo de los mismos; en el entendido y a nuestro juicio, ese Acto Administrativo es el que le dará vida, legitimará y legalizará el Pliego o Bases de Licitación como así lo prescribe la normativa reguladora.

En tal sentido, se transcriben dos dictámenes emanados de ese organismo público de control que orientan sobre lo expuesto como sigue:

Dictámenes de la Contraloría General de la República de Chile. § "Materia: Licitación Pública. Pliego de Condiciones o Bases de Licitación. Aprobación del Pliego o Bases de Licitación mediante Acto Administrativo.

Dictamen N° 28.730 Fecha 9-05-2011

Requerimiento Normativo:

"Esta Entidad de Control ha debido abstenerse de dar curso a la resolución del epígrafe, que aprueba las bases de la licitación pública para la contratación de los servicios de seguridad y vigilancia de dicho Hospital, atendido que, *reingresado al trámite de toma de razón, no se han subsanado totalmente las observaciones advertidas inicialmente en relación con este instrumento.*

En primer término, cumple con manifestar que acorde con lo señalado en el *artículo 6° de la resolución N° 1.600, de 2008, de esta Contraloría General,* en el N° 1 de la parte resolutiva del documento, *deben aprobarse las Bases Técnicas y los anexos que se incluyen en el acto administrativo, conjuntamente con las Bases Administrativas.*

...*omissis*... Finalmente, es necesario señalar que la modificación de las Bases a que se refiere el artículo 47 del pliego de condiciones y la ampliación del contrato a que alude su artículo

54, *deben ser sancionadas mediante el respectivo acto administrativo, sometido al trámite de toma de razón, lo que se ha omitido indicar en la especie.* En mérito de lo anteriormente expuesto, *se representa el acto administrativo* estudiado. *...omissis...*" (Cursivas nuestras)

§ Materia: Licitación Pública. Pliego de Condiciones o Bases de Licitación. Aprobación del Pliego o Bases de Licitación mediante Acto Administrativo

(Resolución)

Dictamen N° 21.628 Fecha 8-04-2011

Requerimiento Normativo:

"La Contraloría General *ha dado curso a la resolución N° 14, de 2011, de la Dirección de Aeropuertos, que aprueba Bases Administrativas, Términos de Referencia y Anexos* que indica para la realización de la propuesta pública denominada "Contratación de Servicios de Reforestación para la Construcción del Nuevo Aeródromo Isla de Chiloé", pero cumple con hacer presente que *esa entidad deberá -mediante aclaración aprobada a través de un acto administrativo totalmente tramitado- definir los plazos de la licitación,* de conformidad con lo señalado en el artículo 22, N° 3, del decreto N° 250, de 2004, del Ministerio de Hacienda, que contiene el reglamento de la ley N° 19.886, de Bases sobre Contratos Administrativos de Suministro y Prestación de Servicios, debiendo para ello tener en consideración lo establecido en el artículo 25 del mismo reglamento.

Por último, es dable señalar que, en lo sucesivo, esa Dirección deberá tener en consideración que *las bases administrativas, técnicas y anexos deben contenerse íntegramente en la resolución (Acto Administrativo) que las apruebe, de acuerdo con lo señalado en el inciso tercero, del artículo 6°, de la resolución N° 1.600, de 2008, de esta Entidad de Control, lo que no se cumple en este caso respecto de los anexos 8 y 9...omissis...*Contralor General de la República[23]" (Cursivas y entre paréntesis nuestros)

E. *Doctrina y a la Jurisprudencia Administrativa Española*

Por lo que concierne a la ***doctrina y a la jurisprudencia administrativa española*** sobre el pliego de condiciones, cabe mencionar en primer término el criterio sostenido por el Tribunal Supremo español en Sala Tercera, Sentencia de fecha 4 de junio de 2004, N° Recurso 5286/2000[24], que es del tenor siguiente :

- Jurisprudencia. "(...) Desde luego asiste la razón al recurrente en el sentido de que el Pliego de Condiciones no puede considerarse como una simple invitación a participar, contra lo que declara la Sentencia recurrida, pues en efecto el Pliego de Condiciones puede contener y contenía la regulación del procedimiento de selección de contratista".

Y en otra Sentencia de fecha 17 de octubre de 2000, N° de Recurso 3171/1995[25], ese alto Tribunal se pronunció así:

- Jurisprudencia. "(...) Esta Sala, al analizar, con reiteración el alcance y contenido del Pliego de Condiciones en la contratación administrativa, ha reconocido como doctrina jurisprudencial reiterada (Sentencias...omissis...) que el Pliego de Condiciones es la Ley del Contrato [*que imperará y gobernará sobre él, a partir del momento en que lo suscriban la Administración con el contratista cuya oferta fue beneficiada con su adjudicación*], por lo que ha de estarse siempre a lo que se consigne en él respecto del cumplimiento del mismo,

---

[23]   Ministerio de Hacienda. Gobierno de Chile. http://www.chilecompra.cl/

[24]   Sancho, Ricardo Enríquez. *La Contratación Administrativa en la Jurisprudencia del Tribunal Supremo.* La Ley Grupo Wolters Kluwer. España, S.A., 2007. p.173.

[25]   Sancho Henríquez, Ricardo. *Op.cita.* supra. p. 180 y 181.

teniendo en cuenta que para resolver las cuestiones relativas al cumplimiento, inteligencia y efectos de los contratos administrativos, es norma básica lo establecido en los Pliegos de Condiciones, puesto que en la contratación se regulan los derechos y obligaciones de la contrata, dando lugar a lo que se considera la Ley del Contrato. (Criterio jurisprudencial reiterado...omissis...) (Corchete nuestro)

Ahora bien, con anterioridad a la suscripción del contrato administrativo por la Administración y el contratista beneficiado con la adjudicación, en materia de contratación pública, la Administración deberá llevar a cabo actos preparatorios de la (su) voluntad contractual, guiados por la Ley y su reglamento que rigen la materia; específicamente, la apertura del procedimiento administrativo especial de selección de contratista, con el llamado o invitación a participar según lo indiquen los concursos y la consulta de precios, y la entrega a los participantes del Pliego de Condiciones, que conjuntamente con la Ley y su reglamento como se expresó, marcarán el contenido y el rumbo de los referidos actos preparatorios. Sobre estos actos preparatorios unos contenidos en el Pliego de Condiciones y otros en la Ley y su reglamento como el caso del Derecho venezolano, la jurisprudencia del Tribunal Supremo español sentó en la Sentencia de fecha 20 de julio de 2005, N° de recurso 1816/2002[26], la doctrina que a continuación se extracta:

- *Jurisprudencia.* "(…) Conviene recordar, en primer lugar, la *constante doctrina de esta Sala* en torno a la interpretación que ha de darse al artículo 5.2 de la Ley 4/1980 reguladora del Estatuto de Radio y Televisión, y concretamente en lo que se refiere al *carácter de actos separables que se atribuye a los preparatorios que han de preceder al otorgamiento de los contratos concertados por el Ente Público* Radio y Televisión Española (RTVE)...omissis...debiendo *efectuarse una distinción entre el régimen relativo a los actos preparatorios -de naturaleza separable- que han de preceder al otorgamiento de los contratos concertados por el mismo* (sometidos al Derecho Administrativo) y el *régimen jurídico de las adquisiciones patrimoniales, o contratos ya celebrados*, que lo están con respecto al Derecho Privado". (Cursivas nuestras)

En cuanto a la validez de los actos preparatorios (en nuestro sistema de Derecho positivo materializados tanto en el Pliego de Condiciones como en la Ley y el reglamento que rigen la materia de selección de contratistas), cuando la contratación se ha verificado mediante concurso, anunciándose el mismo y cumpliéndose en su tramitación las reglas básicas de procedimiento aplicables a la contratación administrativa, el precitado Tribunal Supremo en Sentencia de fecha 8 de mayo de 2001, N° de Recurso 9664/1995[27], afirmó lo que parcialmente se transcribe:

- *Jurisprudencia.* (…) Posteriormente se inició una línea jurisprudencial, ya consolidada, que partiendo de esa naturaleza de RTE de Entidad de Derecho Público, *viene considerando a los actos de convocatoria y adjudicación* (entre otros, en el Derecho positivo venezolano) como "*actos separables*", y, en cuanto tales, *enjuiciables ante la jurisdicción contenciosa-administrativa...*".

En segundo lugar, otra es la posición doctrinal sostenida, por tres de los prominentes voceros del Derecho administrativo español sobre el punto en discusión en estos comentarios, y se trata de la expuesta en la prolija obra de los Profesores García de Enterría y Fernández, en cuyo texto parten los autores de la cita que hacen del artículo 1 de la Ley 30/2007, de 30

---

[26]   Sancho Enríquez, Ricardo. *La Contratación Administrativa en la Jurisprudencia del Tribunal Supremo... cit.* supra, p. 38.

[27]   *Ibid.* p.39.

de octubre, de Contratos del Sector Público -LCSP- cuyo extracto se transcribe a continuación: "El artículo 1 LCSP afirma que la Ley tiene por objeto garantizar que la contratación del sector público se ajusta a los principios de libertad de acceso a las licitaciones, de publicidad y transparencia de los procedimientos y no discriminación e igualdad de trato y asegurar también una eficiente utilización de los fondos destinados a la ejecución de obras, la adquisición de bienes y la contratación de los servicios"[28].

Con fundamento en la norma precedente, agregan los autores, "En estos principios y reglas generales sobre capacidad, competencia, preparación y adjudicación viene a condensarse una normativa tradicional que arranca del Real Decreto de Bravo Murillo de 27 de febrero de 1852, norma con la que se inicia en nuestro Derecho el proceso de formalización contractual sobre la base de dos preocupaciones fundamentales íntimamente ligadas: de una parte, las de orden financiero y de control del gasto público...; y de otra, la de asegurar la libertad de concurrencia, que no es sino una aplicación particularizada del principio de igualdad ante la Ley y que tiene expresión en la publicidad de la contratación y en los distintos sistemas de selección de contratista[29]...omissis...A la autoridad competente para contratar corresponde también la competencia para aprobar los proyectos que han de servir de base al contrato y los pliegos de cláusulas administrativas y de prescripciones técnicas particulares que han de regir la ejecución de la prestación y definir los derechos y obligaciones de las partes...omissis...De todas estas piezas del mecanismo propio de la contratación hay que destacar por su capital importancia *los pliegos de base o condiciones*...en los que se recogen con detalle las condiciones jurídicas, económicas y técnicas, a las que ha de ajustarse la licitación, primero; la adjudicación del contrato, después, y la propia ejecución del mismo, por último (en caso de discrepancia entre el pliego y la escritura en que se formalice el contrato, prevalece aquel sobre ésta)...Por todas estas razones la legislación de contratos ha venido afirmando tradicionalmente que los pliegos de condiciones constituyen la *ley del contrato* con fuerza vinculante para las partes[30].

Con respecto a esto último, los autores al referirse al pliego de condiciones llegan a la conclusión de que su *"naturaleza jurídica es contractual y no reglamentaria"*[31]; lo que se traduce en nuestro criterio, que en la fase preparatoria de la voluntad contractual de la Administración, la naturaleza jurídica del pliego de condiciones es de un *acto administrativo de carácter mixto*: "de mero trámite[32] (actos de ordenación del procedimiento y actos materiales distintos de la simple ordenación) y de un *acto decisorio externo*[33]: por ser una declaración administrativa de voluntad, precisamente; dirigida a un sujeto; por la cual se define ejecutoriamente una situación jurídica individualizada de dichos sujetos, o (lo que viene a ser lo mismo contemplado desde otra vertiente) de la Administración respecto de ellos...Normalmente, son este tipo de decisiones las que son objeto de los recursos administrativos y jurisdiccionales", como sucede igualmente en nuestro sistema de Derecho[34].

---

[28]   García de Enterría, Eduardo & Fernández Tomás-Ramón. *Curso de Derecho Administrativo I.* Decimoquinta Edición. Civitas. Thomson Reuters. 2007. p.736.

[29]   *Ibid.* p.737.

[30]   García de Enterría, Eduardo & Fernández Tomás-Ramón, *op.cit.* supra, p. 738.

[31]   *Ibidem*

[32]   *Ibid*, p. 596.

[33]   *Ibid*, p. 594.

[34]   *Ibídem.* Por ejemplo, en Venezuela, hay causa para la interposición de un recurso administrativo o contencioso-administrativo, cuando una Comisión de Contrataciones descalifica a un participante

La otra opinión doctrinal fundamental, es la sostenida por el Profesor Garrido Falla cuando afirma que, "Una de las peculiaridades indudables del contrato administrativo es que el contratista se adhiere a *unas condiciones que han sido fijadas previa y libremente por la Administración*...b) Pero, además, el contrato administrativo se concluye *sobre la base de la aceptación por el contratista de unos pliegos de cláusulas administrativas y prescripciones técnicas particulares*, que pasa a formar parte integrante del contrato en cuestión y que, en virtud de la fuerza jurídica de dicho contrato, se convierten en cláusulas obligatorias para las partes...Resulta así que una cosa es enjuiciar *la naturaleza jurídica de un contrato concluido por la Administración* (y, por tanto, determinar cuál es la jurisdicción competente para cuantas cuestiones deriven de tal contrato, una vez concluido) y otra muy distinta *determinar la naturaleza [jurídica] de los actos preparatorios de cualquier contrato que una entidad administrativa realiza* precisamente porque vienen impuestos por la legislación en vigor. *Estos actos son perfectamente "separables" del contrato final y tienen siempre la condición de actos administrativos"*[35] (Cursivas y corchete nuestros); y agrega al citar a De Laubadere, "Esta concepción [de los actos separables] consiste en considerar *los diversos actos unilaterales que se dictan con ocasión de la formación del contrato*, incluso los que *condicionan esta formación*, como susceptibles de *ser aislados y atacados por la vía del recurso por exceso de poder*"[36].(Cursiva y corchete nuestros)

2.   *Doctrina, legislacion y jurisprudencia nacional*

A.   *Origen legal del pliego de condiciones en el Derecho Administrativo Venezolano*

Antes de comentar sobre el desarrollo de las diversas opiniones doctrinales en conexión a los pliegos de condiciones como pieza fundamental del procedimiento administrativo especial de selección de contratistas, se debe precisar que el mismo, tiene su origen, su nacimiento en una Ley. Y es así, la **Ley de Contrataciones Públicas -LCP-** [y su **reglamento -RLCP-**] de modo expreso en los artículos 43 y 44, revelan la existencia, la extensión y la aplicabilidad del pliego de condiciones. Se transcribe a continuación, un extracto de sentencia dictada por la Sala Político Administrativa del Tribunal Supremo de Justicia en el caso Investico Casa de Bolsa, C.A., vs. Fondo de Inversiones de Venezuela (FIV), posteriormente transformado en el Banco de Desarrollo Económico y Social de Venezuela (BANDES)[37], en la cual se expuso la importancia del pliego al tenor siguiente:

o cuando rechaza las ofertas presentadas después de ser analizadas y evaluadas (sea por la propia Comisión o por la unidad usuaria o la unidad contratante entre otros, mediante informe motivado de recomendación de la adjudicación, que será elevado a la máxima autoridad del órgano o ente contratante; *Vid.* Arts. 69, 70, 71, 72, 84, 85, 86, 87, y 89 de la **LCP**; y N°s. 8, 9, 10, 11 Art. 16, 22, 102, 106, 126 del **RLCP**); y otro ejemplo sería, en el supuesto de que el órgano o ente contratante no evacue o niegue la solicitud de aclaratoria del pliego presentada por un participante; (*Vid.* Arts. 47 y 48 **LCP**) En este mismo orden de ideas, en nuestro sistema legal, adjudicado como haya sido el contrato por esa máxima autoridad, *el pliego de condiciones pasa a ser Ley del contrato* al integrarse como parte indisoluble del mismo, e igualmente relevante en la etapa de ejecución del mismo. (*V.* Arts. 93 y 96 **LCP**)

[35]   Garrido Falla, Fernando. *Tratado de Derecho Administrativo*, Volumen II, Sexta Edición, Centro de Estudios Constitucionales, Madrid, 1983, pp. 77, 79 y 96.

[36]   *Ibid.* Nota al pie 106, p. 96.

[37]   TSJ.SPA. Sentencia N° 01170 de fecha 05 de agosto de 2009. Expediente N° 2001-0487.

- *Jurisprudencia.* ...Omissis..."El 6 de julio de 1999, la Corte Primera de lo Contencioso Administrativo dictó la sentencia N° 99-1167, que declaró sin lugar el presente recurso contencioso administrativo de nulidad, con fundamento (entre otros) en los argumentos reproducidos a continuación:

...Omissis... *"El pliego de condiciones es instrumento fundamental (sic) en todos los procedimientos licitatorios, elaborado unilateralmente por el licitante, con el propósito de establecer las pautas o normas especiales que regirán el procedimiento y que es ley para los que participen en el mismo..."* (Entre paréntesis y subrayado nuestro. Cursivas la Sala)

B. *Construcción de la naturaleza jurídica del pliego de condiciones por la doctrina administrativa venezolana*

Ahora bien, a partir de la supra citada jurisprudencia nacional que eleva el pliego de condiciones al rango de "ley entre partes", para significar con esa expresión restringida (ya que la Administración Pública en ejercicio de sus prerrogativas, podrá modificar el contenido del pliego y aún dejarlo sin efecto al declarar terminado el procedimiento de selección, obviando la participación o la opinión de los particulares), la sujeción y la obligatoriedad del cumplimiento de su contenido que surge de una Ley, tanto para el Estado como para los particulares, dentro del procedimiento de selección de contratistas y al amparo de esa Ley; y después de haber analizado las posiciones sostenidas por las comentadas corrientes doctrinarias y jurisprudenciales foráneas, a los efectos que nos ocupa, deberá establecerse doctrinariamente, las comparaciones de rigor entre los reglamentos y los actos administrativos, instrumentos de carácter eminentemente administrativos, para encuadrar el pliego de condiciones, por sus características y finalidad, en uno de ellos siguiendo en este caso, las premisas facilitadas por el Profesor Araujo-Juárez[38], para alcanzar como resultado de su aplicación, una formulación sobre la naturaleza jurídica del pliego de condiciones y la facultad de su confección desde nuestra perspectiva jurídica como se observa de seguidas. Ahora bien, antes de iniciar el recorrido por esas premisas, se debe precisar en primer término el concepto y la jerarquía de los Actos Administrativos como lo estatuye la Ley administrativa adjetiva-LOPA-[39] como sigue:

"Artículo 7. Se entiende por *acto administrativo*, a los fines de esta ley, toda *declaración de carácter general o particular* emitida de acuerdo con las formalidades y requisitos establecidos en la ley, por los *órganos de la administración pública*". (Cursivas nuestras)

"Artículo 14. Los *actos administrativos* tienen la siguiente jerarquía: decretos, resoluciones, órdenes, providencias *y otras decisiones dictadas por órganos y autoridades administrativas*". (Cursivas nuestras)

El Profesor Brewer-Carías no define el acto administrativo, pero cita una sentencia dictada por la antigua Corte Federal, que lo conceptualiza como sigue: "aquella declaración de voluntad realizada por la Administración con el propósito de producir un efectos jurídico"[40]. Sin embargo, agrega Brewer a titulo de advertencia, "(...) cuando una declaración de voluntad no tiene como fin inmediato la producción de determinados efectos jurídicos y, por tanto,

---

[38] Araujo-Juárez, José. *Derecho Administrativo*. Parte general, Ediciones Paredes, 1ª Edición, Primera reimpresión 2008, p. 211 y siguientes.

[39] Ley Orgánica de Procedimientos Administrativos -LOPA- en *Gaceta Oficial* N° 2.818 Extraordinario de fecha 01 de julio de 1981.

[40] Brewer- Carías, Allan R. *Las Instituciones Fundamentales del Derecho Administrativo y la Jurisprudencia Venezolana*. Publicación de la Facultad de Derecho. Universidad Central de Venezuela, Caracas 1964, p.99.

no se la puede considerar como una decisión o resolución, no se está en presencia de un acto administrativo sino de un acto material de la Administración[41]".

En otro orden de ideas, el Profesor Araujo-Juárez define el *reglamento* como:

"...toda declaración escrita y unilateral, *creador de reglas de Derecho de aplicación general* dictada por el *Poder Ejecutivo* con rango inferior a la ley"[42].

Partiendo de esa conceptualización y tomando como base para lo que sigue, las premisas elaboradas por el Profesor Araujo-Juárez, se fija la opinión que sigue:

El pliego de condiciones no podrá ser reputado o calificado como un reglamento, al no ser éste, aprobado ni dictado por el Ejecutivo Nacional -por el Presidente de la República, según la atribución constitucional contenida en el numeral 10 del artículo 236 C99-, ni ser uno de los instrumentos de los reservados a la Administración Pública o aquellos en que la Ley formal expresamente admita su delegación y fije la medida y la finalidad del ejercicio, de un *poder normativo* más no de un poder reglamentario[43] -léase, dirigido a las autoridades administrativa de rango inferior al Presidente de la República dentro de ciertos casos de excepción. Al respecto, el Profesor Araujo-Juárez afirma: "En cuanto a otras autoridades administrativas distintas de rango inferior *no podrán dictar reglamentos*, es decir, que afecten a las situaciones jurídicas de los administrados. Solo podrán hacer uso de: (i) una potestad organizativa interna; y (ii) la de dictar instrucciones de servicio; y (iii) las denominadas normas técnicas"[44].

En el caso del pliego de condiciones, como acto administrativo que presumimos lo es, se produce -como lo indica el Profesor Araujo-Juárez- "(...) en el seno del ordenamiento jurídico-administrativo, el acto no forma parte del mismo; es algo ordenado, producido en el seno del ordenamiento y por tanto previsto como simple aplicación del mismo"[45]. Siguiendo los dictados del Profesor Araujo-Juárez, efectivamente, el pliego de condiciones como acto administrativo nace de la propia Ley de Contrataciones Públicas como lo prescriben sus artículos 43 y 44, como del artículo 95 de su reglamento; se incorporan en esa normas de rango legal, disposiciones o parámetros *generales mínimos*, que el órgano o el ente contratante deberá observar -*cierta discrecionalidad*- de modo estricto al redactar, estructurar o confeccionar el pliego particularizado para cada procedimiento de selección de contratistas dirigido a la ejecución de obras, a la adquisición de bienes y a la prestación de servicios comerciales.

A mayor abundamiento, admitida la naturaleza jurídica del pliego de condiciones de ser un acto administrativo, este se limitará a aplicar el ordenamiento jurídico, léase, lo contenido en la Ley y en la norma reglamentaria, que en el caso que nos ocupa se trata del encabezamiento del artículo 43, de los 19 numerales del artículo 44 de la LCP y del contenido del artículo 95 de su reglamento, respectivamente, por lo que concierne a la actividad a ser desarrollada por la Administración Pública al estructurar, al elaborar el contenido del pliego, en la etapa preprocedimiental ordenada en el artículo 7 del RLCP en concordancia con el artícu-

---

[41]   *Ibid*, p. 101.

[42]   Araujo-Juárez, op.cit.supra, p. 209.

[43].   *Ibid*. p.216.

[44]   *Ibidem*.

[45]   *Ibid*. p.211.

lo 38 de la LOCGRSNCF[46]. Es en esta etapa en la cual la Administración deberá precisar el objeto o alcance de la contratación de interés público, de servicio público o de utilidad pública, las reglas, condiciones y criterios aplicables a ese hecho particular que justifique la apertura del procedimiento administrativo de selección de contratistas; es decir, se harán *al menos*, particulares y específicos cada supuesto contenido en el artículo 44, subsumidos en el interés general, de servicio público o de utilidad pública que la Administración debe satisfacer; en primer término, a través del procedimiento de selección de contratista hecho del conocimiento público como sería en el caso de los concursos abiertos, o particularizada mediante invitación, como sería en el caso del concurso cerrado y la consulta de precios para alcanzar en segundo término si fuere el caso, la contratación planificada.

Para mayor precisión, se debe tener presente, lo que la Administración en un momento determinado dentro del ejercicio fiscal [anual] correspondiente, define e individualiza, tanto en la etapa de la elaboración de la previsión presupuestaria como en la fase de diseño de la estrategia interna para contratar obras, bienes y servicios, con sus reglas, condiciones y criterios acordados, todo ello, previo a la selección del contratista y su oferta. Eso es darle vida y especificidad a algo ordenado y producido dentro de ese ordenamiento jurídico. Otro aspecto relevante que debe ser comentado, es el relativo a la *justificación o respaldo jurídico* otorgado al órgano o ente contratante en términos de *atribución* para llevar a cabo la elaboración del pliego de condiciones.

De acuerdo con la doctrina administrativa pacífica y dominante y citando la sostenida por el Derecho administrativo colombiano al igual que en el caso venezolano, las Leyes o Decretos Leyes "...han regulado *las facultades administrativas* de configuración de pliegos de condiciones o de sus equivalentes, se limitan *a señalar los parámetros generales a los cuales habrá de ceñirse la entidad* que prepara o expide dichos *actos administrativos generales* en cada evento particular. No podría ser de otro modo, en la medida en que resultaría materialmente imposible que tales preceptos descendiesen a la confección de los precisos contenidos de dichos actos administrativos en cada procedimiento administrativo de selección de contratistas en concreto -cosa que sería propia de las *facultades regladas, en las cuales la norma detalla exhaustivamente* y *sin dejar margen alguno de valoración a la administración, las particularidades del contenido de la decisión para adoptar en cada supuesto específico*-, toda vez que ello sólo es viable realizarlo atendiendo a las disímiles necesidades del interés público agenciado por cada entidad pública en particular y a las especiales circunstancias propias de cada específico procedimiento de selección de contratista ...omissis...en la medida en que los recién referidos dispositivos normativos (Leyes y Decretos Leyes), confieran un amplio margen de libertad de valoración a la administración para que, en cada caso concreto, establezca el contenido del pliego de condiciones, tales preceptos consagran *facultades de naturaleza discrecional* que se atribuyen a quienes han de ejercer las mismas, que habrán de concretarse en el señalamiento de las reglas, de los procedimientos, de las exigencias y de los criterios, objetivos razonables, con base en lo cuales deberá adelantarse el respectivo proceso de selección del contratista[47]". (Cursivas y entre paréntesis nuestro)

---

[46] Ley Orgánica de la Contraloría General de la República y del Sistema Nacional de Control Fiscal.

[47] Marín Hernández, Hugo Alberto. Naturaleza Jurídica de las facultades de la administración para confeccionar pliegos de condiciones. p. 3-4.
Vid. http://foros.uexternado.edu.co/ecoinstitucional/index.php/Deradm/article/view/2593/2232.

Como complemento al precitado aporte doctrinario, el Consejo de Estado Colombiano, en Sala de lo Contencioso Administrativo al tratar sobre la discrecionalidad administrativa dejó sentado lo siguiente:

- *Jurisprudencia*. (...) las denominadas definiciones "materiales o positivas"...éstas consideran que la *discrecionalidad* opera en circunstancias en las cuales el interés general, para el caso concreto, *no se encuentra exhaustivamente precisado por la ley*- lo cual evidentemente ocurre tratándose de las referidas normas que regulan el contenido mínimo de los pliegos de condiciones-, de suerte que la *discrecionalidad* surge como *autorización que se confiere -expresa o implícitamente- a la administración* para que, previa ponderación de todos los hechos, intereses, derechos o principios jurídicos comprometidos en el caso concreto, encuentre una solución para el mismo intentando "elegir la medida más adecuada para la satisfacción del interés público...omissis...tarea para la que *se confiere libertad -relativa más no absoluta, limitada por el bloque de legalidad- al órgano actuante* otorgándoles un *poder discrecional*"[48]. Sin embargo debe aclararse que esa libertad tiene sus límites para evitar la arbitrariedad y las decisiones contrarias a la Ley que regula el procedimiento de selección, en la oportunidad de elaborar el comentado pliego; así que "...la administración pública jamás puede decidir con libertad, al contrario, constitucional y legalmente se encuentra *obligada a razonar, y a justificar -a establecer criterios objetivos-* por qué las decisiones que adopta son las que de mejor manera sirven al interés general, interés del cual no es titular -lo somos todos los ciudadanos o, más ampliamente, como administrados- sino mera gestora[49]". (Cursivas nuestras)

En el caso venezolano, nuestra doctrina *ius publicista* al tratar la *discrecionalidad administrativa*, el criterio que la sostiene, está en prefecta armonía con la ya comentada doctrina colombiana, y al respecto el Profesor Brewer-Carías la comenta ampliamente y hace distinción entre ésta y la administración reglada cuya construcción jurisprudencial se ubica en las decisiones que al respecto dictó la antigua Corte Federal en los años 50, como sigue:

- *Jurisprudencia*. "Los actos administrativos son de dos categorías: *los discrecionales*, cuando la administración no está sometida al cumplimiento de normas especiales en cuanto a la oportunidad de obrar, sin que ello quiera decir que se obra al arbitrio, eludiendo toda regla de derecho, pues la autoridad debe observar siempre los preceptos legales sobre formalidades del acto[50]"; "...en *los reglados* la ley establece si la autoridad administrativa ha de actuar, cuál es esa autoridad y cómo debe hacerlo, determinando las condiciones de la conducta administrativa en forma de no dejar margen a la elección del procedimiento; mientras que en los *discrecionales*, atendiendo a necesidades de la Administración Pública, la autoridad administrativa, en muchos casos, apreciará hechos pasados o consecuencias futuras y para ello, dispondrá de cierta libertad de apreciación, sin que quiera significar esto que procede *arbitrariamente*"[51].

Es importante enfatizar, que el caso *sui generis* del pliego de condiciones como acto administrativo que a nuestro juicio pretendemos lo sea, es indubitablemente *ordenado* por la Ley, que regula como "*piedra fundamental*" el procedimiento de selección; que goza de la *potestad discrecional* en cabeza del órgano o ente contratante legitimado para elaborar su contenido, potestad esa, que se deriva del *contenido o lenguaje* de las propias normas conte-

[48]   Marín Hernández, *op.cit*. supra, p. 8.

[49]   *Ibid*. p.10.

[50]   Brewer-Carías, Allan R. *Estudios de Derecho Administrativo. 2005-2007*. Colección Estudios Jurídicos N° 86, Editorial Jurídica Venezolana. Caracas. 2007. p.134. *Vid*. Nota 110. Sentencia antigua Corte Federal de fecha 17 de julio de 1953. *Gaceta Forense*, 2ª Etapa, N° 1. Caracas 1953, p.151.

[51]   *Ibid*. p.135. V. Nota 111. Sentencia antigua Corte Federal de fecha 26 de noviembre de 1959. Gaceta Forense, 2ª Etapa, N° 26, Caracas 1959, p. 125.

nidas en los artículos 43 y 44 de la Ley de Contrataciones Públicas y el artículo 95 de su reglamento. Así observamos, que lo prescribe el precitado artículo 44 al utilizar el vocablo *al menos*, que denota la posibilidad de incorporar en el pliego - de modo discrecional, facultativo o potestativo-, otras condiciones, requisitos o supuestos en provecho del procedimiento de selección y de sus resultados, en perfecta armonía, observancia y respeto a los Principios de Derecho administrativo expresamente referidos en el artículo 2 de la Ley de Contrataciones Públicas; y en segundo término, se identifican las previsiones contenidas en los supra indicados artículos como *disposiciones bases, generalizadas, "deliberadamente incompletas, inacabadas o indeterminadas*[52]*"*, valga decir, *no detalladas ni exhaustivas que consagren facultades regladas.*

Agrega Brewer, "…la actividad discrecional de la Administración es indispensable para que esta pueda realizar actividades y lograr sus fines de un modo cabal, porque la ley no puede prever y reglamentar las múltiples, cambiantes y complejas relaciones jurídicas que se producen en la sociedad. De ahí que, en muchos casos, la ley se limite a determinar normas que fijan la competencia de los diversos órganos administrativos y deja a éstos una cierta *libertad de apreciación* de los hechos, para decidir u orientar su actuación[53]". Cabe aquí copiar a título recordatorio la norma administrativa contenida en la Ley Orgánica de Procedimientos Administrativos -LOPA-, que fija los extremos del ejercicio de la discrecionalidad por parte de la administración así:

"Artículo 12. Aun cuando una disposición legal o reglamentaria deje alguna medida o providencia a juicio de la autoridad competente, dicha medida o providencia deberá mantener la debida proporcionalidad y adecuación con el supuesto de hecho y con los fines de la norma, y cumplir los trámites, requisitos y formalidades necesarios para su validez y eficacia".

Sobre el particular comenta Brewer-Carías: "(…) la Administración, aún en ejercicio de potestades discrecionales, debe cumplir los trámites, requisitos y formalidades necesarias para su validez y eficacia de los actos administrativos…*omissis*…en cuanto al cumplimiento de los requisitos de fondo en el ejercicio del mismo poder discrecional, la jurisprudencia ha hecho especial referencia a la competencia, señalando que "el funcionario al obrar discrecionalmente tiene que hacerlo sin excederse de su competencia"[54]. Por lo que mal podría sostenerse o pretender hacer valer en el caso particular del pliego de condiciones, que en lugar de hacer efectiva sobre el mismo la potestad discrecional fijada por Ley y de obligatorio ejercicio por parte del órgano o ente público, estaríamos entonces, por descarte, en presencia de los "*conceptos jurídicos indeterminados*", que el Profesor Marín Hernández dice "…aluden a una realidad cuyos límites no es posible precisar completamente a través de un solo enunciado (caso de nociones como la de la buena fe, buen padre de familia, confianza legítima, entre otras), aunque sí puede afirmarse que intentan delimitar un supuesto o serie de supuestos concretos, que solo en sede aplicativa serán puntualmente precisados[55]".

a. Adicionalmente destaca y explica Brewer-Carías, la figura de los precitados *conceptos jurídicos indeterminados* con un ejemplo: (…) cuando una Ordenanza municipal establece la posibilidad de que la autoridad pueda ordenar la demolición o modificación de las edifi-

---

[52]   Marín Hernández, *op.cit.* supra, p. 13.

[53]   Brewer.Carías; *op.cit.* supra, p 135.

[54]   Brewer-Carías, *op.cit.* supra, p, 151; V. Sentencia antigua Corte Federal de fecha 24 de febrero de 1956, en Gaceta Forense, 2ª etapa, N° 11, Caracas 1956, p. 28.

[55]   Marín Hernández; *op. cit.* a la nota 10, p. 7.

caciones que "amenacen o se encuentren en ruina", lo que se configura es un concepto jurídico indeterminado, en el sentido de que ante una edificación determinada no cabe más que una sola solución justa: la misma se encuentra en ruina o no lo está. Esta determinación no puede ser objeto de una facultad discrecional[56]"; y más adelante cita la posición del Profesor Alejandro Nieto, quien reafirma el carácter *intelectivo* y *no volitivo* de los aludidos conceptos como lo explica: "...en los conceptos jurídicos indeterminados, la operación que realiza la Administración es de naturaleza intelectiva -a diferencia de la naturaleza *volitiva*[57] de la discrecionalidad-, en el sentido de que la Administración estima, juzga o determina -en el precitado ejemplo- que la edificación amenaza ruina...en este caso, siempre cabe la posibilidad de que la Administración se haya equivocado en su juicio, y tal error puede ser controlado y corregido por los tribunales"[58].

b. Ahora bien, al ser *precisadas o determinadas* por la Administración en el pliego a ser entregado a los participantes, esas *disposiciones bases o generalidades* contenidas en el artículo 44 de la LCP, léase, el objeto de la contratación, el nivel estimado financiero de la contratación y el presupuesto base, las formas de evaluaciones de los participantes y sus ofertas, la aplicación a esas evaluaciones de las matrices y sus ponderaciones respectivas, las condiciones de participación incluyendo las preferencias y las exigencias para acordar la calificación o de descalificación de los participantes, los requisitos para declarar la validez o en su defecto, el rechazo de las ofertas, y demás requerimiento fijados por el órgano o ente contratante, se puede afirmar, que la Administración estará presta a lo largo de la sustanciación del procedimiento hasta su conclusión, a emitir declaraciones de voluntad con el propósito de producir efectos jurídicos, sea que ordene la terminación del procedimiento de selección que afectaría económicamente a los participantes, sin motivar el acto que respalda esa decisión, o se pronuncie sobre la descalificación de un participante, o rechace las ofertas presentadas sin observar en ambos casos, la aplicación de las causales o por haber incurrido en la mala aplicación de las mismas, o que aplicada cualquiera de las aludidas causales, el acto de descalificación o de rechazo de las ofertas resulte inmotivado, o cuando un contrato se adjudique a una oferta deficiente en términos de oportunidad, calidad, precio y compromiso de responsabilidad social, sobre la base de una preferencia local, en violación del principio de igualdad o de transparencia administrativa. Tales actos administrativos -*separables*- podrán ser impugnados por los participantes, con fundamento en que su contenido "lesiona sus derechos subjetivos o intereses legítimos, personales y directos", como lo preceptúa el artículo 85 de la Ley Orgánica de Procedimientos Administrativos -LOPA-. De lo anterior se descarta a todas luces, que los actos antes referidos y tenidos ciertamente como administrativos, quedan fuera de la esfera de la categoría de los *simples actos materiales de la Administración*, los cuales no tiene como fin inmediato, a diferencia de aquellos, la producción de un determinado efecto jurídico.

c. Siguiendo las enseñanzas del Profesor Araujo-Juárez, que calificamos para la investigación que nos ocupa, en su conjunto, como una *guía* o una *orientación* para precisar cada elemento característico del acto administrativo transpolable al pliego de condiciones, nos permite afirmar lo siguiente:

---

[56] Brewer-Carías, *op.cit.* supra, p. 139.

[57] *Ibidem.* Naturaleza volitiva: "Cuando la ley faculta a la Administración para tomar una medida dentro de un límite máximo y un límite mínimo claramente determinado...".Vid. RAE. Volitivo: Se dice de los actos y fenómenos de la voluntad; www.rae.es.

[58] *Ibide*m.

d. Éste [el pliego] como acto administrativo *no innova*, esto es, ni crea normas ni deroga las existentes, simplemente se limita a aplicar las normas contenidas en la Ley de Contrataciones Públicas y su reglamento, dentro de un procedimiento administrativo de selección, contentivo de un caso específico o expectativa de contratación de obras, de bienes o de servicios regulado por esa Ley[59].

e. El pliego como acto administrativo colectivo o general, *se agota en su cumplimiento* (no es permanente), cuando ya especificados cada uno de los 19 supuestos del artículo 44 de la LCP, según la estrategias desarrollada por el órgano o ente contratante para la selección de contratistas y, la posterior contratación de obras, bienes y servicios, se le hace entrega a los participantes en el procedimiento para su aplicación o respuesta a todos las exigencias o condiciones allí contenidas.

f. El pliego de condiciones como acto administrativo, hasta tanto no origine derechos subjetivos o intereses legítimos, personales y directos para un participante, podrá ser revocado por la autoridad que lo elaboró o por su superior jerárquico, en todo o en parte en cualquier momento durante la sustanciación del procedimiento administrativo de selección, como lo prescribe el artículo 82 de la LOPA.

g. El pliego de condiciones como acto administrativo si llegare a adolecer de vicios que lo hagan *anulable*, podrá convalidarlo la administración que lo elaboró, subsanando aquellos como lo indica el artículo 81 de la LOPA; podrá así mismo [la administración u órgano o ente contratante], *modificar o alterar su contenido*, por adiciones, supresiones u omisiones, inclusive, por la comisión de errores materiales o de cálculo como lo ordena el artículo 84 de la LOPA, dentro del lapso establecido en el artículo 46 de la LCP.

h. Los participantes en el procedimiento administrativo de selección de contratistas, podrán solicitarle a la administración -órgano o ente público- que elaboró el pliego de condiciones, *aclaratoria de su contenido*, por lo que esta solicitud como tal, representa para el procedimiento, por el beneficio que aporta, tanto a los participantes involucrados y al interés general en esa expectativa de contratación de obras, bienes y servicios, el aseguramiento y la reafirmación de los principios de economía, transparencia, eficiencia y publicidad, entre otros, que rigen ese procedimiento.

i. Otro es el caso de los actos separables. Al pliego de condiciones se integran diversos actos o formalidades del procedimiento de selección que deben ser cumplidas por los participantes y por la administración, de donde se derivan dictados por esta última, *actos o decisiones unilaterales separables* o *actos administrativos de efectos particulares* [actos previos necesarios para la formación de la voluntad administrativa] de "la operación que contribuye a realizar y que culmina con la celebración del contrato[60]...El profesor Araujo-Juárez cita aquí a la autora Profesora Fabiola Tavares Duarte quien afirma al respecto... "En el supuesto que esos actos incidan en la esfera contractual, sin confundirse con la misma, se está en presencia de *los actos autónomos, desprendibles, independientes o separables, definidos como decisiones administrativas unilaterales*, dictadas tanto en la fase de formación o gestación del contrato administrativo y del contrato de Administración como en la fase de cumplimiento o ejecución del contrato administrativo, *susceptibles de ser aisladas e impugnadas, de forma directa, por el co-contratante de la Administración Pública o el tercero*. Se aprecia, así, la indiscutible naturaleza jurídico-administrativa de los actos separables de los

---

[59] Araujo- Juárez, *op.cit.* supra, p. 211.

[60] Araujo-Juárez, *op.cit.* supra, p. 614.

contratos de la Administración Pública, corroborada por el reconocimiento de la posibilidad de atacarlos: (i) en vía administrativa y una vez agotada ella; (ii) en vía contencioso-administrativa, con base en los vicios del acto administrativo[61]". De esos actos separables *que surgen dentro del procedimiento administrativo de selección de contratistas*, cuyas decisiones son *actos administrativos de efectos particulares* susceptibles de impugnación como se expuso en líneas superiores, identificamos entre otros: la descalificación de un participante por criterios diferentes a los indicados en el pliego, o el rechazo de una oferta sin motivación o sin fundamento en las causales de ley, que el contenido del pliego de condiciones establezca desigualdades o discriminaciones entre los participantes, cuando la autoridad administrativa -órgano o ente público- niegue o no responda a la solicitud de aclaratoria de partes del pliego, cuando en un concurso abierto no se cumpla con el requisito del llamado a participar, expresamente indicado en el pliego de condiciones, cuando la autoridad administrativa, en la etapa de evaluación de las ofertas utilice matrices de evaluación, diferentes a las incorporadas en el pliego en perjuicio de alguna o varias ofertas entregadas por alguno de los participantes.

j.   Por lo que concierne a la publicidad del pliego de condiciones como acto administrativo, aquella se rige por la ley especial identificada como Ley de Contrataciones Públicas y su reglamento, que dicta normas específicas en los artículos 57 y 58 para la publicación del llamado a participar, y con indicación de la oportunidad en que el pliego de condiciones estará disponible a los interesados en participar en las modalidades de concurso abierto y concurso abierto internacionalmente. En los casos de las modalidades de concurso cerrado y consulta de precios, conjuntamente con la invitación que se realice a los participantes seleccionados, la administración le suministrará el pliego de condiciones como lo disponen los artículos 63 y aparte segundo del artículo 43 de la Ley de Contrataciones Públicas -LCP-, respectivamente.

k.   En cuanto a la delegación de atribuciones, el pliego de condiciones como acto administrativo, la competencia para su confección o elaboración es susceptible de ser delegada por la unidad interna del órgano o ente contratante (unidad usuaria o unidad contratante. V. Artículo 2 del Reglamento de la Ley de Contratación Pública) con fundamento en el artículo 34 sobre delegación interorgánica sujeta a las limitaciones contenidas en el artículo 35, ambos de la Ley Orgánica de la Administración Pública -LOAP-.

l.   El pliego de condiciones como acto administrativo no es susceptible de derogación. Deberá éste, hacerse efectivo en toda su extensión como lo dispone el artículo 43 de la LCP, desde que aparece indicada su disponibilidad en el llamado a participar en el concurso abierto y abierto internacionalmente, o desde que es remitido con la invitación a participar a los seleccionados en el concurso cerrado o en la consulta de precios, salvo que el órgano o ente contratante decida por acto motivado dar por *terminado* el procedimiento de selección de contratista haciendo cesar de inmediato sus efectos. (*V*. Aparte final artículo 82 LCP y artículos 124 y 125 del RLCP)

---

[61]   *Ibid*. p. 615-616. Vid. Tavares Duarte, Fabiola *V. Actos administrativos y contratos de la administración pública. Teoría general de la conexión*. EJV. Caracas. 2003. *V*. Rosito Arbia, Giuseppe. "La Teoría de los Actos Separables en el Derecho Administrativo Venezolano". *Revista de Derecho Público* N° 59-60. Año 1994.

III. EL PLIEGO DE CONDICIONES PREVISTO EN LA LEY DE CONTRATACIONES
      PÚBLICAS SUBSUMIDO EN LOS REQUISITOS DE VALIDEZ O ELEMENTOS
      DE FONDO DE LOS ACTOS ADMINISTRATIVOS. ELABORACIÓN DOCTRINAL

Como preámbulo a la anunciada elaboración doctrinal, y vistas las generalidades narra-
das en líneas superiores, se hace necesario resaltar el contenido del pliego de condiciones
previsto en los artículos 43 y 44 de la LCP, en el sentido de describir de un modo comprensi-
ble su estructura tal como la diseño el legislador. Así, ese pliego como acto administrativo *sui
generis*, está integrado entre otros, por instrucciones o requerimientos de estricto cumplimiento por los participantes en el procedimiento administrativo de selección de contratistas.
Esto significa, que del pliego, surgirán como consecuencia de esos requerimientos o exigencias como antes se comentó, *actos administrativos separados, de efectos particulares* que
expresarán la voluntad de la administración frente a los administrados o participantes; sea
que esa manifestación de voluntad provenga de la máxima autoridad del órgano o ente contratante, de quien aparezca según la normativa interna del órgano o ente contratante como
delegado de ésta o la proveniente de sus comisiones de contrataciones, como expresamente
fue prevista en la LCP y su reglamento.

Del propio artículo 44 de la LCP se advierte en su encabezamiento que la norma admite
además de las condiciones, requerimientos y/o exigencias descritas en sus diecinueve (19)
numerales, la posibilidad del establecimiento de otras condiciones o requerimientos adicionales a criterio del órgano o ente contratante, que de hacerse efectivas, pudieran generar otros
actos administrativos separables expresión de la manifestación de la voluntad de la administración sobre el objeto de los mismos. Por consiguiente, el contenido del pliego de condiciones estará sujeto en cuanto a los requerimientos, exigencias, especificaciones y condiciones a
lo previsto en el precitado artículo, que son para el legislador y parafraseando su texto, "*como
mínimas o ...al menos...*"; así como a otros aspectos adicionales o complementarios que la
propia Ley le permite a la Administración incorporar al pliego, haciendo uso ésta de la *potestad discrecionalidad* que deriva del texto de la aludida norma, sujetas esas inclusiones adicionales a los extremos fijados por el Artículo 12 de la Ley Orgánica de Procedimientos
Administrativos -LOPA-; siendo la enumeración contenida en el precitado Artículo 44 LCP,
meramente enunciativa y no taxativa.

1.   *Sujeción del pliego de condiciones a los requisitos de validez o elementos de fondo
     de los actos administrativos. Elaboración doctrinal*

Siguiendo la doctrina administrativa, entre otros, la expuesta por el Profesor Brewer-
Carías, particularmente ha sostenido en cuanto al sometimiento de la Administración Pública
y de sus actos administrativos a la legalidad lo siguiente: "En la precisión de esta conformidad con el ordenamiento jurídico, es decir, en su conformidad con la legalidad, por supuesto,
juegan un papel fundamental los elementos de los actos administrativos, tanto de fondo (*legalité interne*) como de forma (*legalité externe*), y los cuales se encuentran regulados en las
diversas leyes de procedimiento administrativo...Estos elementos o requisitos de validez se
refieren a la competencia, la manifestación de voluntad, la base legal, la causa o presupuestos
de hecho, la finalidad y el objeto de los actos administrativos...[62]".

[62] Brewer-Carías, Allan. R. *Principios del Procedimiento Administrativo*. Editorial Civitas, España, 1990, p.81. *Vid, Ibid, El Derecho Administrativo y la Ley Orgánica de Procedimientos Administrativos*. *Principios del Procedimiento Administrativo*, Colección Estudios Jurídicos N° 16, Editorial
Jurídica Venezolana, Caracas, 2007, p. 349 y ss.

Ahora bien, se ha afirmado a lo largo de este trabajo de investigación, que el pliego de condiciones visualizado en los artículos 43 y 44 de la LCP, es un *acto administrativo "base"*, al cual se sujetarán los órganos o entes contratantes, al diseñar o estructurar cada uno de los pliegos de condiciones particulares aplicables a la modalidad de selección de contratistas que resulte y de cuyo seno derivarán los *actos administrativos separables* que se dicten con ocasión de la sustanciación del precitado procedimiento administrativo de selección de contratistas. Precisado lo anterior, deberá demostrarse esa calificación del pliego como acto administrativo vis a vis los requisitos de validez antes mencionados como sigue:

a) LA COMPETENCIA

En cuanto a *la competencia* para dictar actos administrativos, la doctrina indica que debe hacerlo una autoridad competente. Brewer lo resume como sigue: "La competencia así, es uno de los elementos esenciales de todo acto administrativo, entendiendo por tal competencia la aptitud legal de los órganos administrativos para dictar un acto administrativo...la misma no se presume y por el contrario, debe emanar de una norma expresa atributiva de competencia, es decir, como lo afirma la Corte Suprema de Justicia, ...debe emerger [la competencia] del texto expreso de una regla de derecho...[63]" ...por lo que sólo puede ser ejercida cuando expresamente se establece en la Ley...Por otra parte, la competencia normalmente, es del ejercicio obligatorio para el funcionario público y no puede renunciarse libremente, ni el funcionario puede desprenderse de ella, salvo que tenga una autorización legal expresa. Por eso, por ejemplo, *la delegación* sólo puede ser realizada cuando la Ley expresamente le atribuye esa competencia al funcionario...Esta competencia puede ser atribuida en la Ley, por razón del territorio, de la materia, del tiempo o del grado o jerarquía que tiene el funcionario, de acuerdo a los diversos niveles de la organización[64]". Fundamentalmente, prescribe la Ley Orgánica de Procedimientos Administrativos -LOPA-, sobre *la competencia* lo siguiente:

"Artículo 3. LOPA. *Los funcionarios y demás personas* que presten servicios en la administración pública, *están en la obligación de tramitar* los asuntos *cuyo conocimiento les corresponda* y son responsables por las faltas en que incurran"[65]. (Cursivas nuestras)

Esa competencia a la que alude la precitada doctrina y la legislación administrativa especial anotada, se puede precisar en las normas de la Ley de Contratación Pública -LCP- y su reglamento -RLCP- , por lo que concierne a la autoridad de los órganos o entes públicos y a otras unidades internas de los mismos, a quienes la Ley les otorga competencia para la elaboración de los pliegos de condiciones -acto unilateral de la Administración- y para dictar los actos administrativos que deriven, si fuere el caso, de la ejecución del contenido de las exigencias o requerimientos del pliego.

Así, los órganos y entes públicos (Poder Público) referidos en el Artículo 3 de la LCP deberán observar las disposiciones de la LCP y su reglamento, en la selección de contratistas para la contratación de la ejecución de obras, para la adquisición de bienes muebles y para la prestación de servicios comerciales, salvo los casos de excepción o de exclusión previstos en dicha Ley. Son por consiguiente, sus *máximas autoridades* o los funcionarios a los cuales les hayan *delegado* sus atribuciones, a quienes les compete la elaboración del pliego de condiciones antes de iniciar el procedimiento administrativo de selección de contratistas. Sobre el particular, se entiende por *máximas autoridades jerárquicas de los órganos y entes públicos*,

---

[63] Brewer, *Principios del Procedimiento*...p. 82.

[64] Brewer, *El Derecho Administrativo y la ley Orgánica...cit*, supra, p.150.

[65] *G.O.* N° 2.818 Extraordinario de fecha 1° de julio de 1981.

según el texto del Reglamento de la Ley Orgánica de la Contraloría General de la República y del Sistema Nacional de Control Fiscal -RLOCGRSNCF-[66], lo que sigue:

"Artículo 6. Máxima Autoridad Jerárquica.

A los efectos de la Ley, así como de este Reglamento, se considerará *máxima autoridad jerárquica a quien corresponda la dirección y administración del órgano o entidad, de acuerdo con el régimen jurídico que le sea aplicable.* En caso de que *el órgano o entidad respectiva tenga junta directiva, junta administradora, consejo directivo u órgano similar, serán éstos los que se considerarán máxima autoridad jerárquica*". (Cursiva y subrayado nuestro)

Así, a titulo ilustrativo, en el caso de los Ministerios, la máxima autoridad son los Ministros, en las Superintendencias de Bancos, de Seguros, de Cooperativas, etc., los Superintendentes respectivos; en las empresas del Estado (y empresas mixtas), asociaciones y fundaciones del Estado, si las mismas poseen una junta directiva o su equivalente, será ésta la que ejercerá tal atribución. Sin embargo, queda entendido, que en el caso particular de las empresas del Estado con forma y constitución mercantil según sus estatutos sociales, esa junta directiva estaría conformada por personas naturales a quienes ordinariamente se les asignan cargos de Presidente, Vicepresidente, Directores, con sus respectivos suplentes, concentrando en la figura del Presidente, la representación legal de ese ente público. Otro sería el caso, que la propia junta directiva en pleno y a la luz del referido Artículo 6, delegue formalmente en el Presidente, esa representación legal, como máxima autoridad del respectivo ente público. Por ello, cuando la Ley y su reglamento se refieren de forma pura y simple a los *órganos y entes contratantes*, estos siempre estarán representados en cuanto al ejercicio de las competencias que le fueren atribuidas por la Ley o por sus estatutos, por las autoridades debidamente facultadas como se evidencia de las estructuras relativas a la Administración Centralizada y a la Administración Descentralizada previstas en la Ley Orgánica de la Administración Pública[67]; y en el supuesto, de que el instrumento regulador no mencione de modo expreso a esos órganos o entes contratantes ni a sus máximas autoridades *como los llamados a elaborar o confeccionar el pliego de condiciones* como se observa de los artículos 43 y 44 de la LCP, se debe entender que tal labor es de *la exclusiva competencia de esa máxima autoridad*, salvo que ésta delegue esa atribución en otros funcionarios como a continuación se explicará. No obstante, dado que la elaboración del pliego es una *actividad previa* no solo a la contratación sino a la apertura del procedimiento administrativo de selección de contratistas, el RLCP en su artículo 7 aunque no le correspondía a éste referirlo, indica que, "(...) *el órgano o ente contratante deberá efectuar actividades previas que garanticen una adecuada selección...*", entre las cuales está, la elaboración o confección del pliego de condiciones.

Usualmente, las máximas autoridades de esos órganos y entes públicos *delegan* sus atribuciones, y especialmente, *la relativa a la elaboración o confección del pliego de condiciones*, en funcionarios de inferior jerarquía, que en el caso de la Administración Descentralizada, léase, Institutos Autónomos y Públicos, empresas del Estado, asociaciones y fundaciones del Estado, etc., tal delegación se efectuará siguiendo el orden previsto en sus *manuales de niveles de autoridad financiera -NAF-*[68], o en su defecto, a lo que decida la máxima autoridad con fundamento en las normas contempladas en la LCP y en la LOAP, que a continuación se transcriben:

---

[66] *Vid. G.O.* N° 39.240 del 12 de agosto de 2009.

[67] *Vid.* en *G.O.* N° 5.890 Extraordinario de fecha 31 de julio de 2008.

[68] *Vid.* Artículo 92 de la LOCGRSNCF en *G.O.* N° 6.013 Extraordinario de 23 de diciembre de 2010.

"Artículo 42 -LCP-. Delegaciones.

La máxima autoridad del órgano o ente contratante *podrá delegar las atribuciones conferidas* en la presente Ley, a funcionarios del mismo órgano o ente contratante, sujetos a la normativa legal vigente".

"Artículo 34. LOAP. Delegación interorgánica

La Presidenta o Presidente de la República, la Vicepresidenta Ejecutiva o Vicepresidente Ejecutivo, las ministras o ministros, las viceministras o viceministros, las gobernadoras o gobernadores, las alcaldesas o alcaldes y los superiores jerárquicos de los órganos y entes de la Administración Pública, así como las demás funcionarias o funcionarios superiores de dirección *podrán delegar las atribuciones* que les estén otorgadas por ley, a los órganos o funcionarias o funcionarios bajo su dependencia, así como la firma de documentos en funcionarias o funcionarios adscritas a los mismos, de conformidad con las formalidades que determine el presente Decreto con Rango, Valor y Fuerza de Ley Orgánica y su Reglamento".

Por consiguiente, la competencia para la elaboración del pliego de condiciones, es de las máximas autoridades de los órganos o entes contratantes y, excepcionalmente, podrán ejercer esa competencia, los funcionarios expresamente delegados por aquellas.

Se observan así mismo, otras competencias derivadas del contenido la norma reguladora -Art. 44 LCP- del pliego de condiciones, las cuales se materializarán antes y durante la ejecución del procedimiento administrativo de selección de contratista. Nos referimos en particular, a la designación en el pliego de condiciones, de la autoridad competente tanto para dar aclaratoria a la porción del pliego solicitada por los participantes, como para modificar el pliego y la competente para efectuar las notificaciones de las decisiones que emanen el en procedimiento como están previstas en el numeral 7 del Artículo 44; a la aplicación a los participantes por el órgano o ente contratante de las matrices de calificación y de evaluación de las ofertas previstas en los numerales 11 y 12 del mencionado Artículo, todos de la LCP, que enumeran las exigencias mínimas que debe contener el pliego de condiciones, numerales esos que prescriben lo siguiente:

"Artículo 44. Contenido del Pliego de Condiciones.

...Omissis...

7. *Autoridad competente* para responder aclaratorias, modificar el pliego de condiciones y notificar decisiones en el procedimiento.

11. *Criterios de calificación* (participantes), su ponderación y la forma en que se cuantificarán dichos criterios.

12. *Criterios de evaluación* (ofertas), su ponderación y la forma en que se cuantificarán el precio y los demás factores definidos como criterios". (Cursivas y entre paréntesis nuestras)

Sobre este particular, la LCP confiere a las Comisiones de Contrataciones *la competencia* para *calificar o descalificar a los participantes* y para *evaluar las ofertas* y presentar a las máximas autoridades de los órganos y entes contratantes (MAOEC), el informe motivado de recomendación de la oferta más conveniente a los efectos de la adjudicación del contrato.

Tales competencias derivan del Artículo 66 de la LCP en concordancia con los numerales 1, 6, 7 al 12 del Artículo 16 del RLCP como sigue:

"Artículo 66. LCP. Condiciones para calificación y evaluación

En la *calificación, examen, evaluación y decisión, el órgano o ente contratante* debe sujetarse a *las condiciones de la contratación, según la definición, ponderación y procedimiento establecidos en el pliego de condiciones. El acto (Administrativo separable)* por el cual se descalifique a un oferente o rechace una oferta *deberá ser motivado* por los supuestos expresamente establecidos en la presente Ley, su Reglamento y en el *pliego de condiciones*". (Cursivas nuestras)

"Artículo 16. RLCP. Atribuciones de la Comisión de Contrataciones

Sin perjuicio de las atribuciones previstas en la Ley de Contrataciones Públicas, las comisiones de contrataciones tendrán *las siguientes*:

1. *Recibir, abrir, analizar, directa o indirectamente a través de un grupo evaluador interdisciplinario, los documentos relativos a la calificación de los oferentes, examinar, evaluar y comparar las ofertas recibidas*, a cuyo efecto *podrá designar o hacer* que la Unidad Usuaria o Unidad Contratante proponga grupos de evaluación interdisciplinarios, o recomendar la contratación de asesoría externa especializada en caso que la complejidad del objeto de la contratación lo requiera.

7. *Considerar y emitir recomendación sobre el régimen legal aplicable, la estrategia de contratación adoptada, la modalidad de selección de contratistas, parámetros, ponderaciones y criterios de selección de oferentes y evaluación de ofertas...omissis...* (Estos son actividades previas al inicio del procedimiento de selección de contratistas que deben incorporarse al pliego de condiciones; *Vid.* Art. 7 RLCP) (Cursivas y entre paréntesis nuestros)

8. *Descalificar oferentes o rechazar ofertas (Actos Administrativos separables), según el caso, que no cumplan con los requisitos o condiciones establecidas en el pliego de condiciones...omissis...*" (*V.* Nº 2 Art. 71 LCP Causales de Rechazo de Ofertas, Art. 102 RLCP Causales de Rechazo de Ofertas, Art. 106 Descalificación Participantes. RLCP) (Cursivas, entre paréntesis y subrayado nuestro)

9. *Determinar,* visto el informe del grupo evaluador, *las ofertas que en forma integral, resulten más favorables a los intereses del órgano o ente contratante; todo ello, de conformidad con los requisitos establecidos en el pliego de condiciones*, emitiendo la recomendación consiguiente.

12. *Decidir los recursos de reconsideración interpuestos por los oferentes en contra de las decisiones de descalificación (Acto Administrativo separable)* para participar en una determinada modalidad de selección de Contratistas...*omissis*..." (Cursivas y entre paréntesis nuestras)

b) LA BASE LEGAL

Para el Profesor Brewer, la base legal del acto es, "por lo tanto … la norma o normas del Ordenamiento Jurídico *que autorizan la actuación administrativa* en relación a un caso concreto específico; o como más adelante indica, "…constituye lo que se denominan los *supuestos legales o los fundamentos legales del acto*; agrega… No puede dictarse ningún acto administrativo *sin que se tenga una fundamentación* en el Ordenamiento Jurídico, y esto derivado además del señalado *principio de la competencia*.

Es decir, si la competencia no puede presumirse, sino que tiene que ser de derecho estricto y expreso, *solo cuando el Ordenamiento Jurídico autorice la actuación, el funcionario público puede actuar* y solo puede actuar de acuerdo a las normas que se establecen en relación a las situaciones de hecho que se presenten para adoptar la decisión concreta[69]". (Cursivas nuestras)

Así, las máximas autoridades de los órganos o entes contratantes o a quien deleguen esa competencia, deberán elaborar el pliego de condiciones, cuando se determine la imperiosa

[69] Brewer.Carías, *El Derecho Administrativo y la Ley Orgánica, cit*, supra. p. 151-152.

necesidad de la apertura de un procedimiento administrativo especial de selección de contratistas para la contratación de obras, bienes o servicios. Su fundamento descansa en primer término, el encabezamiento del Artículo 1 de la LCP que es del tenor siguiente:

"Artículo 1. LCP. Objeto.

Objeto

La presente Ley, tiene por objeto *regular la actividad del Estado para la adquisición de bienes, prestación de servicios y ejecución de obras... omissis...*".

En segundo lugar, el ya citado Artículo 7 del RLCP, que le ordena a los órganos y entes contratantes efectuar ciertas actividades previas a la contratación (se debe leer, previas a la apertura del procedimiento administrativo de selección de contratistas), entre las cuales figura la elaboración del pliego de condiciones, siguiendo la orientación contenida en los Artículos 43 y 44 de la LCP y del Artículo 95. Pliego de Condiciones del RLCP, que es un requisito esencial para todas la modalidades de selección, pero particularmente, para el llamado a participar en el Concurso Abierto y Abierto Internacionalmente, como lo prescribe el Artículo 57. LCP. Publicación del Llamado y el numeral 3 del Artículo 58. LCP. Contenido del Llamado de Participación. Sobre estas bases legales, deberán entonces, los órganos y entes contratantes mencionado en el Artículo 3 de la LCP, proceder a la elaboración del pliego de condiciones, sea que se trate del aludido concurso abierto o de un concurso cerrado o una consulta de precios (ambos por invitación a participar), e incluso de una contratación directa, antes de iniciar el procedimiento administrativo de selección de contratista.

b.1)   Así mismo, el fundamento legal del *acto administrativo de descalificación de participantes* se ubica en una norma sublegal; este es, el Artículo 106 del RLCP como se indica su contenido a continuación:

"Artículo 106. RLCP. Descalificación (Causas).

Son causales de descalificación de los Oferentes, las siguientes:

1. Si el Participante no ha suministrado adecuadamente *la información solicitada* (en el pliego de condiciones), no siendo posible su valoración o apreciación.

2. Si durante el proceso de calificación, una empresa en consorcio o alianza se declara o es declarado en disolución, liquidación, atraso o quiebra (lo cual deberá indicarse en el pliego de condiciones).

3. Si durante el proceso de calificación, alguna de las empresas de un consorcio o alianza renuncia a participar en el proceso.

4. Si el Oferente no cumple con alguno *de los criterios de calificación establecidos en los pliegos de condiciones.*

5. Si el órgano o ente contratante determina que el Oferente ha presentado información falsa en sus documentos de calificación. En caso de determinarse esta situación se procederá de acuerdo a lo establecido en el *artículo 36 de la Ley de Contrataciones Públicas.* (Validación de la información por ante el Registro Nacional de Contratistas) (Cursivas y entre paréntesis nuestros)

b.2)   Si se trata del *rechazo de las ofertas*, el fundamento legal que legitima la actuación administrativa de la Comisión de Contrataciones, que se hará efectiva en el *acto administrativo de rechazo de la oferta* se subsume en el encabezamiento del Artículo 71 de la LCP y en el Artículo 102 del RLCP como sigue:

Artículo 71. *Causales de rechazo de las ofertas*

La Comisión de Contrataciones en el proceso posterior del examen y evaluación de las ofertas, debe rechazar aquellas que se encuentren dentro de alguno de los supuestos siguientes:

1. Que incumplan con las disposiciones de la presente Ley.

2. *Que tengan omisiones o desviaciones sustanciales a los requisitos exigidos en el pliego de condiciones.*

3. Que sean *condicionadas o alternativas, salvo que ello se hubiere permitido en los pliegos de condiciones.*

4. Que diversas ofertas provengan del mismo proponente.

5. Que sean presentadas por personas distintas, si se comprueba la participación de cualquiera de ellas o de sus socios, directivos o gerentes en la integración o dirección de otro oferente en la contratación.

6. Que *suministre información falsa.* (A la requerida en el pliego de condiciones)

7. Que aparezca sin la firma de la persona facultada para representar al oferente. (Como exigido en el pliego de condiciones)

8. Que se presente sin el compromiso de responsabilidad social.(Como exigido en el pliego); y

- Otra Causal: La descalificación de un participante; Vid. Modalidad de Concurso Abierto: N° 1 Art. 56 LCP); que expresamente prescribe que "...*La descalificación del oferente será causal de rechazo de la oferta*". (Cursivas, y subrayado nuestros)

"Artículo 102. RLCP. Causales de rechazo.

Son causales de rechazo de las ofertas, además de las establecidas en la Ley de Contrataciones Públicas las siguientes:

1. Ofertas que no estén acompañadas por la *documentación exigida en el pliego o en las condiciones de la contratación;*

2. Ofertas que no estén acompañadas por *las garantías exigidas* (en el pliego de condiciones); salvo que la oferta hubiere sido presentada por algunos de los sujetos a que se refiere el artículo 3 de la Ley de Contrataciones Públicas;

3. Ofertas acompañadas por las garantías exigidas, *que no se ajusten sustancialmente a los documentos exigidos en el pliego o en las condiciones de la contratación*;

4. Ofertas cuyo *período de validez sea menor al* requerido (en el pliego de condiciones);

5. Ofertas que presenten precios unitarios de cuyo análisis se pueda concluir que el oferente ha utilizado, para su elaboración, datos irregulares o ilógicos, a tal grado que hagan irrealizable la ejecución del contrato con el monto de la oferta (al margen o en contradicción cono lo requerido en las especificaciones del pliego);

6. Cualquier otra establecida en *los pliegos o en las condiciones de la contratación*". (Cursivas y entre paréntesis nuestros)

No obstante, la competencia expresa de la Ley, al fijarle a la Comisión de Contrataciones la autoridad para declarar el rechazo de las ofertas mediante acto administrativo motivado, en los términos de los aludidos artículos, es igualmente, obligación expresa de la Comisión en la elaboración del informe de recomendación a ser elevado a la máxima autoridad del órgano o ente contratante, especificar en el mismo, *los motivos de descalificación o rechazo de las ofertas presentadas*, como lo ordena el Artículo 70 Informe de evaluación de oferta de la LCP, por lo que concierne a los detalles de la actividad de análisis, evaluación y ponderación de las ofertas, en armonía con los principios de igualdad y de transparencia del procedimiento.

Como se observa, tanto de los supuestos de descalificación de participantes como de las causales de rechazo de ofertas, el *fundamento legal* que respalda el acto administrativo respectivo está precisado en el contenido "mínimo" de las exigencias del pliego de condiciones que deben cumplir los participantes y que en su defecto, se producirá el acto administrativo que respalda la decisión contenida en las aludidas normas legales y sublegales.

c) LA CAUSA O MOTIVO O MOTIVACION

Se entiende por *causa o motivo* como requisito de fondo de los actos administrativos, "(…) *los motivos que provocan la actuación administrativa*. En efecto, la Administración, cuando dicta un acto administrativo, no puede actuar caprichosamente sino que tiene que hacerlo, necesariamente, tomando en consideración las circunstancias de hecho que se corresponden con la base o fundamentación legal que autorizan su actuación…El problema de la causa o motivo de los actos administrativos, se resuelve, por tanto, si se busca la razón justificadora del acto (como lo exige el numeral 5 del Artículo 18 de la LOPA), es decir, las *circunstancias de hecho* que en cada caso autorizan a que un acto administrativo se dicte"[70]. (Cursivas y entre paréntesis nuestro)

La elaboración del pliego de condiciones tiene su causa o motivo en la propia Ley de Contrataciones Públicas que precisa, *la necesidad de los órganos y entes públicos de contratar la ejecución de obras, la adquisición de bienes muebles y la prestación de servicios comerciales* destinados a beneficiar al interés general, que se materializarían tanto en servicios públicos como en la ejecución de actividades y resultados de utilidad pública. Por consiguiente, la Administración, teniendo la competencia, la base legal que autoriza su actuación y, la causa o motivación de interés general, elaborará el pliego de condiciones en cada caso como acto administrativo, basado en los requerimientos mínimos contenidos en precitado Artículo 44 LCP; incluso, se puede argumentar que tales necesidades de obras, bienes y servicios, debieron estar previstas en la Ley de Presupuesto Anual y en los Presupuestos de la Administración Descentralizada con o sin fines empresariales, lo que justificaría esas contrataciones y les garantizaría la existencia de la disponibilidad presupuestaria para alcanzar y satisfacer los fines del Estado.

Desde otra perspectiva, por lo que respecta al pliego de condiciones, el acto administrativo que se dicte y que surge de la Ley, deberá tener su justificación en las *circunstancias de hecho* (según Brewer: la razón justificadora del acto), imputables a los participantes, cuando violen o transgredan las exigencias o requerimientos contenidos en dicho pliego y que están contemplados en la base legal comentada que autorizan el dictado del aludido acto.

En el análisis que realizamos, *las causas o motivos tanto de descalificación como de rechazo de ofertas* derivan de *las exigencias del pliego como acto administrativo* que, deben cumplir los participantes en el comentado procedimiento administrativo, las que ya existen y se evidencian del Artículo 44 LCP y las plasmadas en los Artículos 71 LCP y 102 y 106 del RLCP, así como otras que la Administración -discrecionalmente- llegare a incorporar en el pliego de condiciones.

d) EL OBJETO O CONTENIDO DEL ACTO

Para Brewer, el objeto o contenido del acto lo destaca como "…*el efecto práctico que con el acto administrativo se pretende*, por ejemplo, el nombramiento de un funcionario, el decomiso de un bien…*el objeto* como en relación a todo acto jurídico, *el acto administrativo*

---

[70]   Brewer-Carías, *El Derecho Administrativo y la Ley Orgánica…cit*, supra. p. 152

debe ser determinado o determinable (RAE: 2. tr. Distinguir, discernir), *debe ser posible y debe ser lícito*[71]. A los efectos de la presente investigación y por lo que concierne al pliego de condiciones como acto administrativo y su objeto, *el efecto practico de su elaboración* radica, en el planteamiento unilateral y ordenado, contentivo de requerimientos o exigencias dirigido a los participantes en el procedimiento administrativo de selección de contratistas, que le hace la Administración con base en la Ley y en el ejercicio de su potestad discrecional, para escoger entre quienes cumplan tales pedidos, el participante idóneo y la oferta más conveniente al órgano o ente contratante y al interés general tutelado.

En el caso del *acto administrativo de descalificación de participantes* o el relativo al rechazo de las ofertas, el efecto práctico radica, en la *"limpieza preventiva"* del procedimiento administrativo, de participantes y de ofertas que contravienen las exigencias del pliego. Por consiguiente, la Ley y su reglamento, previeron la *pena* aplicable a los participantes que incurran en la inobservancia de lo requerido en el pliego de condiciones como acto administrativo.

e) LA FINALIDAD DEL ACTO ADMINISTRATIVO

Afirma Brewer, (…) toda actividad administrativa en el Estado Moderno, estará condicionada por la Ley, siempre a la consecución de determinados resultados. Por tanto, la Administración *tiene que ceñirse obligatoriamente a los fines prescritos en la Ley…*Por tanto, así como el elemento *causa de los actos administrativos* se busca preguntando ¿por qué se dicta el acto? el *elemento fin del acto administrativo* se obtiene peguntando ¿*para qué se dicta el acto?*[72].

La finalidad del pliego de condiciones esta sujeta a las prescripciones contenidas en la Ley y en particular a lo preceptuado en el Artículo 1 que indica lo siguiente:

"Artículo 1. LCP. Objeto

(…) regular la actividad del Estado para la adquisición de bienes, prestación de servicios y ejecución de obras, *con la finalidad de preservar el patrimonio público, fortalecer la soberanía, desarrollar la capacidad productiva y asegurar la transparencia de las actuaciones de los órganos y entes sujetos a la presente Ley, de manera de coadyuvar al crecimiento sostenido y diversificado de la economía".*

Finalidad: ¿para qué se dicta el acto? El pliego de condiciones como acto administrativo unilateral tiene por finalidad, precisar las necesidades de obras, bienes y servicios de los órganos y ente públicos y ordenar y transmitir en consecuencia, los requerimientos que los participantes deben cumplir; y con fundamento y la aplicación de este pliego de condiciones, respaldado por la Ley y su reglamento como elemento o mecanismo central, obtener a través del procedimiento administrativo de selección de contratistas, *la oferta de obras, bienes y servicios más provechosa a los intereses del Estado*, en términos de oportunidad, calidad, precio, capacidades, especialidad, disposición de los participantes y compromiso de responsabilidad social.

---

[71]   Brewer, *El Derecho Administrativo y la Ley Orgánica, cit,* supra. p. 154.
[72]   *Ibid*, p. 156.

IV. EL PLIEGO DE CONDICIONES EN LA CLASIFICACION GENERAL DE LOS ACTOS ADMINISTRATIVOS

En nuestro criterio, se puede explicar la naturaleza del pliego de condiciones desde la perspectiva de la clasificación de los actos administrativos que aporta la doctrina y que el legislador plasmó en la LOPA. Siguiendo la clasificación doctrinal -Brewer-Carías-, identificamos al pliego de condiciones como:

a) Un acto administrativo general, indeterminado o determinado.

Es indudable que el pliego de condiciones tiene su origen en la Ley de Contrataciones Públicas -LCP- y por consiguiente, está destinado a normar, porque es regulador de condiciones y exigencias "mínimas", e informativo, a partir del contenido de la norma que lo prevé y que admite la potestad discrecional del funcionario que lo elabora para ampliarlo. Pero se trata de un acto administrativo general simple e individual[73] como lo define el Profesor Araujo-Juárez, a diferencia del acto administrativo de efectos generales puramente normativo -Art. 13 LOPA-, léase, un decreto, un reglamento, una resolución.

Por su parte Brewer los concibe como: "...aquellos que interesan a una pluralidad de sujetos de derecho, sea formado por un número indeterminado de personas o un número determinado[74]". Se puede afirmar, que según lo expuesto, el pliego de condiciones alcanza la categoría de acto administrativo general formado por un número *determinado* de personas, que son aquellas que en los concursos abiertos y abiertos anunciados internacionalmente adquieren el pliego; en los concursos cerrados, las personas naturales o jurídicas seleccionadas a partir del contenido de la base de datos del Registro Nacional de Contratistas -RNC-, e invitadas -al menos cinco-, y en las consultas de precios, igualmente las seleccionada e invitadas, al menos tres.

b) Un acto administrativo de trámite pero también definitivo, expreso y creador de derechos.

b.1. De trámite por su carácter preparatorio[75], el pliego de condiciones establece las condiciones y exigencias de la Administración, en cuanto a lo que será objeto de oferta presentada por los participantes que alcancen la calificación, así como los requerimientos que deben cumplir quienes participen en el procedimiento administrativo de selección.

b.2. Definitivo y expreso[76]. Iniciado el procedimiento administrativo de selección de contratistas y siguiendo el contenido del pliego de condiciones, solo participarán en el acto público de apertura de las ofertas, los participantes calificados previa la aplicación de la matriz de calificación contenida en el pliego de condiciones. Tanto la descalificación de un participante como el rechazo de las ofertas sujetas al resultado que produzcan las matrices de evaluación aplicadas y contenidas en el pliego, se materializarán en los actos administrativos separables y motivados que dicte la Comisión de Contrataciones, e impugnables por la vía administrativa o directamente a través de la jurisdiccional.

---

[73]   Araujo-Juárez, José. *Derecho Administrativo General. Acto y Contrato Administrativo*. Ediciones Paredes. Caracas. 2011. p. 112.

[74]   Brewer-Carías..., *El Derecho Administrativo y la Ley Orgánica, cit.*, supra, p 145.

[75]   *Ibid.* p 146.

[76]   *Ibidem.*

b.3. No es creador de derechos *Ab Initio*. La adjudicación del contrato al participante y su oferta, favorable a los intereses del órgano o ente público contratante, aun contenida en un acto administrativo calificado por la doctrina de la Sala Político Administrativa del TSJ como de trámite favorable, no crea derechos en su favor hasta tanto no haya suscrito con la Administración el contrato respectivo. Es entonces, a partir de esa suscripción, que ese acto administrativo se reputará definitivo sin perder su carácter de impugnable y aun ser declarado nulo según las causas establecidas en la Ley.

Sobre este último particular y contrario al criterio sostenido por la referida Sala Político Administrativa del TSJ, la Sala Constitucional del Consejo de Estado de la República de Colombia en sentencia de unificación previamente comentada, dictada en el Caso *INVERA-PUESTAS, S.A., vs. Lotería de Bolívar*: Sentencia N° SU 713/06 de fecha 23 de agosto de 2006. Expediente N° T-851356[77], decidió lo siguiente:

"(…) 17. Dentro de este *conjunto de actos* se encuentra el denominado *pliego de condiciones*, el cual se puede definir como el conjunto de reglas que elabora exclusivamente la Administración para disciplinar el procedimiento de selección objetiva del contratista y delimitar el alcance del contrato estatal. Se trata de un *acto de contenido general*, que fija los parámetros para comparar las propuestas presentadas por los oferentes y que permite regular los derechos y obligaciones que emanan de la suscripción del contrato. *De ahí que no sea un simple acto de trámite, sino un verdadero acto administrativo mediante el cual se plasma una declaración de inteligencia y voluntad dirigida a producir efectos jurídicos*, máxime cuando los pliegos tienen esencialmente un contenido normativo por ser la ley de la licitación y la ley del contrato...Omissis... Los pliegos de condiciones son elaborados unilateralmente por la Administración, sin ninguna participación de los eventuales proponentes, ya que corresponden a *una manifestación del poder o imperium del Estado*, quien a través de sus entidades estatales evalúa discrecionalmente la conveniencia, idoneidad, suficiencia y proporcionalidad de los requisitos habilitantes y de los factores de selección en ellos previstos, con *el propósito de satisfacer el interés público que subyace en los fines de la contratación estatal*.

Queda claro entonces que *los pliegos de condiciones constituyen un acto administrativo definitivo de contenido general*, respecto del cual se predica la existencia de una declaración unilateral de voluntad por parte de la Administración dirigida a producir efectos jurídicos... *Los pliegos de condiciones como actos administrativos gozan de la presunción de legalidad* y son *de obligatorio cumplimiento para la Administración, los licitantes y los contratistas*...". (Cursivas y subrayado nuestro)

V.   EL PLIEGO DE CONDICIONES REFERIDO EN LA LEY DE CONTRATACIONES PÚBLICAS -LCP- Y EN SU REGLAMENTO -RLCP-

Seguidamente, se listan los artículos de la Ley de Contrataciones Públicas -LCP- y de su reglamento -RLCP- en cuyos textos refieren o citan al pliego de condiciones:

Artículo 8. LCP.   Producción nacional.

Artículo 14. LCP.   Conformación y custodia del expediente.

Artículo 16. LCP.   Denuncia.

Artículo 39. LCP.   Presupuesto base.

Artículo 43. LCP.   Pliego de condiciones.

---

[77]   *Vid.* www.corteconstitucional.gov.co/

Artículo 44. LCP.   Contenido del pliego de condiciones.

Artículo 47. LCP.   Derecho de aclaratoria.

Artículo 48. LCP.   Plazo de aclaratoria.

Artículo 49. LCP.   Prórroga de la oferta.

Artículo 58.LCP   Contenido del llamado de participación.

Artículo 63. LCP.   Concurso cerrado. Requisitos para la selección.

Artículo 65. LCP.   Garantía de mantenimiento de la oferta.

Artículo 66. LCP.   Condiciones para calificación y evaluación.

Artículo 69. LCP.   Examen de las ofertas.

Artículo 70. LCP.   Informe de evaluación de ofertas.

Artículo 71. LCP.   Causales de rechazo de las ofertas.

Artículo 85. LCP.   Otorgamiento de la adjudicación y fraccionamiento legal de ofertas.

Artículo 87. LCP.   Adjudicación a oferta única.

Artículo 88. LCP.   Nulidad del otorgamiento de la adjudicación.

Artículo 89. LCP.   Motivos para declarar desierta. (N°s. 2 y 5)

Artículo 92. LCP.   Requisitos de las notificaciones.

Artículo 96. LCP.   Mantenimiento de las condiciones.

Artículo 98. LCP.   Nulidad de los contratos.

Artículo 99. LCP.   Fianza de anticipo.

Artículo 2   RLCP.   Lista de precios.

Artículo 9   RLCP.   Aplicación de las medidas temporales.

Artículo 16 (N° 8 y 9) RLCP. Atribuciones de la Comisión de Contrataciones.

Artículo 37   RLCP.   Incorporación en las condiciones de Contrataciones.

Artículo 41   RLCP.   Modalidades del compromiso de responsabilidad social.

Artículo 95   RLCP.   Pliego de condiciones.

Artículo 96   RLCP.   Actos para modalidades de concurso abierto y concurso cerrado.

Artículo 101 RLCP.   Modificación del alcance en pliegos de condiciones.

Artículo 102 RLCP.   (N° 1 y 3) Causales de rechazo.

Artículo 106 RLCP.   (N° 4) Descalificación.

Artículo 109 RLCP.   Consulta de precios sin pliego de condiciones.

Artículo 110 RLCP.   Ajuste de la oferta beneficiaria de la adjudicación.

Artículo 123 RLCP.   (N°s 1 y 2) Procedencia de la suspensión.

Artículo 124 RLCP. Lapso de suspensión.

Artículo 125 RLCP. Terminación por utilización de modalidad no aplicable.

Artículo 151 RLCP. Aplicación de normas técnicas en la ejecución de obras.

VI. ABREVIATURAS

LCP:	Ley de Contrataciones Públicas
LOAP:	Ley Orgánica de la Administración Pública
LOCGRSNCF:	Ley Orgánica de la Contraloría General de la República y del Sistema Nacional de Control Fiscal.
LOPA:	Ley Orgánica de Procedimientos Administrativos.
RLCP:	Reglamento de la Ley de Contrataciones Públicas
RLOCGRSNCF:	Reglamento de la Ley Orgánica de la Contraloría General de la República y del Sistema Nacional de Control Fiscal.
TSJ:	Tribunal Supremo de Justicia.
SPA:	Sala Político Administrativa.

Comentarios Monográficos

EL DERECHO HUMANO DE LA MUJER A ABORTAR. UNA BREVE REFLEXIÓN

Serviliano Abache Carvajal[*]

Resumen: *Se estudia la posibilidad de concebir al aborto como un derecho humano de la mujer, en primer lugar, a partir del ordenamiento jurídico internacional, específicamente de los Tratados de Derechos Humanos que regulan derechos vinculados o conexos al aborto, y en segundo lugar, con base en las normas constitucionales que establecen el derecho al libre desenvolvimiento de la personalidad y la autonomía de la voluntad.*

Palabras Clave: *Aborto, Derechos Humanos, Derechos Constitucionales.*

Abstract: *This essay focuses on the possibility of concieving abortion as a woman's human right, in first place, from an international perspective, specifically human rights treaties that regulate abortion related rights, and in second place, analyzing the constitutional norms that establish the rights to a free development of personality and freedom of choice.*

Key words: *Abortion, Human Rights, Constitucional Rights.*

I. INTRODUCCIÓN

Son muchos los argumentos —a favor y en contra[1]— que han sido desarrollados en el marco de la llamada *batalla del aborto*[2], con base en razonamientos de distintas índoles, disciplinas y naturalezas (jurídicas, éticas, teológicas, médicas, etc.), que además han alcanzado niveles radicales en países como los Estados Unidos de Norteamérica[3], situación que, de entrada, en nada facilita el estudio del tema. No obstante lo anterior, es posible, desde un análisis estrictamente *jurídico* y, más puntualmente, a partir del Derecho internacional de los derechos humanos, plantear y sustentar positiva, jurisprudencial y doctrinariamente, argu-

---

[*] Universidad Central de Venezuela: Abogado mención Magna Cum Laude y profesor de postgrado. Universidad Católica Andrés Bello: Profesor de pre y postgrado. Universidad Metropolitana: Profesor de postgrado. Universidad Católica del Táchira: Profesor de postgrado.

[1] Al respecto, *vid.* Sonia Sgambatti, *El aborto. Aspectos historiográficos, legales, éticos y científicos*, Ediciones de la Biblioteca-Universidad Central de Venezuela, tercera edición, Caracas, 1999, pp. 83 y ss.

[2] *Cf.* José Luis Tamayo Rodríguez, *El aborto: su problemática. Razones jurídicas y fácticas que imponen su despenalización*, Editorial Tamher, C. A., Caracas, 2005, p. 17.

[3] Al respecto, *vid.* Ronald Dworkin, *El dominio de la vida*, Ariel, S. A., Barcelona, 1998.

mentos a favor del *aborto libre o voluntario*[4] (también llamado *aborto inducido o interrupción voluntaria del embarazo*[5]), como pretendemos hacerlo en este brevísimo *paper*[6].

A tales fines, revisaremos el tema desde una doble perspectiva: (i) en primer lugar, a partir de los derechos expresamente consagrados en los distintos tratados de derechos humanos (TDH), que, en nuestra opinión, pueden considerarse, a través de una interpretación extensiva de conformidad con el principio *pro homine*[7], manifestaciones amplias e incluyentes del derecho de las mujeres a abortar, aun cuando el mismo sea un *derecho no enumerado*, teniendo en cuenta que ello no significa su negación por carencia de normativa propia[8]; y (ii) en segundo lugar, brindaremos un breve planteamiento desde la perspectiva constitucional del ordenamiento jurídico venezolano.

Vale desde ya advertir, que no entraremos a efectuar consideraciones sobre el tan polémico *momento de la concepción*[9], limitándonos por tal motivo a recordar, como es sabido, que *"[e]l Derecho nunca ha reconocido que el no nacido sea una persona en el pleno sentido de la palabra"*[10], lo que se evidencia, por ejemplo, del tratamiento que se ha dado al aborto en los distintos ordenamientos jurídicos que lo penalizan como un tipo delictual *disímil* al homicidio[11].

---

[4]   Sobre esta tipología del aborto, *vid.* Andrés Gil Domínguez, *Aborto voluntario, vida humana y Constitución*, Ediar, Buenos Aires, 2000.

[5]   Información tomada de http://es.wikipedia.org/wiki/Aborto_inducido, 19 de abril de 2011.

[6]   Más allá de centrarnos en los argumentos *a favor* de los distintos tipos de aborto, a saber: (i) terapéutico; (ii) ético o por violación; (iii) eugenésico o por taras físicas o psíquicas; (iv) incestuoso; (v) profano o practicado por quien no fuera médico; (vi) por necesidad social o pobreza; entre otros.

[7]   *Cf.* Mónica Pinto, "El principio *pro homine*, Criterios de hermenéutica y pautas para la regulación de los derechos humanos", *La aplicación de los tratados sobre derechos humanos por los tribunales locales*, Centro de Estudios Legales y Sociales, Buenos Aires, 2004, p. 163.

[8]   *Cf.* Germán J. Bidart Campos, "Los derechos "no enumerados" en su relación con el derecho constitucional y el derecho internacional", *Derecho internacional de los derechos humanos. Memoria del VII Congreso Iberoamericano de Derecho Constitucional*, Instituto de Investigaciones Jurídicas de la Universidad Nacional Autónoma de México, Distrito Federal, p. 106.

[9]   No es éste el lugar para disertar sobre las tesis que se han desarrollado en torno al momento de la concepción del ser humano; nuestra reflexión consiste en presentar una breve identificación de algunas de las normas generales del Derecho internacional de los derechos humanos, así como del texto constitucional venezolano, que consideramos vinculadas al —y reguladoras del— derecho a abortar de la mujer. Para un estudio sobre el momento de la concepción, *vid.* María Candelaria Domínguez Guillén, "El cálculo de la concepción", *Revista de Derecho*, N° 24, Tribunal Supremo de Justicia, Caracas, 2007, pp. 63-95.

[10]   Sentencia de la Corte Suprema de Justicia de los Estados Unidos de Norteamérica, 410 US 113/1973, de 22 de enero, caso *Roe v. Wade*, consultada en Miguel Beltrán de Felipe y Julio V. González García, *Las sentencias básicas del Tribunal Supremo de los Estados Unidos de América*, Centro de Estudios Políticos y Constitucionales, segunda edición, Madrid, 2006, p. 438. Sobre esta sentencia, *vid.* Richard H. Fallon, Jr. *The Dynamic Constitution: An Introduction to American Constitutional Law*, Cambridge University Press, Cambridge, 2004, pp. 144-147.

[11]   A esto se ha referido Angulo Fontiveros, como la *distinta intensidad de la protección de la vida durante el curso vital. Cf.* Alejandro Angulo Fontiveros, "Entre una vida y otra", *El Mundo*, edición de 27 de enero de 2004, Caracas, p. 4, consultado en José Luis Tamayo Rodríguez, *op. cit.*, pp. 30 y 31.

II. EL DERECHO HUMANO DE LA MUJER A ABORTAR, COMO MANIFESTA-
CIÓN DE LOS DERECHOS A LA VIDA (DIGNA), VIDA PRIVADA, INTEGRI-
DAD PERSONAL (Y AL LIBRE DESARROLLO DE LA PERSONALIDAD), A NO
SER SOMETIDO A TRATOS CRUELES, INHUMANOS O DEGRADANTES, GE-
NERAL A LA SALUD Y PARTICULAR A LA SALUD REPRODUCTIVA DE LA
MUJER, Y A LA PROTECCIÓN FAMILIAR, ESTABLECIDOS EN LOS TRATA-
DOS DE DERECHOS HUMANOS

1. *Derecho a la vida (digna)*

El *derecho a la vida*, cuya regulación es bastante amplia en la mayoría de los TDH[12],
tiene una particular consagración en el artículo 4 de la Convención Americana sobre Derechos Humanos (CADH), que a tenor literal indica que el mismo *"[…] estará protegido por la
ley y, en general, a partir del momento de la concepción"* (subrayado añadido). A nuestro
entender, tal protección "en general" brindada por la Convención a la vida del *nasciturus*
desde la concepción y durante el embarazo, constituye un reconocimiento tácito, a título de
"excepción", del aborto, esto es, se otorga *fundamento positivo internacional* al derecho de la
mujer a abortar.

Por otro lado, una de las notas características del derecho a la vida, como lo ha señalado
la Corte Interamericana de Derechos Humanos[13], es que dicha vida tenga una *existencia
digna*[14], elemento que no podría predicarse en relación a la vida de una mujer que esté legalmente imposibilitada de abortar, viéndose obligada a dar a luz a un niño *no deseado*, máxime
si se trata, por ejemplo, de uno concebido de una violación[15]. En igual medida, cabría preguntarse, ¿si sería verdaderamente digna la vida de un niño producto de un acto tan deplorable
como lo es la violación? Aunque suene paradójico, es precisamente en *garantía* del derecho a
la vida, que debe concebirse el derecho a abortar como una *manifestación concreta* del derecho a la *vida digna*.

---

[12]   *Vid.*, a guisa de ejemplo, su positivización en los artículos 6.1 del Pacto Internacional de Derechos Civiles y Políticos (PIDCyP): "El derecho a la vida es inherente a la persona humana. //Este
derecho estará protegido por la ley. Nadie podrá ser privado de la vida arbitrariamente"; 3 de la Declaración Universal de los Derechos Humanos (DUDH): "Todo individuo tiene derecho a la vida, a la libertad y a la seguridad de su persona"; y I de la Declaración Americana de Derechos y Deberes del Hombre
(DADDH): "Todo ser humano tiene derechos a la vida, a la libertad y a la integridad de su persona".

[13]   *Vid.* Sentencia sobre el fondo en el caso de los *"Niños de la Calle"* (*Villagrán Morales y Otros*) v.
Guatemala, de 19 de noviembre de 1999, párrafo 144, consultada en http://www.corteidh.or.cr/docs/casos
/articulos/Seriec_63_esp.doc, 19 de abril de 2011.

[14]   Tomando en cuenta que, como es sabido, los derechos humanos son inherentes a la persona y
se derivan —precisamente— de la "dignidad humana". *Cf.* Jesús María Casal H., *Los derechos humanos
y su protección (Estudios sobre derechos humanos y derechos fundamentales)*, Universidad Católica
Andrés Bello, segunda edición, Caracas, 2009, p. 16.

[15]   Que no sería otra cosa más que el *vivo recuerdo* de tan repugnante y humillante acto, por el
cual tienen lugar con posterioridad *infanticidios* o, como también ocurre, y con fines de evitar dar a luz a
un niño concebido en esas circunstancias, recurrir a la peligrosísima práctica de un *aborto clandestino*,
evidenciando la patente *irracionalidad pragmática* que aqueja la penalización del aborto. Ambas situaciones —sencillamente— lamentables. Sobre la irracionalidad pragmática y demás niveles de irracionalidad de la ley, *vid.* Manuel Atienza, *Contribución a una teoría de la legislación*, Editorial Civitas, S. A.,
primera edición, Madrid, 1997.

En razón de lo anterior, consideramos que, tanto la *excepción* prevista en la CADH sobre la "protección" a la vida, como la *regla* sobre la garantía del derecho a la vida "digna", constituyen manifestaciones directas del derecho humano de las mujeres a abortar.

2. *Derecho a la vida privada*

En lo que respecta al *derecho a la vida privada* y a la consecuente *prohibición de injerencias arbitrarias y ataques abusivos* a la misma[16], no es más que simplemente lógico encuadrar una decisión de tal envergadura como lo es la de engendrar o no hijos, tenerlos o no, procrear o abortar, como algo estrictamente privado e íntimo, fuera del alcance de no sólo injerencias "arbitrarias", sino -prácticamente- de *cualquier* tipo de injerencia[17].

En efecto, las decisiones alrededor de la *autonomía procreativa o reproductiva* de las mujeres, forman parte, sin lugar a dudas, del derecho a la vida privada, de lo que se infiere que al ser el aborto una posible faceta integrante de la decisión de engendrar o no un hijo, el mismo se encuentra, bajo esa óptica, amparado por las normas indicadas de los TDH que expresamente consagran el derecho humano a la *vida privada o íntima*[18].

3. *Derecho a la integridad personal (y al libre desarrollo de la personalidad)*

Como es sabido, el *derecho a la integridad personal*[19] comprende sus modalidades física, psíquica y moral. Todas estas formas de integridad están íntimamente vinculadas con el derecho a abortar, toda vez que, en caso de que una mujer sea obligada a dar a luz a un niño que no desea: (i) significaría que no tendría *dominio sobre su cuerpo*[20], violándose así el derecho individual de la mujer sobre su propio ser, esto es, su *derecho a la integridad corporal o física*; y (ii) es sabido que para muchas mujeres el hecho de tener hijos no deseados es equivalente a la destrucción de sus propias vidas[21] -que posiblemente apenas comienzan- y,

---

[16]   Regulado, entre otros, en los artículos 17 del PIDCyP: "1. Nadie podrá ser objeto de injerencias arbitrarias o ilegales en su vida privada, su familia, su domicilio o su correspondencia, ni de ataques ilegales a su honra y reputación. //2. Toda persona tiene derecho a la protección de la ley contra esas injerencias o esos ataques"; 11 de la CADH: "1. Toda persona tiene derecho al respeto de su honra y al reconocimiento de su dignidad. //2. Nadie puede ser objeto de injerencias arbitrarias o abusivas en su vida privada, en la de su familia, en su domicilio o en su correspondencia, ni de ataques ilegales a su honra y reputación.// 3. Toda persona tiene derecho a la protección de la ley contra esas injerencias o esos ataques"; 12 de la DUDH: "Nadie podrá ser objeto de injerencias en su vida privada, su familia, su domicilio o su correspondencia, ni de ataques a su honra o a su reputación. Toda persona tiene derecho a la protección de la ley contra tales injerencias o ataques"; y *V* de la DADDH: "Toda persona tiene derecho a la protección de la Ley contra los ataques abusivos a su honra, a su reputación y a su vida privada y familiar".

[17]   Importantes consideraciones sobre el "derecho a la vida privada o a la privacidad", pueden consultarse en la sentencia de la Corte Suprema de Justicia de los Estados Unidos de Norteamérica, 381 US 479/1965, de 7 de junio, caso *Griswold v. Connecticut*, consultada en Miguel Beltrán de Felipe y Julio V. González García, *op. cit.*, pp. 349-355.

[18]   Sobre el *derecho humano a la intimidad*, vid. Marcela I. Basterra, "Derechos humanos y justicia constitucional. Intimidad y autonomía personal", *Los derechos humanos del siglo XXI. La revolución inconclusa*, Ediar, Buenos Aires, 2005, pp. 57-95.

[19]   Regulado, entre otros, en los artículos 5.1 de la CADH: "Toda persona tiene derecho a que se respete su integridad física, psíquica y moral"; y I de la DADDH: "Todo ser humano tiene derechos a la vida, a la libertad y a la integridad de su persona".

[20]   *Cf.* José Luis Tamayo Rodríguez, *op. cit.*, p. 58.

[21]   *Cf. Idem.*

así, de su *integridad moral*, bien porque tal situación las privaría de trabajar, estudiar o, sencillamente, de desenvolver o *desarrollar libremente su personalidad*[22] (que comprende el derecho a no tener hijos cuando *no se deseen*), o porque las afectaría en su *integridad psíquica* por razón de la angustia que les generaría tener un hijo no deseado, con mayor razón si es producto de una violación, incesto o tiene taras físicas o psíquicas.

Ante las situaciones planteadas, resulta palpable que, como corolario del derecho humano a la integridad física, psíquica y moral, así como del derecho al libre desarrollo de la personalidad, las mujeres tienen el derecho humano a abortar como una manifestación de sus *derechos reproductivos*[23], lo que a la postre materializaría de manera efectiva los anteriores derechos en el marco de la *autonomía procreativa* de la mujer y de la *elección a la maternidad*[24].

4. *Derecho a no ser sometido a tratos crueles, inhumanos o degradantes*

El derecho a no ser sometido a tratos crueles, inhumanos o degradantes, o a no ser sometido a torturas, aparte de ser un derecho humano de expresa regulación[25], constituye una manifestación del derecho a la integridad personal, recién comentado, en tanto que su efectiva garantía está dirigida -precisamente- a salvaguardar la integridad *física, psíquica y moral* de la persona, que por palmarias razones no sería protegido ante la práctica de un inhumano *aborto clandestino*.

Ésta ha sido la posición asumida por significativas Organizaciones No Gubernamentales, como Amnistía Internacional, la Comisión Interamericana de Derechos Humanos, el Comité de Derecho Humanos de las Naciones Unidas y la Organización Mundial de la Salud, que asocian el tema del aborto a la violación del derecho de las mujeres a no ser sometidas a tratos crueles, inhumanos o degradantes, esto es, con la prohibición general de la tortura[26].

---

[22]   Derecho humano regulado, entre otros, en el artículo 22 de la DUDH: "Toda persona, como miembro de la sociedad, tiene derecho a la seguridad social, y a obtener, mediante el esfuerzo nacional y la cooperación internacional, habida cuenta de la organización y los recursos de cada Estado, la satisfacción de los derechos económicos, sociales y culturales, indispensables a su dignidad y al libre desarrollo de su personalidad".

[23]   Al respecto, *vid.*, el "Informe de la relatoría especial sobre la violencia contra la mujer, sus causas y consecuencias" (preparado sobre el trabajo de Radhika Coomaraswamy, "Políticas y prácticas que repercuten sobre los derechos reproductivos de la mujer, y contribuyen a la violencia contra la mujer, la causan o la constituyen"), *Revista Argentina de Derechos Humanos*, año 1-Número 0, Centro de Estudios Legales y Sociales-Ad Hoc-Universidad Nacional de Lanús, Buenos Aires, 2001, pp. 343 y ss.

[24]   Información tomada de http://es.wikipedia.org/wiki/Aborto_inducido, 19 de abril de 2011.

[25]   Entre otros, en los artículos 7 del PIDCyP: "Nadie será sometido a torturas ni a penas o tratos crueles, inhumanos o degradantes. En particular, nadie será sometido sin su libre consentimiento a experimentos médicos o científicos"; 5.2 de la CADH: "Nadie debe ser sometido a torturas ni a penas o tratos crueles, inhumanos o degradantes. Toda persona privada de libertad será tratada con el respeto debido a la dignidad inherente al ser humano"; y 5 de la DUDH: "Nadie será sometido a las torturas ni a penas o tratos crueles, inhumanos o degradantes"; así como en tratados especiales sobre la materia, a saber: (i) la Convención contra la Tortura y Otros Tratos o Penas Crueles, Inhumanos o Degradantes (CTOTPCID) y (ii) la Convención Interamericana para Prevenir y Sancionar la Tortura (CIPST).

[26]   Información tomada de http://es.wikipedia.org/wiki/Aborto_inducido, 19 de abril de 2011.

5.   *Derecho general a la salud[27] y particular a la salud reproductiva de la mujer*

La concepción del derecho a abortar, como una manifestación del *derecho a la salud*[28] y del *derecho a la salud reproductiva de la mujer*[29] (comprensivo del derecho a la sexualidad y a la autonomía sexual[30]), está, por un lado, íntimamente ligado al derecho a la *integridad* (física y psicológica) comentado y, por el otro, está enmarcado dentro de la asistencia médica en general[31], así como dentro de la asistencia médica a las mujeres en *estado de gravidez* en particular[32].

En efecto, siguiendo los lineamientos del artículo 12 del PIDESyC "[l]os estados partes en el presente Pacto reconocen el derecho de toda persona al disfrute del más alto nivel posible de salud física y mental", en razón de lo cual, y para poder hacer efectivo el más alto nivel de salud -en términos muy similares al artículo 10.1 del Protocolo de San Salvador[33]-, resulta necesario garantizar el derecho a abortar, como una articulación de la salud reproductiva de la mujer, comprensiva de la "[l]a capacidad de disfrutar una vida sexual satisfactoria y sin riesgos y de procrear, y la libertad de decidir hacerlo o no hacerlo, cuándo y con qué

---

[27]   Para un estudio crítico sobre su categorización jurídica como *derecho subjetivo*, vid. Tomás A. Arias Castillo, "La sentencia N° 1002/2004 y el derecho a la salud en Venezuela", *Revista de la Facultad de Ciencias Jurídicas y Políticas de la Universidad Central de Venezuela*, N° 128, Universidad Central de Venezuela, Facultad de Ciencias Jurídicas y Políticas, Caracas, 2007, pp. 123-155; y para un análisis sobre su situación en Venezuela, *vid.* Jesús Ollarves Irazábal, "La vigencia del derecho a la salud", *El derecho público a comienzos del siglo XXI. Estudios en homenaje al profesor Allan Brewer-Carías*, tomo III, Instituto de Derecho Público de la Universidad Central de Venezuela-Civitas Ediciones, S. L., Madrid, 2003, pp. 2867-2887.

[28]   Regulado, entre otros, en los artículos 12.1 del Pacto Internacional de Derechos Económicos, Sociales y Culturales (PIDESyC): "Los Estados Partes en el presente Pacto reconocen el derecho de toda persona al disfrute del más alto nivel posible de salud física y mental"; 10.1 del Protocolo Adicional a la CADH en materia de DESyC (Protocolo de San Salvador): "Toda persona tiene derecho a la salud, entendida como el disfrute del más alto nivel de bienestar físico, mental y social"; y XI de la DADDH: "Toda persona tiene derecho a que su salud sea preservada por medidas sanitarias y sociales, relativas a la alimentación, el vestido, la vivienda y la asistencia médica, correspondientes al nivel que permitan los recursos públicos y los de la comunidad".

[29]   Regulado, entre otros, en los artículos 12.1 de la Convención sobre la Eliminación de Todas las Formas de Discriminación contra la Mujer (CETFDM): "Los Estados Partes adoptarán todas las medidas apropiadas para eliminar la discriminación contra la mujer en la esfera de la atención médica a fin de asegurar, en condiciones de igualdad entre hombres y mujeres, el acceso a servicios de atención médica, inclusive los que se refieren a la planificación de la familia"; y VII de la DADDH: "Toda mujer en estado de gravidez o en época de lactancia, así como todo niño, tienen derecho a protección, cuidado y ayuda especiales".

[30]   *Cf.* "Informe de la relatoría especial…" *cit.*, pp. 344 y 345.

[31]   Artículo XI de la DADDH: "Toda persona tiene derecho a que su salud sea preservada por medidas sanitarias y sociales, relativas a la alimentación, el vestido, la vivienda y la asistencia médica, correspondientes al nivel que permitan los recursos públicos y los de la comunidad".

[32]   Artículo VII de la DADDH: "Toda mujer en estado de gravidez o en época de lactancia, así como todo niño, tienen derecho a protección, cuidado y ayuda especiales".

[33]   Artículo 10.1 del Protocolo de San Salvador: "Toda persona tiene derecho a la salud, entendida como el disfrute del más alto nivel de bienestar físico, mental y social".

frecuencia"[34], habida cuenta de las señaladas consecuencias negativas que sobre la integridad física, moral y psicológica de las mujeres pueden tener su impedimento[35]. En tal sentido, es necesario tener presente que "[e]n los países donde el aborto es ilegal o donde no se puede disponer de abortos en condiciones de seguridad las mujeres sufren graves consecuencias para la salud, e incluso la muerte"[36].

6. *Derecho a la protección familiar*

Finalmente, también en garantía del *derecho humano a la protección familiar*[37], es de suyo importante reconocer el derecho a abortar de la mujer, en la medida que sólo a través de

---

[34]   Definición de la *salud reproductiva* reconocida en la Conferencia Internacional sobre la Población y el Desarrollo en 1994, referida en el "Informe de la relatoría especial..." *cit.*, p. 344.

[35]   En este mismo sentido, un reciente e importantísimo pronunciamiento de la Comisión Interamericana de Derechos Humanos (CIDH): *"En la audiencia sobre los Derechos Reproductivos de las Mujeres, la CIDH recibió información de parte de organizaciones de 12 países de la región acerca de los graves obstáculos que enfrentan las mujeres a través de las Américas en el ejercicio efectivo y pleno de sus derechos reproductivos. Por una parte, se recibió información sobre una interpretación restringida del derecho a la salud excluyente de los derechos reproductivos en el marco de las políticas públicas de los Estados. Por otra parte, las organizaciones informaron a la CIDH sobre las consecuencias e impacto de leyes restrictivas sobre la interrupción legal del embarazo, incluyendo la práctica de abortos en condiciones inseguras y la morbi-morbilidad materna; problemáticas que afectan de manera especial a las niñas y mujeres jóvenes pobres, de bajo nivel educativo, y que habitan en zonas rurales. Las organizaciones asimismo presentaron información sobre casos individuales de mujeres que al acudir a servicios de salud para recibir servicios obstétricos por partos prematuros, fueron denunciadas por el delito de aborto u homicidio por parentesco y condenadas a prisión. Al respecto, la CIDH reitera que la salud reproductiva de las mujeres debe ocupar un lugar prioritario en las iniciativas legislativas y los programas de salud nacional y local en las esferas de prevención y protección. Esto conlleva el deber de analizar de forma pormenorizada todas las leyes, normas, prácticas, y políticas públicas que en su texto o en la práctica puedan tener un impacto discriminatorio en las mujeres en su acceso a servicios de salud reproductiva, y prevenir las consecuencias negativas que estas medidas pudieran tener en el ejercicio de sus derechos humanos en general. Los Estados están igualmente obligados a eliminar todas las barreras de derecho y de hecho que impiden a las mujeres su acceso a servicios de salud materna que ellas necesitan como la sanción penal al acudir a estos servicios. La CIDH asimismo recuerda a los Estados que el aborto terapéutico es reconocido internacionalmente como un servicio de salud especializado y necesario para las mujeres cuya finalidad es salvar la vida de la madre cuando ésta se encuentra en peligro a consecuencia de un embarazo; servicio cuya negación atenta contra la vida, la integridad física y psicológica de las mujeres".* Vid. Anexo al Comunicado de Prensa 28/11, sobre el 141° Período Ordinario de Sesiones de la CIDH, consultado en http://www.cidh.org/Comunicados/Spanish/2011/28A-11sp.htm, 19 de abril de 2011.

[36]   "Informe de la relatoría especial..." *cit.*, p. 362.

[37]   Regulado, entre otros, en los artículos 23.1 del PIDCyP: "La familia es el elemento natural y fundamental de la sociedad y tiene derecho a la protección de la sociedad y del Estado"; 10.1 del PIDESyC: "Se debe conceder a la familia, que es el elemento natural y fundamental de la sociedad, la más amplia protección y asistencia posibles, especialmente para su constitución y mientras sea responsable del cuidado y la educación de los hijos a su cargo. El matrimonio debe contraerse con el libre consentimiento de los futuros cónyuges"; 17.1 de la CADH: "La familia es el elemento natural y fundamental de la sociedad y debe ser protegida por la sociedad y el Estado"; 15.1 del Protocolo de San Salvador: "La familia es el elemento natural y fundamental de la sociedad y debe ser protegida por el Estado, quien deberá velar por el mejoramiento de su situación moral y material"; 16.3 de la DUDH: "La familia es el elemento natural y fundamental de la sociedad y tiene derecho a la protección de la sociedad y del Estado"; y VI de la DADDH: "Toda persona tiene derecho a constituir familia, elemento fundamental de la sociedad, y a recibir protección para ella".

su ejercicio podrán las familias -como núcleo natural y fundamental de la sociedad-, formarse atendiendo al deseo de las parejas y procrear con fundamento en la *elección y decisión* de las madres que las integran, y no, por razones ajenas a su *voluntad* o, llanamente, opuestas a sus más íntimos deseos y expectativas.

III.   EL DERECHO HUMANO DE LA MUJER A ABORTAR, COMO MANIFESTA-CIÓN DE LOS VALORES SUPERIORES DEL ORDENAMIENTO JURÍDICO VE-NEZOLANO QUE REPRESENTAN EL DERECHO CONSTITUCIONAL AL LIBRE DESENVOLVIMIENTO DE LA PERSONALIDAD Y LA AUTONOMÍA DE LA VOLUNTAD

El derecho a abortar encuentra su materialización *efectiva* en el ordenamiento interno venezolano -además de en los derechos comentados en el particular anterior, todos también de rango constitucional[38]-, en el legítimo ejercicio, e imperativo *iusprivatista*, de la *autonomía de la voluntad* y de la *libertad jurídica de acción*[39] de la mujer, quien es su *titular*[40], esto es, en la *toma y ejecución libre* de las decisiones que adopte, máxime cuando se trata de una elección tan personal e íntima dirigida por la *libertad de consciencia*[41] de la mujer: *ejercer opciones procreativas o reproductivas.*

En efecto, es por virtud de la autonomía privada (o *señorío de la voluntad*, como también se le decía[42]) que tienen los particulares, cuyo fundamento en la Constitución[43] se encuentra en la *libertad general*[44] y *libre desenvolvimiento de la personalidad*[45] de toda "perso-

---

[38]   Regulados, entre otros, en los artículos constitucionales 2 y 43 (derecho a la vida), 3 (derecho a la vida digna), 60 (derecho a la vida privada o a la intimidad), 46 (derecho a la integridad personal), 20 (derecho al libre desenvolvimiento de la personalidad), 46.1 (derecho a no ser sometido a tratos crueles, inhumanos o degradantes, o a no ser sometido a torturas), 83 (derecho general a la salud), 76 (derecho particular a la salud reproductiva de la mujer) y 75 (derecho a la protección familiar).

[39]   *"[L]ibertad de elegir entre alternativas de acción".* Robert Alexy, *Teoría de los Derechos Fundamentales*, Centro de Estudios Políticos y Constitucionales, Madrid, 2002, pp. 340 y 341.

[40]   Toda vez que *"[e]n la noble empresa de procrear, en la pareja es sólo la mujer quien arriesga su salud y hasta su vida y de allí emana su derecho a controlar su propia reproducción".* Cf., la Exposición de Motivos del Anteproyecto de Reforma del Código Penal del Tribunal Supremo de Justicia, coordinado por Alejandro Angulo Fontiveros, consultada en Ludwig Schmidt H., "Postura desde el Derecho sobre la despenalización del aborto y la muerte piadosa en el Anteproyecto de Reforma del Código Penal venezolano", *Revista de Derecho*, N° 17, Tribunal Supremo de Justicia, Caracas, 2007, p. 321.

[41]   Teniéndose presente que la libertad de conciencia está vinculada con la toma de decisión de la mujer, en el marco de su autodeterminación moral y dignidad como persona. Al respecto, cf. Luigi Ferrajoli, *Democracia y garantismo*, Editorial Trotta, Madrid, 2008, p. 157. En general, sobre el problema del aborto, *vid.* pp. 160-165.

[42]   *Cf.* Gustavo Zagrebelsky, *El derecho dúctil. Ley, derechos, justicia*, Editorial Trotta, Madrid, 2008, p. 28.

[43]   Publicada inicialmente en *Gaceta Oficial* N° 36.860, 30 de diciembre de 1999 y reimpresa posteriormente con algunas correcciones en *Gaceta Oficial* N° 5.453 Extraordinario, 24 de marzo de 2000. Su primera enmienda, así como el texto íntegro de la Constitución, fueron publicados en *Gaceta Oficial* N° 5.908 Extraordinario, 19 de febrero de 2009.

[44]   Que es uno de los derechos naturales más antiguos y *"[s]e obtiene de un principio general, implícito en otras normas o explícito, por el que todo lo que no está prohibido está permitido".* Mauro Barberis, *Ética para juristas*, Editorial Trotta, Madrid, 2008, p. 21.

[45]   Derecho que ha sido interpretado por el Tribunal Constitucional Federal alemán, desde sus primeras y más relevantes sentencias, como un derecho general a la libertad de acción y, más concreta-

na"[46], ambos integrantes de los *valores superiores del ordenamiento jurídico*[47] —al igual que el "derecho a la vida"[48]—, que las mujeres pueden ejercer dentro de los atributos inmersos en la *libertad negativa de acción*[49], el derecho de *engendrar o no hijos*, así como el *derecho a abortar o de no convertirse en madre*[50], en la medida que son *dos caras de una misma moneda* y representan, en definitiva, manifestaciones concretas del *derecho de decidir* conforme a sus creencias, ideas y valores. Teniendo en cuenta, entonces, que la autonomía de la voluntad halla su fundamento constitucional en el señalado *derecho-valor libertad*, no cabe mayor discusión sobre que, como corolario de la misma, la autonomía privada (en este caso, la *autonomía procreativa*) es también uno de los valores superiores del ordenamiento jurídico, razón por la cual, el ordenamiento -en su conjunto- debe interpretarse conforme a dicha autonomía que habilita a las personas a conducir *sus* vidas con arreglo a *sus propias y libres decisiones*.

No debe olvidarse que si bien los derechos orientados a la libertad encuentran ciertos límites *extrínsecos*, los mismos, para poder garantizar el apuntado señorío de la voluntad de los particulares, son *intrínsecamente ilimitados*[51], por lo que se ha considerado[52], que la ausencia de *impedimentos, limitaciones y resistencias* son el núcleo mismo del concepto de la libertad.

---

mente, como una *"[l]ibertad de la acción humana en el más amplio sentido"* [Cf. Robert Alexy, *op. cit.*, pp. 331-333], concepción que abarcaría, sin lugar a dudas, al derecho humano a abortar de la mujer, toda vez que dicha libertad de acción consiste en *"[l]a libertad de hacer y omitir lo que uno quiera.* […] *Por una parte, a cada cual le está permitido prima facie -es decir, en caso de que no intervengan restricciones- hacer y omitir lo que quiera (norma permisiva). Por otra, cada cual tiene prima facie, es decir, en la medida que no intervengan restricciones, un derecho frente al Estado a que éste no impida sus acciones y omisiones, es decir, no intervenga en ellas (norma de derechos)".* Ibid., p. 333.

[46] Artículo 20 de la Constitución: "Toda persona tiene derecho al libre desenvolvimiento de su personalidad, sin más limitaciones que las que derivan del derecho de las demás y del orden público y social".

[47] Artículo 2 de la Constitución: "Venezuela se constituye en un Estado democrático y social de Derecho y de Justicia, que propugna como valores superiores de su ordenamiento jurídico y de su actuación, la vida, la libertad, la justicia, la igualdad, la solidaridad, la democracia, la responsabilidad social y en general, la preeminencia de los derechos humanos, la ética y el pluralismo político".

[48] Siendo forzoso recordar que, si bien el derecho a la vida del *nasciturus* es objeto de protección constitucional -aun cuando no es persona-, *ex* artículos 2 y 76 de la Norma Fundamental, entre otros, no es menos cierto que, ante un necesario *juicio de ponderación* entre la vida de la madre y la del feto, para determinar cuál constituye el valor de mayor entidad tutelado por la Constitución, deberá decidirse a favor de la vida de la mujer, quien en efecto *es persona* y, como tal, titular -indiscutida- de derechos humanos (no sólo de derechos constitucionales), a diferencia del no nacido.

[49] Sobre la conocida diferencia en las concepciones de la libertad *positiva* (acometer conductas razonables) y la libertad *negativa* (hacer o *dejar de hacer* lo que se quiera, negándose intervenciones externas del Estado u otras personas), *vid.* Carlos Bernal Pulido, *El Derecho de los derechos*, Universidad Externado de Colombia, Bogotá, 2005, pp. 248 y 249.

[50] Que es caracterizado por Ferrajoli como *"[e]l derecho de autodeterminación en materia de maternidad (y consecuentemente de aborto)"* y que corresponde exclusivamente a las mujeres *"[p]or la simple razón de que la gestación y el parto no pertenecen a la identidad masculina sino sólo a la femenina".* Luigi Ferrajoli, *Derecho y garantías. La ley del más débil*, Editorial Trotta, quinta edición, Madrid, 2006, pp. 84-86.

[51] *Cf.* Gustavo Zagrebelsky, *op. cit.*, p. 87.

[52] *Cf.* Robert Alexy, *op. cit.*, pp. 211 y 212.

Aunado a lo anterior, también la Constitución norma el derecho que tienen las *parejas* (ya no sólo la mujer), de decidir el número de hijos que deseen tener[53], por un lado, y por el otro, la protección "en general" brindada al embarazo, ambos *ex* artículo 76 de la Constitución[54], reconociéndose por vía de "excepción" el aborto y, con ello, otorgándosele *fundamento constitucional* al derecho de la mujer a abortar[55], máxime si se toma en cuenta que el mismo mandato normativo articula de manera expresa, el señalado valor superior del ordenamiento jurídico de la autonomía privada, en relación a la *elección procreativa o reproductiva*.

Lo anterior es difícilmente discutible: si la libertad de decisión y elección es una manifestación *concreta* del derecho al libre desenvolvimiento de la personalidad[56], como *valor superior del ordenamiento* en el que ubica su fundamento constitucional la autonomía de la voluntad de las personas y, con ella, la "autonomía procreativa y reproductiva" de las mujeres, entonces en el ejercicio de tal *libertad negativa* la mujer tiene el derecho constitucional de elegir entre abortar o no hacerlo, siendo una *persona autónoma que se determina a sí misma*[57]. Considerar lo contrario, equivaldría a admitir el patente cercenamiento del valor superior "libertad individual" del ordenamiento jurídico venezolano y del derecho de toda mujer de *autodeterminarse* y *desarrollar libremente su personalidad*, en ejercicio de las jerárquicamente superiores *autonomía privada* y *libertad de acción* -i. e. procreativa y reproductiva-, de lo que se desprende que las apuntadas "autonomía de voluntad" y "libertad de acción" son concebibles como el "núcleo" mismo de la solución de la *batalla del aborto* y, más puntualmente, del derecho a abortar como integrante de la esfera de los *derechos humanos* de la mujer.

---

[53] Este "derecho de la pareja" amerita una precisión, en los términos apuntados por Ferrajoli: *"Allí donde la decisión de traer o no al mundo a través de un cuerpo femenino estuviera subordinada también al acuerdo con los potenciales padres, la decisión de éstos sería sobre el cuerpo de otra persona y equivaldría, pues, al ejercicio de un poder del hombre sobre la mujer que violaría al mismo tiempo la libertad de las mujeres y el igual valor de las personas".* Luigi Ferrajoli, *Derecho y garantías... cit.,* p. 86.

[54] Artículo 76 de la Constitución: "La maternidad y la paternidad son protegidas integralmente, sea cual fuere el estado civil de la madre o del padre. Las parejas tienen derecho a decidir libre y responsablemente el número de hijos e hijas que deseen concebir y a disponer de la información y de los medios que les aseguren el ejercicio de este derecho. El Estado garantizará asistencia y protección integral a la maternidad, en general a partir del momento de la concepción, durante el embarazo, el parto y el puerperio, y asegurará servicios de planificación familiar integral basados en valores éticos y científicos".

[55] Así también lo ha entendido Schmidt: *"En mi opinión, la propia Constitución venezolana da pie a un artículo semejante al permitir el aborto. En efecto, la parte final del Artículo 76 de la norma fundamental expresa que el Estado [...]. El citado artículo impone la obligación al Estado de proteger el embarazo, en general, desde el momento de la concepción. Por lo tanto, de forma excepcional puede no protegerlo. Se le da así rango "constitucional" al aborto".* (Corchetes míos). Ludwig Schmidt H., *op. cit.,* p. 333.

[56] Dirigido, entre otras cosas, a enaltecer la *calidad de vida* de las personas.

[57] *"En efecto, el derecho a la maternidad voluntaria como autodeterminación de la mujer sobre el propio cuerpo le pertenece de manera exclusiva porque en materia de gestación los varones no son iguales a las mujeres, y es sólo desvalorizando a éstas como personas y reduciéndolas a instrumentos de procreación como los varones han podido expropiarlas de esa su personal potencia sometiéndola al control penal".* Luigi Ferrajoli, *Derecho y garantías... cit.,* pp. 85 y 86.

IV. CONCLUSIÓN

Sin llegar a considerar que el derecho a abortar de la mujer es *ilimitado* o *absoluto*[58], en tanto debe someterse a ciertas condiciones mínimas, en nuestra opinión las mujeres tienen — en un *sentido estricto*[59]—, conforme a las disposiciones analizadas de los TDH en cuestión, así como del ordenamiento constitucional venezolano, *el derecho humano a abortar*.

---

[58]   Esta importante consideración fue desarrollada en la citada y famosa sentencia del caso *Roe v. Wade*. *Vid.* Miguel Beltrán de Felipe y Julio V. González García, *op. cit.*, p. 436.

[59]   *"En sentido amplio, los derechos humanos son* derechos inherentes a la persona que se derivan de la dignidad humana y resultan fundamentales en un determinado estadio de evolución de la humanidad, por lo que reclaman una protección jurídica. *En cambio, en su sentido más estricto, los derechos humanos son* esos mismos derechos pero en la medida en que son reconocidos y protegidos en el ámbito internacional"*. Jesús María Casal H., *op. cit.*, p. 16.

EL ABORTO: VIOLACIÓN A UN PATRIMONIO DE LA HUMANIDAD

Marco Antonio Osorio Uzcátegui*

Resumen: *El presente trabajo se abordará desde una óptica jurídico-científica y, específicamente, a la luz de instrumentos internacionales, más no del derecho interno. Dos puntos importantes a considerar para las posturas a favor o en contra del aborto: 1) si el producto de la concepción es titular de derecho y, por ende debe gozar de protección; y, 2) la confrontación de esa protección con los derechos sexuales y reproductivos del ser humano. Para el autor, juega un papel preponderante el Genoma Humano y la protección del mismo en el derecho internacional, así como su conceptualización teórica como un patrimonio de la Humanidad.*

Palabras Clave: *Aborto, Genoma Humano, Patrimonio de la Humanidad.*

Abstract: *This essay focusses on a legal and scientific point of view, specifically, from international treaties, and does not include a domestic law intake. Two important aspects have to considered in pro and against positions: 1) if the product of conception is entitled to rights and if so, must be protected; and 2) the confrontation of that protection with sexual and reproductive rights of a human being. In the author's opinion, the human genome and its protection by international law play an important role, as well as its theorical conception as World Heritage.*

Key words: *Abortion, Human Genome, World Heritage.*

I. INTRODUCCIÓN

El aborto es un tema muy polémico que abarca un sinfín de planteamientos: éticos, religiosos, políticos, sociales, culturales, jurídicos, etc.; sin embargo, en este análisis trataré de emitir una opinión sin involucrar temas religiosos, políticos o culturales, limitándome a un enfoque jurídico-científico y a la luz de los instrumentos internacionales, y no del derecho interno[1].

Pudiésemos definir el aborto como la interrupción del proceso fisiológico del embarazo mediante la muerte del producto de la concepción o feto, viable o no, dentro o fuera del claustro materno. Así, el aborto sería un delito[2] cuando se produce "la interrupción, dolosa o

---

*   Universidad Central de Venezuela: Abogado. Escuela Nacional de Administración y Hacienda Pública: Profesor de Derecho de Pregrado y Postgrado.

[1]   Evidentemente, alguna relación y llamamiento al derecho interno habrá que realizarse.

[2]   Este delito sería típico si así lo han consagrado las legislaciones internas (compuesta por una regla, con supuesto de hecho y consecuencia jurídica), de lo contrario, sería un ilícito atípico por contra-

intencional, del proceso fisiológico de la preñez o del embarazo, con muerte o destrucción del producto de la concepción"[3]. El diccionario de la Real Academia Española lo define como interrupción del embarazo por causas naturales o deliberadamente provocadas[4]. Esta práctica, realizada en todo el mundo de manera legal o ilegal, ha encontrado defensores y detractores; y tanto, que ya forma objeto de discusión general el incorporarlo o no a las legislaciones, sea para prohibirlo, para permitirlo o para condicionarlo.

En mi opinión, para poder establecer una postura a favor o en contra del aborto, según lo estipulado en instrumentos internacionales, hay que resolver dos problemas fundamentales: 1) determinar si el producto de la concepción pudiese considerarse como un ente titular de derechos (ser humano), específicamente en cuanto atañe al derecho a la vida; y 2) confrontarlo con los derechos sexuales y reproductivos del ser humano.

II.   EL FETO: ¿TITULAR DE DERECHOS?

Al revisar algunos instrumentos jurídicos internacionales nos podemos dar cuenta que los derechos en ellos establecidos están dirigidos a los "individuos", al "ser humano" o a la "persona". Así, por ejemplo, la Declaración Universal de Derechos Humanos establece que "todo individuo tiene derecho a la vida..." o que "todos los seres humanos nacen libres e iguales en dignidad y derechos...[5]"; a su vez el Pacto Internacional de Derechos Civiles y Políticos establece que "el derecho a la vida es inherente a la persona humana[6]" (por citar sólo un par de ellos). Al leer esas disposiciones inmediatamente tenemos que hacernos una pregunta: ¿quién o qué es una persona? Los tratados o convenios internacionales no nos dan una definición directa, inequívoca o precisa sobre el particular. Al respecto tendríamos que recordar que este es un concepto jurídico de elaboración romana; sin embargo, en términos generales, se trata de todo miembro de la especie humana susceptible de adquirir derechos y de contraer obligaciones.

Bajo la óptica anterior, es válido preguntarse si el producto de la concepción es persona y, por ende, susceptible de adquirir derechos (entre ellos el de la vida)[7]. Al respecto algunas legislaciones internas lo han considerado poseedor de derechos (como por ejemplo la nuestra,

---

venir principios del Derecho Internacional. En relación a ilicitud atípica, véase Atienza Manuel y Ruiz Manero, Juan; *Ilícitos Atípicos*, Trotta, Madrid, 2000.

[3]   Grisanti A., Hernando y Grisanti F., Andrés; *Manual de Derecho Penal Parte Especial*, Editorial Mobil-Libros, 4° edición, Caracas, 1993, p. 103.

[4]   Real Academia Española, *Diccionario de la Lengua Española*, Editorial Espasa, Madrid 2001.

[5]   Véase Declaración Universal de Derechos Humanos, aprobada por la Asamblea General de las Naciones Unidas en fecha 10 de Diciembre de 1948, artículos 3 y 1.

[6]   Véase el Pacto Internacional de Derechos Civiles y Políticos, adoptado por la Asamblea General de las Naciones Unidas en fecha 16 de Diciembre de 1966, artículo 6°.

[7]   El dejar de lado el momento de la concepción en un análisis del aborto, sería un estudio incompleto y sesgado negativamente. Al respecto hay que determinar qué es y cómo debemos tratar ese resultado de la concepción; se ha dicho, a través del *Dignitas Personae que* "el embrión humano, por lo tanto, tiene desde el principio la dignidad propia de la persona. (...) El respeto de esa dignidad concierne a todos los seres humanos, porque cada uno lleva inscritos en si mismo, de manera indeleble, su propia dignidad y valor". Congregación de la Doctrina de la Fe. Instrucción *Dignitas Personae* sobre algunas cuestiones de Bioética (8 de septiembre de 2008); consultada en Siegel, Reva; *La dignidad y el debate del aborto*, en *Derecho y Sexualidades. Seminario en Latinoamérica de Teoría Constitucional y Política SELA 2009*, Editorial Libraria, Buenos Aires, 2010, p. 191.

a través del artículo 17 del Código Civil[8]). Sin embargo, no está claro y se entiende generalmente que el nacimiento es el momento que marca la condición de persona de cada uno de
nosotros. Pese a lo anterior, creo que la solución a tal interrogante la ofrecen los avances
científicos y, más específicamente, los logrados en el campo de la genética.

Si nos preguntamos qué es un individuo, desde un punto de vista etimológico o de definición, encontraremos que es aquello que no puede ser dividido. Hoy, con los avances en el
estudio de la genética, lo podemos entender. Las personas se encuentran conformadas por
una secuencia de ADN y esa secuencia es única en cada uno de nosotros, es indivisible para
cada ser humano y es justamente la que nos diferencia de los demás (dentro o fuera de nuestra propia especie). Analicemos un poco más lo mencionado.

1.   Nuestro Genoma Humano

**Se ha definido al ADN como el "responsable de contener toda la información gené-
tica de un individuo o ser vivo, información que es única e irrepetible en cada ser ya que
la combinación de elementos se construye de manera única. Este contiene, además, los
datos genéticos que serán hereditarios de generación en generación, por lo cual su análisis y comprensión es de gran importancia para realizar cualquier tipo de investigación
científica que verse sobre la identidad o sobre las características de un individuo"[9].** El
ADN ofrece una información única relacionada directamente con el nacimiento de las células
de un ser vivo, la cual se transporta a través de los denominados genes. El gen es considerado
la unidad de almacenamiento de información genética y constituye una herencia al transmitir
esa información a la descendencia. Los genes se disponen a lo largo de las cadenas del ADN,
ocupando en el cromosoma una posición determinada llamada *locus*. El conjunto de genes de
una especie, y por tanto de los cromosomas que los componen, se denomina GENOMA.

Así las cosas, el genoma relacionado con nuestra especie se denomina "Genoma Humano", el cual no es más que una secuencia de ADN relacionada a un ser humano, la esencia de
todos o cada uno de nosotros; es decir, toda persona no es más que una secuencia de ADN.
Este genoma humano está definido y estipulado en la Declaración Universal sobre el Genoma
Humano y los Derechos Humanos[10].

El artículo 1° de dicha Declaración Universal estipula que "el genoma humano es la base de la unidad fundamental de todos los miembros de la familia humana y del reconocimiento de su dignidad intrínseca y su diversidad. En sentido simbólico, el genoma humano es **el
patrimonio de la humanidad**" (resaltado nuestro).

Sin embargo, el lector se preguntará: ¿qué tiene que ver el Genoma Humano con el
aborto? Veamos:

En el momento en que un óvulo es fecundado por un espermatozoide, se da origen a la
creación de un cigoto, el cual posee información genética, con una secuencia de ADN propia.
Esa fecundación puede darse en un período de 12 horas a 6 días, pero desde el momento que
ocurre ya tenemos la información de un genoma humano, es decir, LA ESENCIA DE TO-

---

[8]   Véase Código Civil de Venezuela, *Gaceta Oficial* N° 2990 Extraordinario del 26 de julio de
1982. Artículo 17: "El feto se tendrá como nacido cuando se trate de su bien; y para que sea reputado
como persona, basta que haya nacido vivo".

[9]   Definición ABC, en http://www.definicionabc.com/ciencia/adn.php, 6 de Septiembre de 2010.

[10]   Véase la Declaración Universal sobre el Genoma Humano y los Derechos Humanos, aprobada
por la conferencia General de la UNESCO en fecha 11 de Noviembre de 1997.

DAS LAS PERSONAS. La interrupción de la evolución de ese material genético (llamémosla aborto), pondría fin al desarrollo del mismo; en otras palabras, pondría fin al desarrollo de la persona (en su forma más simple y en el primer estado de su desarrollo).

Si lo establecido anteriormente ofrece alguna duda, o se piensa que la persona humana va más allá de una simple cadena de ADN (dado que para ser considerada como tal se deben poseer características como la autoconciencia, intuición, pensamiento, memoria, imaginación) y que por tanto no merece los derechos y protecciones que se dan al nacido, hay que decir que aunque tales características no están todavía desarrolladas en el cigoto, sí están presentes los genes para el desarrollo del cerebro, donde estas capacidades se encuentran. Desde un punto de vista biológico el principio generativo se encuentra en los genes, de tal forma que el programa fisiológico y sicológico del cigoto está ya determinado en interacción con el ambiente por su constitución genética desde la fecundación[11]. El aborto, entonces, iría en contra de la declaración universal del genoma humano, de un patrimonio de la humanidad, de la unidad fundamental de los miembros de la familia humana, del reconocimiento a la dignidad y, por tales razones, no se debería permitir. Así las cosas, independientemente de que se considere o no persona ese cigoto, que tenga o no "derecho" a la vida, hay una información genética única, relacionada a nuestra especie humana, protegida por una declaración universal, a la cual se le impide su desarrollo, lo cual violaría el instrumento internacional antes señalado. Por tal razón, también sería antijurídico.

2. *Fuente del Derecho Internacional de los Derechos Humanos*

Hay quienes estarán pensando, al leer las líneas precedentes, que esa Declaración Universal del Genoma Humano no es más que "una enunciación de principios" y que, como tal, no establece obligaciones ni consecuencias de incumplimiento para los Estados; en otras palabras, que no es vinculante[12]. Sin embargo, las Declaraciones Universales son el fundamento de la cooperación internacional, configuran un punto de partida de los sistemas normativos en cada materia y expresan temas de interés común de los Estados. Tener una declaración universal como un tema de interés común e inobservarla, configura un contrasentido: ella es la base de los sistemas normativos y su observancia va configurando prácticas internacionales que van derivando en costumbres, que son fuente formal del Derecho Internacional Público o que configurarían Principios Generales del Derecho. Recordemos que nuestro Sistema de Derechos Humanos y sus mecanismos de protección, devienen justamente de una Declaración Universal: **La Declaración Universal de los Derechos Humanos**[13].

III. DERECHOS SEXUALES Y REPRODUCTIVOS

El otro punto controvertido con respecto al aborto es el relacionado a los Derechos Sexuales y Reproductivos de los seres humanos y, más específicamente, los de las mujeres.

Los denominados "derechos reproductivos" aparecen en el contexto internacional designando un conjunto de derechos humanos, específicamente, los que tienen que ver con la salud reproductiva y la reproducción humana. Estos derechos no se encuentran explícitos como tales en ningún instrumento legal internacional, pero están dispersos en muchos de ellos, por lo que son reconocidos internacionalmente con efectos jurídicamente vinculantes.

---

[11]   ACIPRENSA, en http://www.aciprensa.com/vida/cigoto.htm, 6 de Septiembre de 2010.

[12]   Rousseau, Charles; *Derecho Internacional Público*, Ediciones Ariel, Barcelona, 1957; p. 9.

[13]   Pinto, Mónica, *Temas de derechos humanos*, Editores del Puerto S.R.L, 3° reimpresión, Buenos Aires, 2004; p. 33.

Son el resultado de una combinación de derechos civiles, políticos, sociales, culturales y económicos, como por ejemplo: "el derecho a la salud, a la salud sexual, a la salud reproductiva, el derecho a la planificación familiar; el derecho a decidir el número de hijos y el espaciamiento de los nacimientos; el derecho a casarse y a constituir una familia; el derecho a la vida, a la libertad, integridad y a la seguridad; el derecho a no ser discriminado por cuestiones de género; el derecho a no ser agredido ni explotado sexualmente; el derecho a no ser sometido a tortura ni a otro tipo de castigos o de tratamientos crueles, inhumanos o degradantes; el derecho a modificar las costumbres discriminatorias contra la mujer; el derecho a la privacidad; el derecho a la intimidad; el derecho a disfrutar del progreso científico y a dar consentimiento para ser objeto de experimentación"[14].

Se ha definido la salud reproductiva como "un estado general de bienestar físico, mental y social, y no de mera ausencia de enfermedades o dolencias, en todos los aspectos relacionados con el sistema reproductivo y sus funciones y procesos. En consecuencia, la salud reproductiva entraña la capacidad de disfrutar de una vida sexual satisfactoria y sin riesgos y de procrear, y la libertad para decidir hacerlo o no hacerlo, cuándo y con qué frecuencia. Esta última condición lleva implícito el derecho del hombre y la mujer a obtener información y acceso a los métodos de planificación familiar de su elección seguros, efectivos, asequibles y aceptables, así como a otros métodos legales para la regulación de la fecundidad, y el derecho a recibir servicios adecuados de atención de la salud que permitan los embarazos y los partos sin riesgos y den a las parejas las máximas posibilidades de tener hijos sanos" (Conferencia Internacional sobre Población y Desarrollo en 1994)[15]. Definiciones como la anterior ponen de manifiesto el tema del aborto y el derecho a la autodeterminación de la madre de tenerlo o no en ciertas circunstancias. Por ejemplo, en México se despenalizó el aborto en casos de malformaciones en el feto, inseminación artificial no consentida y peligro de la vida de la madre; y en Colombia el conflicto se planteó en la despenalización del aborto terapéutico, eugenésico y por violación o inseminación artificial no consentida[16].

Se pone de manifiesto así un conflicto de intereses y derechos: el derecho a la vida y todo lo que ella implica (relacionado al producto de la concepción) y los derechos sexuales y reproductivos anteriormente señalados (relacionados con la madre). ¿Cuál es más importante? Hay una tendencia a nivel mundial respecto de la evolución de los derechos sexuales y reproductivos, pero una involución relacionada con el derecho a la vida, que tanto esfuerzo ha costado. Cuesta entender cómo los logros que nos ha dado la historia y las fuentes del derecho internacional sobre el derecho a la vida, hoy se dejen a un lado para establecer métodos que tratan de eliminarlo en su forma más simple e indefensa.

---

[14]   ASOCIACIÓN PARA LOS DERECHOS DE LA MUJER Y EL DESARROLLO AWID, en http://www.awid.org/esl/Temas-y-Analisis/Library/Derechos-Sexuales-y-Reproductivos, 6 de Septiembre de 2010.

[15]   ASOCIACIÓN PARA LOS DERECHOS DE LA MUJER Y EL DESARROLLO AWID, en http://www.awid.org/esl/Temas-y-Analisis/Library/Derechos-Sexuales-y-Reproductivos, 6 de Septiembre de 2010.

[16]   Ansolabehere, Karina, "Oportunidades y decisiones. La judicialización del aborto en perspectiva comparada", en *Derecho y Sexualidades. Seminario en Latinoamérica de Teoría Constitucional y Política SELA 2009*, Editorial Libraría, Buenos Aires, 2010; pág. 142; y Madrazo, Alejandro, "El derecho a decidir o derecho a la procreación", en *Derecho y Sexualidades. Seminario en Latinoamérica de Teoría Constitucional y Política SELA 2009*, Editorial Libraría, Buenos Aires, 2010; p. 161.

En los casos donde se despenalizó el aborto y en los que son aún objeto de estudio, es muy común que se haga referencia al tiempo de gestación. Generalmente se comenta que el aborto se pudiese realizar antes de las 12 semanas de la gestación. A partir de la semana 12 se nota un bebé completamente formado y con una gran actividad. Nos preguntamos: ¿si no está completamente formado podemos interrumpir el embarazo, pero si está formado no?, ¿acaso la información genética que se tiene antes de las 12 semanas no es la misma que se tiene después?, ¿mientras más desarrollado más derechos?, ¿quién establece el límite de tiempo donde se permite seguir desarrollándose o no?, ¿no existe un desarrollo de la persona desde el momento de la concepción hasta el momento de su muerte? Se supone que siempre los ordenamientos jurídicos, entre ellos el internacional, deben proteger al "más débil", a aquellos que se encuentran en situaciones desventajosas con respecto a la generalidad; de ahí regulaciones para la protección de los niños y adolescentes, sobre la violencia contra la mujer y el terreno de derechos de igualdad que se ganaron con el tiempo, entre otros. ¿No merece, bajo la misma óptica, más protección el feto (que está en desarrollo y por ende es más vulnerable) que alguien completamente desarrollado?, ¿acaso las diferencias de género, eliminadas poco a poco entre hombres y mujeres, no se vuelven a poner de manifestó entre feto y madre? Que cada quien utilice su lógica (no sólo jurídica) para resolver esas interrogantes.

No es lógico escudarse en las estadísticas de realizaciones de abortos, bajo métodos no controlados o regulados y que la despenalización traería salubridad y control sobre los mismos. Noción más simplista e innoble sería también la base para legalizar la violencia doméstica en Suramérica, la trata de blancas o el tráfico de niños (¿la legalización de estas actividades traería avances a la humanidad?).

Por otro lado, se ha hablado de interrumpir el embarazo en virtud de la eugenesia o del perfeccionamiento de la especie humana: se estarían entonces utilizando los avances científicos para interrumpir el embarazo, lo cual vulneraría las disposiciones establecidas en la Declaración Universal sobre el Genoma Humano mencionada anteriormente, específicamente lo establecido en su artículo 6 y el literal a) de su artículo 2.

IV. CONCLUSIÓN

El aborto, pues, lejos de reafirmar derechos de la mujer, iría en contra de un patrimonio de la humanidad, traería retroceso en el desarrollo del derecho a la vida, que tanto esfuerzo ha costado a la humanidad, y en el avance de los Derechos Humanos. En definitiva, pienso que la base de la vida de todos los seres humanos debería contar con instrumentos jurídicos que la propicien y favorezcan, y no que la restrinjan o eliminen.

LEGISLACIÓN

Información Legislativa

LEYES, DECRETOS NORMATIVOS, REGLAMENTOS Y RESOLUCIONES DE EFECTOS GENERALES DICTADOS DURANTE EL CUARTO TRIMESTRE DE 2013

Recopilación y selección
por Marianella Villegas Salazar
Abogado

SUMARIO

I. **ORDENAMIENTO ORGÁNICO DEL ESTADO**

1. *Territorio Insular Francisco de Miranda*. 2. *Régimen del Poder Público Nacional*. A. Asamblea Nacional: Leyes Habilitantes.

II. **RÉGIMEN DE LA ADMINISTRACIÓN GENERAL DEL ESTADO**

1. *Plan de la Patria, Proyecto Nacional Simón Bolívar, Segundo Plan Socialista de Desarrollo Económico y Social de la Nación 2013-2019*. 2. *Tecnología de la Información en el Poder Público*. 3. *Sistema Financiero*. A. Ley Orgánica de la Administración Financiera del Sector Público. B. Régimen Presupuestario. C. Régimen del Endeudamiento. D. Sistema de Control: Sistema Integrado de Gestión y Control de las Finanzas Públicas (SIGECOF). 4. *Sistema de Personal: Remuneraciones de los funcionarios y obreros de la Administración Pública Nacional*. 5. *Sistema Impositivo*. A. Deberes de los sujetos pasivos: Información. B. Impuesto sobre La Renta: Exoneraciones. C. Impuesto al Valor Agregado: Exoneraciones. D. Calendario de Sujetos Pasivos.

III. **RÉGIMEN DE POLÍTICA, SEGURIDAD Y DEFENSA**

1. *Política de Relaciones Exteriores: Tratados, acuerdos y convenios*. A. Leyes Aprobatorias. B. Memorándum de Entendimiento. C. Publicación de Acuerdos y Convenios. D. Entrada en vigor de los Acuerdos, Convenios y Memorándum de Entendimiento. 2. *Seguridad y defensa: Seguridad Ciudadana*.

IV. **RÉGIMEN DE LA ECONOMÍA**

1. *Régimen Cambiario*. A. Ley Contra los Ilícitos Cambiarios. B. Venta de divisas en terminales ubicados en los aeropuertos y puertos. C. Adquisición de Divisas destinadas a las Importaciones Productivas. D. Tipo de cambio por la venta de divisas provenientes de actividades u operaciones distintas a las de exportación y/o venta de hidrocarburos. 2. *Régimen de los Bancos y Otras Instituciones Financieras*. A. Manual de Contabilidad para Bancos. B. Cartera Turística (compra de acciones imputada al cumplimiento de la Cartera Turística). C. Encaje Legal. D. Tasas de interés. E. Cajas de Ahorro. 3. *Régimen del comercio interno: Producción y comercialización de productos*. 4. *Régimen de la Energía Eléctrica: Estado de emergencia del sistema y servicio eléctrico nacional*. 5. *Régimen del Petróleo y la Minería*. A. Fletes para el transporte de gasolinas de motor y combustible diesel. B. Reserva al estado de actividades de exploración y explotación de metales y minerales. 6. *Régimen de la Actividad Aseguradora*. 7. *Régimen del Comercio Exterior*. A. Ley del Centro Nacional de Comercio Exterior y de la Corporación Venezolana de Comercio Exterior. B. Simplificación de trámites administrativos para importación de productos. C. Procedimiento para la exportación de productos.

V.   RÉGIMEN DEL DESARROLLO SOCIAL

1. *Régimen de la Salud.* A. Prevención de Enfermedades. B. Control de Medicamentos. 2. *Régimen de la Vivienda.* A. Sistema del Fondo de Ahorro Obligatorio para la Vivienda y Fondo Voluntario para la Vivienda. B. Gran Misión Vivienda Venezuela. C. Control de los Arrendamientos: Inmuebles destinados al desempeño de actividades comerciales, industriales o de producción. 3. *Régimen del Trabajo.* A. Salario Mínimo. B. Inamovilidad Laboral. 4. *Régimen del Turismo.*

VI. RÉGIMEN DEL DESARROLLO FÍSICO Y ORDENACIÓN DEL TERRITORIO

1. *Régimen de protección del medio ambiente y los recursos naturales.* 2. *Régimen del transporte y tránsito: Transporte y Tráfico Aéreo.*

I.   ORDENAMIENTO ORGÁNICO DEL ESTADO

1.   *Territorio Insular Francisco de Miranda*

Decreto N° 014 del Territorio Insular Francisco de Miranda, mediante el cual se dicta la Reforma de la Resolución N° 003/2013, de fecha 19 de marzo de 2013. (Reforma Parcial *G.O.* N° 40.132, mediante la cual se prohíbe el uso de motores fuera de borda que superen los setenta y cinco caballos de fuerza (75 Hp) de potencia). *G.O.* N° 40.318 de 18-12-2013.

2.   *Régimen del Poder Público Nacional*

A.   *Asamblea Nacional: Leyes Habilitantes*

Ley que autoriza al Presidente de la República para dictar Decretos con Rango, Valor y Fuerza de Ley en las materias que se delegan. *G.O.* N° 40.297 de 19-11-2013. (Véase *G.O.* N° 6.112 Extraordinario de esta misma fecha).

II. RÉGIMEN DE LA ADMINISTRACIÓN GENERAL DEL ESTADO

1.   *Plan de la Patria, Proyecto Nacional Simón Bolívar, Segundo Plan Socialista de Desarrollo Económico y Social de la Nación 2013-2019*

Acuerdo de la Asamblea Nacional mediante el cual se aprueba en todas sus partes y para que surta efecto jurídico, y sea de obligatorio cumplimiento en todo el territorio de la República Bolivariana de Venezuela, las Líneas Generales del Plan de la Patria, Proyecto Nacional Simón Bolívar, Segundo Plan Socialista de Desarrollo Económico y Social de la Nación 2013-2019. *G.O.* N° 40.308 de 4-12-2013. (Véase *G.O.* N° 6.118 Extraordinario la misma fecha).

2.   *Tecnología de la Información en el Poder Público*

Ley Infogobierno. *G.O.* N° 40.274 de 17-10-2013.

3.   *Sistema Financiero*

A.   *Ley Orgánica de la Administración Financiera del Sector Público*

Ley de Reforma parcial de la Ley Orgánica de la Administración Financiera del Sector Público. *G.O.* N° 40.311 de 9-12-2013.

B.   *Régimen Presupuestario*

Ley de Presupuesto para el Ejercicio Fiscal 2014. *G.O.* N° 40.317 de 17-12-2013. (Véase *G.O.* N° 6.114 Extraordinario de fecha 10 de diciembre de 2013).

Resolución N° 061 del Ministerio del Poder Popular de Finanzas, mediante la cual se prohíbe a la Oficina Nacional de Presupuesto tramitar traspasos cuya partida cedente sea la 4.01, así como las modificaciones presupuestarias que en ella se señalan, en el período que en ella se menciona, excepto cuando la partida receptora sea la referida a gastos de personal. *G.O.* N° 40.284 de 31-10-2013.

C.   *Régimen del Endeudamiento*

Ley especial de Endeudamiento Anual para el Ejercicio Fiscal 2014. *G.O.* N° 40.317 de 17-12-2013. (Véase *G.O.* N° 6.113 Extraordinario de fecha 10 de diciembre de 2013).

D.   *Sistema de Control: Sistema Integrado de Gestión y Control de las Finanzas Públicas (SIGECOF)*

Resolución N° 055 del Ministerio del Poder Popular de Finanzas, mediante la cual se establecen los Manuales de usuarios del Sistema Integrado de Gestión y Control de las Finanzas Públicas (SIGECOF), en función de las normas técnicas y procedimentales, para el registro de los hechos o transacciones Económico -Financieras que efectúen las dependencias liquidadoras de ingresos públicos nacionales y las unidades responsables de la administración, custodia o manejo de Fondos y Bienes Públicos. *G.O.* N° 40.277 de 22-10-2013. Declaración Jurada de Patrimonio

4.   *Sistema de Personal: Remuneraciones de los funcionarios y obreros de la Administración Pública Nacional*

Decreto N° 509, mediante el cual se establece el Sistema de Remuneraciones de las Funcionarias y Funcionarios de la Administración Pública Nacional. *G.O.* N° 40.280 de 25-10-2013.

Decreto N° 510, mediante el cual se Ajusta al Sistema de Remuneraciones de las Obreras y Obreros de la Administración Pública Nacional. *G.O.* N° 40.280 de 25-10-2013.

Decreto N° 589 de la Presidencia de la República, mediante el cual se regula y establece la Escala Especial de Sueldos, para funcionarios y funcionarias del sector aeronáutico, adscritos al Ministerio del Poder Popular para Transporte Acuático y Aéreo. *G.O.* N° 40.295 de 15-11-2013.

5.   *Sistema Impositivo*

A.   *Deberes de los sujetos pasivos: Información*

Providencia N° SNAT/2013-006 del SENIAT, mediante la cual se establece el deber de los Sujetos Pasivos de Suministrar Información de la Principal Actividad Económica. *G.O.* N° 40.262 de 1° de octubre de 2013.

B.   *Impuesto sobre La Renta: Exoneraciones*

Decreto N° 447 del Presidente de la República, mediante el cual se exonera del pago del Impuesto sobre la Renta, a los enriquecimientos de fuente territorial obtenidos por las personas jurídicas domiciliadas o no domiciliadas en la República Bolivariana de Venezuela, provenientes de las operaciones en ejecución de los proyectos destinados a Recuperar la Capacidad de Producción y Despacho del Mineral de Hierro. *G.O.* N° 40.262 de 1° de octubre de 2013.

Decreto N° 448 del Presidente de la República, mediante el cual se exonera del pago del Impuesto al Valor Agregado, a las importaciones definitivas de bienes muebles corporales realizadas por los Órganos y Entes de la Administración Pública Nacional. *G.O.* N° 40.262 de 1° de octubre de 2013.

C.   Impuesto al Valor Agregado: Exoneraciones

Decreto N° 662 de la Presidencia de la República, mediante el cual se exonera del pago del Impuesto al Valor Agregado, en los términos y condiciones previstos en este Decreto, a las operaciones que en él se mencionan, efectuadas dentro del Programa "Transporte Público de Personas". (Venta de Chasis producidos o ensamblados en el país, venta nacionales de partes, accesorios piezas y componentes así como otros fabricados en el país, entre otros). *G.O.* N° 40.317 de 17-12-2013.

D.   Calendario de Sujetos Pasivos

Providencia N° SNAT/INTI/GR/DRCC/2013-0075 del SENIAT, mediante la cual se dicta el Calendario de Sujetos Pasivos Especiales y Agentes de Retención para aquellas obligaciones que deben cumplirse para el año 2014. *G.O.* N° 40.305 de 29-11-2013.

Providencia N° SNAT/INTI/GR/DRCC/2013-0076 del SENIAT, mediante la cual se dicta el Calendario de Sujetos Pasivos No Calificados como Especiales para actividades de juegos de envite o azar a cumplirse para el año 2014. *G.O.* N° 40.305 de 29-11-2013.

III. RÉGIMEN DE POLÍTICA, SEGURIDAD Y DEFENSA

1.   Política de Relaciones Exteriores: Tratados, acuerdos y convenios

A.   Leyes Aprobatorias

Ley Aprobatoria del Acuerdo de Cooperación entre los Países Miembros de Petrocaribe para el Suministro de Fertilizantes. *G.O.* N° 40.274 de 17-10-2013.

Ley Aprobatoria del Acuerdo entre el Gobierno de la República Bolivariana de Venezuela y el Gobierno de la República de Panamá, en materia de Servicios Aéreos. *G.O.* N° 40.274 de 17-10-2013.

Ley Aprobatoria del Acuerdo Marco de Cooperación entre la República Bolivariana de Venezuela y la República de Guinea. *G.O.* N° 40.274 de 17-10-2013.

Ley Aprobatoria Convenio Marco de Cooperación en Materia Social entre la República Bolivariana de Venezuela y la República Argentina. *G.O.* N° 40.274 de 17-10-2013.

Ley Aprobatoria del Acuerdo Complementario al Acuerdo Marco de Cooperación entre el Gobierno de la República Bolivariana de Venezuela y el Gobierno del Estado de Palestina, en el Sector Energético. *G.O.* N° 40.274 de 17-10-2013.

Ley Aprobatoria del Memorándum de Entendimiento en Materia de Seguridad y Soberanía Alimentaria entre el Gobierno de la República Bolivariana de Venezuela y el Gobierno de la República Federativa del Brasil. *G.O.* N° 40.274 de 17-10-2013.

Ley Aprobatoria del Memorando de Entendimiento en Materia Deportiva entre el Gobierno de la República Bolivariana de Venezuela y el Gobierno de la República Portuguesa. *G.O.* N° 40.274 de 17-10-2013.

Ley Aprobatoria del Acuerdo Complementario al Convenio Marco de Cooperación entre el Gobierno de la República Bolivariana de Venezuela y el Gobierno de la República Islámica de Irán, en el Sector Eléctrico. *G.O.* N° 40.274 de 17-10-2013.

Ley Aprobatoria del Acuerdo Complementario al Acuerdo Básico de Cooperación Técnica entre el Gobierno de la República Bolivariana de Venezuela y el Gobierno de la República del Ecuador, en Materia de Salud y Medicina. *G.O.* N° 40.274 de 17-10-2013.

Ley Aprobatoria del Convenio entre la República Bolivariana de Venezuela y la República del Perú para la restitución de Bienes Culturales Robados, Importados, Exportados o Transferidos Ilícitamente. *G.O.* N° 40.274 de 17-10-2013.

Ley Aprobatoria del Acuerdo Marco de Cooperación en Materia de Vivienda y Hábitat entre el Gobierno de la República Bolivariana de Venezuela y el Gobierno de la República Argentina. *G.O.* N° 40.274 de 17-10-2013.

Ley Aprobatoria del Acuerdo Marco de Cooperación Mutua entre el Gobierno de la República Bolivariana de Venezuela y el Gobierno de la República Popular Democrática de Corea. *G.O.* N° 40.274 de 17-10-2013.

Ley Aprobatoria del Acuerdo de Cooperación entre el Gobierno de la República Bolivariana de Venezuela y el Gobierno de la República de Colombia para la Construcción del Puente internacional "Las Tienditas". *G.O.* N° 40.299 de 21-11-2013.

Ley Aprobatoria del Tercer Protocolo de Enmienda al Acuerdo entre el Gobierno de la República Bolivariana de Venezuela y el Gobierno de la República Popular China sobre el Fondo de Financiamiento Conjunto China-Venezuela. *G.O.* N° 40.299 de 21-11-2013.

B.   *Memorándum de Entendimiento*

Resolución N° DM-198 del Ministerio del Poder Popular para Relaciones Exteriores, mediante la cual se suscribe el "Memorándum de Entendimiento para el Establecimiento de un Mecanismo de Consultas Políticas entre el Gobierno de la República Bolivariana de Venezuela y el Gobierno de la República de Túnez". *G.O.* N° 40.272 de 15-10-2013.

Resolución N° DM-199 del Ministerio del Poder Popular para Relaciones Exteriores, mediante la cual se suscribe el "Memorándum de Entendimiento entre el Gobierno de la República Bolivariana de Venezuela y la Organización de las Naciones Unidas para la Alimentación y la Agricultura (FAO) sobre el Marco de Programación por Países (MPP) de la FAO para la República Bolivariana de Venezuela (2013-2016)". *G.O.* N° 40.272 de 15-10-2013.

C.   *Publicación de Acuerdos y Convenios*

Resolución N° DM/212 del Ministerio del Poder Popular para Relaciones Exteriores, mediante la cual se ordena la publicación del "Acuerdo de Alcance Parcial de Complementación Económica N° 70 suscrito entre el Estado Plurinacional de Bolivia, la República de Cuba, la República de Nicaragua y la República Bolivariana de Venezuela". *G.O.* N° 40.289 de 7-11-2013.

Resolución N° DM/262 del Ministerio del Poder Popular para Relaciones Exteriores, mediante la cual se ordena publicar el "Acuerdo entre el Gobierno de la República Bolivariana de Venezuela y el Gobierno de la República Popular China para la Exención Mutua de Visas para Portadores de Pasaportes Diplomáticos, Pasaportes de Servicio y Pasaportes de Asuntos Públicos". *G.O.* N° 40.309 de 5-12-2013.

Resolución N° DM/263 del Ministerio del Poder Popular para Relaciones Exteriores, mediante la cual se ordena la publicación del Noveno Protocolo Adicional al Acuerdo de Complementación Económica N° 59 suscrito entre los Gobiernos de los países que en ella se indican, Estados Partes del Mercosur, países Miembros de la Comunidad Andina y el Gobierno de la República Bolivariana de Venezuela. *G.O.* N° 40.309 de 5-12-2013.

Resolución N° DM/264 del Ministerio del Poder Popular para Relaciones Exteriores, mediante la cual se ordena la publicación del "Quinto Protocolo Adicional al Acuerdo de Complementación Económica N° 40 celebrado entre la República Bolivariana de Venezuela y la República de Cuba". *G.O.* N° 40.309 de 5-12-2013.

Resolución N° DM/270 del Ministerio del Poder Popular para Relaciones Exteriores, mediante la cual se ordena la publicación del "Programa Ejecutivo al Convenio de Cooperación Cultural entre el Gobierno de la República Bolivariana de Venezuela y el Gobierno de la República Popular China para el Período 2014-2016". *G.O.* N° 40.309 de 5-12-2013.

D.   *Entrada en vigor de los Acuerdos, Convenios y Memorándum de Entendimiento*

Resolución N° DM/164 del Ministerio del Poder Popular para Relaciones Exteriores, mediante la cual se ordena publicar la entrada en vigor del "Acuerdo de la República Bolivariana de Venezuela y el Gobierno de la República Oriental del Uruguay para la Construcción y Mejoramiento de Unidades de Producción Genética en Ganadería en la República Bolivariana de Venezuela". (*G.O.* N° 39.675 del 17/05/2011). *G.O.* N° 40.263 de 2-10-2013.

Resolución N° DM/165 del Ministerio del Poder Popular para Relaciones Exteriores, mediante la cual se ordena publicar la entrada en vigor del "Acuerdo Complementario al Acuerdo Marco de Cooperación en materia Cultural entre la República Bolivariana de Venezuela y el Estado de Palestina". (*G.O.* N° 40.118 del 26/02/2013). *G.O.* N° 40.263 de 2-10-2013.

Resolución N° DM/166 del Ministerio del Poder Popular para Relaciones Exteriores, mediante la cual se ordena publicar la entrada en vigor del "Acuerdo de Cooperación en materia de Comunicación e información entre la República Bolivariana de Venezuela y el Estado de Palestina". (*G.O.* N° 40.118 del 26/02/2013). *G.O.* N° 40.263 de 2-10-2013.

Resolución N° DM/167 del Ministerio del Poder Popular para Relaciones Exteriores, mediante la cual se ordena publicar la entrada en vigor del "Acuerdo Complementario al Acuerdo Marco de Cooperación entre la República Bolivariana de Venezuela y el Estado de Palestina en materia de Salud". (*G.O.* N° 40.118 del 26/02/2013). *G.O.* N° 40.263 de 2-10-2013.

Resolución N° DM/168 del Ministerio del Poder Popular para Relaciones Exteriores, mediante la cual so ordena publicar la entrada en vigor del "Convenio de Cooperación entre el Gobierno de la República Bolivariana de Venezuela y el Gobierno de la República Popular China". (*G.O.* N° 40.205 del 11/07/2013). *G.O.* N° 40.263 de 2-10-2013.

Resolución N° DM/169 del Ministerio del Poder Popular para Relaciones Exteriores, mediante la cual se ordena publicar la entrada en vigor del "Acuerdo Marco de Cooperación entre la República Bolivariana de Venezuela y la República de Polonia". (*G.O.* N° 40.185 del 10/06/2013). *G.O.* N° 40.263 de 2-10-2013.

Resolución N° DM/170 del Ministerio del Poder Popular para Relaciones Exteriores, mediante la cual se ordena publicar la entrada en vigor del "Acuerdo entre la República Bolivariana de Venezuela y el Gobierno de la República de Guinea sobre Supresión de Visas para los Pasaportes Diplomáticos, Oficiales y de Servicios". (*G.O.* N° 40.216 del 29/07/2013). *G.O.* N° 40.263 de 2-10-2013.

Resolución N° DM/213 del Ministerio del Poder Popular para Relaciones Exteriores, mediante la cual se informa la entrada en vigor del "Acuerdo Complementario al Acuerdo Marco de Cooperación entre el Gobierno de la República Bolivariana de Venezuela y el Gobierno del Estado de Palestina en el Sector Energético", suscrito en la ciudad de Caracas. *G.O.* N° 40.289 de 7-11-2013.

Resolución N° DM/214 del Ministerio del Poder Popular para Relaciones Exteriores, mediante la cual se informa la entrada en vigor del "Memorándum de Entendimiento en materia de Seguridad y Soberanía Alimentaria entre el Gobierno de la República Bolivariana de Venezuela y el Gobierno de la República Federativa del Brasil", suscrito en la ciudad de Recife, República Federativa del Brasil. *G.O.* N° 40.289 de 7-11-2013.

Resoluciones Nros. DM/265, DM/266, DM/267, DM/268 y DM/269 del Ministerio del Poder Popular para Relaciones Exteriores, mediante las cuales se informa la entrada en vigor de los Acuerdos que en ellas se mencionan, a partir de las fechas que en ellas se señalan. *G.O.* N° 40.309 de 5-12-2013.

2. *Seguridad y defensa: Seguridad Ciudadana*

Resolución Conjunta N° 425 de los Ministerios del Poder Popular para Relaciones Interiores, Justicia y Paz y para la Defensa, mediante la cual se dicta las Normas Generales y Protocolos de Actuación de los Organismos competentes dentro del Territorio de la República Bolivariana de Venezuela, para establecer las medidas de seguridad en la comercialización al detal, almacenamiento, transporte, uso de los artificios pirotécnicos y artefactos de elevación por combustibles sólidos. *G.O.* N° 40.312 de 10-12-2013.

IV. RÉGIMEN DE LA ECONOMÍA

1. *Régimen Cambiario*

A. *Ley Contra los Ilícitos Cambiarios*

Decreto N° 636, mediante el cual se dicta el Decreto con Rango, Valor y Fuerza de Ley de Reforma Parcial de la Ley Contra los Ilícitos Cambiarios. *G.O.* N° 40.308 de 4-12-2013. (Véase *G.O.* N° 6.117 Extraordinario de la misma fecha).

B. *Venta de divisas en terminales ubicados en los aeropuertos y puertos*

Convenio Cambiario N° 23 del Banco Central de Venezuela, mediante el cual se informa que las personas naturales no residentes en el país, que ingresen a territorio venezolano a través de los terminales legalmente dispuestos ubicados en los aeropuertos y puertos, podrán vender anualmente hasta diez mil dólares de los Estados Unidos de América, o su equivalente en otra divisa. *G.O.* N° 40.283 de 30-10-2013.

Aviso Oficial del Banco Central de Venezuela, mediante el cual se informa al público en general el tipo de cambio aplicable a las operaciones de venta de divisas efectuadas por personas naturales no residentes en el país, que ingresen a territorio venezolano a través de los terminales legalmente dispuestos ubicados en los aeropuertos y puertos. (Será igual al tipo de cambio resultante de la última asignación de divisas realizada a través del SICAD el cual será publicado en la página web). *G.O.* N° 40.317 de 17-12-2013.

C. *Adquisición de Divisas destinadas a las Importaciones Productivas*

Aviso Oficial de la Comisión de Administración de Divisas (CADIVI), mediante el cual se corrige por error material la Providencia N° 121, de fecha 30 de octubre de 2013. (Corrección de los Art. 19, 20, 21 y 22 de los Requisitos y el Trámite para la Autorización de Adquisición de Divisas destinadas a las Importaciones Productivas, publicados en la *G.O.* N° 40.296 del 18/11/2013).

D. *Tipo de cambio por la venta de divisas provenientes de actividades u operaciones distintas a las de exportación y/o venta de hidrocarburos*

Convenio N° 24 del Banco Central de Venezuela, mediante el cual se publica el Convenio Cambiario de fecha 30 de diciembre de 2013. *G.O.* N° 40.324 de 30-12-2013.

2. *Régimen de los Bancos y Otras Instituciones Financieras*

A. *Manual de Contabilidad para Bancos*

Resolución N° 171.13 de la Superintendencia del Sector Bancario (SUDEBAN), mediante la cual se modifica el Manual de Contabilidad para Bancos, Otras Instituciones Financieras y Entidades de Ahorro y Préstamo. *G.O.* N° 40.301 de 25-11-2013.

B. *Cartera Turística (compra de acciones imputada al cumplimiento de la Cartera Turística)*

Resolución N° 093 del Ministerio del Poder Popular para el Turismo, mediante la cual se fija un aporte único y voluntario por parte de las Instituciones Bancarias, para la adquisición de acciones tipo "B" de la Sociedad de Garantías Recíprocas para la Pequeña y Mediana Empresa del Sector Turismo, S.A., "SOGATUR". *G.O.* N° 40.274 de 17-10-2013.

C. *Encaje Legal*

Resolución N° 13-12-01 del Banco Central de Venezuela, mediante la cual se dicta las Normas que Regirán la Constitución del Encaje. *G.O.* N° 40.309 de 5-12-2013.

D. *Tasas de interés*

Resolución N° 13-11-02 del Banco Central de Venezuela, mediante la cual se establece que las Instituciones Bancarias regidas por las leyes que en ella se señalan, no podrán cobrar por sus operaciones activas, excluidas aquellas relacionadas con tarjeta de crédito, una tasa de interés anual o de descuento superior a la tasa fijada periódicamente por el Directorio del Banco Central de Venezuela para las operaciones que en ella se mencionan. (Activas y Pasivas). *G.O.* N° 40.305 de 29-11-2013.

E. *Cajas de Ahorro*

Providencia N° SCA-DS-002-2013 de la Superintendencia de Cajas de Ahorro, mediante la cual se establece las Normas Operativas para las Cajas de Ahorro, Fondos de Ahorro y Asociaciones de Ahorro Similares, que presenten en su Balance General al 30 de junio de 2013, saldo en las subcuentas del Grupo N° 231.00 "Intereses Diferidos". *G.O.* N° 40.312 de 10-12-2013.

3. *Régimen del comercio interno: Producción y comercialización de productos*

Resolución Conjunta N° DM/047/2013, DM/084/2013, DM/091/2013, DM/038/2013 y DM/049/2013 de los Ministerios del Poder Popular para la Alimentación, para la Agricultura y Tierras, para el Comercio, de Finanza y para Industrias, mediante la cual se fija en todo el Territorio Nacional el Precio Pagado al Productor de Café Verde de Producción Nacional. (Lavado Superior, 1 Quintal Bs. 2.657,00; Lavado, 1 Quintal Bs. 2.150,00 y Natural Corriente, 1 Quintal Bs. 1.700,00). *G.O.* N° 40.264 de 3-10-2013.

Resolución N° DM/109/2013 del Ministerio del Poder Popular para la Agricultura y Tierras, mediante la cual se suspende temporalmente en todo el Territorio Nacional, la exigencia de las guías de movilización emitidas por el Instituto Nacional de Salud Agrícola Integral (INSAI), para el Transporte de los Productos Maíz Amarillo, Maíz Blanco y Arroz desde los silos de almacenamiento. *G.O.* N° 40.266 de 7-10-2013.

Resolución Conjunta N° DM/095, DM/002753 y DM/364 de los Ministerios del Poder Popular para la Agricultura y Tierras, para la Defensa y para Relaciones Interiores, Justicia y Paz, mediante la cual se suspende temporalmente la exigencia en todo el Territorio Nacional del Registro Único Nacional de Salud Agrícola Integral (RUNSAI). *G.O.* N° 40.267 de 8-10-2013.

Resolución N° DM/112/2013 Ministerio del Poder Popular para la Agricultura y Tierras, mediante la cual se suspende temporalmente la exigencia en todo el Territorio Nacional del Registro para realizar la actividad de transporte de plaguicidas químico, Agentes de Control Biológico de uso agrícola, doméstico, salud pública e industrial, emitido por el Instituto Nacional de Salud Agrícola Integral (INSAI). *G.O.* N° 40.272 de 15-10-2013.

Decreto N° 625 de la Presidencia de la República, mediante el cual se establece el régimen de producción de vehículos automotores ensamblados y comercializados en el país, así como el precio justo de venta de los mismos, y la importación de vehículos por personas naturales con divisas propias. *G.O.* N° 40.308 de 4-12-2013. (Véase *G.O.* N° 6.117 Extraordinario de la misma fecha).

4. *Régimen de la Energía Eléctrica: Estado de emergencia del sistema y servicio eléctrico nacional*

Decreto N° 587 de la Presidencia de la República, mediante el cual se prorroga el estado de emergencia del sistema y servicio eléctrico nacional, establecido en el Decreto N° 09 de fecha 22 de abril de 2013, publicada en la *Gaceta Oficial* de la República Bolivariana de Venezuela N° 40.151, de fecha 22 de abril de 2013. *G.O.* N° 40.292 de 12-11-2013.

5. *Régimen del Petróleo y la Minería*

A. *Fletes para el transporte de gasolinas de motor y combustible diesel*

Resolución N° 112 del Ministerio del Poder Popular de Petróleo y Minería, mediante la cual se establece los fletes para el transporte de las gasolinas de motor y combustible diesel automotor desde las plantas de suministro propiedad de Petróleos de Venezuela S.A. (PDVSA), en las cuales dichos productos estén disponibles, hasta las estaciones de servicios y/o marinas según las escalas de distancia y rutas de montaña que en ella se señalan. *G.O.* N° 40.273 de 16-10-2013.

B. *Reserva al estado de actividades de exploración y explotación de metales y minerales*

Decreto N° 455, mediante el cual se reserva al Ejecutivo Nacional, por órgano del Ministerio del Poder Popular de Petróleo y Minería, el ejercicio directo de las actividades de exploración y explotación de Níquel y demás minerales asociados a éste, que se encuentren en el área que comprende las extintas concesiones que en él se señalan. (San Antonio N° 1, Camedas N° 1; Camedas N° 2, Camedas N° 3, entre otros). *G.O.* N° 40.265 de 4-10-2013.

Decreto N° 456, mediante el cual se reserva al Ejecutivo Nacional, por órgano del Ministerio del Poder Popular de Petróleo y Minería, el ejercicio de las actividades de exploración y explotación del mineral de Roca Fosfática que se encuentra en el área denominada Los Monos-El Tomate, en la jurisdicción del Municipio Libertador del estado Táchira. *G.O.* N° 40.265 de 4-10-2013.

6. *Régimen de la Actividad Aseguradora*

Providencia N° FSAA-003856 de la Superintendencia de la Actividad Aseguradora, mediante la cual se aprueba con carácter general y uniforme las Condiciones Generales y Particulares, el Anexo de Maternidad y la Tarifa de la Póliza de Seguro de Salud Individual. *G.O.* N° 40.316 de 16-12-2013.

7. *Régimen del Comercio Exterior*

A. *Ley del Centro Nacional de Comercio Exterior y de la Corporación Venezolana de Comercio Exterior*

Decreto N° 601 de la Presidencia de la República, mediante el cual se dicta el Decreto con Rango, Valor y Fuerza de Ley del Centro Nacional de Comercio Exterior y de la Corporación Venezolana de Comercio Exterior. *G.O.* N° 40.305 de 29-11-2013. (Véase *G.O.* N° 6.116 Extraordinario de esta la misma fecha).

B. *Simplificación de trámites administrativos para importación de productos*

Decreto N° 451 de la Presidencia de la República, mediante el cual se establece un procedimiento simplificado para la agilización de los Trámites y el Despacho Aduanero de las Mercancías, correspondientes a los Sectores de Alimentos y Salud. *G.O.* N° 40.264 de 3-10-2013.

Decreto N° 430 de la Presidencia de la República, mediante el cual se simplifican los trámites administrativos requeridos por los Ministerios que en él se indican, para las importaciones de alimentos, materia prima, artículos de primera necesidad y productos con ocasión a la época decembrina, para garantizar todos los niveles de la cadena productiva de alimentos, la seguridad alimentaria y el suministro oportuno de bienes de primera necesidad. *G.O.* N° 40.268 de 9-10-2013.

C. *Procedimiento para la exportación de productos*

Resolución Conjunta N° 041, 002754, 152, 096, 082 y 107-13 de los Ministerios del Poder Popular de Finanzas, para la Defensa, para Transporte Acuático y Aéreo, para la Agricultura y Tierras para la Salud y para el Comercio, mediante la cual se establece el procedimiento para facilitar el reconocimiento e inspección final de las mercancías destinadas a la exportación. *G.O.* N° 40.269 de 10-10-2013.

V. RÉGIMEN DEL DESARROLLO SOCIAL

1. *Régimen de la Salud*

A. *Prevención de Enfermedades*

Resolución N° DM/117/2013 Ministerio del Poder Popular para la Agricultura y Tierras, mediante la cual se regula la Importación de Camarones a la República Bolivariana de Venezuela para Prevenir Riesgos por Enfermedades Bacterianas. *G.O.* N° 40.279 de 24-10-2013.

B. *Control de Medicamentos*

Resolución N° DM/061-13 del Ministerio del Poder Popular para la Alimentación, mediante la cual se prorroga por noventa (90) días hábiles el plazo establecido en el Parágrafo Único del Artículo 16 de la Resolución Conjunta de fecha 25 de julio de 2012, en la cual se instrumenta el Sistema Integral de Control de Medicamentos (SICM) y se establecen los lineamientos y criterios que rigen la emisión de la Guía Única que en ella se especifica. *G.O.* N° 40.281 de 28-10-2013.

2. *Régimen de la Vivienda*

A. *Sistema del Fondo de Ahorro Obligatorio para la Vivienda y Fondo Voluntario para la Vivienda*

Resolución N° 123 del Ministerio del Poder Popular para Vivienda y Hábitat, mediante la cual se prorroga por doce (12) meses la medida que permite a los usuarios del Sistema Nacional de Vivienda y Hábitat la posibilidad de cancelar en una sola oportunidad las 12 cotizaciones correspondiente al Fondo Respectivo. .-(Prorrogan por 12 meses el pago de cotizaciones al FAO y FAVV, señaladas en el aparte 2, del Artículo 7, de la Resolución N° 170, mediante la cual se establecieron los Lineamientos para la Afiliación al Sistema del Fondo de Ahorro Obligatorio para la Vivienda y Fondo Voluntario para la Vivienda, publicada en la *G.O.* N° 39.775). *G.O.* N° 40.294 de 14-11-2013

B. *Gran Misión Vivienda Venezuela*

Resolución N° 125 del Ministerio del Poder Popular para Vivienda y Hábitat, mediante la cual se ordena a todas las personas naturales y jurídicas, nacionales y/o extranjeras, entes y organismos públicos o privados que se encuentren ejecutando obras de interés social, produciendo o comercializando materiales y componentes productivos, o prestando servicios dentro del marco de la Gran Misión Vivienda Venezuela, continuar ininterrumpidamente con las actividades involucradas. *G.O.* N° 40.295 de 15-11-2013.

Resolución N° 128 del Ministerio del Poder Popular para Vivienda y Hábitat, mediante la cual se ordena a todas las personas naturales y jurídicas, nacionales y/o extranjeras, entes u organismos públicos o privados que se encuentren ejecutando obras de interés social, produciendo o comercializando materiales y componentes productivos, o prestando servicios dentro del marco de la Gran Misión Vivienda Venezuela, continuar ininterrumpidamente con las actividades involucradas. *G.O.* N° 40.302 de 26-11-2013.

C. *Control de los Arrendamientos: Inmuebles destinados al desempeño de actividades comerciales, industriales o de producción*

Decreto N° 602, mediante el cual se establece un régimen transitorio de protección a los arrendatarios de inmuebles destinadas al desempeño de actividades comerciales, industriales o de producción. *G.O.* N° 40.305 de 29-11-2013.

3. *Régimen del Trabajo*

A. *Salario Mínimo*

Decreto N° 503 de la Presidencia de la República, mediante el cual se fija un aumento del diez por ciento (10%) del salario mínimo mensual obligatorio en todo el Territorio Nacional, para los Trabajadores y las Trabajadoras que presten servicios en los sectores público y privado, quedando a partir del 10 de noviembre de 2013 en la cantidad que en él se indica. (Bs. 2973,00). *G.O.* N° 40.275 de 18-10-2013.

B.   *Inamovilidad Laboral*

Decreto N° 639 de la Presidencia de la República, mediante el cual se establece la inamovilidad laboral a favor de los trabajadores y trabajadoras del sector privado y del sector público, regidos por la Ley Orgánica del Trabajo. *G.O.* N° 40.310 de 6-12-2013.

4.   *Régimen del Turismo*

Resolución N° 094 del Ministerio del Poder Popular para el Turismo, mediante la cual se establece los requisitos para la inscripción en el Registro Turístico Nacional (RTN) de Prestadores de Servicios Turísticos. *G.O.* N° 40.272 de 15-10-2013.

Resolución N° 105 del Ministerio del Poder Popular para el Turismo, mediante la cual se dicta las Normas para la adquisición de un plan de cobertura de gastos médicos para viajeros internacionales y contra pérdida, hurto o robo del equipaje. *G.O.* N° 40.308 de 4-12-2013.

Resolución N° 108 del Ministerio del Poder Popular para el Turismo, mediante la cual se modifica el contenido de los artículos 1 y 11 de la Resolución N° 105 de este Ministerio, de fecha 03 de diciembre de 2013, publicada en la *Gaceta Oficial* de la República Bolivariana de Venezuela N° 40.308, del 04 de diciembre de 2013. (Reimpresión, en la cual se dictan las Normas para la adquisición de un plan de cobertura de gastos médicos para viajeros internacionales y contra pérdida, hurto o robo del equipaje). *G.O.* N° 40.317 de 17-12-2013.

Resolución Conjunta N° DM/106 y DM/463 de los Ministerios del Poder para el Turismo y para Relaciones Interiores, Justicia y Paz, mediante la cual se notifica que en los días feriados o declarados fiestas nacionales señalados en el Artículo 184 de la Ley Orgánica del Trabajo, los Trabajadores y las Trabajadoras, que no coincidan con los días viernes, sábado y domingo, se permitirá el arribo de dichas embarcaciones de uso particular y la de los Prestadores de Servicios de Transporte Turístico Acuático en la Dependencia Federal Isla La Tortuga. *G.O.* N° 40.322 de 26-12-2013.

VI.   RÉGIMEN DEL DESARROLLO FÍSICO Y ORDENACIÓN DEL TERRITORIO

1.   *Régimen de protección del medio ambiente y los recursos naturales*

Resolución DM/115/2013 del Ministerio del Poder Popular para la Agricultura y Tierras, mediante la cual se dictan las Normas Técnicas de Ordenamiento para Regular el Aprovechamiento, Intercambio, Distribución, Comercio y Transporte de las Especies de Langosta en la República Bolivariana de Venezuela. *G.O.* N° 40.279 de 24-10-2013.

Resolución N° DM/116/2013 Ministerio del Poder Popular para la Agricultura y Tierras, mediante la cual se establece la cuota mínima obligatoria de descarga de atún en Puertos Nacionales por cada una de las Empresas Armadoras, pertenecientes a la Flota Atunera Venezolana. (50%). *G.O.* N° 40.279 de 24-10-2013.

Resolución N° 000167 del Ministerio del Poder Popular para el Ambiente, mediante la cual se dicta las Normas para la Disposición y Emisión de Guías de Circulación de Bienes Forestales por la Empresa Nacional Forestal, S.A. *G.O.* N° 40.297 de 19-11-2013.

Resolución N° 000175 del Ministerio del Poder Popular para el Ambiente, mediante la cual se prohíbe en todo el territorio nacional la extracción, transporte, comercialización, aprovechamiento y cualquier otro tipo de intervención de líquenes, briofitos (musgos, hepáticas y antoceros), de los helechos arborescentes y la barba de palo, en terrenos del dominio público o privado de la Nación o de cualquiera otra entidad, y en terrenos de propiedad privada. *G.O.* N° 40.305 de 29-11-2013.

Resolución N° DM/143/2013 del Ministerio del Poder Popular para la Agricultura y Tierras, mediante la cual se dictan las Normas Técnicas de Ordenamiento y Comercialización para Regular el Aprovechamiento de la Sardina (Sardinella Aurita) en la República Bolivariana de Venezuela. *G.O.* N° 40.308 de 4-12-2013.

2. *Régimen del transporte y tránsito: Transporte y Tráfico Aéreo*

Providencia Conjunta N° SNAT/2013/0078 y PRE-CJU-479-13 del SENIAT y el INAC, mediante la cual se establecen las Normas para la emisión de facturas, boletos aéreos y otros documentos por la prestación de servicios de transporte aéreo de pasajeros.

Providencia N° PRE-CJU-GDA-456-2013 del Instituto Nacional de Aeronáutica Civil, mediante la cual se regulan las operaciones de Aeronaves de Aviación General con Matrícula Extranjera hacia y en el Territorio Nacional. *G.O.* N° 40.309 de 5-12-2013.

Providencia N° PRE-CJU-GDA-466-13 del Instituto Nacional de Aeronáutica Civil, mediante la cual se prohíbe con carácter inmediato y permanente las operaciones aéreas en el Aeropuerto Internacional "Simón Bolívar" de Maiquetía, para las Aeronaves tanto de la Aviación General como de la Aviación Comercial propulsadas por los denominados Motores Recíprocos. *G.O.* N° 40.309 de 5-12-2013.

Providencia N° PRE-CJU-GDA-467-13 del Instituto Nacional de Aeronáutica Civil, mediante la cual se restringe con carácter inmediato y permanente las operaciones aéreas en el Aeropuerto Internacional "Simón Bolívar" de Maiquetía, para las Aeronaves de la Aviación General propulsadas por los denominados Motores Turbohélice, durante los horarios que en ella se indican. *G.O.* N° 40.309 de 5-12-2013.

Providencia N° PRE-CJU-GDA-456-2013 del Instituto Nacional de Aeronáutica Civil, mediante la cual se regulan las operaciones de Aeronaves de Aviación General con Matrícula Extranjera hacia y en el Territorio Nacional. *G.O.* N° 40.309 de 5-12-2013.

Providencia N° PRE-CJU-GDA-466-13 del Instituto Nacional de Aeronáutica Civil, mediante la cual se prohíbe con carácter inmediato y permanente las operaciones aéreas en el Aeropuerto Internacional "Simón Bolívar" de Maiquetía, para las Aeronaves tanto de la Aviación General como de la Aviación Comercial propulsadas por los denominados Motores Recíprocos. *G.O.* N° 40.309 de 5-12-2013.

Providencia N° PRE-CJU-GDA-467-13 del Instituto Nacional de Aeronáutica Civil, mediante la cual se restringe con carácter inmediato y permanente las operaciones aéreas en el Aeropuerto Internacional "Simón Bolívar" de Maiquetía, para las Aeronaves de la Aviación General propulsadas por los denominados Motores Turbohélice, durante los horarios que en ella se indican. *G.O.* N° 40.309 de 5-12-2013.

Comentarios Legislativos

DE NUEVO SOBRE EL DERECHO **DE AMPARO** Y LA ACCIÓN DE AMPARO EN EL ORDENAMIENTO VENEZOLANO (CON OCASIÓN DEL "PROYECTO DE REFORMA DE LA LEY ORGÁNICA DE AMPARO SOBRE DERECHOS Y GARANTÍAS CONSTITUCIONALES" DE OCTUBRE DE 2013)

Allan R. Brewer-Carías
Profesor de la Universidad Central de Venezuela

Resumen: *Observaciones al proyecto de Ley Orgánica de Amparo aprobado en primera discusión por la Asamblea Nacional en octubre de 2013, reduciendo el régimen legal del amparo constitucional a sólo regular la "acción de amparo", desconociendo la normativa relativa al ejercicio del derecho de amparo por otras vías procesales como lo garantiza la Constitución.*

Abstract: *Acción de amparo. Derechos fundamentales. Garantías Constitucionales.*

Palabras Clave: *Comments to the Amparo Organic Law Draft voted in First Discussion in the National Assembly in October 2013, in which the legal regime of the constitutional protection (amparo), was reduced to provide for the "amparo action", ignoring the constitutional regulations that allow for the amparo protection to be granted my means of ordinary judicial actions or recourses.*

Key words: *Amparo proceeding. Civil Rights Injunction. Fundamental Rights. Constitutional Guaranties.*

En octubre de 2013, la Asamblea Nacional aprobó en primera discusión un Proyecto de Ley Orgánica de Amparo sobre Derechos y Garantías Constitucionales[1], con el propósito de sustituir y derogar la muy importante Ley Orgánica de de Amparo sobre Derechos y Garantías Constitucionales de 1988[2], fijándose para el mes de diciembre la fecha para la segunda discusión. Esta no se llevó a cabo en el resto del año 2013.

---

[1] Véase la reseña en El Universal, Caracas 23 Octubre 2013 en http://www.eluniversal. com/nacional-y-politica/131023/asamblea-aprueba-en-primera-discusion-la-ley-de-amparo. En la noticia oficial dada por la Asamblea Nacional el 22 de octubre de 2013, se indicó sobre la Ley Orgánica de 1988 que "fue un instrumento preconstitucional, ya que fue promulgado antes de la creación de la Constitución de la República Bolivariana de Venezuela," lo que es cierto, pero agregándose que la misma "está desfasada de la realidad política y jurídica venezolana: además es ajena a la creación del Estado social, de justicia y de derechos", lo cual no tiene fundamento alguno. Véase la reseña en http://www. asamblea-nacional.gob.ve/noticia/show/id/5374

[2] Véase en Gaceta Oficial de la República de Venezuela número 34.060 del 27 de septiembre de 1988. Véase sobre esta Ley nuestro estudio: "Introducción General al régimen del derecho de amparo a los derechos y garantías constitucionales (El proceso de amparo)," en Allan R. Brewer-Carías, Carlos

Dicho Proyecto había sido formulado con una orientación precisa, que fue la regulación única y exclusivamente de la "acción de amparo", buscando eliminar de la normativa legal, aspectos fundamentales de la regulación del "derecho de amparo" que están en la Ley Orgánica de Amparo de 1988 que se refieren al ejercicio de dicho derecho de amparo a través de otras vías judiciales acordes con la protección constitucional. Esas disposiciones, siguiendo la orientación de la Constitución de 1961, y que recogidas y reforzadas en la Constitución de 1999, son las que disponen que el derecho de amparo puede ejercerse, no sólo mediante una acción (autónoma) de amparo, sino también mediante la formulación de una pretensión de amparo junto con otras vías judiciales existentes en el ordenamiento procesal y que efectivamente están acordes con la protección constitucional. El Proyecto, además, por su contenido, y tal como fue aprobado en primera discusión, en lugar de ser un texto destinado efectivamente a desarrollar la garantía judicial de protección a los derechos fundamentales, parecía más bien un texto destinado a regular básicamente causales de inadmisibilidad o improcedencia de la acción de amparo.

El Proyecto, como se dijo, no llegó a aprobarse en 2013, quizás por haber tomado conciencia, los diputados, que el mismo requería de una consulta más amplia que la que pudo haber tenido. Por mi parte, cuando supe de la aprobación del proyecto en primera discusión, en noviembre de 2013 formulé las siguientes observaciones que hice llegar por email al Grupo de Profesores de Derecho Publico Venezolanos (email de 29-11-2013):

"**1)** La observación general que me merece el Proyecto es que **no se ajusta a lo que establece el artículo 27 de la Constitución**. Esta norma regula "**el derecho de amparo**" y el proyecto de Ley aprobado en primera discusión sólo regula una "**acción de amparo**" que es sólo una de las vías judiciales para ejercer el derecho de amparo.

Ello podría hacerse, pero entonces la ley debe llamarse conforme al contenido que se le quiere dar y sería: **Ley Orgánica de la Acción de Amparo** sobre derechos y garantías constitucionales, y no Ley Orgánica de Amparo sobre Derechos y Garantías Constitucionales.

2) En todo caso, si ese fuera el caso, creo que sería un **retroceso en el régimen del derecho de amparo** en Venezuela, sobre todo por la posición de avanzada que tiene y ha tenido en relación con el resto de los países de América Latina. **Renunciar legalmente a regular lo que pide la Constitución**, que es el derecho de amparo, y reducir éste sólo a regular la "acción de amparo", no respondería al principio de progresividad en materia de derechos humanos como lo impone la Constitución (art. 19 de la Constitución)

3) El amparo ejercido como **pretensión conjuntamente con otras acciones o recursos judiciales**, además de la acción "autónoma" de amparo (todavía inadvertidamente usada esa expresión en el proyecto cuando se habla en alguna norma de "amparo autónomo"), fue y es una de las **grandes innovaciones del régimen constitucional y legal venezolano**, por lo que eliminarlo o ignorarlo en la Ley, en mi criterio sería un retroceso imperdonable.

4) Por ello, estimo que:

a) debe **volverse a la regulación de amparo como derecho** que puede ejercerse, además de a través de la acción de amparo, mediante la pretensión formulada conjuntamente con la **acción de inconstitucionalidad**;

b) debe precisarse la regulación del amparo conjunto con la acción de nulidad **contencioso administrativa, que está en el proyecto**; y

Ayala Corao y Rafael J. Chavero Gazdik, *Ley Orgánica de Amparo sobre Derechos y Garantías Constitucionales*, Colección Textos Legislativos N° 5, Editorial Jurídica Venezolana (primera edición, 1988), Sexta edición corregida, aumentada y actualizada, Caracas 2007, pp. 9-149.

c) debe regularse explícitamente el amparo como derecho de protección que puede ejercerse en **forma conjunta con otras acciones judiciales**, como es el caso, para solo citar un ejemplo, de la solicitud de nulidad absoluta de actuaciones en el proceso penal por violación de derechos y garantías constitucionales que se regula el artículo 190 del COPP, y que la Sala Constitucional ha calificado reiteradamente, con razón, como "amparo penal", que el juez de la causa debe decidir de inmediato y que nada tiene que ver con acción autónoma de amparo alguna.

5) En resumen, estimo que no deberían ignorarse los logros y desarrollos garantistas en materia de amparo que se han obtenido en Venezuela, y con ello, pasarse a regular en el país sólo una "**acción de amparo**" siguiendo la tendencia restrictiva general del resto de los países latinoamericanos. Cuando uno lee de corrido este Proyecto, parecería que se estuviera regulando por primera vez esta materia en Venezuela, partiendo de cero, y lo peor, ignorando el progreso de nuestro propio régimen.

6) Por lo demás, cuando uno analiza globalmente el Proyecto y se encuentra con tantas y tantas causales de "**inadmisibilidad**" e "**improcedencia**", parecería más bien que **se trata de una ley restrictiva de la acción de amparo, antes que una ley de garantías constitucionales.** Parecería que los proyectistas recogieron toda la jurisprudencia casuística para convertirla en ley, cuando ello debe ser precisamente la labor de los jueces, sin un marco restrictivo legal tan enorme como el que resultaría de dejarse esas normas".

Concluía mis observaciones indicando que ojala las mismas fueran de utilidad, y que la Comisión respectiva de la Asamblea pudiera establecer un diálogo más amplio con el mundo académico y recibir aportes al Proyecto, como en otros tiempos sucedió, por ejemplo, en mi caso, cuando en 1986, desde Cambridge, Inglaterra, donde en ese entonces me encontraba como profesor, pude formular observaciones a los primeros proyectos de Ley de Amparo que se comenzaron a discutirse en la Cámara de Diputados, y que en definitiva condujeron a la sanción de la Ley Orgánica de 1988.[3]

Como el Proyecto de octubre de 2013 no se llegó a sancionar durante ese año, pienso que esta es entonces la ocasión y la vía para formular observaciones al mismo, sobre todo al aspecto medular de le orientación del proyecto de reducir la regulación del amparo constitucional a una sola "acción de amparo," ignorando las exigencias normativas que plantea la Constitución de 1999 sobre el amparo constitucional como un "derecho de amparo." A ello están destinadas estas notas, en las cuales de nuevo, treinta años después, me refiero al mismo tema del "derecho de amparo y de la acción de amparo" que trabajé inicialmente en 1985.[4]

---

[3]   Véase mis observaciones a dichos proyectos "Observaciones críticas al Proyecto de Ley de la Acción de Amparo de los Derechos Fundamentales (1985)," "Proyecto de Ley Orgánica sobre el Derecho de Amparo (1987)," y "Propuestas de reforma al Proyecto de Ley Orgánica de Amparo sobre Derechos y Garantías Constitucionales (1987)"en Allan R. Brewer-Carías, *Estudios de Derecho Público,* Tomo III (Labor en el Senado 1985-1987), Ediciones del Congreso de la República, Caracas 1989, pp. 71-229.

[4]   Véase Allan R. Brewer-Carías, "El derecho de amparo y la acción de amparo", Revista de Derecho Público, Nº 22, EJV, Caracas, 1985, pp. 51 y ss.

I. EL DERECHO DE AMPARO Y LA ACCIÓN DE AMPARO EN LAS CONSTITU-
CIONES DE 1961 Y DE 1999, Y EL SENTIDO DE LA NORMATIVA DE LA LEY
ORGÁNICA DE AMPARO SOBRE DERECHOS Y GARANTÍAS CONSTITUCIO-
NALES DE 1988

El derecho de amparo fue establecido por primera vez en Venezuela, en el artículo 49 de
la Constitución de 1961, en el cual se estableció que:

Art. 49. *Los Tribunales ampararán a todo habitante* de la República en el goce y ejercicio de
los derechos y garantías que la Constitución establece, en conformidad con la Ley.

El procedimiento será breve y sumario, y el juez competente tendrá potestad para restablecer
inmediatamente la situación jurídica infringida.

La norma, sin duda, estableció el amparo constitucional en Venezuela como un "derecho" de todo habitante de la República a ser amparado en el goce y ejercicio de sus derechos
y garantías constitucionales, de lo que deriva la "obligación" de los tribunales de amparar;
razón por la cual la Constitución no sólo consagró una acción de amparo como garantía procesal de los derechos y garantías constitucionales. Ello fue advertido, por lo demás, de inmediato, por el profesor Héctor Fix-Zamudio cuando afirmó que en la norma venezolana se
"consagró definitivamente el derecho de amparo como instrumento procesal para proteger
todos los derechos fundamentales de la persona humana consagrados constitucionalmente",
en lo que calificó como "uno de los aciertos más destacados en la avanzada Carta Fundamental de 1961"[5]; orientación que se acentuó en el texto de la Constitución de 1999.

La consagración del amparo como un derecho fundamental, y no sólo como una garantía procesal fue, entonces, el gran aporte del texto constitucional venezolano con relación a la
protección de los derechos fundamentales en América Latina[6], siendo esta orientación lo que
fundamentó el cambio de criterio sentado por la Corte Suprema de Justicia en 1983, respecto
de su tesis sustentada en 1970, sobre la posibilidad del ejercicio de la acción de amparo aun
en ausencia de la ley reglamentaria prevista en la Constitución. Si la norma del artículo 49
hubiera consagrado "una acción o recurso" de amparo, el artículo 50 del texto constitucional
de 1961 le hubiera sido inaplicable[7]; en cambio, si el artículo 49 de la Constitución de 1961,
consagraba un derecho fundamental, como en efecto sucedía, se aplicaba el texto de dicho
artículo 50 de dicha Constitución al disponer que "la falta de ley reglamentaria" de los derechos constitucionales enunciados en el texto, no menoscaba el ejercicio de los mismos[8]. Este

---

[5]   Véase Héctor Fix Zamudio, "Algunos aspectos comparativos del derecho de amparo en México y Venezuela", *Libro Homenaje a la Memoria de Lorenzo Herrera Mendoza*, UCV, Caracas, 1970,
Tomo II, pp. 333-390.

[6]   Véase Allan R. Brewer-Carías, *Estado de derecho y Control Judicial*, Madrid 1987, pp. 587 a
657. Véase también el libro *El amparo constitucional en Venezuela*, Instituto de Estudios Jurídicos del
Estado Lara, 2 Tomos, Barquisimeto, 1987, en los que se recogen una serie de artículos y estudios sobre
el amparo constitucional y de decisiones judiciales sobre la admisibilidad del amparo en nuestro país.
Véase además Gustavo J. Linares Benzo "El Proceso de Amparo en Venezuela", *Revista de la Fundación Procuraduría General de la República*, N° 2, 1987, pp. 27 a 110.

[7]   Como lo sostenía la Procuraduría General de la República en 1970: "el amparo, más que un
derecho, constituye una garantía de protección de los derechos, y de acuerdo con la letra de la Ley sólo
los derechos pueden ser ejercidos, aun antes de promulgada la Ley reglamentaria respectiva". Véase
Doctrina de la Procuraduría General de la República 1970, Caracas, 1971, p. 35.

[8]   Este criterio del amparo como un derecho lo destacó en 1970, Jesús Ramón Quintero, cuando
al comentar una decisión de la Corte Superior Cuarta en lo Penal en torno a un recurso de amparo de 22

es el criterio que ha sido el dominante de la jurisprudencia y, en nuestra opinión, el más importante elemento diferenciador de la institución de amparo en Venezuela que, además, fue recogido en la Ley Orgánica.[9]

En todo cas, con esa orientación fue que se dictó la Ley Orgánica de Amparo sobre Derechos y Garantías Constitucionales en vigencia a partir del 22 de enero de 1988[10], lo cual, sin duda, fue una de las leyes más importantes que se dictaron en el país después de la propia Constitución de 1961[11]. Por eso la Sala Político Administrativa de la Corte Suprema de Justicia en sentencia de 31 de enero de 1991, al referirse al amparo como remedio judicial extraordinario para la defensa de los derechos y garantías constitucionales desarrollado en la Ley Orgánica, señaló que ello:

---

de diciembre de 1969 señaló: Existe pues, según el fallo de la Corte. un derecho de los individuos, de amparo, y un deber u obligación de los Tribunales de concederlo cuando sea procedente. Tal derecho y tal obligación tienen una base en la propia Constitución la cual a su vez, y de un modo terminante que no admite ningún tipo de duda, establece que su solo texto es suficiente para que los Tribunales concedan el amparo, pues la falta de Ley reglamentaria de los derechos, aunque no deseable, no puede convertirse en un obstáculo para el cabal y completo goce y disfrute de esos derechos que la Constitución establece y aun de aquellos que no están establecidos en forma expresa, pero que sean inherentes a la persona humana". Véase "Recurso de amparo. La cuestión central en dos sentencias y un voto salvado" en *Revista de la Facultad de Derecho.* Universidad Católica Andrés Bello, N° 9, Caracas, 1969-1970, pp. 161 y 162. En las páginas 166 y siguientes refuerza el mismo argumento. El texto de la sentencia que comenta y del voto salvado a la misma puede verse en pp. 180 a 206. Véase asimismo el texto del voto salvado en Otto Marín Gómez, *Protección procesal de las garantías constitucionales de Venezuela. Amparo y Hábeas Corpus,* Caracas, 1983, pp. 229-250.

[9]   Sobre el tema véase Héctor Fix Zamudio, "La teoría de Allan R. Brewer-Carías sobre el derecho de amparo Latinoamericano y el juicio de amparo mexicano", en *El derecho público a comienzos del siglo XXI. Estudios en homenaje al Profesor Allan R. Brewer-Carías,* Editorial Thomson Civitas, Madrid, 2002, Tomo I, pp. 1125 y ss.

[10]   Véase en *Gaceta Oficial* N° 33.891 de 22 de enero de 1988. La Ley Orgánica fue reformada en 27-9-88, publicada en *Gaceta Oficial* N° 34.060 de 27-9-88. Véase sobre el proyecto de dicha Ley Orgánica: Allan R. Brewer-Carías, "Observaciones críticas al Proyecto de Ley de la Acción de Amparo de los Derechos Fundamentales (1985), y "Proyecto de Ley Orgánica sobre el Derecho de Amparo (1987)" y "Propuestas de reforma al Proyecto de Ley Orgánica de Amparo sobre Derechos y Garantías Constitucionales (1987)", en Allan R. Brewer-Carías, *Estudios de Derecho Público, (Labor en el Senado 1985-1987),* Tomo III, Ediciones del Congreso de la República, Caracas 1989, pp. 71-186; pp. 187-204. y pp. 205-229.

[11]   Véase los comentarios sobre la Ley Orgánica que hemos publicado en el exterior: "Comentarios a la Ley Orgánica de Amparo sobre Derechos y Garantías Constitucionales (1988) de Venezuela", en *Revista IIDH,* Instituto Interamericano de Derechos Humanos, N° 6, San José, julio-diciembre 1987, pp. 135-178; "Comentarios a la Ley Orgánica de Amparo sobre Derechos y Garantías Constitucionales (1988) de Venezuela", en *Boletín Mexicano de Derecho Comparado,* Año N° 63, Año XXI, Instituto de Investigaciones Jurídicas, Universidad Nacional Autónoma de México, México, septiembre-diciembre 1988, pp. 1.107-1.159; "Situación actual del derecho de amparo en Venezuela", en *Estudios en Homenaje al Dr. Héctor Fix-Zamudio,* Tomo III, Derecho Procesal, Universidad Nacional Autónoma de México, México 1988, pp. 1.703-1.759; "El poder judicial en Venezuela y la justicia constitucional: Control de la constitucionalidad y amparo a los derechos fundamentales", en *Elementos para una reforma de la Constitución,* Congreso Internacional sobre la Reforma de la Constitución, Consejo para la Consolidación de la Democracia, Buenos Aires, 1988, pp. 47-135; "El derecho de amparo en Venezuela", en *Revista de Derecho,* N° 1, año V, Facultad de Derecho, Universidad Central, Santiago de Chile 1991, pp. 151-178, y en *Garantías jurisdiccionales para la defensa de los derechos humanos en Iberoamérica,* Instituto de Investigaciones Jurídicas, Universidad Nacional Autónoma de México, México 1992, pp. 7-53.

"Constituye un logro importante y trascendente para la plena vigencia del Estado de derecho existente en el país hace ya más de tres décadas, y se erige como un instituto fundamental, de rango superior sobre cualquier otra norma que pudiera oponérsele dentro del propio ordenamiento constitucional venezolano"[12].

Ahora bien, la Ley Orgánica de Amparo sobre Derechos y Garantías Constitucionales de 1988, al regular y consagrar la acción de amparo reconoció expresamente que el ejercicio del derecho de amparo no se agota ni se contrae exclusivamente a dicho medio procesal, sino que puede ejercerse también a través de otras acciones o recursos establecidos en el ordenamiento jurídico. Quedó así, definitivamente resuelta la discusión doctrinal sobre si el amparo que consagra la Constitución es en sí mismo un derecho fundamental o si sólo es una garantía adjetiva de los derechos fundamentales. La Ley de 1988 optó por la primera posición (lo que luego recogió expresamente la Constitución de 1999), pues si bien regula la acción de amparo como un medio adjetivo autónomo de protección de los derechos fundamentales, sin embargo estableció expresamente que el derecho de amparo de dichos derechos podía ejercerse, también, mediante otras vías procesales consagradas en el ordenamiento jurídico. En palabras de la Sala Constitucional del Tribunal Supremo bajo la vigencia de la Constitución de 1999:

"Resulta así congruente con lo que se ha venido analizando, que la específica acción de amparo constitucional consagrada en el inciso segundo del artículo 27 de la Carta Magna, constituya un medio adicional a los ordinarios en la tarea de salvaguardar los derechos fundamentales. Al contrario de cómo ha venido siendo concebida, dicha acción no entraña un monopolio procesal en cuanto al trámite de denuncias respecto a violaciones a la regularidad constitucional –tal tesis la descarta el sistema de garantías procesales de que disponen los tribunales en el ejercicio ordinario de su función[13]".

Por ello, en el artículo 3° de la Ley Orgánica de 1988 se estableció expresamente la posibilidad de ejercer la acción de amparo contra leyes junto con la acción popular de inconstitucionalidad de las leyes ante la Sala Constitucional del Tribunal Supremo de Justicia; en el artículo 5° se estableció expresamente que la pretensión de amparo contra actos administrativos y contra las conductas omisivas de la Administración puede ejercerse conjuntamente con el recurso contencioso administrativo de anulación; y en el artículo 6° ordinal 5°, al establecerse las causales de inadmisibilidad de la acción de amparo, se reconoció implícitamente que la pretensión de amparo se puede formular mediante otras "vías jurídicas ordinarias" o "medios judiciales preexistentes", en los cuales puede "alegarse la violación o amenaza de violación de un derecho o garantía constitucional".

Así lo había reconocido la antigua Corte Suprema de Justicia en Sala Político Administrativa en sentencia de 10 de julio de 1991 (Caso: *Tarjetas Banvenez*), la cual al ser citada en sentencia de la misma Corte de 10 de junio de 1992, la llevó a señalar lo siguiente:

"El texto de la Ley Orgánica de Amparo prevé fundamentalmente dos mecanismos procesales: la acción autónoma de amparo y la acumulación de ésta con otro tipo de acciones o recursos, modalidades que difieren sustancialmente en cuanto a su naturaleza y consecuencias jurídicas.

Por lo que respecta a la segunda de las modalidades señaladas, es decir, la acción de amparo ejercida conjuntamente con otros medios procesales, la referida ley regula tres supuestos: a) la acción de amparo acumulada a la acción popular de inconstitucionalidad de las leyes y demás actos estatales normativos (artículo 3°); b) la acción de amparo acumulada al recurso

---

[12]   Véase en *Revista de Derecho Público*, N° 45, EJV, Caracas, 1991, p. 117.
[13]   Véase en *Revista de Derecho Público*, N° 85-88, EJV, Caracas, 2001, p. 448.

contencioso administrativo de anulación contra actos administrativos de efectos particulares o contra las conductas omisivas de la Administración (artículo 5°); c) la acción de amparo acumulada con acciones ordinarias (artículo 6°, ordinal 5°)"[14].

La Sala sostuvo, además, "que la acción de amparo en ninguno de estos casos es una acción principal sino subordinada, accesoria a la acción o al recurso al cual se acumula, sometido al pronunciamiento jurisdiccional final que se emita en la acción acumulada. Tratándose de una acumulación de acciones, debe ser resuelta por el juez competente para conocer de la acción principal"[15].

Por tanto, como lo señaló el Informe de la Comisión de Política Interior del Senado de fecha 9 de diciembre de 1987, al estudiar el Proyecto de Ley Orgánica de Amparo sobre Derechos y Garantías Constitucionales:

"el artículo 49 de la Constitución, más que un medio adjetivo procesal, consagra un derecho fundamental, el derecho a ser amparado. De manera que la Constitución no consagra una acción de amparo o un medio adjetivo, sino un derecho fundamental, el derecho a ser amparado... tan fundamental como aquéllos que van a ser objeto de amparo. Y ese derecho puede materializarse, sin duda, a través del ejercicio de múltiples acciones y recursos".

Sin embargo, estimó la misma Comisión que también "era necesario desarrollar el mandato constitucional en una Ley que consagre que la acción de amparo puede ser ejercida por todo habitante del país y ser resuelta de manera sumaria, breve y efectiva para evitar lesiones o daños y restablecer inmediatamente la situación jurídica infringida[16]", para lo cual precisamente, se sancionó la Ley Orgánica de Amparo.

Al igual que la Constitución de 1961, la Constitución de 1999 no establece "una" sola y específica acción o recurso de amparo, como un particular medio de protección judicial, sino un "derecho de amparo" o "derecho a ser amparado", como derecho fundamental que se puede materializar y de hecho se materializa, a través de diversas acciones y recursos judiciales, incluso a través de una "acción autónoma de amparo" que regula la Ley Orgánica de 1988, y que como se ha visto, ya había venido delineando la jurisprudencia. Este carácter del amparo, como un "derecho constitucional", en nuestro criterio, se insiste, es el elemento clave para identificar la institución venezolana[17], el cual fue recogido expresamente en el texto de la Constitución de 1999.

En efecto, el primer párrafo del artículo 27 de la Constitución de 1999, establece que:

"Artículo 27: Toda persona tiene derecho a ser amparada por los tribunales en el goce y ejercicio de los derechos y garantías constitucionales, aun de aquellos inherentes a la persona que no figuren expresamente en esta Constitución o en los instrumentos internacionales sobre derechos humanos". Los otros párrafos de la norma se destinaron en específico a regular,

---

[14]   Véase sentencia N° 140 del 10-06-1992, en *Revista de Derecho Público,* N° 50, EJV, Caracas, 1992, pp. 183-184.

[15]   *Idem.*

[16]   Véase el "Informe que presenta la Comisión Permanente de Política Interior del Senado referente al Proyecto de Ley Orgánica de Amparo sobre Derechos y Garantías Constitucionales", de 9-12-87, considerado en la sesión del Senado de 14-12-87. Véase nuestros estudios sobre el Proyecto de Ley en Allan R. Brewer-Carías, *Estudios de Derecho Público (Labor en el Senado 1985-1987),* Tomo III, Caracas, 1989, pp. 71 a 230.

[17]   Véase Allan R. Brewer-Carías, "El derecho de amparo y la acción de amparo", *Revista de Derecho Público,* N° 22, EJV, Caracas, 1985, pp. 51 y ss.

primero, el "procedimiento de la acción de amparo constitucional" indicándose que debía ser "oral, público, breve, gratuito y no sujeto a formalidad," atribuyendo a la autoridad judicial competente "potestad para restablecer inmediatamente la situación jurídica infringida o la situación que más se asemeje a ella" para lo cual se aseguró en la Constitución que "todo tiempo será hábil y el tribunal lo tramitará con preferencia a cualquier otro asunto." Y segundo, "la acción de amparo a la libertad o seguridad" en el sentido de prever que "podrá ser interpuesta por cualquier persona; y el detenido o detenida será puesto o puesta bajo la custodia del tribunal de manera inmediata, sin dilación alguna."

La Constitución de 1999 fue, por tanto, aún más clara que la Constitución de 1961 en consagrar el amparo constitucional como un derecho constitucional, al punto de que la Sala Constitucional del Tribunal Supremo en sentencia N° 993 de 16 de julio de 2013, a pesar de interpretar errada y restrictivamente la norma del artículo 49 de la Constitución de 1961, ignorando la jurisprudencia anterior, señaló que "a diferencia de la derogada Constitución Nacional (1961) que concebía el amparo como una acción procesal conforme al artículo 49 […] la vigente Constitución de la República Bolivariana de Venezuela además de considerar el amparo en su aspecto procesal como una acción, *lo considera también como un derecho*"[18].

En todo caso, por ello es que precisamente, la "acción de amparo" no agota el "derecho de amparo" establecido en la Constitución, en el sentido de que este no sólo se puede ejercer a través de una única y exclusiva acción de amparo, sino que como lo ha señalado la Sala Constitucional del Tribunal Suprema de Justicia en sentencia N° 1215 de 25 de julio de 2011, "el ejercicio de la tutela constitucional por parte de todos los jueces de la República, a través de cualquiera de los canales procesales dispuestos por el ordenamiento jurídico, es una característica inmanente al sistema judicial venezolano"[19];

Y ello fue precisamente lo que reguló la Ley Orgánica de Amparo sobre Derechos y Garantías Constitucionales de 1988, en cuyo artículo 1° estableció lo siguiente:

"Toda persona natural habitante de la República o persona jurídica domiciliada en ésta, podrá solicitar ante los Tribunales competentes el amparo previsto en el artículo 49 de la Constitución, para el goce y el ejercicio de los derechos y garantías constitucionales, aun de aquellos derechos fundamentales de la persona humana que no figuren expresamente en la Constitución, con el propósito de que se restablezca inmediatamente la situación jurídica infringida o la situación que más se asemeje a ella.

La garantía de la libertad personal que regula el hábeas corpus constitucional, se regirá por esta Ley".

Se ratificó, así, el derecho a ser amparado, el cual si bien puede ejercerse mediante la acción autónoma de amparo que reguló la Ley, no se agota en ella. Por ello, en la Ley, siguiendo la orientación constitucional, no sólo se establece el amparo como un *derecho* de las personas a ser amparados en el goce y ejercicio de los derechos y garantías que la Constitución establece y que sean inherentes a la persona, sino que, en realidad, conforme al principio de alteridad, además se configura como un *deber* de los tribunales de amparar a las personas en el goce y ejercicio de tales derechos, para lo cual puede haber y hay muchos medios judiciales de protección que permiten a los particulares ser amparados en el goce y ejercicio de sus derechos constitucionales, mediante un procedimiento breve y sumario, en el cual el juez

---

[18]   Véase en http://www.tsj.gov.ve/decisiones/scon/Julio/993-16713-2013-13-0230.html

[19]   Véase la sentencia N° 1215 de 25-7-2011, en *Revista de Derecho Público*, N° 127, Editorial Jurídica Venezolana, Caracas 2011, pp. 174-176.

tiene competencia para restablecer inmediatamente las situaciones jurídicas infringidas por cualquiera. En estos casos, no es que esas vías judiciales ya previstas sustituyan el derecho de amparo (o lo desmejoren), sino que sirven como medios judiciales de amparo.

Ahora bien, a pesar de la multiplicidad de vías de protección judicial de los derechos y garantías constitucionales que aseguran el "derecho de amparo" previsto en la Constitución de 1999, es indudable que dado el carácter omnicomprensivo de la protección que "en conformidad con la ley" establece el texto fundamental, para que aquél derecho de amparo sea realmente efectivo, como lo había delineado la jurisprudencia, resultó indispensable regular en la Ley Orgánica una "acción de amparo", que procede como se establece en la misma, si el interesado no ha optado por recurrir a otros medios judiciales de protección y amparo de los derechos y garantías constitucionales legalmente previstos (art. 6.5) o cuando frente a actos administrativos o carencias de la Administración, los previstos formalmente en las leyes no fueran suficientemente acordes con la protección jurisdiccional, es decir, no constituyeran un medio breve, sumario y efectivo, acorde con la protección constitucional (art. 5).

Por ello, el artículo 6.5 de la Ley Orgánica estableció dentro de las causales de inadmisibilidad de la acción de amparo, los casos en los cuales "el agraviado haya optado por recurrir a las vías judiciales ordinarias o hecho uso de los medios judiciales preexistentes", en cuyo caso al alegarse la violación o amenaza de violación de un derecho o garantía constitucional, el juez debe acogerse al procedimiento y a los lapsos previstos en la Ley Orgánica para la protección inmediata y ordenar la suspensión provisional de los efectos del acto cuestionado.

Asimismo, debe destacarse en particular, sobre el derecho de amparo frente a actos administrativos o conductas omisivas de la Administración, que la Ley Orgánica buscó resolver expresamente el tema de la inadmisibilidad por existencia de vías procesales idóneas para enervar las lesiones constitucionales aducidas, al prever en su artículo 5, que la acción autónoma de amparo no procede "cuando exista un medio procesal breve, sumario y eficaz, acorde con la protección constitucional" y éste es el que se regula precisamente en el mismo artículo 5º de la Ley, al establecer que el recurso contencioso administrativo de anulación es un medio breve, sumario y eficaz, y plantear que conjuntamente con el mismo puede formularse la pretensión de amparo, en cuyo caso, no sólo no es necesario agotar la vía administrativa, sino que el recurso puede intentarse en cualquier tiempo, pudiendo el juez, además, suspender los efectos del acto administrativo recurrido como garantía del derecho constitucional violado, mientras durase el juicio de nulidad, conforme al procedimiento establecido en la propia Ley Orgánica (Arts. 5 y 6.5), y además, conforme a las previsiones de la Ley Orgánica de la Jurisdicción Contencioso Administrativa de 2010.

Por tanto, en esa forma, si bien el "derecho de amparo" puede asegurarse a través de múltiples vías (acciones o recursos) judiciales preexistentes, precisamente cuando sean idóneas para enervar las lesiones constitucionales aducidas, en cuyo caso, el "derecho de amparo" no se identifica con ningún recurso o acción judicial concreto; en el caso de la acción de amparo que regula la Ley Orgánica, ésta procede en todo caso, salvo cuando se hubiese optado por otro medio de protección o de amparo previsto en el ordenamiento jurídico. Por tanto, en materia de amparo contra actos administrativos por ejemplo, la acción autónoma de amparo sólo procede cuando la vía contencioso administrativa no sea un medio efectivo acorde con la protección constitucional.

Pero el derecho de amparo que prevé el artículo 27 de la Constitución de 1999, y que regula la Ley Orgánica, como hemos indicado, también permite asegurar la protección de los derechos fundamentales infringidos por actos estatales, a través del ejercicio de la acción de inconstitucionalidad de las leyes (acción popular) o de la desaplicación de una ley por cualquier juez (el denominado control difuso de la constitucionalidad); a través del recurso de casación respecto de sentencias, mediante el recurso contencioso administrativo ejercicio del recurso de anulación de los actos administrativos; y en materia penal, mediante la formulación de solicitudes de nulidad absoluta de actuaciones por violación de derechos y garantías constitucionales. Asimismo, permite asegurar la protección de los derechos fundamentales vulnerados por otros particulares a través de las vías judiciales del proceso ordinario.

Por supuesto, para que estas vías judiciales sirvan de medio de amparo constitucional, es decir, sean vías procesales idóneas para enervar las lesiones constitucionales aducidas, el legislador ha perfeccionado sus mecanismos de protección: por ejemplo, en el recurso de inconstitucionalidad de las leyes, cuando ésta se fundamente en la violación de un derecho o garantía constitucional, en virtud de la nulidad absoluta que ello implica, se previó en la Ley Orgánica la potestad de la Sala Constitucional de desaplicar los efectos de la ley impugnada, en principio respecto del caso concreto mientras se decide el recurso (art. 3°), lo que se ha recogido además en la Ley Orgánica del Tribunal Supremo de Justicia, al prever expresamente la posibilidad por parte de la Sala Constitucional de suspender los efectos de la Ley impugnada como medida cautelar (art. 130). La Sala Constitucional, en estos caso, además, en muchos supuestos le ha dado efectos *erga omnes* a la suspensión de efectos.

En el recurso de casación, cuando la denuncia de la sentencia recurrida consista en el alegato de la violación por la misma de un derecho o garantía constitucional, la Sala de Casación Civil puede disponer los elementos de protección constitucional que estime adecuados, mientras resuelve el recurso.

En el recurso contencioso administrativo, cuando el motivo del mismo sea la violación de un derecho constitucional por el acto administrativo recurrido, en la Ley Orgánica de 1988 se eliminó la exigencia de agotamiento de la vía administrativa (lo que a partir de la entrada en vigencia de la Constitución de 1999 se eliminó del proceso), y se eliminó también la exigencia del lapso de caducidad, dada la nulidad absoluta alegada, y se permite al juez recurrir en forma más expedita a los procedimientos de urgencia y abreviación de lapsos, así como a la suspensión de efectos del acto recurrido (arts. 5 y 6.5).

En la solicitud de nulidad absoluta por violaciones de derechos y garantías constitucionales en materia penal (art. 190, Código Orgánico procesal penal), el artículo 173 de dicho Código le impone al mismo juez de la causa decidir el amparo en el lapso brevísimo de tres días, precisamente para enervar las lesiones constitucionales de inmediato.

Pero en todo caso, es evidente que el derecho de amparo conforme a la Ley Orgánica permite lograr la adecuada protección de los derechos y garantías constitucionales a través de la "acción de amparo" o acción "autónoma" de amparo, la cual, por supuesto, aparece en el ordenamiento como absolutamente diferenciada de la acción o recursos de inconstitucionalidad de las leyes, del recurso de casación, de las acciones contencioso administrativas, de las solicitudes de nulidad absoluta en los procesos penales, y de otros medios judiciales.

Una de las características de esta acción judicial de amparo, es que *no presupone el que se hayan agotado vías judiciales previas para poder intentarse,* lo que hace que la institución de la acción de amparo en Venezuela se diferencie con el recurso de amparo que se ha desarrollado en Europa y, particularmente, en Alemania y España. En estos países, en realidad, el recurso de amparo es un auténtico "recurso extraordinario" que se intenta, en principio, contra decisiones judiciales. En Alemania, por ejemplo, el recurso de amparo constitucional que se intenta ante el Tribunal Constitucional Federal, exige el agotamiento previo de las vías judiciales ordinarias, por lo que, en definitiva, se traduce en un recurso contra una decisión judicial respectiva, aun cuando excepcionalmente procede la acción directa de amparo en ciertos casos específicos y respecto a un número muy limitado de derechos constitucionales[20]. En España, el recurso de amparo que se intenta ante el Tribunal Constitucional, también exige el agotamiento previo de las vías judiciales y, particularmente, si se trata de un amparo en relación con actividades administrativas, en definitiva se requiere siempre el agotamiento previo a la vía judicial contencioso administrativa. Por eso, en España, el recurso de amparo se configura como un recurso revisor de sentencias de los Tribunales Contencioso Administrativos[21].

En el caso venezolano, en cambio, la acción de amparo *no exige el agotamiento previo de las vías judiciales* ni se configura, por tanto, como un recurso extraordinario contra sentencias judiciales. Se trata, sí, de una acción judicial autónoma que sólo procede cuando no existan vías procesales idóneas para enervar las lesiones constitucionales aducidas, y no se haya optado por ejercerlas y poder obtener amparo y protección de los derechos y el restablecimiento inmediato de los mismos, o en materia de amparo contra actos administrativos o conductas omisivas de la Administración, cuando la vía contencioso administrativa no sea un medio efectivo de protección constitucional[22]. En estos casos, no es que la acción de amparo requiere el agotamiento previo del recurso contencioso administrativo de anulación, cuando la violación del derecho constitucional la produce un acto administrativo, sino que el recurso contencioso administrativo puede ser en sí mismo el medio de amparo, es decir, la vía procesal idónea para enervar las lesiones constitucionales aducidas. Por ello, en el caso de actos administrativos, cuando el recurso contencioso administrativo no sirva efectivamente como medio de amparo dadas las particulares circunstancias del caso concreto, es que la acción amparo procede.

Por otra parte, debe señalarse que el derecho de amparo, de acuerdo a la Constitución y la Ley Orgánica, se puede ejercer ante "los tribunales" en conformidad con la Ley, por lo que de acuerdo a la organización del sistema judicial y procesal, no existe una única acción judicial ante un sólo tribunal, prevista para garantizar el ejercicio y goce de los derechos constitucionales.

Hemos dicho que de acuerdo a la Constitución no se prevé el derecho de amparo como una sola acción o recurso, que se intenta ante un solo Tribunal, con el objeto de amparar el goce y ejercicio de los derechos constitucionales, por lo que el ordenamiento regula, a través

---

[20]   Véase R. Schlaich, "Procedures et techniques de protection des droits fondamentaux. Tribunal Constitutionnel Fédéral Allemand" en L. Favoreu (ed.), *Cours constitutionnelles Européennes et Droits Fondamentaux*, Paris, 1982, pp. 105-164.

[21]   Véase J. L. García Ruiz, *Recurso de Amparo en el Derecho Español*, Madrid, 1980; F. Castedo Álvarez, "El recurso de amparo constitucional" en Instituto de Estudios Fiscales, *El Tribunal Constitucional*, Madrid, 1981 Tomo I, pp. 179-208.

[22]   Este carácter subsidiario que le habíamos atribuido a la acción autónoma de amparo en materia de amparo contra actos administrativos y que la jurisprudencia había confirmado, no significaba, como lo señaló H. Rondón de Sansó, que "sólo es admisible cuando hubiesen sido agotados todos los recursos ordinarios que para el caso específico el sistema jurídico prevé" (Véase en "El amparo constitucional en Venezuela", *Revista de Derecho Público*, N° 25, EJV, Caracas, 1986, p. 56). Al contrario, como ya lo habíamos explicado (Véase Allan R. Brewer-Carías, "El derecho de amparo y la acción de amparo, *Revista de Derecho Público*, N° 22, EJV, Caracas, 1985, pp. 53-54) la subsidiariedad de la acción autónoma de amparo contra actos administrativos derivaba de que procedía cuando el "recurso contencioso administrativo de anulación y amparo" no era un medio efectivo de protección. Véase además, Allan R. Brewer-Carías. *Estado de derecho y Control Judicial, cit.,* pp. 628 y ss.

de recursos y acciones tradicionales, sistemas de amparo de los derechos y garantías constitucionales, mediante procedimientos breves y sumarios con poderes para el juez, para restablecer en forma inmediata situaciones jurídicas subjetivas infringidas.

Por eso, insistimos, en Venezuela, el amparo de los derechos puede obtenerse a través de diversas acciones o recursos que regula el ordenamiento jurídico, por lo que, en definitiva, el derecho de amparo no se traduce sólo en una sola acción o recurso, como el que se regula específicamente en la ley Orgánica, lo que diferencia nuestro amparo de los recursos de amparo europeos, particularmente el recurso de amparo en Alemania y en España, donde el recurso de amparo es una sola acción que se intenta ante un solo Tribunal, y que sirve como mecanismo para la protección de algunos derechos y garantías constitucionales[23].

Al contrario, en el caso venezolano, el derecho de amparo se presenta, en realidad, como una vía judicial multiforme que se puede ejercer ante todos los Tribunales, conforme a la Ley, sea mediante las acciones o recursos preexistentes que pueden servir de amparo, es decir, que sean vías idóneas para enervar las lesiones constitucionales aducidas, porque se prevé un procedimiento breve y sumario con poderes para el juez para restablecer las situaciones jurídicas subjetivas infringidas; sea mediante la acción de amparo prevista en la Ley Orgánica.

II. LOS DIVERSOS MECANISMOS PROCESALES DE AMPARO

Fue por tanto, la necesidad de configurar en la Ley Orgánica de Amparo de 1988, conforme a la orientación del artículo 47 de la Constitución de 1961 (equivalente al artículo 27 de la Constitución de 1999), al amparo constitucional como un "derecho fundamental" y no sólo como una única "acción de amparo", lo que implicó la necesidad de conciliar el ejercicio del derecho de amparo con los medios judiciales existentes de protección constitucional, de manera que no quedasen éstos eliminados como tales, sino al contrario, reforzados. De allí las previsiones de los artículos 3, 5 y 6,5 de la Ley Orgánica que previeron expresamente la posibilidad de la formulación de pretensiones de amparo constitucional conjuntamente con las acciones de nulidad por inconstitucionalidad, con las acciones contencioso-administrativas de anulación y con las acciones judiciales ordinarias o extraordinarias; normas todas que propusimos en el proceso de formación de la Ley en la Cámara del Senado[24].

Después de múltiples vacilaciones jurisprudenciales que se extendieron por casi cuatro años, el sentido de la regulación contenida en dichas normas finalmente lo resumió la Sala Político Administrativa de la antigua Corte Suprema en la antes mencionada sentencia de 10 de junio de 1992, en la cual, la Sala, haciendo referencia a una sentencia previa de 10 de julio de 1991 (Caso: *Tarjetas Banvenez*), precisó que en la ley se regularon dos mecanismos procesales de protección constitucional, por una parte, la acción autónoma de amparo y por la otra la formulación de la pretensión de amparo con otro tipo de acciones o recursos, distinguiendo la ley los tres supuestos mencionados: "a) la acción de amparo acumulada a la acción popular de inconstitucionalidad de las leyes y demás actos estatales normativos (artículo 3°); b) la acción de amparo acumulada al recurso contencioso administrativo de anulación

[23]   Véase H. Fix Zamudio, "El derecho de amparo en México y en España. Su influencia recíproca", *Revista de Estudios Políticos*, N° 7, Madrid, 1979, pp. 254-255.

[24]   Véase Allan R. Brewer-Carías, "Propuestas de reforma al Proyecto de Ley Orgánica de Amparo sobre Derechos y Garantías Constitucionales (1987)", *Estudios de derecho público, (Labor en el Senado 1985-1987)*, Tomo III, Ediciones del Congreso de la República, Caracas 1989, pp. 205-229.

contra actos administrativos de efectos particulares o contra las conductas omisivas de la Administración (artículo 5°); c) la acción de amparo acumulada con acciones ordinarias (artículo 6°, ordinal 5°)[25]".

Con esa sentencia, quedó absolutamente clarificada la intención del legislador de 1988 al distinguir entre la acción que se denominó "autónoma" de amparo y la pretensión de amparo constitucional formulada con otras acciones que regula el ordenamiento jurídico. Realmente, en estos últimos casos, no se trata de una verdadera "acumulación" de acciones, sino de la subordinación de una "pretensión" de amparo a una acción principal. Por ello, en estos casos, el amparo tiene mero carácter cautelar y no tiene ninguna relevancia el que existan procedimientos distintos para la acción principal y para la acción de amparo[26], porque, en definitiva, en caso de formulación de la pretensión de amparo con una acción principal, el procedimiento regular previsto para la "acción de amparo" no se debe aplicar.

1. La acción de amparo

En cuanto al primer supuesto, es decir, la acción de amparo, la antigua Corte Suprema señaló en su mencionada citada sentencia líder de 10 de julio de 1991, que por supuesto se trata de una acción que se ejercita en forma autónoma e independiente, y no se vincula ni se subordina a ningún otro recurso o procedimiento. De allí la terminología jurisprudencial de "autónoma" que se utilizó para calificarla. En este caso, dijo entonces Corte, es indudable:

"que esa acción, así ejercida, debe ser, por su naturaleza restablecedora, capaz, suficiente y adecuada para lograr que el mandamiento de amparo que se otorgue se baste por sí solo, sin necesidad de acudir a otro u otros procedimientos judiciales, para volver las cosas al estado en que se encontraban para el momento de la vulneración y hacer desaparecer definitivamente el acto o hecho lesivo o perturbador.

Por estas razones, ha sostenido reiteradamente este Supremo Tribunal en jurisprudencia que una vez más ratifica, que en tales supuestos, el accionante en amparo debe invocar y demostrar que se trata de una vulneración constitucional flagrante, grosera, directa e inmediata, lo cual no significa -se precisa ahora- que el derecho o garantía de que se trate no estén desarrollados o regulados en textos normativos de rango inferior, pero sin que sea necesario al juzgador acudir o fundamentarse en ellos para detectar o determinar si la violación constitucional al derecho o garantía se ha efectivamente consumado. De no ser así -ha dicho también esta Sala- no se trataría entonces de una acción constitucional de amparo sino de otro tipo de recurso, por ejemplo, el contencioso-administrativo, cuyos efectos anulatorios no se corresponden con los restitutorios del amparo y "si tal sustitución se permitiere, el amparo llegaría a suplantar no sólo esa sino todas las vías procedimentales establecidas en nuestro sistema de Derecho positivo", desnaturalizando el carácter extraordinario del amparo. (Sentencia de 23-5-88, "Fincas Albaba")[27]".

2. La formulación de la pretensión de amparo constitucional junto con otras vías procesales idóneas

En el segundo caso, es decir, en lo que se refiere a lo que la antigua Corte llamó "la acción de amparo ejercida conjuntamente con otros medios procesales", pero que en realidad,

---

[25]   Véase en *Revista de Derecho Público*, N° 50, EJV, Caracas, 1992, pp. 183-184.

[26]   Véase sobre esto y la causal de inadmisibilidad de la acción contencioso-administrativa en materia de acumulación de acciones, sentencia de la Corte Primera de lo Contencioso Administrativa de 14-12-92, en FUNEDA, *15 años de Jurisprudencia, Corte Primera de lo Contencioso-Administrativo 1977-1992. Amparo Constitucional,* Caracas, 1994, p. 121.

[27]   Véase en *Revista de Derecho Público,* N° 50, EJV, Caracas, 1992, pp. 169-170.

era la formulación de una pretensión de amparo junto con otra vía procesal, la antigua Corte Suprema en la misma sentencia del 10 de julio de 1991, al referirse a las previsiones de la Ley Orgánica de Amparo de 1988, precisó que dicho texto normativo:

> "contempla tres supuestos: a) la acción de amparo acumulada a la acción popular de inconstitucionalidad de las leyes y demás actos estatales normativos (artículo 3°); b) la acción de amparo acumulada al recurso contencioso administrativo de anulación contra actos administrativos de efectos particulares o contra las conductas omisivas de la Administración (artículo 5); y la acción de amparo acumulada con acciones ordinarias (artículo 6, ordinal 5°).

> En cualesquiera de estos supuestos de acumulación, la acción de amparo reviste una característica o naturaleza totalmente diferente a la anteriormente analizada (autónoma), pues en estos casos no se trata de una acción principal, sino *subordinada*, accesoria a la acción o el recurso al cual se acumuló y, por ende, su destino es temporal, provisorio, sometido al pronunciamiento jurisdiccional final que se emita en la acción acumulada, que viene a ser la principal. Esta naturaleza y sus consecuencias se desprenden claramente de la formulación legislativa de cada una de las hipótesis señaladas, que únicamente atribuye al mandamiento de amparo que se otorgue, efectos cautelares, suspensivos de la aplicación de la norma o de la ejecución del acto de que se trate "mientras dure el juicio[28]".

En relación a estos supuestos de pretensiones de amparo formuladas junto con otras vías procesales idóneas, la antigua Corte Suprema precisó, que:

> "De lo anterior se deriva, para esta Sala, que la acción de amparo propuesta conjuntamente con una de otro tipo participa de todos los caracteres procesales inherentes a la acumulación de acciones, esto es: que ha de ser resuelta por un solo juez (el mismo que sea competente para conocer de la acción principal), y que ambas pretensiones (la de amparo y la de nulidad u otra) deben ser tramitadas en un solo proceso que tiene dos etapas: la del amparo, previa, y la contenciosa, la cual forzosamente cubre, en la decisión final, tanto la medida cautelar que inevitablemente perece en esa oportunidad, como el pronunciamiento judicial acerca de la nulidad solicitada. En otras palabras, si por las características analizadas el mandamiento de amparo se traduce única y exclusivamente en la suspensión provisional del acto recurrido en nulidad, la sentencia que decida ésta deja sin efecto aquella medida cautelar dictada en forma previa, tanto si el acto cuestionado es anulado como si es confirmado, porque, en uno u otro caso, carece ya de sustentación jurídica[29]".

3. La distinción entre los dos mecanismos procesales de amparo

Sentadas las características de cada uno de los mecanismos procesales de amparo, es decir, la acción "autónoma" y la pretensión de amparo formulada junto con otras vías procesales idóneas, la antigua Corte Suprema, en su sentencia, precisó las diferencias más importantes entre los mismos, en la siguiente forma:

> "En efecto, mientras en la primera es condición de procedencia, como se ha dicho, que se invoque y demuestre la violación directa, inmediata, flagrante, de un dispositivo o garantía constitucionales que, por sí solos, determinen la necesidad del mandamiento de amparo como medio definitivo de restablecer la situación jurídica vulnerada; en el segundo caso, dada la naturaleza suspensiva de este mandamiento de amparo que sólo tiende a detener provisionalmente los efectos del acto perturbador hasta que se decida el juicio que lo anule o confirme, la denuncia de infracción de normas constitucionales puede estar acompañada de trasgresión de textos de rango inferior que precisen o desarrollen el derecho o garantía constitucionalizado, pues tratándose de un solo proceso instaurado contra el mismo acto cuya nulidad

---

[28]   *Idem.* p. 170.

[29]   *Idem.* p. 171.

se pretende obtener por la vía del recurso contencioso correspondiente, nada obsta a que los instrumentos jurídicos subconstitucionales que sustentan la nulidad sean invocados también al interponer las acciones acumuladas. Lo que no puede hacer el juzgador para acordar la suspensión de los efectos del acto denunciado como lesivo, es encuadrar la situación planteada en la regulación o solución legal o sublegal de la misma, porque en tal hipótesis estaría decidiendo anticipadamente, quiéralo o no, la nulidad del acto impugnado al pronunciarse determinantemente acerca de la existencia de uno de sus vicios, sea éste de procedimiento o de fondo, cuestión que forma parte del debate procesal probatorio que ha de instaurarse precisamente con motivo del recurso de nulidad.

En efecto, siendo distintas las consecuencias que dimanan de una acción autónoma de amparo y de la ejercida conjuntamente con otro recurso (restitutorias en el primer caso y cautelares en el segundo), basta en esta última el señalamiento de la norma o garantía constitucional que se consideren violadas, fundamentado además en un medio de prueba que constituya *presunción* grave de la violación o amenaza de violación denunciada, para que el juez, en forma breve y sumaria, acuerde procedente la suspensión de los efectos del acto como medio de tutelar anticipadamente los posibles efectos de la sentencia que posteriormente habrá de dictar en el juicio de nulidad (artículos 5 y 22, Ley Orgánica de Amparo).

Considera esta Sala, por otra parte, que en el amparo acumulado, ese "medio de prueba" a que alude el artículo 22 de la Ley Orgánica de Amparo, puede consistir en el propio acto administrativo impugnado en nulidad, cuyo texto debe ser examinado por el juez de amparo para concluir si, a su juicio, del mismo acto administrativo de efectos particulares se deduce la presunta violación constitucional alegada por el recurrente y acordar, en consecuencia, la medida suspensiva de sus efectos que le ha sido solicitada[30]".

De la sentencia señalada puede concluirse que el amparo autónomo tiene una finalidad restitutoria; pero en cambio, el amparo conjunto es una medida cautelar, que con entera independencia de la anulación judicial del artículo 22 de la Ley Orgánica, sólo requiere como fundamento un medio de prueba que constituya presunción grave de violación o amenaza de violación de un derecho constitucional, y que consiste en la suspensión de efectos como garantía del derecho mientras dura el juicio principal. Por ello, el juez no puede, al resolver sobre la petición de amparo, declarar que el acto impugnado violó o no el derecho constitucional, pues en ese caso, confundiría la pretensión de amparo con la acción de nulidad. En otros términos, en esta etapa del proceso no caben decisiones que envuelvan consecuencias anulatorias que son propias del juicio de nulidad[31]".

Esto lo precisó la antigua Corte Suprema en las conclusiones de la sentencia, así:

"Con base en los lineamientos precedentemente expuestos, en relación con las objeciones formuladas por los apelantes y los elementos que surgen de autos, esta Sala concluye lo siguiente:

1°) Que de la interpretación concatenada de los artículos 5° y 22 de la Ley Orgánica de Amparo se infiere claramente la distinción entre la acción de amparo ejercida conjuntamente con el recurso de nulidad y la acción de amparo autónoma o el recurso de inconstitucionalidad, en cuanto a que –no obstante la común exigencia de la violación directa de una norma constitucional–, estos dos últimos recursos tienen una finalidad distinta (restitutoria en el amparo autónomo y anulatoria en la acción de inconstitucionalidad), en tanto que, en el amparo conjunto, se trata de una medida cautelar que sólo requiere como fundamento "un medio de prueba que constituya presunción grave de la violación o de la amenaza de violación" (artículo 22), así como la consideración, por parte del tribunal de que la suspensión de los efec-

---

30   *Idem.*, pp. 171-172.

31   Véase sentencia de la Corte Primera de lo Contencioso Administrativo de 12-12-90, FUNE-DA, *15 años de Jurisprudencia, cit.*, pp. 216-217.

tos del acto recurrido resulta procedente como garantía del derecho constitucional violado, mientras dure el juicio (artículo 5°); es decir que la medida cautelar se revela como necesaria para evitar que el accionante, por el hecho de existir un acto administrativo, se vea impedido de alegar violación de derechos constitucionales.

De ahí que la suspensión de sus efectos pretenda mantener sin ejecución el acto impugnado, si el juez considera que debe suspenderse dicho acto por la presunción grave de violación constitucional invocada en el amparo.

Por tanto, si se exigiera la misma rigurosidad en la sustentación de la acción de amparo acumulada que la que se requiere para las otras acciones señaladas (amparo autónomo y recurso de inconstitucionalidad), la de amparo conjunta resultaría prácticamente inútil, pues carecería del específico sentido que tiene: obtener que se suspendan en el tiempo los efectos de un acto administrativo que podría afectar el derecho constitucional, eventual lesión que el juez de amparo aprecia como presumible"[32].

Ahora bien, lo que no señaló con precisión dicha Corte en su comentada sentencia del 10 de julio de 1991, y que constituyó el verdadero cambio jurisprudencial que se produjo con dicha decisión, es que en el caso de formulación de la pretensión de amparo junto con otras vías judiciales, como por ejemplo, la acción de inconstitucionalidad de las leyes o la acción contencioso administrativa de nulidad de actos administrativos, una de las consecuencia importantes es la posibilidad de la suspensión de efectos del acto impugnado en forma inmediata, como medida cautelar de amparo, sin necesidad de que se siga el procedimiento de la "acción de amparo" establecido en la Ley Orgánica.

Nos referimos ahora a los diversos supuestos de ejercicio del derecho de amparo como pretensión de amparo formulada con otras acciones, recursos o solicitudes judiciales.

III. LA FORMULACIÓN DE LA PRETENSIÓN DE AMPARO CONJUNTAMENTE CON LA ACCIÓN POPULAR DE INCONSTITUCIONALIDAD

El artículo 3° de la Ley Orgánica de Amparo de 1988, luego de precisar la posibilidad de que se pudiese intentar una acción de amparo contra normas, agregó que:

"La acción de amparo también podrá ejercerse conjuntamente con la acción popular de inconstitucionalidad de las leyes y demás actos estatales normativos, en cuyo caso, la Corte Suprema de Justicia, si lo estima procedente para la protección constitucional, podrá suspender la aplicación de la norma respecto de la situación jurídica concreta cuya violación se alega, mientras dure el juicio de nulidad".

Conforme al principio regulado en esta norma, la pretensión de amparo constitucional frente a una ley debe formularse junto con la acción popular de inconstitucionalidad de las leyes y demás actos estatales de carácter normativo[33] la cual se ejerce ante la Jurisdicción Constitucional, es decir, ante la Sala Constitucional del Tribunal Supremo de Justicia (artículo 336 de la Constitución y artículo 25 de la Ley Orgánica del Tribunal Supremo de Justicia de 2010), específicamente, contra las leyes nacionales y demás actos normativos de la Asamblea Nacional que se dicten en ejecución directa de la Constitución (Reglamento Interior y de Debates, por ejemplo); contra las leyes estadales, las Ordenanzas Municipales y contra los demás actos de los cuerpos deliberantes de los Estados o Municipios dictados en ejecución

---

[32] *Idem.*, p. 172.

[33] El carácter *normativo* del acto estatal se ha destacado por antigua Corte Suprema de Justicia, Sala Político Administrativa, en sentencia de 2-5-91, *Revista de Derecho Público*, N° 46, EJV, Caracas, 1991, pp. 119-120.

directa de la Constitución; contra los actos ejecutivos normativos dictados en ejecución directa de la Constitución, con igual rango y valor que las leyes, como serían los decretos leyes y los actos de gobierno normativos.

En los casos de formulación de una pretensión de amparo junto con la acción popular de inconstitucionalidad, dado el carácter cautelar de la pretensión, en el pronunciamiento de amparo no se sigue el procedimiento previsto en la Ley Orgánica de Amparo para la acción de amparo[34]; es decir, como lo resolvió la antigua Corte Plena en sentencias de 8 de junio de 1988, 11 de octubre de 1988 y 4 de abril de 1989, en estos casos, la decisión de la Corte se concreta en un pronunciamiento previo dictado antes del fallo definitivo, sin que se tenga que seguir todo el procedimiento establecido en la Ley Orgánica, como por ejemplo, la solicitud del informe correspondiente, la realización de la audiencia pública y oral, y la citación del Ministerio Público[35]. Y dicho pronunciamiento es precisamente una medida cautelar, por ejemplo, de suspensión de los efectos de la ley o norma impugnada conforme a los amplísimos poderes cautelares de que dispone la Sala, "como garantía de la tutela judicial efectiva, para cuyo ejercicio tendrá en cuenta las circunstancias del caso y los intereses públicos en conflicto" (art. 130, Ley Orgánica del Tribunal Supremo de Justicia).

La antigua Corte Plena, en su sentencia de 14 de enero de 1993 (Caso: *Gruber Odreman*) precisó que "el amparo contra normas intentado conjuntamente con un recurso de nulidad por inconstitucionalidad, tiene el efecto de una medida cautelar dentro de este procedimiento[36]". Esta medida cautelar, con efectos mientras dure el juicio de nulidad, consiste en la posibilidad para la Corte, si lo estima procedente, de suspender la aplicación de la norma respecto de la situación jurídica concreta que se alega, lo que equivale decir, como lo señaló la antigua Corte Plena, "que el juez evitará el menoscabo de derechos o garantías de rango constitucional producido por la ejecución o aplicación, en el caso concreto alegado, de alguna disposición impugnada de inconstitucional mientras dure el juicio principal"[37].

Por otra parte, la decisión que adopte la ahora Sala Constitucional "ha de hacerse de manera previa y sin pronunciamiento sobre el fondo del asunto debatido y debe resolverse en forma breve y sumaria *sin participación de los interesados*"[38] y además, inmediatamente[39].

Esta suspensión de efectos de la norma, de carácter cautelar, en principio se refiere a la aplicación de la norma a la situación jurídica concreta cuya violación se alega[40]; por tanto, la decisión cautelar en principio no puede tener efectos *erga omnes,* sino sólo efectos personalí-

---

[34] Véase sentencia de la Corte Plena de 14-1-93, Caso *"Gruber Odreman"* (consultada en original).

[35] Véase en *Revista de Derecho Público,* N° 38, EJV, Caracas, 1989, p. 105 y N° 39, 1989 p. 128. Véase además sentencia de la antigua Corte Suprema de Justicia, Sala Político Administrativa de 5-5-93, *Revista de Derecho Público,* N° 53-54, EJV, Caracas, 1993, p. 226.

[36] Consultada en original.

[37] Véase sentencia de la antigua Corte Suprema de Justicia, Sala Plena de 27-4-93, en *Revista de Derecho Público,* N°s 53-54, EJV, Caracas, 1993, p. 222 (Caso *"Coopervolta"*).

[38] Véase sentencia antigua Corte Suprema de Justicia, Sala Político Administrativa de 11-2-92, *Revista de Derecho Público,* N° 49, EJV, Caracas, 1992, p. 120.

[39] Véase sentencia antigua Corte Suprema de Justicia, Sala Político Administrativa de 19-11-92, *Revista de Derecho Público,* N° 52, EJV, Caracas, 1992, p. 137.

[40] Véase sentencia antigua Corte Suprema de Justicia, Sala Político Administrativa de 2-5-91, *Revista de Derecho Publico,* N° 46, EJV, Caracas, 1991, p. 120.

simos en relación al accionante agraviado[41]. La Sala Constitucional, sin embargo, pudiendo siempre determinar los efectos de sus sentencias, en muchos casos le ha dado efectos *erga omnes* a la medida de suspensión de efectos dictada en relación con las leyes impugnadas por vía de acción popular.

IV. LA FORMULACIÓN DE LA PRETENSIÓN DE AMPARO JUNTO CON LAS AC-CIONES CONTENCIOSO ADMINISTRATIVAS

El artículo 5° de la Ley Orgánica de Amparo, luego de precisar la posibilidad de que se pueda intentar la acción de amparo contra "todo acto administrativo, actuaciones materiales, vías de hecho, abstenciones u omisiones que violen o amenacen violar un derecho o garantía constitucionales, cuando no exista un medio procesal breve, sumario y eficaz, acorde con la protección constitucional", precisó que:

> "Cuando se ejerza la acción de amparo contra actos administrativos conjuntamente con el re-curso contencioso administrativo que se fundamente en la violación de un derecho constitu-cional, el ejercicio del recurso procederá en cualquier tiempo, aun después de transcurridos los lapsos de caducidad previstos en la Ley; y no será necesario el agotamiento previo de la vía administrativa".

Esta norma, fue objeto de un proceso de interpretación jurisprudencial de gran impor-tancia, y que superó el concepto errado inicial de la "acumulación" de dos acciones que, sin embargo, por tener procedimientos distintos, seguían cursos procesales paralelos, como fue la tendencia que surgió de muchas decisiones iniciales, hasta llegar a la consideración, en estos casos, del amparo como una pretensión subordinada a la acción contencioso administrativa que es la principal, consistiendo el amparo, en estos casos, en una mera medida cautelar durante el juicio de nulidad.

Este fue el espíritu que siguió el legislador, que fue interpretado cabalmente en la ya mencionada y comentada sentencia de la antigua Corte Suprema de Justicia de 10 de julio de 1991 (Caso: *Tarjetas Banvenez*), y que se siguió en las decisiones judiciales posteriores. En estos casos, la formulación de la pretensión de amparo junto con la acción contencioso admi-nistrativa[42] pone en movimiento los amplísimos poderes cautelares de los cuales dispone el juez contencioso administrativo conforme al artículo 4 de la Ley Orgánica de la Jurisdicción Contencioso Administrativa para "dictar, aún de oficio, las medidas preventivas que resulten adecuadas a la situación fáctica concreta, imponiendo ordenes de hacer o no hacer a los parti-culares, así como a los órganos y entes de la Administración Pública, según el caso concreto, en protección y continuidad sobre la prestación de los servicios públicos y en su correcta actividad administrativa." Precisamente por ello, la misma Ley Orgánica de la Jurisdicción Contencioso Administrativa regula en sus artículos 103 y siguientes el "procedimiento que regirá la tramitación de las medidas cautelares, *incluyendo las solicitudes de amparo consti-tucional cautelar*" (art.103).

---

[41]   Véase sentencias antigua Corte Suprema de Justicia, Sala Político Administrativa de 6-8-91, *Revista de Derecho Público*, N° 47, EJV, Caracas, 1991, p. 119 y de 6-8-92, *Revista de Derecho Públi-co, n° 52, EJV, Caracas, 1992, p. 138.

[42]   Véase sentencias de la antigua Corte Suprema de Justicia, Sala Político Administrativa de 21-5-91 y de 11-3-93, en *Revista de Derecho Público,* N° 46, EJV, Caracas, 1991, p. 159 y *Revista de Derecho Público*, N°s 53-54, EJV, Caracas, 1993, p. 231 y sentencias de la Corte Primera de lo Conten-cioso Administrativa de 17-11-88, en FUNEDA, *15 años de Jurisprudencia, cit.,* p. 233; y de 7-9-91, *Revista de Derecho Público*, N° 47, EJV, Caracas, 1991, p. 169.

Por otra parte, sólo formulándose la pretensión de amparo conjuntamente con la acción contencioso administrativo de anulación es que podían obviarse los requisitos procesales de admisibilidad de este último conforme a la legislación anterior a 1999, en cuanto al lapso de caducidad y el agotamiento de la vía administrativa. Para ello, la exigencia lógica de que la pretensión de amparo se formule en un mismo momento procesal de introducción de la acción contencioso administrativa y no una después de otra[43].

Por ello, la formulación de la pretensión de amparo junto con la acción contencioso administrativa de nulidad, no implica fórmula sacramental alguna[44] y, por supuesto, no impide el que pueda formularse la pretensión de amparo al reformarse el libelo de la acción de anulación.

Por otra parte, al formularse conjuntamente la pretensión de amparo con el recurso contencioso administrativo, el objeto de ambas pretensiones tiene que ser el mismo. Es decir, debe tratarse del mismo acto impugnado o actuación u omisión, aquél contra el cual se formule la pretensión de amparo y la acción de nulidad[45].

Tratándose de una pretensión de amparo formulada junto con el recurso contencioso administrativo, ambas deben ser conocidas y decididas por un solo juez[46], precisamente el juez competente para conocer de la acción principal, es decir, el competente para conocer de la acción contencioso administrativo[47]. Ambas deben ser tramitadas en un solo proceso, el de la acción principal (contencioso administrativo), teniendo por tanto la pretensión de amparo, carácter subordinado, accesorio y dependiente de la acción principal[48], cuya suerte sigue[49].

---

[43]   Véase sentencia de la antigua Corte Suprema de Justicia, Sala Político Administrativa de 6-4-89, *Revista de Derecho Público* N° 38, EJV, Caracas, 1989, p. 140.

[44]   Véase sentencia de la Corte Primera de lo Contencioso Administrativa de 9-9-91, en FUNEDA, *15 años de* Jurisprudencia, *cit.*, p. 222.

[45]   Véase sentencias de la antigua Corte Suprema de Justicia, Sala Político Administrativa de 27-7-92 y 16-12-92 en *Revista de Derecho Público*, N° 51, EJV, Caracas, 1992, p. 215, y N° 52, EJV, Caracas, 1992, p. 236; y sentencias de la Corte Primera de lo Contencioso Administrativa de 7-9-91, *Revista de Derecho Público*, N° 47, EJV, Caracas, 1991, p. 169; de 14-11-92 *Revista de Derecho Público*, N° 52, EJV, Caracas, 1992, p. 232, y de 14-12-92 en FUNEDA, *15 años de Jurisprudencia, cit.*, p. 230.

[46]   Véase sentencia de la antigua Corte Suprema de Justicia, Sala Político Administrativa de 19-11-92, *Revista de Derecho Público*, N° 52, EJV, Caracas, 1992, p. 240.

[47]   Véase sentencias antigua Corte Suprema de Justicia, Sala Político Administrativa de 31-5-91, *Revista de Derecho Público*, N° 46, EJV, Caracas, 1991, p. 154; de 6-12-91, *Revista de Derecho Público*, N° 45, EJV, Caracas, 1991, p. 145; de 3-6-92, *Revista de Derecho Público*, N° 50, EJV, Caracas, 1992, p. 182; de 10-6-92, *Revista de Derecho Público*, N° 50, EJV, Caracas, 1992, p. 184; de 23-7-92, *Revista de Derecho Público*, N° 51, EJV, Caracas, 1992, pp. 208 y 210; y de 29-10-93, *Revista de Derecho Público*, N° 52, EJV, Caracas, 1992, p. 220, y sentencia de la Corte Primera de lo Contencioso Administrativa de 14-12-92, *Revista de Derecho Público*, N° 52, EJV, Caracas, 1992, p. 221.

[48]   Véase sentencias de la antigua Corte Suprema de Justicia, Sala Político Administrativa de 11-7-91, en *Revista de Derecho Público*, N° 47, EJV, Caracas, 1991, p. 174; de 19-11-92, *Revista de Derecho Público*, N° 52, EJV, Caracas, 1992, p. 240, y de 11-3-93 en *Revista de Derecho Público*, n° 53-54, EJV, Caracas, 1993, pp. 232 y 354; y sentencia de la Corte Primera de lo Contencioso Administrativa de 15-12-88, en FUNEDA, *15 años de Jurisprudencia, cit.*, p. 215.

[49]   Véase sentencia de la Corte Primera de lo Contencioso Administrativo de 16-1-92, *Revista de Derecho Público*, N° 49, EJV, Caracas, 1992, p. 146. y sentencia de la Corte Suprema de Justicia, Sala Político Administrativa de 3-6-92 en *Revista de Derecho Público*, N° 50, EJV, Caracas, 1992, p. 182.

En estos casos de ejercicio de la pretensión de amparo con el recurso contencioso administrativo, tratándose de una pretensión accesoria y subordinada a la acción principal, como se ha dicho, la decisión en el caso de la pretensión de amparo constitucional la misma tiene carácter cautelar, no incidiendo en la anulación, que es el fondo del asunto debatido[50]; y los efectos de la misma consisten en el caso de que la acción principal sea un recurso de nulidad de un acto administrativo, básicamente en la suspensión de los efectos del mismo mientras dure el juicio de nulidad[51], sin que por esta vía se puedan crear derechos[52]. La decisión, por otra parte, dado su carácter cautelar, se puede adoptar *inaudita parte*[53].

Por ello, la antigua Corte Suprema de Justicia en Sala Político Administrativa señaló que la suspensión de efectos del acto administrativo decidida en los casos de ejercicio conjunto, tiene una naturaleza cautelar similar a la suspensión de efectos regulada en el artículo 136 de la derogada Ley Orgánica de la Corte Suprema de Justicia de 1976[54]. Sin embargo, la propia jurisprudencia fue admitiendo que la medida de suspensión de efectos del acto administrativo, no siempre era suficiente para la protección constitucional[55], admitiéndose como lo indicó la antigua Corte Suprema en sentencia de 18 de junio de 1991, que la medida cautelar de amparo constitucional, "dada su naturaleza, no se limita al simple levantamiento de la eficacia del acto sino que tiene un efecto más complejo y variado, por cuanto puede detener la realización de ciertas conductas e impedir que las mismas se consoliden"[56].

Por ello, la antigua Corte Suprema reconoció que el juez contencioso administrativo, cuando conoce de una pretensión de amparo formulada como "amparo constitucional cautelar" junto con un recurso contencioso administrativo, tiene los más amplios poderes cautelares, señalando:

"En caso, pues, de que el juez de amparo considere que existen motivos para prever que se están dando o puedan producirse lesiones a derechos o garantías de rango constitucional, dispone –mientras se produce decisión del juicio principal– de las más amplias facultades para salvaguardarlos o protegerlos, ya sea suspendiendo los efectos del acto impugnado, ordenando la realización o el cese de una actuación o cualquier otra medida legalmente consagrada que considere acorde con y adecuada a la protección constitucional en el caso concreto"[57].

---

[50]   Véase sentencia de la antigua Corte Suprema de Justicia, Sala Político Administrativa de 3-10-91, en *Revista de Derecho Público*, N° 48, EJV, Caracas, 1991, p. 164; y sentencia de la Corte Primera de lo Contencioso Administrativo de 21-9-93, en *Revista de Derecho Público* N° 53-54, EJV, Caracas, 1993, p. 365.

[51]   Véase sentencias de la antigua Corte Suprema de Justicia, Sala Político Administrativa de 14-8-91 *Revista de Derecho Público* N° 47, EJV, Caracas, 1991, p. 174; de 3-10-91 y de 5-12-91, *Revista de Derecho Público* N° 48, EJV, Caracas, 1991, pp. 164 y 167 de 11-3-93, *Revista de Derecho Público*, N° 53-54, EJV, Caracas, 1993, p. 351; y sentencia de la Corte Primera de lo Contencioso Administrativo de 3-12-91, *Revista de Derecho Público*, N° 48, EJV, Caracas, 1991, p. 166.

[52]   Véase sentencia de la Corte Primera de lo Contencioso Administrativo de 20-6-91, *Revista de Derecho Público* N° 46, EJV, Caracas, 1991, p. 156.

[53]   Véase sentencia de la Corte Primera de lo Contencioso Administrativo de 27-9-93, en *Revista de Derecho Público*, N°s 55-56, EJV, Caracas, 1993, p. 475.

[54]   Véase sentencia de 13-12-90, en *Revista de Derecho Público*, N° 45, EJV, Caracas, 1991, p. 149.

[55]   Véase también sentencia de la Corte Primera de lo Contencioso Administrativo de 21-7-92, *Revista de Derecho Público*, N° 51, EJV, Caracas, 1992, p. 212.

[56]   Véase en *Revista de Derecho Público*, N° 46, EJV, Caracas, 1991, p. 158.

[57]   Véase sentencia de 19-11-92, *Revista de Derecho Público,N°* 52, EJV, Caracas, 1992, p. 227.

Esos amplios poderes cautelares del juez contencioso administrativo fueron precisamente los que se recogieron en la fórmula antes mencionada del artículo 4 de la ley Orgánica de la Jurisdicción Contencioso Administrativa de 2010.

Ahora bien, a pesar de estos poderes cautelares, en ciertas decisiones la antigua Corte Suprema fue cautelosa en acordar la suspensión de efectos de actos negativos o denegatorios impugnados en vía contencioso–administrativa con pretensión de amparo, pues ello supuestamente convertía al juez contencioso administrativo "no en reparador de los daños que el acto genera, sino en otorgante en sede jurisdiccional y con carácter previo, de la pretensión ante la Administración, lo cual convertiría la decisión del juez de amparo en constitutiva del derecho, que no en reparadora de la lesión aducida[58]".

Por otra parte, debe señalarse que el carácter accesorio y cautelar de la decisión que se adopte en cuanto a la pretensión de amparo, la hace esencialmente temporal, sometida al pronunciamiento final que se emita en el juicio principal[59]. Las medidas cautelares, que tienen por finalidad evitar que se produzcan violaciones de derechos constitucionales mientras se tramita el juicio principal, permiten al juez hacer pleno uso de sus poderes de ejecución del mandamiento dictado[60].

VI. LA FORMULACIÓN DE LA PRETENSIÓN DE AMPARO CON OTRAS VÍAS PROCESALES IDÓNEAS

1. La pretensión de amparo junto con otras acciones o recursos judiciales

Por último, la pretensión de amparo también puede formularse conjuntamente con otros medios procesales o acciones ordinarias conforme al ordinal 5° del artículo 6 de la Ley Orgánica, que establece como causal de inadmisibilidad de la acción de amparo, el que el agraviado haya optado por recurrir a las vías judiciales ordinarias o hecho uso de los medios judiciales preexistentes. Por tanto, de ello deriva que el agraviado puede recurrir a las vías judiciales ordinarias o hacer uso de medios judiciales preexistentes, para alegar la violación o amenaza de violación de un derecho o garantía constitucional, y en tal caso "el Juez deberá acogerse al procedimiento y a los lapsos establecidos en los artículos 23, 24 y 26 de la presente ley, a fin de ordenar la suspensión provisional de los efectos del acto cuestionado".

De acuerdo con la doctrina de la antigua Corte Suprema, establecida en el comentado caso *Tarjetas Banvenez* resuelto en sentencia de 10 de julio de 1991, en estos casos, el amparo formulado como pretensión junto con una acción, petición o solicitud ordinaria o en el curso del proceso derivado de la misma, tampoco tiene carácter de acción principal sino subordinada, accesoria a la acción o solicitud junto con la que se formula, sometida por tanto al pronunciamiento jurisdiccional final que se emita en la misma; pudiendo tener en algunos casos efectos anulatorios, y en otros, efectos temporales y provisorios si se trata de solos

---

[58]   Sentencia de la Sala Político-Administrativa de 4-12-91, en *Revista de Derecho Público*, N° 48, EJV, Caracas, 1991, pp. 167-168. Criterio ratificado en sentencia de la Corte Primera de lo Contencioso Administrativo de 14-1-92, *Revista de Derecho Público* N° 49, EJV, Caracas, 1992, p. 147.

[59]   Véase sentencia de la Corte Primera de lo Contencioso Administrativo de 29-7-93 *Revista de Derecho Público* N°s 55-56, EJV, Caracas, 1993, p. 47.

[60]   Véase antigua Corte Suprema de Justicia, Sala Político Administrativa, sentencias de 22-11-90 y 2-6-93, en *Revista de Derecho Público*, N°s 53-54, EJV, Caracas, 1993, p. 369.

efectos cautelares (no restablecedores) suspensivos de la ejecución de un acto, mientras dure el juicio para evitar que una sentencia a favor del accionante se haga inútil en su ejecución[61].

En éste último caso, la Sala Político Administrativa concluyó señalando que "la admisibilidad de este medio de protección constitucional debe estar al cumplimiento de los siguientes requisitos":

> "[...] a) Deberá coexistir con otros medios procesales; b) Puesto que el amparo tiene propósitos cautelares, esto es, la suspensión temporal de los efectos del acto cuestionado mientras se decide sobre la legitimidad de aquél, su interposición ha de verificarse por ante el Tribunal al que corresponda conocer del medio procesal ejercido con tales fines; c) La solicitud deberá fundamentarse en la violación directa de un derecho o garantía constitucional, o en la amenaza de que ella se produzca; y d) El agraviado deberá comprobar que la violación constitucional difícilmente podrá ser reparada por la sentencia que juzgue sobre la ilegitimidad del acto. Así se declara".

2. *El caso específico del "amparo penal" ejercido mediante las solicitudes de nulidad absoluta de actuaciones procesales por violación de derechos y garantías constitucionales*

En otros casos, la vía judicial idónea para enervar las lesiones constitucionales, y que sirve de vía de amparo constitucional, puede tener carácter definitivo cuando conduce a la anulación de las actuaciones procesales.

Un caso específico de este tipo de amparo constitucional que tiene que formularse junto con una vía procesal idónea para enervar las lesiones constitucionales aducidas, y que por tanto hace inadmisible el ejercicio de una acción "autónoma" de amparo, es el caso de la solicitud de nulidad absoluta de actuaciones procesales previstas en el artículo 191 del Código Orgánico Procesal penal (COPP), que puede formularse en el proceso procesal penal ante el mismo juez de la causa, en caso de violaciones a derechos y garantías constitucionales, y cuyo objeto es depurar el proceso penal generalmente antes de que pase a la fase de juicio.

En efecto, en el proceso penal, en el marco constitucional de protección de derechos y garantías constitucionales, el COPP le atribuye a los jueces de control la obligación de "hacer respetar las garantías procesales" (art. 64); a los jueces de la fase preliminar, la obligación de "controlar el cumplimiento de los principios y garantías establecidos en este Código, en la Constitución de la República, tratados, convenios o acuerdos internacionales suscritos por la República" (Art. 282); y también en general, a los jueces de control, durante las fases preparatoria e intermedia, "la obligación de "respetar las garantías procesales" (art. 531).

Ahora bien, a los efectos de lograr el ejercicio del control judicial efectivo respecto de la observancia de los derechos y garantías constitucionales, el COPP estableció lo que la jurisprudencia del Tribunal Supremo de Justicia ha denominado como un "amparo penal" que es la solicitud o recurso de nulidad absoluta de actuaciones procesales,[62] que se encuentra regulada en el Capítulo II ("De las nulidades") del Título VI ("De los Actos Procesales y las Nulidades"), y que se puede formular por cualquiera de las partes respecto de los actos y actuaciones fiscales y judiciales que puedan haber violado los derechos y garantías constitu-

---

[61]   Véase sentencia de la antigua Corte Suprema de Justicia, Sala Político Administrativa de 3-8-89, *Revista de Derecho Público*, N° 39, EJV, Caracas, 1989, p. 136.

[62]   Véase por ejemplo, Sentencia No. 1453 de la Sala Constitucional de 10-08-2001, Caso *Pedro Emanuel Da Rocha Almeida, y* otros. Véase en http://www.tsj.gov.ve/decisiones/scon/Agosto/1453-100801-01-0458.htm

cionales; se puede formular en cualquier estado y grado del proceso siempre que sea antes de dictarse sentencia definitiva; y el juez está obligado a decidirla de inmediato, es decir, perentoriamente, en el lapso de tres días siguientes como lo dispone el artículo 177 del Código Orgánico, sin que se establezca oportunidad preclusiva única para ser decidido[63].

Para caracterizar este "amparo penal," el artículo 190 del COPP establece el principio general de que "los actos cumplidos en contravención o con inobservancia de las formas y condiciones previstas en este Código, la Constitución de la República, las leyes, tratados, convenios y acuerdos internacionales suscritos por la República" cuando estén viciados de nulidad absoluta, en ningún caso pueden ser apreciados "para fundar una decisión judicial, ni utilizados como presupuestos de ella;" considerándose como "nulidades absolutas" en el artículo 191, precisamente aquellas "que impliquen inobservancia o violación de derechos y garantías fundamentales previstos en este Código, la Constitución de la República, las leyes y los tratados, convenios o acuerdos internacionales suscritos por la República" incluyendo por supuesto la Convención Americana. Por todo ello, los actos o actuaciones viciadas de nulidad absoluta no pueden siquiera ser saneados (art. 193), ni ser convalidados (art. 194), siendo no sólo una potestad sino una obligación del juez penal, conforme al artículo 195 ("el juez deberá"), el "declarar su nulidad por auto razonado o señalar expresamente la nulidad en la resolución respectiva, de oficio o a petición de parte".

Dejando aparte la actuación de oficio, el COPP consagra en estas normas una solicitud o recurso formal en cabeza de las partes en el proceso penal para requerir del juez penal ("a petición de parte"), que cumpla con su obligación de declarar la nulidad absoluta de las actuaciones fiscales o judiciales que sean violatorias de los "derechos y garantías fundamentales previstos en este Código, la Constitución de la República, las leyes y los tratados, convenios o acuerdos internacionales suscritos por la República", que el propio Código declara como viciadas de nulidad absoluta, y por tanto, no subsanables ni convalidables. Por ello, precisa el Código que "tal declaratoria" no procede "por defectos insustanciales en la forma," por lo que sólo pueden "anularse las actuaciones fiscales o diligencias judiciales del procedimiento que ocasionaren a los intervinientes un perjuicio reparable únicamente con la declaratoria de nulidad" (art. 195).

Sobre esta solicitud o "recurso de nulidad", además, la Sala Constitucional del Tribunal Supremo, también ha precisado que en el actual proceso penal, "ha sido considerada como una verdadera sanción procesal -la cual puede ser declarada de oficio o a instancia de parte- dirigida a privar de efectos jurídicos a todo acto procesal que se celebra en violación del ordenamiento jurídico-constitucional", señalando que "la referida sanción conlleva suprimir los efectos legales del acto írrito[64]". Por su parte, también sobre este "recurso de nulidad", la Sala de Casación Penal del Tribunal Supremo, en sentencia de N° 3 de fecha 11 de enero de 2002, fijó sus características destacando la estrecha vinculación entre el artículo 190 del

---

[63]   Sentencia N° 205 de la Sala de Casación Penal del Tribunal Supremo de 14-05-2009. *Manuel Antonio Sánchez Guerrero y otros).* http://www.tsj.gov.ve/decisiones/scp/Mayo/205-14509-2009-C09-121.html. y sentencia de la Sala Constitucional del Tribunal Supremo en sentencia N° 2061 (Caso: *Edgar Brito Guedes*), de 05-11-2007. Véase en http://www.tsj.gov.ve/decisiones/scon/Noviembre/2061-051107-07-1322.htm

[64]   Sentencia N° 880 del Tribunal Supremo de Justicia en Sala Constitucional del 29-02-2001, Caso *William Alfonso Ascanio.* Véase en http://www.tsj.gov.ve/decisiones/scon/Mayo/880-290501-01-0756%20.htm. En igual sentido la sentencia de la Sala de Casación Penal del Tribunal Supremo de Justicia en sentencia N° 32 de 10-02-2011 (Caso: *Juan Efraín Chacón*). Véase en http://www. tsj.gov.ve/decisiones/scp/Febrero/032-10211-2011-N10-189.html

Código Orgánico Procesal Penal y el artículo 48.8 de la Constitución "donde se advierte la posibilidad de solicitar del Estado el restablecimiento o reparación de la situación viciada por error judicial, retardo u omisión justificada. Lo cual significa que aquellos actos de fuerza, usurpación, así como los ejercidos en franca contrariedad a la ley, acarrean ineficacia, nulidad de lo actuado y responsabilidad individual del funcionario". La Sala explicó así, en sentencia N° 3 de fecha 11 de enero de 2002, que este "principio de nulidad" forma parte "de las reglas mínimas que sustentan el debido proceso", y está fundamentado en la existencia de las nulidades absolutas, no convalidables, "las cuales son denunciables en cualquier estado y grado del proceso, pues afectan la relación jurídica procesal", y como tales, "tanto las partes y el Juez deben producir la denuncia de la falta cometida a objeto de imponer el correctivo". En estos casos, ha dicho la Sala, el COPP regula las nulidades absolutas por violaciones constitucionales "de manera abierta, sólo atendiendo a la infracción de garantías constitucionales y aquellas que se encontraren planteadas por la normativa internacional de los derechos humanos, en cuyo caso se debe proceder a la nulidad de los actos procesales"; razón por la cual "la nulidad bajo éste régimen abierto que contempla el Código Orgánico Procesal Penal puede ser planteada a instancia de partes o aplicadas de oficio en cualquier etapa o grado del proceso por quien conozca de la causa".

Por otra parte, el COPP establece además en su artículo 195 que "el auto que acuerde la nulidad" en los casos de nulidad absoluta, debe ser un auto razonado en el cual se señale "expresamente la nulidad en la resolución respectiva," y en el mismo, se debe "individualizar plenamente el acto viciado u omitido", y se debe determinar "concreta y específicamente, cuáles son los actos anteriores o contemporáneos a los que la nulidad se extiende por su conexión con el acto anulado", así como "cuáles derechos y garantías del interesado afecta, cómo los afecta". El Código, igualmente regula los efectos del auto judicial mediante el cual se decida el "recurso de nulidad", indicando que "la nulidad de un acto, cuando fuere declarada, conlleva la de los actos consecutivos que del mismo emanaren o dependieren". Además, precisa el Código que "la declaración de nulidad no podrá retrotraer el proceso a etapas anteriores, con grave perjuicio para el imputado, salvo cuando la nulidad se funde en la violación de una garantía establecida en su favor" (art. 196).

En consecuencia, la decisión del juez a los efectos de declarar la nulidad de actos fiscales o judiciales violatorios de derechos y garantías constitucionales, de acuerdo con lo dispuesto en los artículos 190 a 196 del COPP, puede ser adoptada en todo estado y grado del proceso, y cuando la denuncia de nulidad se formule, debe ser resuelta en el lapso general de tres (3) días siguientes a la formulación de la petición conforme al artículo 177 del Código Orgánico Procesal Penal, y la misma no está restringida legalmente a que sólo pueda ser dictada exclusivamente en alguna oportunidad procesal precisa y determinada, como sería por ejemplo, en la audiencia preliminar. Y no podría ser así, pues como se ha dicho, la petición de nulidad se puede intentar en cualquier etapa y grado del proceso.

Ello lo ha confirmado la Sala de Casación Penal del Tribunal Supremo de Justicia en sentencia N° 32 de 10 de febrero de 2011[65], al señalar que la única exigencia en cuando a la solicitud de nulidad absoluta es que su pedimento se debe formular "con anterioridad al pronunciamiento de la decisión definitiva;" y la Sala Constitucional del Tribunal Supremo en sentencia N° 201 del 19 de febrero de 2004 al señalar también que *el recurso de nulidad se*

---

[65]   Véase sentencia de la Sala de Casación Penal del Tribunal Supremo de Justicia en sentencia N° 32 de 10 de febrero de 2011, Caso *Juan Efraín Chacón.* Véase en http://www.tsj.gov.ve/decisiones/scp/Febrero/032-10211-2011-N10-189.html

admite únicamente para que sea decidido por "el sentenciador antes de dictar el fallo definitivo; y, por lo tanto, con la decisión judicial precluye la oportunidad para solicitar una declaratoria de tal índole, pedimento que sería intempestivo... "(Negrillas de la Sala Penal)[66]".

De todo lo anteriormente expuesto, resulta, por tanto, que conforme al COPP, formulada una solicitud de nulidad o amparo penal por violación de derechos y garantías constitucionales o de las consagradas en los tratados internacionales sobre derechos humanos, no se exige en forma alguna que el auto declarativo de nulidad absoluta de actuaciones fiscales o judiciales, sólo pueda dictarse en alguna audiencia judicial y menos en la audiencia preliminar del proceso penal. Al contrario, la decisión puede dictarse de oficio o a solicitud de parte en cualquier momento del proceso, pues la naturaleza constitucional de la violación denunciada y la nulidad absoluta que conlleva, obligan al juez a decidir cuando la misma se formule mediante un recurso de nulidad interpuesto por parte interesada, o cuando el propio juez la aprecie de oficio. Por tanto, conforme a los artículos 177 y 190 y siguientes del COPP, el juez no tiene que esperar una oportunidad procesal específica para adoptar su decisión, y está obligado a decidir de inmediato, perentoriamente, en el lapso de los tres (3) días siguientes que prescribe el artículo 177 del Código Orgánico y además, por la obligación que tiene de darle primacía a los derechos humanos.

Todo ello se confirmó en las sentencias de la Sala Constitucional del Tribunal Supremo de fecha 20 de julio de 2007[67] que cita la anterior sentencia N° 256/2002, (caso: *"Juan Calvo y Bernardo Priwin*), en la cual se afirmó que "Para el proceso penal, el juez de control durante la fase preparatoria e intermedia hará respetar las garantías procesales, pero el Código Orgánico Procesal Penal no señala una oportunidad procesal para que se pida y se resuelvan las infracciones a tales garantías, lo que incluye las transgresiones constitucionales, sin que exista para el proceso penal una disposición semejante al artículo 10 del Código de Procedimiento Civil, ni remisión alguna a dicho Código por parte del Código Orgánico Procesal Penal".

Por ello, la Sala consideró que la decisión la debe adoptar el juez dependiendo de **la etapa procesal en que se formule, de manera que si "se interpone en la fase intermedia, el juez puede resolverla bien antes de la audiencia preliminar o bien como resultado de dicha audiencia, variando de acuerdo a la lesión constitucional alegada",** lo que significa que si hay lesiones que infringen "en forma irreparable e inmediata la situación jurídica de una de las partes," el juez debe decidir a de inmediato, antes de la audiencia preliminar. Sólo si la **"nulidad coincide con el objeto de las cuestiones previas, la resolución de las mismas debe ser en la misma oportunidad de las cuestiones previas; es decir, en la audiencia preliminar".** (Negritas de este fallo)"[68].

Lo cierto, en esta materia, como en todo lo que concierne al derecho de amparo, en caso de solicitudes de nulidad absoluta por violaciones de derechos y garantías constitucionales, es

---

[66]   Citada por la misma sentencia de Sala de Casación Penal del Tribunal Supremo de Justicia en sentencia N° 32 de 10-02-2011. Véase en http://www.tsj.gov.ve/decisiones/scp/Febrero/032-10211-2011-N10-189.html

[67]   Véase sentencia N° 1520 de la Sala Constitucional de 20-07-2007 (Caso *Luis Alberto Martínez González*). Véase en http://www.tsj.gov.ve/decisiones/scon/Julio/1520-200707-07-0827.htm

[68]   Véase sentencia de la Sala Constitucional N° 256 (caso *Juan Calvo y Bernardo Priwin*) de 14-02-2002. Véase en http://www.tsj.gov.ve/decisiones/scon/Febrero/256-140202-01-2181%20.htm

que el juez penal está en la obligación de darle preeminencia a los derechos humanos, y privilegiar la decisión sobre las denuncias de nulidades absolutas por violación de los derechos y garantías constitucionales, decidiendo de inmediato las solicitudes de nulidad fundados en dichas violaciones, sin dilaciones y con prevalencia sobre cualquier otro asunto.

Ello, por lo demás, deriva de las previsiones de la propia Constitución, conforme a la doctrina sentada por las diversas Salas del Tribunal Supremo de Justicia, según la cual, en Estado Constitucional o Estado de Derecho y de Justicia, la dignidad humana y los derechos de la persona tienen una posición preferente, lo que implica la obligación del Estado y de todos sus órganos a respetarlos y garantizarlos como objetivo y finalidad primordial de su acción pública. Ello ha sido decidido así, por ejemplo, en sentencia N° 224 del 24 de febrero de 2000 de la Sala Política Administrativa del Tribunal Supremo de Justicia (Ponente: *Carlos Escarrá Malaver*), al afirmarse sobre "la preeminencia de la dignidad y los derechos humanos" constituyendo estos últimos, "el sistema de principios y valores que legitiman la Constitución", que garantizar "a existencia misma del Estado", y que "tienen un carácter y fuerza normativa, establecida expresamente en el artículo 7 de la Constitución," lo que "conlleva la sujeción y vinculatoriedad de todos los órganos que ejercen el Poder Público impregnando la vida del Estado (en sus aspectos jurídico, político, económico y social)". De acuerdo con la Sala, ese "núcleo material axiológico, recogido y desarrollado ampliamente por el Constituyente de 1999, dada su posición preferente, representa la base ideológico que sustenta el orden dogmático de la vigente Constitución, imponiéndose al ejercicio del Poder Publico y estableciendo un sistema de garantías efectivo y confiable", de lo que concluyó la Sala afirmando que "todo Estado Constitucional o Estado de Derecho y de Justicia, lleva consigo la posición preferente de la dignidad humana y de los derechos de la persona, la obligación del Estado y de todos sus órganos a respetarlos y garantizarlos como objetivo y finalidad primordial de su acción pública"; agregando que "la Constitución venezolana de 1999 consagra la preeminencia de los derechos de la persona como uno de los valores superiores de su ordenamiento jurídico y también refiere que su defensa y desarrollo son uno de los fines esenciales del Estado". De otra sentencia de la misma Sala Constitucional N° 3215 de 15 de junio de 2004, esta Sala concluyó señalando que en Venezuela, "la interpretación constitucional debe siempre hacerse conforme al principio de preeminencia de los derechos humanos, el cual, junto con los pactos internacionales suscritos y ratificados por Venezuela relativos a la materia, forma parte del bloque de la constitucionalidad".

Precisamente por esta primacía y preeminencia de los derechos humanos, el juez penal, al conocer de una solicitud o recurso de nulidad, actúa como juez constitucional para controlar la constitucionalidad de las actuaciones fiscales y judiciales. Como lo ha dicho la Sala Constitucional del Tribunal Supremo, "el recurso de nulidad en materia adjetiva penal, se interpone cuando en un proceso penal, las partes observan que existen actos que contraríen las formas y condiciones previstas en dicho Código Adjetivo, la Constitución de la República Bolivariana de Venezuela, las leyes y los tratados, convenios o acuerdos internacionales, suscritos por la República, en donde el Juez Penal, una vez analizada la solicitud, o bien de oficio, procederá a decretar la nulidad absoluta o subsanará el acto objeto del recurso"; concluyendo, en sentencia N° 256 de 14 de febrero de 2002 (Caso: *Juan Calvo y Bernardo Priwin*) que "la inconstitucionalidad de un acto procesal –por ejemplo- no requiere necesariamente de una [acción de] amparo, ni de un juicio especial para que se declare, ya que dentro del proceso donde ocurre, el juez, quien es a su vez un tutor de la Constitución, y por lo tanto en ese sentido es Juez Constitucional, puede declarar la nulidad pedida". Esto lo repitió la Sala Constitucional en sentencia N° 1520 de 20 de julio de 2007 al señalar:

"Por otra parte, en sentencia de esta Sala N° 256/2002, caso: *"Juan Calvo y Bernardo Priwin"*, se indicó que las nulidades por motivos de inconstitucionalidad (como lo sería el desconocimiento de derechos de rango constitucional) que hayan de ser planteadas en los diferentes procesos judiciales, *no necesariamente deben ser presentadas a través de la vía del [la acción de] amparo constitucional*, pues en las respectivas leyes procesales existen las vías específicas e idóneas para la formulación de las mismas, y que en el caso del proceso penal dicha vía procesal está prevista en los artículos 190 y 191 *eiusdem"*.

Todo lo anterior fue además objeto de una "interpretación vinculante" establecida por la Sala Constitucional conforme al artículo 335 de la Constitución en sentencia No. 221 de 4 de marzo de 2011,[69] "sobre el contenido y alcance de la naturaleza jurídica del instituto procesal de la nulidad", dictada en virtud del "empleo confuso que a menudo se observa por parte de los sujetos procesales en cuanto a la nulidad de los actos procesales cumplidos en contravención o con inobservancia de las formas y condiciones previstas en la ley". En dicha sentencia, la Sala Constitucional del Tribunal Supremo resolvió, citando su anterior sentencia N° 1228 de fecha 16 de junio de 2005 (Caso: *Radamés Arturo Graterol Arriechi*), que la solicitud de nulidad absoluta no está concebida por el legislador dentro del COPP "como un medio recursivo ordinario, toda vez que va dirigida fundamentalmente a sanear los actos procesales cumplidos en contravención con la ley, durante las distintas fases del proceso –artículos 190 al 196 del Código Orgánico Procesal Penal- y, por ello, es que el propio juez que se encuentre conociendo de la causa, debe declararla de oficio". Agregó la Sala para reforzar que el conocimiento de la solicitud de nulidad corresponde al juez de la causa, que "no desconoce el derecho de las partes de someter a la revisión de la alzada algún acto que se encuentre viciado de nulidad, pero, esto solo es posible una vez que se dicte la decisión que resuelva la declaratoria con o sin lugar de la nulidad que se solicitó, pues contra dicho pronunciamiento es que procede el recurso de apelación conforme lo establecido en el artículo 196 del Código Orgánico Procesal Penal"[70].

En definitiva, la petición de nulidad absoluta por violación de derechos y garantías judiciales, en el régimen del COOP es en sí misma una pretensión de amparo, especialísima en el campo penal, que enmarca en los casos previstos en el artículo 6 ordinal 5° de la Ley Orgánica de Amparo tal como han sido desarrollados por la jurisprudencia, que el juez está obligado a decidir en el lapso brevísimo de tres días como lo exige el artículo 177 del COPP, sin necesidad de que las partes o el acusado estén presentes, estándole además al juez vedado el poder diferir la decisión del amparo constitucional o nulidad absoluta solicitada por violaciones constitucionales, para la oportunidad de celebración de la audiencia preliminar. Y si el juez lo hace, la Sala Constitucional ha considerado que ello constituye una violación indebida al debido proceso por parte del juez. Esta doctrina, en resumen, ha ratificado en las siguientes sentencias:

Primero, la sentencia N° 2161 de 5 de septiembre de 2002 (Caso *Gustavo Enrique Gómez Loaiza*), en la cual la Sala Constitucional expresó que

"De la regulación de la nulidad contenida en los artículos 190 al 196 del Código Orgánico Procesal Penal, se colige que los actos procesales pueden adolecer de defectos en su conformación, por lo que las partes pueden atacarlos lo más inmediatamente posible –mientras se realiza el acto o, dentro de los tres días después de realizado o veinticuatro horas después de conocerla, si era imposible advertirlos antes- de conformidad con lo dispuesto en los artícu-

---

[69] Caso: *Francisco Javier González Urbina y otros*) en http://www.tsj.gov.ve/decisiones/ scon/ Marzo/221-4311-2011-11-0098.html

[70] Caso: *Francisco Javier González Urbina y otros*) en http://www.tsj.gov.ve/decisiones/ scon/ Marzo/221-4311-2011-11-0098.html

los 192 y 193 *eiusdem*, precisamente, mediante una solicitud escrita y un procedimiento, breve, expedito, donde incluso se pueden promover pruebas, sino fuere evidente la constatación de los defectos esenciales, a fin de dejar sin efecto alguna actuación por inobservancia e irregularidad formal en la conformación de misma, que afecte el orden constitucional, siendo ésta la hipótesis contemplada en el artículo 4 de la Ley Orgánica de Amparo sobre Derechos y Garantías Constitucionales [equivalente al artículo 13 de la Ley Orgánica de 2013], cuando prevé que podrá intentarse la acción de amparo si algún órgano jurisdiccional dicte u ordene una resolución, sentencia o acto que lesione un derecho fundamental; esto es, que con tal disposición se busca la nulidad de un acto procesal, pero ya como consecuencia jurídica de la infracción, configurándose entonces una nulidad declarada mediante el amparo como sanción procesal a la cual refiere la doctrina *supra* citada".[…] Observamos así, que la nulidad solicitada de manera auténtica puede tener la misma finalidad del amparo accionado con fundamento en el artículo 4 de la Ley Orgánica de Amparo sobre Derechos y Garantías Constitucionales, es decir para proteger la garantías, no sólo constitucionales, sino las previstas en los acuerdos y convenios internacionales…[71]

Segundo, la sentencia N° 349 de 26 de febrero de 2002 (Caso *Miguel Ángel Pérez Hernández y otros*) en la cual la Sala Constitucional resolvió que:

"La solicitud de nulidad es "un medio que, además de preexistente, es indiscutiblemente idóneo para la actuación procesal, en favor de los intereses jurídicos cuya protección se pretende en esta causa; más eficaz, incluso, en términos temporales y de menor complejidad procesal que el mismo [acción de] amparo, habida cuenta de que la nulidad es decidida conforme a las sencillas reglas de los artículos 212 y 194 del Código Orgánico Procesal Penal"[72].

Y tercero, la sentencia N° 100 de 6 de febrero de 2003 (Caso *Leonardo Rodríguez Carabalí*), en la cual la Sala Constitucional sostuvo que en el caso

"el accionante contaba con un medio procesal preexistente, tanto o más idóneo, expedito, abreviado y desembarazado que la misma acción de amparo, como era, conforme al artículo 212 del antedicho Código, la solicitud de nulidad de la misma decisión contra la cual ha ejercido la presente acción tutelar; pretensión esta que debía ser decidida, incluso, como una cuestión de mero derecho, mediante auto que debía ser dictado dentro del lapso de tres días que establecía el artículo 194 (ahora, 177) de la ley adjetiva; vale decir, en términos temporales, esta incidencia de nulidad absoluta tendría que haber en un lapso ostensiblemente menor que el que prevé la ley, en relación con el procedimiento de amparo[73]".

De todo lo anterior resulta, precisamente, que en materia penal, la solicitud de nulidad absoluta prevista en los artículos 190 y siguientes del COPP, es la vía para formular en el propio proceso penal la pretensión de amparo por violación de los derechos y garantías constitucionales, siendo la vía procesal idónea para enervar las lesiones constitucionales aducidas en los términos del artículo 6, ordinal 5° de la Ley Orgánica. Dicha pretensión de amparo formulada como solicitud de nulidad absoluta contra actos procesales viciados de vicios no subsanables, acorde con la inmediatez que requiere la protección constitucional, debe ser obligatoriamente decidida en el lapso breve de tres días previsto en el artículo 177 del COPP, como se ha dicho, sin que le sea permitido al juez diferir la decisión a la audiencia preliminar. Lo importante de la obligación del juez de decidir perentoriamente y depurar el proceso de inconstitucionalidades, es que si no lo hace, no sólo no puede convocar la audiencia preliminar, sino que el juicio queda paralizado, sin que exista remedio efectivo contra la inacción para lograr la decisión de nulidad.

---

[71]   Véase en http://www.tsj.gov.ve/decisiones/scon/septiembre/2161-050902-01-0623.HTM

[72]   Véase http://www.tsj.gov.ve/decisiones/scon/febrero/349-260202-01-0696.HTM

[73]   Véase http://www.tsj.gov.ve/decisiones/scon/febrero/100-060203-01-1908..HTM

En estos casos, la posible acción de amparo que pudiera pensarse en intentar contra la inacción o abstención del juez de la causa, lo que podría conducir es a una orden del juez superior para que el juez omiso inferior decida sobre la solicitud de nulidad absoluta, y nada más; lo que sería totalmente ineficaz para la protección constitucional solicitada que sólo se podría satisfacer con la decisión sobre dicha nulidad o amparo solicitada. Esta inacción u omisión del juez de decidir, por otra parte podría conducir a la aplicación de sanciones disciplinarias contra el juez omiso, incluyendo su destitución, pero de nuevo, ello sería ineficaz para la resolución del tema de fondo que es la petición de nulidad o amparo constitucional y saneamiento del proceso.

En esta forma, el caso del "amparo penal" regulado como la solicitud de nulidad absoluta de actuaciones en el proceso penal que se formula ante el propio juez de la causa por violación de derechos y garantías constitucionales, es conforme al COPP, la vía idónea de amparo constitucional a que hace referencia el artículo 6, ordinal 5° de la Ley Orgánica de Amparo, no siendo admisible en esos casos, el ejercicio de una acción "autónoma" de amparo.

LA LEY HABILITANTE 2013:
UN ATENTADO A LOS PRINCIPIOS REPUBLICANOS

José Ignacio Hernández G.
Profesor de Derecho Administrativo en la UCV y en la UCAB
Director del Centro de Estudios de Derecho Público, Universidad Monteávila

"Habitantes de Venezuela: buscad en los anales del género
humano las causas de las miserias que han minado interiormente
la felicidad de los pueblos y siempre la hallareis
en la reunión de todos los poderes"
Alocución al Reglamento de elecciones y
reunión de diputados de 1810.
Redactado por Juan Germán Roscio

Resumen: *El artículo analiza la inconstitucionalidad de la Ley Habilitante dictada en 2013.*

Palabras Clave: *Ley Habilitante.*

Abstract: *The article analyzes the unconstitutionality of the 2013 Enabling Act.*

Key words: *Enabling act.*

Bajo la Constitución de 1999 se habían dictado tres "Leyes Habilitantes", es decir, Leyes que autorizan "al Presidente de la República para dictar Decretos con Rango, Valor y Fuerza de Ley en las materias que se delegan", como se les ha denominado. Tales Leyes, dictadas en los años 2000, 2007 y 2010, han tenido cuando menos una característica en común, muy acusada en el último caso: su notable amplitud material y temporal[1].

Este ejercicio indebido de la figura de la Ley Habilitante, en parte, es consecuencia de las fallas presentes en la Constitución de 1999, que no estableció límites a la facultad de la Asamblea de dictar ese tipo de Leyes, más allá de la mayoría calificada exigida[2]. La Sala Constitucional, en sentencia Nº 1716 de 19 de enero de 2001, llegó a señalar que la facultad de la Administración de dictar esas Leyes es ilimitada.

Pero como ha observado Allan R. Brewer-Carías, que la Constitución no establezca límites expresos no implica que esa facultad sea ilimitada, máxime si se considera que la Ley Habilitante es una excepción al principio de separación de poderes y a la garantía de la reserva legal de los derechos fundamentales, que exige, como regla, la intervención de la Ley del

---

[1]   Véase, en el número 130 de esta *Revista*, el trabajo de Tomás Arias, "Las cuatro delegaciones legislativas hechas al Presidente de la República (1999-2012)", pp. 393 y ss. Aquí nos referimos a las Leyes dictadas bajo la vigente Constitución.

[2]   En su artículo 203, la Constitución permite a la Asamblea, mediante las 3/5 partes de sus miembros, dictar Leyes habilitantes en las materias delegadas al Presidente, quien podrá dictar Decretos-Leyes (artículo 236.8).

Poder Legislativo[3]. Junto a esos límites constitucionales implícitos, aquí interesan, además, los principios republicanos a la Ley Habilitante.

La figura de la Ley Habilitante, y de los Decretos dictados en ejecución de esa Ley, que forman parte del género de los Decretos-Leyes, responden a un tema tradicional en nuestro Derecho administrativo, visto el uso frecuente que de ellos se ha hecho, en especial, desde la Constitución de 1961. Dejando a salvo el análisis que se ha realizado en cuanto a la naturaleza jurídica de esa Ley y de los Decretos-Leyes así dictados[4], interesa a efectos de este trabajo insistir sobre el necesario carácter restrictivo de la Ley Habilitante, al margen de lo que al respecto pueda regular la Constitución.

Dicho en otros términos: las restricciones a la Ley Habilitante no devienen –solo- de la regulación constitucional expresa, sino de la interpretación de esa figura dentro de la "tradición republicana" de nuestro Estado de Derecho. Encontramos, así, dos principios republicanos que ceden ante la Ley Habilitante. Por un lado, está el principio de representación, que es el fundamento del concepto de la Ley como expresión de la voluntad general. El Decreto-Ley no es dictado por el representante del pueblo, sino por el Poder Ejecutivo, con lo cual, ese Decreto en modo alguno puede ser reputado como producto de la voluntad popular expresada por medio de los representantes. Por el otro lado, encontramos el ya comentado principio de separación de poderes: el Decreto-Ley concentra en el Poder Ejecutivo la función legislativa y la función ejecutiva, lo que entraña siempre un riesgo a la libertad general del ciudadano.

Por ello, tanto la Ley Habilitante como el Decreto-Ley son figuras claramente excepcionales, limitadas en cuanto a sus condiciones materiales y temporales, se insiste, al margen de lo que al respecto disponga la Constitución. No puede así sostenerse, por ejemplo, que no hay materias excluidas de la Ley Habilitante por cuanto la Constitución no establece límites expresos[5]. En realidad, ni siquiera la Constitución podría violentar los principios republicanos esenciales de nuestro Estado de Derecho, pues en tal caso, estaríamos ante lo que se conoce como "normas constitucionales inconstitucionales[6]".

De allí, se insiste, la necesidad de valorar la figura de la Ley Habilitante desde tales principios, de lo cual emergen algunos límites básicos:

.- En *primer* lugar, encontramos la justificación. La Ley Habilitante solo procede cuando medien causas objetivas que impidan atender determinada materia de la reserva legal por el procedimiento legislativo ordinario, pero que a su vez no justifiquen acudir al régimen de excepción. La Ley Habilitante no puede ser ejercida para que el Poder Legislativo abdique el ejercicio regular de la función legislativa, sin que sea necesario entrar aquí en la discusión sobre si la Ley Habilitante "autoriza" o "delega" el ejercicio de la función legislativa. Esta justificación, además, debe ser resumida en el texto de la Ley Habilitante, a través de su exposición de motivos, aludiendo a fundamentos objetivos y constatables.

---

[3]   "Apreciación general sobre los vicios de inconstitucionalidad que afectan los Decretos Leyes habilitados", en *Ley habilitante del 13/11/2000 y sus Decretos-Leyes,* Academia de Ciencias Políticas y Sociales, Caracas, 2002, pp. 84 y ss.

[4]   Lares Martínez, Eloy, *Manual de Derecho Administrativo,* Facultad de Ciencias Jurídicas y Políticas, Caracas, 2001, pp. ,96 y ss., entre otros.

[5]   En contra, Peña Solís, José, *Manual de Derecho Administrativo, Volumen Primero,* Tribunal Supremo de Justicia, Caracas, 2004, p. 321. Araujo-Juárez reconoce que no puede, por vía de Decreto-Ley, dictarse Leyes Orgánicas. *Derecho administrativo general. Conceptos y fuentes,* Paredes, Caracas, 2012, p. 350

[6]   Bachof, Otto, ¿Normas constitucionales inconstitucionales?, Palestra, Lima, 2008.

.- En *segundo* lugar, la Ley Habilitante debe otorgarse solo por el tiempo estrictamente necesario. No basta con aludir simplemente al lapso de vigencia de la Ley Habilitante, ni puede sostenerse que, en ausencia de previsión constitucional expresa, la Ley Habilitante puede ser otorgada por un lapso finito de tiempo pero de cualquier duración. Una Ley Habilitante cuya vigencia sea, pongamos, cinco años, cumplirían formalmente el requisito constitucional de *indicar* su tiempo de duración. Sin embargo, en ese supuesto la Ley sería abusiva. La temporalidad de la Ley va asociada a su justificación: la habilitación debe extenderse por el tiempo indispensable para atender las razones excepcionales que justifican esa medida.

.- Por último, las *materias* en las cuales pueden dictarse los Decretos-Leyes deben ser especificadas en la Ley Habilitante con detalle suficiente como para asegurar que los Decretos-Leyes queden vinculados y limitados a la Ley. Además, hay materias que, conforme a los principios republicanos, deben quedar fuera de esa habilitación, como sucede con la creación de penas y sanciones. La reserva legal no es puramente un concepto formal, en tanto es también un concepto material que exige la concurrencia del representante del pueblo. En ciertos temas, no basta por ello con una Ley formal: la reserva exige que sea el Poder Legislativo, como representante del pueblo, quien dicte la Ley. Además, el carácter excepcional de la Ley Habilitante en cuanto a su justificación, impide considerar que esas situaciones excepcionales ameriten legislar sobre penas y sanciones[7].

La Ley que autoriza al Presidente de la República para dictar Decretos con Rango, Valor y Fuerza de Ley en las materias que se delegan de 2013[8] se aparta de todos estos principios, con lo cual no solo es inconstitucional, sino que además es contraria a nuestros principios republicanos. Nos atrevemos incluso a señalar que es un típico acto arbitrario contrario a la esencia republicana del Estado de Derecho venezolano. Veamos:

.- En cuanto a su *justificación,* la Ley Habilitante 2013 no contiene exposición de motivos que resuma cuáles razones llevaron a la Asamblea a sancionar ese acto. De algunas declaraciones en prensa se infiere que la Ley Habilitante fue solicitada para dos materias: la lucha contra la corrupción y una denominada "ofensiva económica", por supuestos ilícitos económicos cometidos[9]. Esos motivos son insuficientes, pues no se trata de materias en las cuales sea indispensable dictar Decretos-Leyes ante la imposibilidad de acudir a los mecanismos ordinarios de formación de Leyes. De hecho, ya en ambas materias el Poder Ejecutivo contaba con un número importante de Leyes, incluso, dictadas en el marco de una Ley Habilitante, como es el caso de la Ley de Costos y Precios Justos.

Reiteramos que la justificación de la Ley Habilitante no puede agotarse con invocar materiales en las cuales se justifique legislar, o materias de interés público. La justificación debe explicar, objetiva y racionalmente, por qué el procedimiento ordinario de Leyes es insuficiente para atender a la legislación requerida. Por ello, en el caso concreto, aun estando de acuerdo con la conveniencia de reformar la legislación anti-corrupción y económica, no fueron explicados motivos objetivos que justificaban que esa reforma fuese realizada por el Poder Ejecutivo y no por el Poder Legislativo. De allí la arbitrariedad de la Ley Habilitante.

---

[7]   Véase sobre todo esto a Wefe, Carlos, "Delegación legislativa y libertad. La Ley Habilitante de 2010 y su relación con la libertad", en el ya citado número 130 de esta *Revista,* pp. 51 y ss.

[8]   *Gaceta Oficial* N° 6.112 extraordinario de 19 de noviembre de 2013.

[9]   Véase nuestro artículo "¿Hace falta una Ley Habilitante para combatir la corrupción?" en Prodavinci. *Cfr.*: http://prodavinci.com/blogs/hace-falta-una-ley-habilitante-para-combatir-la-corrupcion-por-jose-ignacio-hernandez/

.- La Ley Habilitante 2013 fue otorgada por un año (artículo 3). Si se valora esto solo formalmente, se concluirá que la Ley Habilitante cumplió con la Constitución, al indicar su lapso de vigencia. Lo que no podrá sostenerse, sin embargo, es cómo el ejercicio de la función legislativa puede desplazarse al Poder Ejecutivo por un lapso que excede, notablemente, cualquier situación excepcional, situación que en todo caso no quedó acreditada. Un año es un lapso más que suficiente para que la Asamblea Nacional reforme, si lo desea, el régimen de la lucha contra la corrupción y la legislación económica mediante el procedimiento legislativo ordinario. Siendo ello así, no se justificaba trasladar el ejercicio de la función legislativa al Poder Ejecutivo.

.- Por último, a pesar de que la Ley Habilitante 2013 enumera las materias de la habilitación, en realidad, se trata de una enumeración indeterminada, con lo cual, la Ley carece de límites materiales efectivos. Por ejemplo, en el numeral 1 de su artículo 1, dentro de la "lucha contra la corrupción", encontramos la siguiente materia:

"a) Dictar y/o reformar normas e instrumentos destinados a fortalecer los valores esenciales del ejercicio de la función pública, tales como la solidaridad, honestidad, responsabilidad, vocación de trabajo, amor al prójimo, voluntad de superación, lucha por la emancipación y el proceso de liberación nacional, inspirado en la ética y la moral socialista, la disciplina consciente, la conciencia del deber social y la lucha contra la corrupción y el burocratismo; todo ello, en aras de garantizar y proteger los intereses del Estado en sus diferentes niveles de gobierno".

No sólo la enumeración es amplia, sino que emplea conceptos de imposible precisión. ¿Qué se entiende por "amor al prójimo"? Esta enumeración es, así, un fraude al carácter esencialmente limitado de las materias en el marco de la habilitación. Lo propio cabe señalar del literal d), que alude ahora la "destrucción de la patria":

"d) Establecer mecanismos estratégicos de lucha contra aquellas potencias extranjeras que pretendan destruir la Patria en lo económico, político y mediático; y dictar normas que sancionen las acciones que atentan contra la seguridad y defensa de la nación, las instituciones del Estado, los Poderes Públicos y la prestación de los servicios públicos indispensables para el desarrollo y la calidad de vida del pueblo"

El numeral 2, en el "ámbito de la defensa de la economía", contiene no solo una enumeración indeterminada, sino que además, solo reproducen normas de la Constitución económica. Es el ejemplo del literal c):

"c) Dictar y/o reformar las normas y/o medidas destinadas a planificar, racionalizar y regular la economía, como medio para propulsar la transformación del sistema económico y defender la estabilidad económica para evitar la vulnerabilidad de la economía; así como, velar por la estabilidad monetaria y de precios, y el desarrollo armónico de la economía nacional con el fin de generar fuentes de trabajo, alto valor agregado nacional, elevar el nivel de vida de nuestro pueblo y fortalecer la soberanía económica del país, para de este modo, garantizar la seguridad jurídica, la solidez, el dinamismo, la sustentabilidad, la permanencia y la equidad del crecimiento económico, en aras de lograr una justa distribución de la riqueza para atender los requerimientos y las necesidades más sentidas del pueblo venezolano".

Bastaría ese numeral, por ejemplo, para considerar que el Poder Ejecutivo puede, mediante Decreto-Ley, desarrollar cualquier norma de la Constitución económica, cuyo ámbito es por demás extenso. Esto, se insiste, contradice el carácter esencialmente limitado de la habilitación y acredita la arbitrariedad de la Ley Habilitante.

Además, la Ley Habilitante 2013 permite dictar Decretos-Leyes en materias en las cuales, desde los principios republicanos, debe quedar prohibida toda habilitación o delegación al Poder Ejecutivo. Sucede así con el artículo 1, numeral 1, que permite dictar Decretos-Leyes en materia penal:

> "b) Dictar y/o reformar normas destinadas a profundizar y fortalecer los mecanismos de sanción penal, administrativa, civil y disciplinaria para evitar lesiones o el manejo inadecuado del patrimonio público y prevenir hechos de corrupción".

Los delitos y penas no deben ser solo una materia de la reserva legal formal. Atendiendo a la protección de derechos humanos, deben ser además de la reserva legal material, o sea, que solo puede ser abordada esa Legislación por el Poder Legislativo. El principio republicano básico de la separación de poderes exige que toda limitación a la libertad personal sea acordada por los representantes del pueblo, no por el Poder Ejecutivo[10].

Otra materia que debe quedar excluida de la Ley Habilitante es dictar Decretos con rango de Ley Orgánica, en tanto ese concepto solo se explica, constitucionalmente, desde la mayoría calificada necesaria para dictar la Ley Orgánica, de acuerdo a los integrantes de la Asamblea Nacional. Sin embargo, el artículo 3 de la Ley Habilitante 2013 permite dictar Decretos-Leyes con rango de Ley Orgánica, lo que desdibuja por completo la condición de la mayoría calificada[11].

Encontramos un último vicio en la Ley Habilitante 2013. En las elecciones de 2010, el Partido Unido Socialista de Venezuela, junto a los Partidos aliados, no tenían la mayoría necesaria de las tres quintas partes de los Diputados para aprobar Leyes Habilitantes. Al estar conformada por 165 integrantes, era necesario contar con el voto de 99 Diputados. Y a pesar de que varios Diputados de la "bancada de la oposición" decidieron votar junto a la "bancada oficialista", todavía era necesario el voto del —así llamado en los medios de comunicación- "Diputado 99"[12].

De hecho, la solicitud de Ley Habilitante fue introducida, sin que se supiese, todavía si existía ese "Diputado 99". La solución pronto se conoció. Con rapidez por demás notable, la Asamblea Nacional autorizó en enjuiciamiento de la Diputada María Mercedes Aranguren y, de manera inconstitucional, acordó su separación del cargo. El diputado suplente, Carlos Fuentes, resultó ser el "Diputado 99". Y así, la solicitud de Ley Habilitante, que no había sido tramitada, fue rápidamente aprobada por la Asamblea Nacional[13].

¿Cabe plantear aquí una desviación de poder? En nuestra opinión, hay elementos que permiten considerar que el levantamiento de la inmunidad parlamentaria de la diputada Aranguren fue, simplemente, un procedimiento llevado a cabo con el deliberado propósito de obtener la mayoría necesaria para dictar la Ley Habilitante, como de hecho sucedió. Con lo cual, la Ley Habilitante es resultado de una desviación que, en adición a lo ya expuesto, la vicia de inconstitucionalidad.

---

[10]   En general, Casal, Jesús María, *Los derechos fundamentales y sus restricciones,* Legis, Caracas, 2010, pp. 141 y ss.

[11]   Coincidimos con Araujo-Juárez: la Ley Orgánica es un mandato a la Asamblea, que no puede ser "delegado" por medio de una Ley Habilitante. *Derecho administrativo,* Paredes, Caracas, 2013, pp. 90 y ss.

[12] Véase el reporte de BBC Mundo de 16 de octubre de 2013: http://www.bbc.co.uk/mundo/noticias/2013/10/131010_venezuela_diputado_99_habilitante_dp.shtml

[13]   *El Universal,* 13 de noviembre de 2013. http://www.eluniversal.com/nacional-y-politica/131113/aranguren-el-diputado-99-fue-la-razon-de-la-acusacion-en-mi-contra

Cuando en 1810 comenzó nuestra emancipación, se hizo con un propósito pensado: organizar al naciente Estado venezolano como un régimen popular, representativo y federal. Para ello, se estableció como principio esencial la separación de poderes y el concepto de Ley como expresión de la voluntad popular de los representantes del pueblo.

En el Capítulo L de El triunfo de la libertad sobre el despotismo, Roscio sostiene que "el bien común es la única mira de todo gobierno" y que "este interés exige que los poderes legislativos, ejecutivo y judicatario sean distinguidos y definidos y que su organización asegure la libre representación de los ciudadanos[14]".

Por su parte, en el Manual Político del Venezolano, Francisco Javier Yanes señala que "la mejor organización social consiste en hallar la mejor distribución posible de los poderes políticos. El gobierno representativo reconoce la división de los poderes públicos en tres ramales que son: el deliberativo, el ejecutivo y el judicial". Separación de poderes que se justifica como medida para prevenir el despotismo, según puede leerse en el Capítulo I: "aunque en el régimen representativo la soberanía de ejercicio reside en el poder legislativo, debe cuidarse que ni el ejecutivo ni el judicial sean un ciego instrumento de aquél".

La Ley Habilitante de 2013 es un acto arbitrario pues concentra en el Poder Ejecutivo el ejercicio de la función ejecutiva y legislativa, con ocasión a una habilitación injustificada, excesivamente extensa en el tiempo e indeterminada materialmente. No solo se trata de una Ley inconstitucional, sino de una Ley contraria a los principios republicanos de nuestro Estado de Derecho.

---

[14] Como puede evidenciarse del Reglamento de 1810, Roscio concebía a la separación de poderes como garantía de la libertad frente a la tiranía derivada de la concentración de poderes.

JURISPRUDENCIA

Jurisprudencia Administrativa y Constitucional (Tribunal Supremo de Justicia y Cortes de lo Contencioso Administrativo): Cuarto Trimestre de 2013

Selección, recopilación y notas
por Mary Ramos Fernández
Abogado
Secretaria de Redacción de la Revista

Marianella Villegas Salazar
Abogado Asistente

SUMARIO

I.   EL ORDENAMIENTO CONSTITUCIONAL Y FUNCIONAL DEL ESTADO

1.   *El Ordenamiento Jurídico*

   A.   *La Constitución: Normas constitucionales*

   TSJ-SC (1729)   **10-12-2013**

   Magistrada Ponente: Luisa Estella Morales Lamuño

   Caso: Impugnación de varios artículos de la Constitución del Estado Guárico.

A partir de la norma suprema y fundamento de su ordenamiento jurídico, se genera la producción escalonada del orden jurídico de manera decreciente en cuanto a su generalidad, con lo cual los órganos con competencias normativas, no sólo deben desarrollar aquellas regulaciones necesarias para el logro de los fines del Estado, sino el legislador en el ejercicio de sus funciones debe actuar bajo el principio de racionalidad o de no arbitrariedad, lo que comporta que toda medida adoptada deba responder o ser idónea a los fines y límites que el ordenamiento jurídico vigente establezca y, siendo en muchos casos las normas constitucionales un parámetro general, el legislador puede desarrollar diversas opciones regulatorias válidas

...No obstante, en lo que respecta a la solicitud de nulidad del artículo 114.6 de la Constitución del Estado Guárico, conforme al cual son atribuciones del Procurador del Estado *"interponer ante los órganos competentes, a instancia de los Poderes Públicos del Estado, las acciones legales correspondientes contra los funcionarios o las funcionarias públicos que en ejercicio de sus funciones incurran en violaciones a la Constitución de la República Bolivariana de Venezuela, esta Constitución, leyes, decretos y resoluciones emanadas de los órganos competentes, en perjuicio del patrimonio público estadal"*, cabe señalar que la norma parcialmente transcrita no constituye una violación de los artículos 156, numerales 32 y 33, 187.1 y 285, numerales 3 y 5 de la Constitución, ya que no se vulneran las atribuciones que tiene el Ministerio Público para dirigir la investigación penal y para hacer efectivas las responsabilidades civiles, administrativas, laborales, militares y disciplinarias que hubiesen incurridos los funcionarios públicos, en la medida que debe advertirse que el artículo 159 de la Constitución establece que los Estados tienen personalidad jurídica plena, disposición que les permite, ejercer, mediante los organismos previsto por el Estado en su Constitución Estadal (artículo 164.1 *eiusdem*), demandas de contenido patrimonial contra quienes hayan ejercido acciones que socaven los bienes y demás activos de la entidad. Esta facultad, prevista en la norma estadal, no colide con las potestades del Ministerio Público, pues debe ser cada ente federal quien ejerza acciones en defensa de su patrimonio, sin que para ello requiera la intervención de la Fiscalía General de la República, por lo que la norma en cuestión no puede ser entendida como un desequilibrio de quien tiene en principio, la titularidad de la acción penal.

Desde un planteamiento lógico normativo la "Constitución [es] norma suprema y fundamento de su ordenamiento jurídico, a partir de la cual se genera la producción escalonada del orden jurídico, de manera decreciente en cuanto a su generalidad" -*Cfr.* Sentencia de esta Sala N° 3.145/04-, "esto es, lo que el iuspublicismo con Kelsen, por un lado, y Santi Romano por otro, teorizaron como una Constitución "en sentido material" distinguible de la "Ley constitucional" en sentido formal, como un condensado de reglas superiores de la organización del Estado, que expresan la unidad del ordenamiento jurídico.

Así, la Constitución como expresión de la intención fundacional y configuradora de un sistema entero que delimita y configura las bases jurídico-socio-políticas de los Estados, adquiere valor normativo y se constituye en *lex superior*, lo cual imposibilita la distinción entre artículos de aplicación directa y otros meramente programáticos, pues todos los preceptos constituyen normas jurídicas directamente operativas, que obligan a las leyes que se dictan a la luz de sus principios a respetar su contenido esencial" *esencial".* Véase en *Revista de Derecho Público* N° 112 de 2011 en p. 446 y sigs.

A la par la doctrina afirma, que en un sistema jurídico existe "una específica constitución" comporta "el cierre del sistema en forma de presuposición -incondicionada- como norma fundamental", ROSS, ALF. *Teoría de las Fuentes del Derecho*, una contribución a la Teoría del Derecho Positivo sobre la base de Investigaciones Histórico-Dogmáticas, CEPC, Madrid, 1999, p. 431 y 432-.

Partiendo de tales conceptos, no es controvertida la concepción conforme a la cual a partir de la norma suprema y fundamento de su ordenamiento jurídico, se genera la producción escalonada del orden jurídico de manera decreciente en cuanto a su generalidad, con lo cual los órganos con competencias normativas, no sólo deben desarrollar aquellas regulaciones necesarias para el logro de los fines del Estado, sino el legislador en el ejercicio de sus funciones debe actuar bajo el principio de racionalidad o de no arbitrariedad, lo que comporta que toda medida adoptada deba responder o ser idónea a los fines y límites que el ordenamiento jurídico vigente establezca y, siendo en muchos casos las normas constitucionales un parámetro general, el legislador puede desarrollar diversas opciones regulatorias válidas, como sería concluir del sentido literal de la disposición impugnada, que la misma determina con claridad que los medios procesales que tiene el Procurador del Estado son de contenido pecuniario y no pueden visualizarse como una usurpación del poder que tiene el Ministerio Público, y en tal sentido no se incurre en los vicios de inconstitucionalidad denunciados, por lo que se desestima la denuncia formulada y así se declara.

Sobre la base de las anteriores consideraciones se declara parcialmente con lugar la presente demanda de nulidad en los términos antes expuestos. Así se decide.

B.   *La Ley: Interpretación*

TSJ-SC (1661)   **21-11-2013**

Magistrado Ponente: Luis Fernando Damiani Bustillos

Caso: Impugnación de la Ley que crea Contribución Especial por Precios Extraordinarios y Precios Exorbitantes en el Mercado Internacional de Hidrocarburos.

El verdadero significado y alcance de las disposiciones legales se logra sólo cuando interpretamos el derecho positivo de modo sistémico (sin hacer abstracción de las normas) y, además, tomando en cuenta las bases jurídico-socio-políticas del Estado, es decir, de manera concatenada con el ámbito temporo espacial sobre el cual habrá de aplicarse y, de igual modo, considerando el contenido esencial de los principios jurídicos que se reflejan en el ordenamiento.

Ello así, la hermenéutica jurídica es una actividad que tal como precisó esta Sala (Véase en *Revista de Derecho Público* N° 89-90/91-92 de 2002 en p. 118 y sig.) debe desarrollarse *"in totum"*, es decir, que el análisis del derecho positivo debe hacerse *"a la luz de todo el ordenamiento jurídico"* y no de una manera aislada o descontextualizada del resto de las disposiciones normativas. Cabría agregar dos aspectos fundamentales de la interpretación jurídica como son:

Que adicionalmente a que los operadores jurídicos deben interpretar el derecho como un "complejo global" (*Vid.* sentencia N° 962,/2006, en el caso *Cervecerías Polar Los Cortijos C.A.*), deben, de igual forma, buscar el elemento sustantivo que se halla en cada una de las reglas del ordenamiento jurídico, esto es, encontrar dentro de cada regla de derecho los principios que el legislador incorporó en las mismas y que determinan lo que García de Enterría (*Revolución Francesa y Administración Contemporánea.* Madrid: Editorial Cívitas, 4° edición. 1994, p. 29), denominó "fuentes significativas" del ordenamiento, es decir, lo que

Kelsen, por un lado, y Santi Romano, por otro, concibieron como el condensado de reglas superiores de la organización del Estado, que expresan la unidad del ordenamiento jurídico.

En segundo término, la interpretación jurídica tampoco puede desarrollarse de forma ajena a la realidad que se pretende regular, pues el derecho tiene una finalidad pragmática, es decir, una utilidad y esa utilidad no puede analizarse a espaldas de la realidad sobre la cual será aplicado.

En otras palabras, el verdadero significado y alcance de las disposiciones legales se alcanza sólo cuando interpretamos el derecho positivo de modo sistémico (sin hacer abstracción de las normas) y, además, tomando en cuenta las bases jurídico-socio-políticas del Estado, es decir, de manera concatenada con el ámbito temporo espacial sobre el cual habrá de aplicarse y, de igual modo, considerando el contenido esencial de los principios jurídicos que se reflejan en el ordenamiento.

Con ello, la interpretación normativa no es un ejercicio aséptico, sino que se encuentra dogmática y funcionalmente al servicio de los valores primarios de la sociedad juridificada. Así lo señaló González Pérez ("El Método en el Derecho Administrativo". *Revista de Administración Pública* N° 22, Madrid 1957, p. 38), al afirmar que el derecho no es sólo un conglomerado de normas legales, antes bien, el derecho positivo se encuentra enraizado en los principios, y por ello, el jurista ni puede limitarse a contemplar la norma aislada, ni debe circunscribirse a sistematizarla con arreglo a principios lógicos, ya que la unidad del ordenamiento está basada en los principios rectores del ordenamiento que le informan y dan unidad.

De tal manera, que el operador jurídico debe interpretar el derecho en el contexto socio jurídico que determina su axiología y, de igual forma, conforme a los valores superiores del ordenamiento, que como sostiene Souza (*El Uso Alternativo del Derecho*. Bogotá. Editorial Unibiblos. 1° Edición, 2001, p. 173), son el plano superior de juridicidad sobre el cual se configura el Estado.

2.   *Estado federal descentralizado: Principio de descentralización política*

TSJ-SC (1661)   **21-11-2013**

Magistrado Ponente: Luis Fernando Damiani Bustillos

Caso: Impugnación de la Ley que crea Contribución Especial por Precios Extraordinarios y Precios Exorbitantes en el Mercado Internacional de Hidrocarburos.

El principio de descentralización política a que se refiere el artículo 4 del Texto Fundamental, implica que el Estado venezolano se organiza político territorialmente conforme a un modelo de federalismo cooperativo, en el cual se reconoce la existencia de entes político territoriales menores, que gozan de personalidad jurídica y detentan cierta y determinada autonomía.

En este contexto hermenéutico, la parte recurrente argumentó la violación del principio de descentralización, por la eventual afectación a la transferencia de los ingresos extraordinarios, a los entes político territoriales.

Al respecto, el principio de descentralización política, a que se refiere el artículo 4 del Texto Fundamental, implica que el Estado venezolano se organiza político territorialmente conforme a un modelo de federalismo cooperativo (*Vid.* sentencia N° 2495/2006, caso. *Estado Carabobo*) en el cual, se reconoce la existencia de entes político territoriales menores, que gozan de personalidad jurídica y detentan cierta y determinada autonomía.

Se trata así, de un concepto organizacional donde el Estado se encuentra compuesto por una unión de derecho constitucional creada a través de la confluencia de pequeñas entidades dotadas de facultades propias, pero al mismo tiempo, de ciertas facultades concurrentes, cuyo desarrollo demanda cooperación y coordinación.

En otras palabras, se trata de un Estado de estados, en el cual, ordinariamente la República detenta los poderes esenciales para la subsistencia misma del Estado (verbigracia, seguridad y defensa, política internacional, sistemas de identificación, etc.,) y a los entes político territoriales menores, se les atribuyen competencias sobre los asuntos ordinariamente vinculados a la vida local (verbigracia, vialidad, transporte público, aseo, etc.).

Para el desarrollo de las competencias locales, los entes político territoriales se encuentran constitucionalmente dotados de autonomía, es decir, de un mecanismo operacional concebido para la satisfacción de los intereses de la comunidad, que se manifiesta en la facultad de auto determinar el sentido de su actuación en determinadas áreas, a saber:

La autonomía política, esto es, la posibilidad de que las autoridades del ente federal sean electas mediante sufragio universal, directo y secreto por los ciudadanos (electores) que habitan en ella y no designados con interferencia del Poder Nacional.

En segundo lugar, tenemos la autonomía normativa, es decir, la potestad del ente federal de dictar sus propias normas (sobre el ámbito de sus competencias).

En tercer lugar, se encuentra la autonomía administrativa, la cual versa sobre la potestad del ente federal de gestionar libremente las materias de su competencia. Es decir, que la Administración estadal o municipal tiene la facultad de desarrollar su gestión con criterios propios.

Finalmente, la autonomía tributaria, concebida como la potestad del ente federal de crear (organizar), recaudar e invertir impuestos, tasas y demás contribuciones, con la finalidad de obtener ingresos propios dentro del ámbito de sus competencias.

Siendo ello así, los accionantes denuncian que la ley atacada da lugar a una drástica disminución de los recursos que efectivamente pueden administrar e invertir los Estados y Municipios, lo que, en definitiva, es tanto como negar o desconocer estas competencias estadales y municipales.

Al respecto, la Ley atacada pretende regular los ingresos extraordinarios del Estado, por concepto de los precios extraordinarios y precios exorbitantes en el mercado internacional de hidrocarburos, es decir, que no versa sobre los ingresos ordinarios que tienen los entes político territoriales por concepto de ingresos propios o de aquellos asignados por situado constitucional en la Ley de Presupuestos.

Efectivamente, la ley bajo examen no tiene ninguna incidencia sobre las distintas vías a través de las cuales perciben sus ingresos los estados o los municipios y de allí, que no implica una disminución de los mismos.

Conforme a lo expuesto esta Sala desestima el argumento de violación del principio de descentralización planteado por los accionantes y así se declara.

II. DERECHOS Y GARANTÍAS CONSTITUCIONALES

1. *Garantías Constitucionales: Las garantías del debido proceso*

TSJ-SPA (1392)   4-12-2013

Magistrada Ponente: Mónica Misticchio Tortorella

Caso: Nestlé Venezuela, S.A. vs. Indepabis

> **La Sala Político Administrativa reitera que no se lesionan los derechos a la defensa y al debido proceso, cuando el control de las sanciones impuestas a quienes llevaran a cabo actividades que atentaran contra la seguridad alimentaria y el derecho a la vida de la colectividad, fuese posterior y no previo a la aplicación de la multa.**

....Revisadas las actas que componen el presente expediente, advierte esta Sala Político-Administrativa que el recurso de apelación está dirigido sólo contra la imposición de la multa, y sobre esa base estará circunscrita la decisión de esta alzada.

Denunció la representación judicial de la accionante en el escrito de fundamentación que la sentencia apelada está viciada por: **1. Falso Supuesto de Derecho:** 1.1) por errónea interpretación del alcance del derecho al debido proceso, sosteniendo al efecto que es violatorio de la citada garantía constitucional y de la presunción de inocencia de Nestlé Venezuela, S.A. que el otrora Instituto para la Defensa y Educación del Consumidor y del Usuario (INDECU) impusiera una sanción sin haber sustanciado el correspondiente procedimiento previo; 1.2.) por errónea interpretación del alcance de las potestades de inspección del referido instituto establecidas en la Ley, argumentando que en ningún caso las potestades de policía y sancionatoria de las que goza la Administración la faculta para imponer multas como medida preventiva y mucho menos sin haber seguido al administrado el respectivo procedimiento sancionatorio; 1.3.) por errónea interpretación sobre los requisitos para que se configure el boicot, afirmando que el *a quo* confunde dicha figura con el abandono legal, atribuyéndole intención dolosa a esta última, cuando es una conducta legalmente permitida; y **2. Incongruencia:** 2.1.) positiva, porque contiene una motivación sobrevenida para justificar la conducta inconstitucional de la Administración de no haber seguido un procedimiento previo a la imposición de la sanción; 2.2) negativa, porque no se pronunció el *a quo*sobre el denunciado vicio de usurpación de funciones.

1. Falso supuesto de derecho:

1.1. Con relación al pretendido falso supuesto de derecho por errónea interpretación del alcance del derecho al debido proceso, por falta de sustanciación de un procedimiento previo para la imposición de la multa, debe esta Sala Político-Administrativa destacar que respecto a dicha garantía los numerales 1, 2 y 3 del artículo 49 de la Constitución de la República Bolivariana de Venezuela establecen lo siguiente:

> *"**Artículo 49**.-El debido proceso se aplicará a todas las actuaciones judiciales y administrativas; en consecuencia:*
>
> *1. La defensa y la asistencia jurídicas son inviolables en todo estado y grado de la investigación y del proceso. Toda persona tiene derecho a ser notificada de los cargos por los cuales se le investiga, de acceder a las pruebas y de disponer del tiempo y de los medios adecuados para ejercer su defensa. Serán nulas las pruebas obtenidas mediante violación del debido proceso. Toda persona declarada culpable tiene derecho a recurrir del fallo, con las excepciones establecidas en esta Constitución y la ley.*
>
> *2. Toda persona se presume inocente mientras no se pruebe lo contrario.*

3. Toda persona tiene derecho a ser oída en cualquier clase de proceso, con las debidas garantías y dentro del plazo razonable determinado legalmente por un tribunal competente, independiente e imparcial establecido con anterioridad. (...)".

La norma *supra* transcrita prohíbe la actuación arbitraria de los órganos del poder público frente a los ciudadanos, en la producción de sus actos y decisiones, en sede administrativa y jurisdiccional, para garantizar su necesaria participación en todas las fases del proceso.

El derecho al debido proceso, dentro del cual se encuentra el derecho a la defensa, comprende la articulación del proceso legalmente establecido, conocer los cargos objeto de investigación, la posibilidad de acceder al expediente, formular alegatos y exponer defensas y excepciones, derecho a ser oído, obtener una decisión motivada y poder impugnarla, así como ser informado de los recursos pertinentes que puedan interponerse contra el fallo, entre otros derechos que se vienen configurando a través de la jurisprudencia y que se desprenden de la interpretación de la norma *supra* transcrita. (*Vid.* Sentencia N° 00163/2009, caso: *Ledis Beatriz Pacheco de Pérez*).

De igual forma, se ha sostenido que la presunción de inocencia consiste en el derecho que tiene toda persona de ser considerada inocente mientras no se pruebe lo contrario, lo cual se concreta en la ineludible existencia de un procedimiento que ofrezca garantías al investigado.

Por su parte, la Sala Constitucional mediante decisión N° 429/2011 (caso: *Pedro Miguel Castillo*), dejó sentado sobre los derechos constitucionales a la defensa y al debido proceso, el criterio que de seguidas se transcribe:

"(...) esta Sala ha señalado reiteradamente que el derecho a la defensa y el debido proceso constituyen garantías inherentes a la persona humana y, en consecuencia, aplicables a cualquier clase de procedimientos. El derecho al debido proceso ha sido entendido como el trámite que permite oír a las partes, de la manera prevista en la Ley, y que ajustado a derecho otorga a las partes el tiempo y los medios adecuados para imponer sus defensas (Sentencia nro. 5/2001, del 24 de enero).

Así, el derecho a la defensa debe entenderse como la oportunidad para el encausado o presunto agraviado de que se oigan y analicen oportunamente sus alegatos y pruebas. En consecuencia, existe violación del derecho a la defensa cuando el interesado no conoce el procedimiento que pueda afectarlo, se le impide su participación o el ejercicio de sus derechos, o se le prohíbe realizar actividades probatorias . (Sentencia nro. 5/2001, del 24 de enero).(...)". (Resaltado de la cita).

Establecido lo anterior, observa la Sala que en la providencia administrativa impugnada, esto es, el Acta de fecha 10 de febrero de 2008, levantada por el Presidente del Instituto para la Defensa y Educación del Consumidor y del Usuario (INDECU) y el Director General (E) del Servicio Autónomo Nacional de Normalización, Calidad, Metrología y Reglamentos Técnicos (SENCAMER), se dispuso:

"(...) en concordancia con lo establecido en el Decreto con Rango, Valor y Fuerza de Ley Especial de Defensa Popular contra el Acaparamiento, la Especulación, el Boicot y Cualquier otra conducta que afecte el Consumo de los Alimentos o Productos Sometidos a Control de Precios, y basándonos en el Artículo 2 ejusdem, nos constituimos en la sede de la Aduana Principal de Puerto Cabello, y actuando de oficio ante el conocimiento cierto que tenemos de la existencia de contenedores cargados de leche evaporada en polvo y leche formulada maternizada, consignada a la empresa Nestlé Venezuela, S.A. (...) y de conformidad con lo establecido en el Artículo 3 ejusdem (...), luego de proceder a la revisión de la documentación suministrada por la Administración de la Aduana Principal de Puerto Cabello encontramos lo siguiente:

1.- Un total de 50 contenedores (...) que ingresaron entre el 15 al 31 de diciembre de 2007, y nacionalizados entre el 29 al 31 de enero de 2008, aún se encuentran en los patios de la Almacenadora Makled, los cuales fueron objeto de verificación documental y física

*2.- Un total de 36 contenedores de alimentos consignados a la empresa Nestlé Venezuela, S.A., **adjudicados al Tesoro Nacional, según resoluciones** N° **FBSA-200-03, FBSA-200-04, por haber caído en situación de abandono legal.***

En vista de lo anteriormente señalado, se evidencia en lo que al punto uno se refiere, la existencia en puerto de los contenedores allí señalados y por lo tanto se ordena dictar la medida preventiva necesaria para garantizar el abastecimiento de los alimentos, de conformidad con el numeral 3 del Artículo 13 ejusdem(...).

*(...) en lo que se refiere al punto dos (...) **hubo una falta de diligencia oportuna que causó retardo en la movilización de dichos alimentos (...) de conformidad con lo establecido en el artículo 25 de la Ley ya citada, se impone una sanción de multa a la empresa Nestlé Venezuela, S.A. por la cantidad de dos mil quinientas Unidades Tributarias (2.500 UT), sin menoscabo de las sanciones administrativas, penales y civiles a que hubiere lugar.(...)".***
(Sic). (Destacado de la Sala).

Del contenido del acto impugnado se evidencia que la sanción de multa impuesta es consecuencia de la declaratoria de abandono legal de que fueron objeto los treinta y seis (36) contenedores mencionados en el punto dos (2) del mismo, y su consiguiente adjudicación al Tesoro Nacional, mediante las resoluciones N° FBSA-200-03, FBSA-200-04, de fecha 1° de febrero de 2008, dictadas por el entonces Ministerio del Poder Popular para las Finanzas, hoy Ministerio del Poder Popular de Planificación y Finanzas (folios 6 al 11 de la segunda pieza del expediente).

Ahora bien, mediante sentencia N° 01612, publicada el 29 de noviembre de 2011, esta Sala declaró *sin lugar* el recurso de nulidad ejercido por la recurrente contra las referidas resoluciones ministeriales; dentro de ese proceso se desvirtuó la denuncia de la accionante sobre la supuesta violación de su derecho al debido proceso. En efecto, alegó la parte actora en esa oportunidad, que la Administración incumplió con la previsión del artículo 203 del Reglamento de la Ley Orgánica de Aduanas (*Gaceta Oficial de la República Bolivariana de Venezuela* N° 4.273 Extraordinario del 20 de mayo de 1991), negándole la *"acción de reclamo"* que le permitía recuperar la mercancía en situación de abandono legal, antes de la realización del acto de remate; el fallo en referencia desestimó la aludida pretensión en los términos siguientes:

*"(...) la adjudicación a la República de mercancías abandonadas ocurre en los siguientes supuestos: i) cuando no surgiere postor en el acto de remate; ii) cuando las mercancías estuvieren sometidas a prohibiciones, reservas, restricciones, requisitos legales y arancelarios y no existieren postores calificados para realizar lícitamente la operación aduanera de que se trate, o iii) **cuando las mercancías fueren de evidente necesidad o interés social.***

Asimismo, es criterio de esta Sala que si bien es cierto que el procedimiento de adjudicación de bienes en estado de abandono legal previsto en la Ley Orgánica de Aduanas de 1999 y su reglamento de 1991 contempla la realización de un acto de remate, tal requisito puede ser obviado cuando la naturaleza de interés social de las mercaderías abandonadas lo requiera, en tales casos la adjudicación procederá de forma directa a la República (ver sentencia 212 del 20 de febrero de 2008, caso: Dotaciones Modulares R.D., S.A.).

(...omissis...)

(...) la Gerencia de la Aduana Principal de Puerto Cabello del SENIAT actuó ajustada a derecho al iniciar el procedimiento de adjudicación, con la declaratoria previa de abandono legal de las mercancías (14.107 bolsas de leche entera en polvo y 8.946 cajas de fórmula para niños) y la remisión del listado de bienes a la Dirección General de Servicios del Ministerio de Finanzas. Así se declara

(... omissis ...)

En este contexto, se advierte que la administración estimó que tales mercancías eran de interés social por su naturaleza (leche en polvo y fórmula para niños). Al respecto, juzga esta Máxima Instancia que los referidos bienes, vista su utilidad, bien podían ser catalogados como artículos de interés social, para 'prestar apoyo a Organismos Públicos e Instituciones privadas sin fines de lucro que tienen a su cargo la prestación de determinados servicios de interés social en los cuales se puede utilizar la mercancía en referencia debido a sus peculiares características (...)'. (Cita de la Resolución N° FBSA-200-03 del 1° de febrero de 2008 que adjudicó las mercancías a la República).

Siendo ello así, podían perfectamente ser clasificados tales artículos de consumo (fórmula para niños y leche en polvo) por el Ministerio del Poder Popular para las Finanzas como de interés social y adjudicados a la república sin la necesaria realización del acto de remate alegado por la contribuyente en defensa de su posible intervención como postor (artículo 203 del Reglamento de la Ley Orgánica de Aduanas de 1991), pues como ya se advirtió supra, la consignataria incumplió su obligación de pagar los tributos y retirar la mercadería de la zona de almacenamiento dentro del lapso fijado al respecto, dejando los referidos bienes en estado de abandono legal. Por tales razones, este Alto Tribunal considera ajustada a derecho la adjudicación ordenada por la Dirección General de Servicios del Ministerio de Hacienda (Hoy Ministerio del Poder Popular de Planificación y Finanzas) y, en consecuencia, se declara improcedente la violación al debido proceso y a la propiedad denunciada por la accionante. Así se declara.(...)". (sic). (Desatacado del texto).

Del fallo parcialmente transcrito se deriva que fue cabalmente cumplido el *iter* procedimental correspondiente para la emisión de los actos que sirvieron de fundamento a la aplicación de la multa que hoy nos ocupa, por tal motivo, mal puede la accionante alegar que fueron lesionados sus derechos a la defensa y al debido proceso.

Aunado a lo anterior, importa destacar que se imponía en el presente caso la actuación expedita de los funcionarios competentes, toda vez que al tratarse de alimentos perecederos, el retraso de la autoridad administrativa en hacerlos llegar a los consumidores podría haber causado la pérdida o descomposición de los mismos, tomando en consideración además, que ya estaba demorado el curso normal de la cadena de comercialización, según se desprende de los autos; previéndose el control posterior de la multa impuesta, a fin de otorgar la oportunidad a la parte recurrente de exponer sus alegatos y defensas y promover pruebas, en resguardo de los derechos a la defensa y al debido proceso.

Previamente, al decidir casos similares, esta Sala Político-Administrativa declaró que no se lesionaban los derechos a la defensa y al debido proceso, cuando el control de las sanciones impuestas a quienes llevaran a cabo actividades que atentaran contra la seguridad alimentaria y el derecho a la vida de la colectividad, fuese posterior y no previo a la aplicación de la multa. En efecto, mediante sentencia N° 00763, publicada el 28 de julio de 2010, caso: *Alimentos Polar Comercial, C.A.*, se dejó sentado lo que a continuación se transcribe:

"(...) Se observa del acto administrativo impugnado que éste tuvo su origen en una inspección practicada en una de las sucursales de la recurrente (...).

Asimismo se observa del acto administrativo recurrido que en virtud de los hechos evidenciados, en la misma oportunidad de practicarse la inspección y levantarse la referida acta, le fue impuesta una multa a la parte actora por dos mil unidades tributarias (2.000 U.T.), equivalente a la cantidad de noventa y dos mil bolívares (Bs. 92.000,00), de conformidad con lo establecido en el artículo 16 'literal b', del entonces vigente Decreto con Rango, Valor y Fuerza de Ley Especial de Defensa Popular Contra el Acaparamiento, la Especulación, el Boicot y Cualquier Otra Conducta que Afecte el Consumo de los Alimentos o Productos Declarados de Primera Necesidad o Sometidos a Control de Precios (publicado en la Gaceta Oficial de la República Bolivariana de Venezuela N° 38.862 del 31 de enero de 2008).(...)

(...omissis...)

*El referido Decreto Ley, específicamente en el artículo 5, establece la facultad otorgada al Ejecutivo Nacional, en este caso por órgano del otrora Instituto para la Defensa y Educación del Consumidor y del Usuario (INDECU), **para salvaguardar la seguridad alimentaria y el derecho a la vida de la colectividad, pues declara como servicio público todo lo relacionado con la producción, fabricación, importación, acopio, transporte, distribución y comercialización de alimentos o productos sometidos a control de precios, asegurando a través de la regulación y fiscalización de dichas actividades la prestación de aquél en forma continua, regular, eficaz, eficiente e ininterrumpida,** asimismo, de la norma antes transcrita, se deriva la facultad para imponer la sanción de multa a los dueños de aquellos establecimientos que se nieguen a expender los productos sometidos a control de precios, lo cual, de acuerdo a lo reflejado en actas, ocurrió en el presente caso.*

Consta además que en el acta de inspección se le comunicó a la representante de la recurrente, quien estuvo presente en ese acto y la suscribió, que '...tiene un plazo de diez (10) días, para que exponga los alegatos y pruebas que considere pertinentes, con respecto a los hechos aquí constatados, de conformidad con el artículo 48 de la Ley Orgánica de Procedimientos Administrativos ante el INDECU...'(...).

(...omissis...)

De allí que al no evidenciarse preliminarmente que la recurrente haya demostrado que cumplió con la normativa aplicable y dada la presunción de legalidad de la que goza el acto administrativo impugnado, aunado a que la parte actora tuvo la oportunidad de acudir ante la Administración para alegar las defensas que juzgase oportunas y probar lo que estimase pertinente, precisamente en resguardo del derecho al debido proceso que denuncia violado, a fin de ejercer un control posterior de la actividad sancionatoria del INDECU (...) no surge presunción de buen derecho que asista a la parte recurrente respecto al alegado atropello de su derecho constitucional (...). (sic). (Destacado de la Sala).

En el mismo sentido, esta instancia jurisdiccional se pronunció en otra oportunidad, sosteniendo a tal efecto, lo siguiente:

"(...) En este caso, del acto impugnado se desprende que la medida de comiso fue dictada por funcionarios del Instituto para la Defensa de las Personas en Acceso a los Bienes y Servicios, inicialmente como medida de retención preventiva, por 'presunta infracción al artículo 65 de la Ley para la Defensa de las Personas en el Acceso a los Bienes y Servicios...', tal como lo sostuvo la Corte Primera de lo Contencioso Administrativo en el fallo impugnado y una vez culminado el procedimiento administrativo, fue cuando el referido ente ratificó la medida de comiso (sanción contenida en el acto impugnado) por infringir '...el artículo, 64 y 46 de la Ley para las Personas en el Acceso a los Bienes y Servicios...'. (...).

Por tanto, no advierte la Sala que la Corte Primera de lo Contencioso Administrativo hubiese contrariado el criterio de esta Sala, tal como lo sostuvo la parte apelante, al concluir que preliminarmente no verificaba la falta absoluta de procedimiento administrativo previo expuesta por la recurrente, razón por la cual se desestima este alegato. Así se decide.(...)". (Sic). [Vid. Sentencia N° 01502, publicada el 16 de noviembre de 2011, caso: Moliendas Papelón, S.A. (MOLIPASA)].

Así, es claro el criterio que ha mantenido esta Sala Político-Administrativa respecto a la validez del control posterior de las sanciones impuestas en aras de garantizar la seguridad alimentaria y el derecho a la vida de la población venezolana, y agrega esta Alzada, más aún cuando las circunstancias así lo requieran dada la naturaleza perecedera y en oportunidades efímera de los bienes de que se trate, que en este caso, asociado a su condición de artículos de primera necesidad sometidos a control de precios, conlleva un contenido social elevadísimo que se traduce en derechos colectivos, frente a los cuales pierden efectividad los individuales.

Tratándose entonces de un fin constitucional del Estado la procura de la seguridad alimentaria de la colectividad, como prescribe el artículo 305 de la Constitución de la República Bolivariana de Venezuela, esta Sala Político-Administrativa del Tribunal Supremo de Justicia debe coadyuvar con su labor jurisdiccional al logro de tal objetivo.

Bajo estas premisas, debe precisarse que de igual modo se respetó el derecho a la presunción de inocencia de la parte actora, toda vez que según quedó demostrado, la actuación de la Administración estuvo ajustada a derecho, por cuanto se siguió el procedimiento correspondiente, otorgando las debidas garantías a la sociedad de comercio accionante.

Vistos los motivos que anteceden, concluye esta Sala Político-Administrativa que no hubo violación de los derechos al debido proceso y a la presunción de inocencia de la parte actora con el control posterior de la sanción impuesta. Así se declara.

2.   *Derechos Económicos*

A.   *Derecho a bienes y servicios de calidad*

TSJ-SPA (1392)   4-12-2013

Magistrada Ponente: Mónica Misticchio Tortorella

Caso: Nestlé Venezuela, S.A. vs. Indepabis

La Administración en ejercicio de las potestades punitivas que le son legalmente atribuidas, aplicó la sanción recurrida con la finalidad de reprender a la infractora, procurando la erradicación de conductas que afectan el suministro necesario de alimentos de primera necesidad, con apego a la previsión constitucional contenida en el artículo 2 de nuestra Carta Magna que propugna como valores superiores de la actuación del Estado democrático y social de Derecho y de Justicia, entre otros, la vida, la responsabilidad social y, en general, la preeminencia de los derechos humanos.

.....En efecto, reza el artículo 108 de la Ley de Protección al Consumidor y al Usuario, publicada en la *Gaceta Oficial de la República Bolivariana de Venezuela* N° 37.930, del 4 de mayo de 2004:

> "*Artículo 108. Se crea el Instituto Para la Defensa y Educación del Consumidor y del Usuario (INDECU)(...). El Instituto será el organismo competente para la **aplicación administrativa de la presente Ley y su Reglamento y las disposiciones que el Ejecutivo Nacional dicte en el ejercicio de las funciones que le están atribuidas.(...)*"*. (Destacado de la Sala).

Por su parte, el artículo 24 del Decreto con Rango, Valor y Fuerza de Ley Especial de Defensa Popular Contra el Acaparamiento, la Especulación, el Boicot y Cualquier Otra Conducta que afecte el Consumo de los Alimentos o Productos Sometidos a Control de Precios publicado en la *Gaceta Oficial de la República Bolivariana de Venezuela* N° 38.628, del 16 de febrero de 2007, prevé la figura del boicot, cuya comisión fue imputada a la parte actora, en los términos siguientes:

"*Artículo 24. Quienes conjunta o separadamente lleven a cabo acciones que impidan, de manera directa o indirecta, la producción, fabricación, importación, acopio, transporte, distribución y comercialización de alimentos o productos sometidos a control de precios, serán sancionados con prisión de dos (2) a seis (6) años, y con multa de ciento treinta (130UT) a veinte mil unidades tributarias (20.000UT).*". (sic). (Destacado de la Sala).

En este sentido, se advierte que este último dispositivo legal contempla la imposición de dos sanciones, una privativa de libertad (prisión), por responsabilidad penal, cuya aplicación corresponde al Poder Judicial, y una pecuniaria (multa), por responsabilidad administrativa, que le permite a la Administración –en este caso el INDECU– hacer uso de la potestad punitiva, según se aprecia del tenor de lo previsto en el artículo 108 de la Ley de Protección al Consumidor y al Usuario, aplicable *ratione temporis*.

De igual modo, importa destacar que las potestades otorgadas al Ejecutivo en la citada normativa, persiguen la protección de los derechos de los consumidores y los usuarios, garantizándoles la obtención de los alimentos y productos sometidos a control de precios. En efecto, dispone el artículo 2° del Decreto con Rango, Valor y Fuerza de Ley Especial de Defensa Popular contra el Acaparamiento, la Especulación, el Boicot y cualquier otra conducta que afecte el Consumo de los Alimentos o Productos Sometidos a Control de Precios:

"*Artículo 2°. Toda Conducta que signifique acaparamiento, especulación, boicot y cualquier otra que afecte el consumo de los alimentos o productos sometidos a control de precios, se considerará contraria a la paz social, al derecho a la vida y a la salud del pueblo.*

Por sus efectos dañinos a la sociedad, el Estado, por órgano del Ejecutivo Nacional, en atención a los altos intereses que tutela, tomará las medidas establecidas en este Decreto-Ley en beneficio de la colectividad."

La conducta sancionada a la sociedad mercantil Nestlé Venezuela, S.A. fue haber incurrido en abandono legal de treinta y seis (36) contenedores de alimentos sometidos a control de precios (leche en polvo) en la Aduana Principal de Puerto Cabello del Servicio Nacional Integrado de Administración Aduanera y Tributaria (SENIAT), por omisión del cumplimiento de la normativa que es exigida en la Ley Orgánica de Aduanas (*Gaceta Oficial de la República Bolivariana de Venezuela* N° 5.353 Extraordinario del 17 de junio de 1999) para la declaración y/o retiro de mercancías sujetas a operaciones aduaneras y al pago de los correspondientes tributos y tasas; situación que, como fue expuesto *supra*, fue verificada por esta Sala mediante sentencia N° 01612 publicada el 29 de noviembre de 2011, que declaró *sin lugar* el recurso de nulidad ejercido por la recurrente contra las Resoluciones Nos. FBSA-200-03 y FBSA-200-04 de fecha 1° de febrero de 2008, dictadas por el otrora Ministerio del Poder Popular para las Finanzas, hoy Ministerio del Poder Popular de Planificación y Finanzas, por las cuales se adjudicó la referida mercancía al Tesoro Nacional por encontrarse en situación de abandono legal; y contra la Resolución N° 017 del 7 de mayo de 2008, emitida por la Comisión Presidencial para la Disposición Final de Mercancías Legalmente Abandonas en las Aduanas de Venezuela.

Ahora bien, de las normas parcialmente transcritas y vista la actuación negligente de la sociedad de comercio recurrente que entorpeció la distribución y comercialización de artículos de primera necesidad, es claro que la multa fue impuesta con base en la potestad legalmente otorgada al Instituto para la Defensa y Educación del Consumidor y del Usuario (INDECU), en resguardo de los altos intereses que le han sido encomendados, frente a una conducta que obró en detrimento de la seguridad alimentaria del pueblo venezolano; por lo que la inexactitud en la calificación que haya dado el referido ente Administrativo al momento de acordar la aludida sanción, no invalida el correctivo aplicado.

Asimismo, estima la Sala conveniente resaltar, que tiene rango constitucional la obligación del Estado Venezolano de garantizar la disposición de bienes y servicios de calidad en una justa medida, y de aplicar las sanciones correspondientes por la violación de ese derecho; en este sentido dispone el artículo 117 de la Constitución de la República Bolivariana de Venezuela, lo siguiente:

> *"Artículo 117.- Todas las personas tendrán derecho a disponer de bienes y servicios de calidad, así como a una información adecuada y no engañosa sobre el contenido y características de los productos y servicios que consumen; a la libertad de elección y a un trato equitativo y digno. La ley establecerá los mecanismos necesarios para garantizar esos derechos, las normas de control de calidad y cantidad de bienes y servicios, los procedimientos de defensa del público consumidor, el resarcimiento de los daños ocasionados y las sanciones correspondientes por la violación de estos derechos".*

De otra parte, los artículos 112 y 113 del Texto Fundamental prevén la intervención del Estado para tutelar y garantizar la protección del público consumidor; normas desarrolladas en los textos legales arriba señalados.

Resulta evidente entonces, que la Administración en ejercicio de las potestades punitivas que le son legalmente atribuidas, aplicó la sanción recurrida con la finalidad de reprender a la infractora, procurando la erradicación de conductas que afectan el suministro necesario de alimentos de primera necesidad, con apego a la previsión constitucional contenida en el artículo 2 de nuestra Carta Magna que propugna como valores superiores de la actuación del Estado democrático y social de Derecho y de Justicia, entre otros, la vida, la responsabilidad social y, en general, la preeminencia de los derechos humanos.

Por las razones precedentemente expuestas, insiste la Sala, es incuestionable la validez de la multa aplicada, resultando evidente la improcedencia de las consideraciones de la parte apelante. Así se declara.

B.   *Derecho a la seguridad agroalimentaria*

TSJ-SPA (1392)   **4-12-2013**

Magistrada Ponente: Mónica Misticchio Tortorella

Caso: Nestlé Venezuela, S.A. vs. Indepabis

La protección de la seguridad alimentaria ciertamente priva sobre el derecho a la libertad económica de los particulares que ejercen actividades relacionadas con el ramo de alimentación, desde la producción o importación, hasta la distribución.

..... Finalmente, sostuvo la representación judicial de la recurrente que el fallo apelado incurrió en falso supuesto de derecho por errónea interpretación sobre los requisitos para que se configure el boicot, alegando a tal efecto que el *a quo* pretendió asimilar esta figura a la de abandono legal, atribuyéndole a esta última la intención dolosa de generar escasez de un producto de interés social sometido a control de precio, cuando en realidad dejar mercancía en estado de abandono no constituye una infracción al ordenamiento jurídico.

El abandono legal es una declaratoria producto de una situación fáctica ocasionada por la negligencia de los importadores en el retiro de mercancía de la Aduana en el tiempo legalmente previsto para ello, que produce el efecto jurídico de que aquélla pase a disposición del Fisco Nacional; luego el boicot, supone acciones que impidan de manera directa o indirecta, la producción, fabricación, importación, acopio, transporte, distribución y comercialización de alimentos o productos sometidos a control de precios.

Como puede apreciarse, el boicot supone una conducta dolosa, dirigida a impedir el normal desenvolvimiento de la cadena de producción y comercialización de los productos sometidos a control de precios; por el contrario el abandono legal es la consecuencia jurídica impuesta a los importadores negligentes, que obra en detrimento de su patrimonio, toda vez que su mercancía queda a disposición del Fisco Nacional.

Ahora bien, dispuso el *a quo* en la sentencia impugnada, lo siguiente:

"(...) *la conducta asumida por Nestlé es subsumible dentro de la figura de boicot, toda vez que no mostró la diligencia necesaria en el cumplimiento de su deber como proveedor de artículos de primera necesidad y garante de la seguridad alimentaria, toda vez que no consta en los autos elementos de los cuales se pueda verificar dicho interés y más aún al no haber justificado por qué razón seguía la mercancía en la aduana, las cuales constituyen bienes de primera necesidad, entre ellas, fórmulas lácteas para niños, y al existir para ese momento un mercado regulado (...)". (sic).*

Entiende la Sala, que ciertamente el abandono legal es una figura prevista en la Ley Orgánica de Aduanas, que, en principio, no conlleva intención dolosa o ánimo de dañar; no obstante, al tratarse de alimentos perecederos de primera necesidad sometidos a control de precios, que por esenciales e indispensables para la población atienden el derecho a la vida, a la alimentación y a la seguridad del Estado, la falta de diligencia del proveedor deviene en lesiva de las citadas garantías fundamentales protegidas constitucionalmente.

Entonces, más allá de esta clasificación, es oportuno reiterar que en casos como el presente, la actividad sancionatoria del Instituto para la Defensa y Educación del Consumidor y del Usuario (INDECU), hoy asumida por el Instituto para la Defensa de las Personas en el Acceso a Bienes y Servicios (INDEPABIS), persigue el resguardo de la seguridad alimentaria, previsto como fin de nuestro Estado democrático y social de Derecho y de Justicia en el artículo 305 de nuestra Carta Magna, para que la población satisfaga sus necesidades alimenticias, en la cantidad y calidad suficiente, de manera oportuna y consecuente, a objeto que las venezolanas y los venezolanos puedan ejercer su derecho a la vida en condiciones tales que le permitan lograr a plenitud su desarrollo humano. En tal sentido, la citada previsión constitucional faculta a la Administración para aplicar los correctivos pertinentes en aras de garantizar el cumplimiento de la misión que en esta materia le fue asignada.

Así, la Sala Constitucional de este Alto Tribunal desarrolló el carácter dual de la *"seguridad agroalimentaria"* previsto en el citado dispositivo constitucional, disponiendo a tal efecto lo siguiente:

"(...) La entrada en vigencia de la Constitución de la República Bolivariana de Venezuela concibió una reforma del marco institucional del Estado, que traza una redefinición estructural del arquetipo para el desarrollo de la nación y, particularmente de las competencias del Estado -los órganos del Poder Público-, la legislación vigente y la sociedad, en orden a armonizarlo con los fines que le han sido constitucionalmente encomendados.

Como nuevo paradigma en la sociedad venezolana, el ordenamiento supremo ha levantado el derecho a la seguridad agroalimentaria, establecido en el artículo 305 de la Constitución de la República Bolivariana de Venezuela, en los siguientes términos:

'Artículo 305. El Estado promoverá la agricultura sustentable como base estratégica del desarrollo rural integral, a fin de garantizar la seguridad alimentaria de la población; entendida como la disponibilidad suficiente y estable de alimentos en el ámbito nacional y el acceso oportuno y permanente a éstos por parte del público consumidor. La seguridad alimentaria se alcanzará desarrollando y privilegiando la producción agropecuaria interna, entendiéndose como tal la proveniente de las actividades agrícola, pecuaria, pesquera y acuícola. La producción de alimentos es de interés nacional y fundamental para el desarrollo econó-

mico y social de la Nación. A tales fines, el Estado dictará las medidas de orden financiero, comercial, transferencia tecnológica, tenencia de la tierra, infraestructura, capacitación de mano de obra y otras que fueran necesarias para alcanzar niveles estratégicos de autoabastecimiento. Además, promoverá las acciones en el marco de la economía nacional e internacional para compensar las desventajas propias de la actividad agrícola (...)'.

La definición dada por el Constituyente es conteste con las consideraciones formuladas por la doctrina respecto a la seguridad agroalimentaria, en tanto la voz agroalimentaria "(...) es un neologismo que califica simultáneamente el punto de partida (la agricultura) y la finalidad (alimentación) de una sucesión compleja de etapas y actividades variadas que se desarrollan en el seno de las sociedades con la finalidad de lograr el abastecimiento de productos que se destinan, directa o indirectamente, a la alimentación humana" -Cfr. MOLINA, LUISA ELENA. Revisión de Algunas Tendencias del Pensamiento Agroalimentario (1945-1994). Véase en Revista Agroalimentaria N° 1. Septiembre 1995.

www.saber.ula.ve/ciaal/agroalimentaria/ (Consultada el 1/10/07)-.

Como derecho esencial al desarrollo sustentable de la Nación, la seguridad agroalimentaria debe materializarse, como una garantía de los (i) consumidores respecto al 'acceso oportuno y permanente a éstos [alimentos] por parte del público consumidor" y de los (ii) productores -incluyendo por tales, incluso a los comerciantes- a "la disponibilidad suficiente y estable de alimentos en el ámbito nacional', lo cual se materializa en la posibilidad de acceder a los medios para el desarrollo de la producción y comercialización de los correspondientes productos agrícolas.

Ese carácter dual del derecho a la seguridad agroalimentaria, se debe a que el desarrollo de la actividad agrícola no depende exclusivamente de la actividad directa en el campo, sino que igualmente está determinado por la actividad agroindustrial, comercial y la conducta de los consumidores. Razón por la cual, se ha desarrollado en la legislación venezolana el concepto de cadena agroproductiva o el ámbito de la relación entre productores agropecuarios, agroindustriales y el agrocomercio, en el cual se incluyen a los agentes y factores económicos que participan directamente en la producción, traslado, transformación y distribución mayorista de un mismo producto agropecuario -Cfr. Artículo 5.c de la Ley de Mercadeo Agrícola, publicada en la Gaceta Oficial N° 37.389 del 21 de febrero de 2002-.

En ese orden de ideas, una tutela judicial efectiva del derecho a la seguridad agroalimentaria no debe limitarse al restablecimiento de la situación jurídica infringida de alguno de los factores de la cadena agroproductiva de un determinado rubro, sino asumir como fin último del ejercicio de sus potestades jurisdiccionales, el garantizar la sustentabilidad de la respectiva actividad agroproductiva a los fines de proteger los derechos de las futuras generaciones y, de esta forma consolidar la soberanía e independencia de la Nación -Vid. Sentencia de la Sala Constitucional N° 692/2005-.

Esta visión sistémica de la seguridad agroalimentaria, permite afirmar que **cualquier actividad u omisión que de forma directa o indirecta, total o parcial perturbe una determinada cadena agroproductiva, constituye una cuestión de orden público e interés nacional que debe ser tutelada por los órganos jurisdiccionales, independientemente que la amenaza o lesión provenga de personas naturales o jurídicas de naturaleza pública o privada, en la medida que la misma, sea una amenaza o se verifique como un efectivo deterioro de las condiciones de mantenimiento y desarrollo sustentable de la producción agropecuaria interna.(...)".***(Negrillas de la Sala). (Vid.* Sentencia de la Sala Constitucional N° 1444/2008).

Por su parte, esta Sala Político-Administrativa ha puesto en relieve las prerrogativas del Estado para garantizar la protección de la referida garantía constitucional, en los términos siguientes:

"(...) es necesario traer a colación el contenido del artículo 305 de la Constitución de la República Bolivariana de Venezuela, el cual dispone lo siguiente:

'Artículo 305. El Estado promoverá la agricultura sustentable como base estratégica del desarrollo rural integral, y en consecuencia garantizará la seguridad alimentaria de la población; entendida como la disponibilidad suficiente y estable de alimentos en el ámbito nacional y el acceso oportuno y permanente a éstos por parte del público consumidor. La seguridad alimentaria se alcanzará desarrollando y privilegiando la producción agropecuaria interna, entendiéndose como tal la proveniente de las actividades agrícola, pecuaria, pesquera y acuícola. La producción de alimentos es de interés nacional y fundamental al desarrollo económico y social de la Nación. A tales fines, el Estado dictará las medidas de orden financiero, comercial, transferencia tecnológica, tenencia de la tierra, infraestructura, capacitación de mano de obra y otras que fueran necesarias para alcanzar niveles estratégicos de autoabastecimiento. Además, promoverá las acciones en el marco de la economía nacional e internacional para compensar las desventajas propias de la actividad agrícola.

El Estado protegerá los asentamientos y comunidades de pescadores o pescadoras artesanales, así como sus caladeros de pesca en aguas continentales y los próximos a la línea costera definidos en la ley.'

(...omissis...)

*De acuerdo al artículo antes transcrito, el Estado debe garantizar la seguridad alimentaria de la población y, en tal sentido, **está facultado para tomar las medidas necesarias para alcanzar niveles óptimos de abastecimiento en todo el territorio nacional (...)".**(Negrillas de la Sala). (Vid. Sentencia de la Sala Político-Administrativa N° 00140, de fecha 03 de febrero de 2009).*

Insiste la Sala entonces, a la luz del criterio contenido en el fallo parcialmente transcrito, que es deber del Estado adoptar las medidas que sean necesarias para garantizar la *"...disponibilidad suficiente y estable de alimentos en el ámbito nacional y el acceso oportuno y permanente a éstos por parte del público consumidor...".* En este sentido, los entes fiscalizadores no sólo están en el deber de velar por el cumplimiento de las obligaciones de los productores de alimentos y servicios, sino que adicionalmente están dotados del poder coercitivo para revisar –aun de oficio– y sancionar las actividades omisivas o contrarias a las establecidas para salvaguardar un bien jurídico de la seguridad alimentaria, consagrada en el artículo 305 de la Constitución de la República Bolivariana de Venezuela. (*Vid.* Sentencia N° 015666, publicada el 23 de noviembre de 2011, caso: *Moliendas Papelón, S.A.*).

Sobre la base de lo expuesto, es fácil concluir que la protección de la seguridad alimentaria, ciertamente priva sobre el derecho a la libertad económica de los particulares que ejercen actividades relacionadas con el ramo de alimentación, desde la producción o importación, hasta la distribución.

Luego, demostrado que la parte actora mantuvo una conducta indiferente frente a la seguridad alimentaria de la población venezolana, evidenciada en el retraso injustificado de la distribución y comercialización de los productos lácteos a que aluden las presentes actuaciones, resulta obvia la improcedencia del pretendido falso supuesto de derecho. Así se declara.

3.   *Derechos Políticos*

    A.   *Derecho a la participación ciudadana: procedimiento de elaboración de normas*

TSJ-SPA (1511)   **18-12-2013**

Magistrado Ponente: Emilio Ramos González

Caso: Red de Padres y Representantes vs. Ministerio del Poder Popular para la Educación.

La nulidad establecida en el artículo 140 de la Ley Orgánica de la Administración Pública está prevista para sancionar aquellos supuestos de elaboración de normas a espaldas del Pueblo; cuestión ésta que difiere, totalmente de lo acontecido en el presente caso, donde la participación ciudadana se ha producido en cumplimiento al contenido del artículo 139 de la mencionada Ley, al efectuarse una *consulta pública dinámica y continuada* **durante todo el proceso de elaboración de la Resolución N° 058.**

Precisado lo anterior corresponde a esta Sala decidir el fondo del recurso contencioso administrativo de nulidad interpuesto por el apoderado judicial de de la Asociación Civil accionante, contra la Resolución N° 058 emanada del Ministerio del Poder Popular para la Educación, publicada en la *Gaceta Oficial* N° 40.029 de fecha 16 de octubre de 2012.

En tal sentido se observa:

1- Alegó la parte recurrente que la Resolución N° 058 impugnada viola el **principio de legalidad**, pues en su opinión fue dictada por el Ministerio del Poder Popular para la Educación, sin cumplir con el procedimiento de consulta previa obligatoria establecido en los artículos 139 y 140 de la Ley Orgánica de la Administración Pública, que "...*establecen el procedimiento para garantizar la participación social y ciudadana en la gestión pública...*".

En este sentido, sostuvo que el mencionado Despacho ministerial "...*no remitió el anteproyecto a las comunidades organizadas mediante oficio indicando el lapso para recibir observaciones por escrito, ni difundió a través de cualquier medio de comunicación el inicio del proceso de consulta pública y su duración, ni lo informó a través de su página en internet exponiendo el o los documentos sobre los cuales verse la consulta...*".

Al respecto, se debe indicar que el principio de legalidad se encuentra consagrado en el Texto Fundamental en el artículo 137 y específicamente, el de legalidad administrativa en el artículo 141, los cuales señalan:

"...*Artículo 137. Esta Constitución y la ley definen las atribuciones de los órganos que ejercen el Poder Público, a las cuales deben sujetarse las actividades que realicen...*".

"...*Artículo 141. La Administración Pública está al servicio de los ciudadanos y ciudadanas y se fundamenta en los principios de honestidad, participación, celeridad, eficacia, eficiencia, transparencia, rendición de cuentas y responsabilidad en el ejercicio de la función pública, con sometimiento pleno a la ley y al derecho...*".

De conformidad con dicho principio toda la actividad de los órganos que ejercen el Poder Público se encuentra sujeta al Derecho en el más amplio sentido, es decir a la Constitución y a la Ley, que involucra el sistema de valores y principios desarrollados por el Constituyente venezolano en el Título I (*Principios Fundamentales*) de la Carta Fundamental.

En el caso planteado, la denuncia expuesta por el apoderado judicial de la asociación civil accionante se contrae a señalar la falta de cumplimiento por parte de la Administración del procedimiento de consulta previa obligatoria establecido en los artículos 139 y 140 de la Ley Orgánica de la Administración Pública (publicada en la *Gaceta Oficial* N° 5.890 del 31 de julio de 2008) cuyo contenido es el siguiente:

"...***Artículo 139.-****Cuando los órganos o entes públicos, en su rol de regulación sectorial, propongan la adopción de normas reglamentarias o de otra jerarquía, deberán iniciar el correspondiente proceso de consulta pública y remitir el anteproyecto a las comunidades organizadas.*

En el oficio de remisión del anteproyecto correspondiente se indicará el lapso durante el cual se recibirán por escrito las observaciones, el cual comenzará a correr a partir del décimo día hábil siguiente a la entrega del anteproyecto correspondiente.

Paralelamente a ello, el órgano o ente público correspondiente difundirá a través de cualquier medio de comunicación el inicio del proceso de consulta indicando su duración. De igual manera lo informará a través de su página en internet, en la cual se expondrá el o los documentos sobre los cuales verse la consulta.

Durante el proceso de consulta cualquier persona puede presentar por escrito sus observaciones y comentarios sobre el correspondiente anteproyecto. Una vez concluido el lapso de recepción de las observaciones, el órgano o ente público podrá fijar una fecha para que sus funcionarias o funcionarios, especialistas en la materia que sean convocados y las comunidades organizadas intercambien opiniones, hagan preguntas, realicen observaciones y propongan adoptar, desechar o modificar el anteproyecto propuesto o considerar un anteproyecto nuevo. El resultado del proceso de consulta tendrá carácter participativo no vinculante.

*"...**Artículo 140**.- El órgano o ente público no podrá aprobar normas para cuya resolución sea competente, ni remitir a otra instancia proyectos normativos que no sean consultados, de conformidad con el artículo anterior. Las normas que sean aprobadas por los órganos o entes públicos o propuestas por éstos a otras instancias serán nulas de nulidad absoluta si no han sido consultadas según el procedimiento previsto en el presente Título.*

En caso de emergencia manifiesta, por fuerza de la obligación del Estado en la seguridad y protección de la sociedad o en los casos de legislación excepcional previstos en la Constitución de la República Bolivariana de Venezuela, la Presidenta o Presidente de la República, gobernadora o gobernador, alcaldesa o alcalde, según corresponda, podrá autorizar la aprobación de normas sin la consulta previa. En este caso, las normas aprobadas serán consultadas seguidamente bajo el mismo procedimiento a las comunidades organizadas; el resultado de la consulta deberá ser considerado por la instancia que aprobó la norma y éstas podrán ratificarla, modificarla o eliminarla.."..

En relación a los citados artículos de la vigente Ley Orgánica de la Administración Pública (2008), se debe precisar que ambas disposiciones legales fortalecen y profundizan la **participación ciudadana** en la formación, ejecución y control de la gestión pública, dentro de la cual se incluye la actividad normativa, desarrollando los postulados establecidos en los artículos 62 y 211 de la Constitución de la República Bolivariana de Venezuela, dado que la intervención popular es esencial en el modelo democrático trazado por el Constituyente venezolano de 1999, ya que las decisiones que adopten los órganos del Poder Público en ejercicio de sus facultades y potestades constitucionales, no pueden ser impuestas a espaldas del pueblo en tanto titular originario de la soberanía. Por ello, en la parte final del citado artículo 139 *eiusdem*, se establece el carácter no vinculante de la consulta pública pero a su vez se exalta su carácter participativo.

En este contexto se debe destacar, que la *consulta pública* surge como **expresión del derecho a la participación ciudadana**, bajo el entendido de que se trata de un derecho constitucional que garantiza la intervención *deliberada* y *consciente* de los ciudadanos, a través de los mecanismos e instrumentos establecidos en la Carta Fundamental y desarrollados en la Ley, con la finalidad de incidir en la toma de decisiones de los entes públicos relativas a la gestión pública. La citada Ley Orgánica de la Administración Pública (2008)

En concreto, el artículo 70 de la Constitución de la República Bolivariana de Venezuela, establece como <u>mecanismos de participación ciudadana</u>, los siguientes:

"...Artículo 70. Son medios de participación y protagonismo del pueblo en ejercicio de su soberanía, en lo político: la elección de cargos públicos, el referendo, la consulta popular, la revocatoria del mandato, las iniciativas legislativa, constitucional y constituyente, el cabildo abierto y la asamblea de ciudadanos y ciudadanas cuyas decisiones serán de carácter vinculante, entre otros; y en lo social y económico, las instancias de atención ciudadana, la autogestión, la cogestión, las cooperativas en todas sus formas incluyendo las de carácter financiero, las cajas de ahorro, la empresa comunitaria y demás formas asociativas guiadas por los valores de la mutua cooperación y la solidaridad.

La ley establecerá las condiciones para el efectivo funcionamiento de los medios de participación previstos en este artículo...".

En particular, acerca de la *consulta pública* se debe indicar que su finalidad es propiciar escenarios de participación ciudadana y establecer una comunicación activa y permanente entre los actores sociales, organizaciones comunales y las autoridades, a los efectos de socializar el respectivo anteproyecto normativo. Como objetivo específico, se insiste, destaca el de difundir la información y promover la participación de la sociedad, sistematizando los intereses generales de los ciudadanos como integrantes de la comunidad y garantizando con ello la satisfacción de sus necesidades públicas, al incorporarlas en el anteproyecto o en la toma de decisiones.

Establecido lo anterior, a los efectos de analizar la denuncia referida a la **violación del principio de legalidad** se observa, que la asociación civil Red de Padres y Representantes afirma que no se ha cumplido con el mencionado procedimiento de consulta y que el derecho a la participación fue vulnerado en presente caso, por cuanto la Administración *"...no remitió el anteproyecto a las comunidades organizadas mediante oficio indicando el lapso para recibir observaciones por escrito, ni difundió a través de cualquier medio de comunicación el inicio del proceso de consulta pública y su duración, ni lo informó a través de su página en internet exponiendo el o los documentos sobre los cuales verse la consulta...".*

Por su parte, la Ministra del Poder Popular para la Educación alegó en su escrito de fecha 9 de mayo de 2013, que la concepción de las comunidades educativas o Consejos Educativos *"...ha sido objeto de sucesivas consultas, a saber una en el año 1999 con la Constituyente Educativa, otra entre 2001 y 2008, y la última con la continuación de debates abiertos de opinión de los actores educativos y las comunidades organizadas, y entre 2008 y 2012 lapso en el que se realizaron jornadas públicas en todas las entidades el país...".*

Indicó que *"...la metodología usada en el proceso de consulta fue abierta, flexible, de carácter participativo, protagónico e incluyente, continua y permanente, desarrollada conjuntamente con las y los ciudadanos, familias, las escuelas y la comunidad, tomando en consideración las instituciones educativas a nivel nacional...".*

Así también, la representación de la República refirió que, *"...de acuerdo a todos los elementos que cursan en el expediente administrativo y de sus respectivos anexos, se constata que efectivamente la consulta fue realizada y se ha formalizado de manera continua y dinámica en la práctica concreta*, como instancia de participación...". (Resaltado del texto).

Sostuvo que con respecto a la Resolución N° 058 impugnada, la Administración ha realizado una "consulta pública continua" que se llevó a cabo durante tres (3) períodos consecutivos: *"...a) En 1999 con la Constituyente Educativa; b) Entre 2001 y el 2008, con debates abiertos y de opinión de los actores educativos y comunidades organizadas y c) Entre 2008 y 2012 lapso en que se realizaron jornadas públicas en todas las entidades del país (...) Así mismo con la publicación de la tantas veces mencionada Resolución N° 058, se abrió un mecanismo de* **consulta permanente y continuo**, *que está sujeta a la revisión, evaluación y modificación anual...".* (Destacado del escrito).

En el mismo orden de ideas, la representante del Ministerio Público aseguró que de la relación de actuaciones -sobre las cuales presentó un resumen en su escrito de opinión- consta en el expediente que, *"...la ciudadanía tuvo la oportunidad de ejercer la participación ciudadana a la que hace mención el artículo 138, 139 y 140 de la Ley Orgánica de la Administración Pública, ciudadanía ésta dentro de la que se encuentra la parte recurrente, la cual por tanto, no se cercenó su derecho a la defensa en razón de la oportunidad que tuvo (...) de participar mediante los actos que antes se describieron, motivo por el cual el alegato de violación del derecho a la participación ciudadanía debe ser declarado* **sin lugar***...".* (Negritas del texto).

A los fines de constatar la denuncia expuesta por el apoderado judicial de la accionante, referida al incumplimiento del procedimiento de consulta pública establecido en el artículo 139 de la Ley Orgánica de Administración Pública, la Sala, para mejor comprensión del presente caso, ha sistematizado su análisis en las siguientes fases: 1.- **Iniciativa** del instrumento normativo, 2.- **Difusión** y **Discusión del Anteproyecto**, 3.- **Recepción de Observaciones** y **Propuestas**.

I.-La **iniciativa** deriva de la lectura del encabezado de la norma en referencia, el cual expresa que, *"...*Cuando los **órganos** o **entes públicos**, en su rol de regulación sectorial, **propongan** la adopción de normas reglamentarias o de otra jerarquía, deberán iniciar el proceso de consulta pública y remitir el anteproyecto a las comunidades organizadas...".* (Negritas de esta sentencia).

En tal sentido, una vez analizadas la diez (10) piezas que forman el expediente administrativo, evidencia la Sala que la Resolución N° 058 impugnada no surge de la iniciativa exclusiva del ente ministerial. Por el contrario, dicho instrumento es el resultado de las exigencias que, a través de muchos años (1999-2012), se vienen realizando desde las **bases** de la comunidad educativa (conformada por padres, madres, representantes, estudiantes, docentes, trabajadoras y trabajadores administrativos, obreras y obreros, voceros y voceras de las diferentes organizaciones comunitarias vinculadas a las instituciones educativas), propiciadas por la necesidad de transformar y adaptar el Sistema Educativo a los términos establecidos por el Constituyente de 1999.

Ciertamente, como fue expuesto por la representación de la República, que -a lo largo de los indicados años- se viene gestando sobre el tema de la educación una especie de *"consulta pública continua"*, en cuyo calificativo convergen la representación del Ministerio Público y la Ministra del Poder Popular para la Educación, en virtud de que ésta se ha venido cumpliendo por etapas, con la participación activa de los órganos y los entes públicos así como de la ciudadanía.

En este contexto, la primera iniciativa popular surge a los efectos de modificar la Ley Orgánica de Educación de 1980, así como la Resolución N° 751 de 1986 que establecía el *Régimen Complementario sobre la Organización y Funcionamiento de la Comunidad Educativa*, en el entendido que ambos instrumentos estaban fundamentados en el sistema educativo diseñado en la Constitución de 1961. Las reformas introducidas por la Constitución de 1999, al calificar la educación como un proceso fundamental para alcanzar los fines del Estado (artículo 3), impusieron la necesidad de discutir y plantear las modificaciones y adaptaciones pertinentes para que se dictara la vigente Ley Orgánica de Educación de 2009, como instrumento jurídico que reformula el Sistema Educativo con fundamento en el modelo de **Estado Social** y desarrolla la noción de *Estado Docente*.

Dicho instrumento legal destaca el valor de la educación como **derecho humano** universal, pero a su vez, establece que es un **deber social** fundamental, inalienable e irrenunciable que se materializa como un **servicio público** dirigido a incrementar el espíritu de solidaridad humana para la formación de ciudadanos aptos para la vida y para el ejercicio de la democracia.

De allí que el aludido proceso debe responder a los *intereses de las mayorías* y no solo de determinados sectores o grupos laicos, religiosos, de poder económico o social, ya que la tutela de los derechos de estos grupos minoritarios debe compaginarse con los intereses de la Nación, orientados hacia la formación de todo el pueblo. Por ello, es gratuita y obligatoria, comprometida con la creación de instituciones que favorezcan a los más necesitados económicamente para acceder a la cultura y al conocimiento

En concreto, la calificación de servicio público de la educación se encuentra establecida en el artículo 102 de la Constitución de 1999, en los términos siguientes:

"...La educación es un derecho humano y un deber social fundamental, es democrática, gratuita y obligatoria. El Estado la asumirá como función indeclinable y de máximo interés en todos sus niveles y modalidades, y como instrumento del conocimiento científico, humanístico y tecnológico al servicio de la sociedad. La educación es un servicio público y está fundamentada en el respeto a todas las corrientes del pensamiento, con la finalidad de desarrollar el potencial creativo de cada ser humano y el pleno ejercicio de su personalidad en una sociedad democrática basada en la valoración ética del trabajo y en la participación activa, consciente y solidaria en los procesos de transformación social consustanciados con los valores de la identidad nacional, y con una visión latinoamericana y universal. El Estado, con la participación de las familias y la sociedad, promoverá el proceso de educación ciudadana de acuerdo con los principios contenidos de esta Constitución y en la ley...". (Resaltado de la Sala).

La conceptualización de la Educación que efectúa el Constituyente en la citada norma preservando su carácter de *"servicio público"* y, por ende, la **función social** que ésta cumple, deriva de la configuración del modelo de Estado Democrático y Social de Derecho y de Justicia (artículo 2), del cual emanan en favor del Estado poderes de regulación, inspección y vigilancia. Al respecto, esta Sala en su jurisprudencia ha reiterado y destacado la naturaleza jurídica de la educación como servicio público. (Ver entre otras, sentencias de la Sala Político-Administrativa Nros. 00316, 01088, 00240 y 00966 de fechas 4/3/09, 26/9/12/, 12/3/13 y 8/8/13 respectivamente).

En este contexto, cabe destacar que, una vez aprobada por el pueblo mediante referendo dicha Constitución el 15 de diciembre de 1999, diversos sectores de la sociedad organizada y organismos del Estado que habían participado en la denominada **Constituyente Educativa** formularon sus iniciativas para la promulgación de una nueva Ley Orgánica de Educación y la consecuente modificación de la Resolución N° 751 vigente para entonces; etapa ésta que se puede ubicar en dos períodos: de 2001 al 2009, cerrando con la promulgación de Ley Orgánica de Educación de este último año y la otra que va del año 2009 al 2012, finalizando con la emisión de la Resolución N° 058 en cuestión, que deroga expresamente la Resolución N° 751. De lo antes expuesto, se evidencia la dificultad de separar la participación popular que se produjo a los efectos de sancionar la Ley Orgánica de Educación de 2009, de la participación ciudadana que se produjo para la elaboración de la Resolución N° 058, hoy recurrida, pues -como se ha indicado- ambas iniciativas emergieron de las bases sociales una vez entrada en vigencia la Carta Fundamental de 1999.

Sobre este particular, entre muchas otras, destacan las propuestas e iniciativas siguientes, constantes en el expediente administrativo remitido por el Ministerio del Poder Popular para la Educación:

*a- Propuesta del Estado Aragua de la Ley Orgánica de Educación, Cultura y Deportes. Sugiriendo la concepción del Estado Docente como aquél comprometido "...a impartir una Educación Pública obligatoria integral, de calidad permanente en todos los niveles y modalidades alcanzando las áreas de Cultura y Deportes y la comunidad organizada velar porque el Estado cumpla con sus obligaciones (Art. 81, 102 CRBV); -La Educación, la Cultura y el Deporte deben construir parte de la política de Estado para que estas áreas sean obligatorias y a la vez un derecho de todos los ciudadanos a través del Gobierno Escolar tengan la libertad de elegir la o las actividades de su preferencia y de esta forma desarrollar la formación física y espiritual del ciudadano (Art. 99, 100, 101 CRBV); -El Estado debe reconocer el **Gobierno Escolar (comunidad organizada)** y las asambleas de ciudadanos como **instancia máxima** de poder para ejercer la contraloría social.; (...) -El Estado, la escuela y la comunidad organizarán, planificarán y ejecutarán acciones de carácter permanente en todos los niveles y modalidades tendientes al Bienestar Estudiantil (...); -Crear convenios entre organismos educativos y empresas públicas y privadas para lograr la inserción de los egresados de la Educción Media, Diversificada y Profesional en el campo laboral. (...); -La supervisión se efectuará con todos los **actores del proceso educativo** siendo de carácter instruccional, participativa, integral, cooperativa y con acompañamiento (...); -El Gobierno Escolar para lograr un **protagonismo popular** dentro de la nueva república en construcción requiere un compromiso organizativo, una **participación activa y responsable entre: Estado-Escuela-Comunidad** incentivando el sentido de pertenencia al abrir sus espacios (Art. 132 CRBV)...". (Folios 355 al 357, de la Carpeta II, Gestión 2001-2004). (Negritas de la Sala).*

*b- Propuesta para la formulación de la Ley Orgánica de Educación enmarcada en los aspectos propositivos del Proyecto Educativo Nacional. Estado Vargas. Al respecto: 1.- Bajo el título de "El **Estado Docente** que queremos", en el Folio 362 de la Carpeta II, Gestión 2001-2004 se expone: "...-El estado deberá promover, dentro de los planteles oficiales y privados, las escuelas para padres a fin de lograr la **integración escuela- familia-comunidad**, consolidando así los valores étnicos y morales de nuestra sociedad; -Los centros educativos deben fomentar la **participación comunitaria** a fin de establecer un intercambio y comunicación continua entre los sectores empresariales, culturales, deportivos y religiosos, compartiendo la misma visión y misión y organizando un ambiente escolar como ejemplo de la sociedad que queremos; -Rediseñar el nuevo perfil del director de acuerdo con las nuevas exigencias en el proceso educativo, donde se involucren los actores, gremios, zonas educativas y cuerpo directivo del plantel...". 2.- Sobre el tema de la participación de la Comunidad Educativa proponen: "...-La **Comunidad Educativa** deberá estar constituida por: Directivo, Docentes, Padres y/o Representantes, alumnos a partir de la Educación Básica y un obrero que labore en la Institución; -La Comunidad Educativa se encargará de integrar a otras personas e instituciones (dispensarios, bomberos, junta de vecinos, junta parroquial, jefaturas, centros culturales, salas de lectura, grupos empresariales, entre otros...". (Folio 368 de la Carpeta II, Gestión 2001-2004). (Destacados de la Sala).*

c- Propuestas de la I Asamblea Regional de Educadores del Estado Trujillo en el marco del Proyecto Educativo Nacional. Estado Trujillo. Entre sus acuerdos estableció: "...Consolidar en cada municipio los colectivos, entendidos éstos como espacios de discusión y debate, base fundamental de una Nueva Cultura Política, con la participación de la comunidad, estudiantes y docentes...". (Folio 381 de la Carpeta II, Gestión 2001-2004). (Resaltado de la Sala).

*d- Propuestas al Proyecto Educativo Nacional y análisis a los artículos de la propuesta de la Ley Orgánica de Educación, Estado Guárico. Del análisis de este proyecto sugirieron la redacción de un Capítulo que desarrolle los **Consejos de Educación regionalizados**, los cuales "...funcionarán bajo la rectoría del Estado Docente con el fin de garantizar las líneas generales de la política educativa señaladas en el Proyecto Educativo Nacional se ejecuten sin desviaciones ni tergiversaciones de ninguna índole manteniendo una permanente inter-*

acción entre el Estado Docente y los señalados consejos que permita la permanente y constante evaluación del proceso educativo en los diferentes niveles y que asegure su adaptación, reformación y mejoramiento según las características propias del nivel en que se aplique; - Los Consejos de Educación serán organismos plurales, heterogéneos, regionalizadores, descentralizados y participativos; -Los Consejos de Educación serán los siguientes: Consejo Municipal de Educación, Consejo Estadal de Educación y Consejo Nacional de Educación; - Parágrafo Único: El reglamento que se dicte al respecto, regirá el funcionamiento y acción de los mencionados Consejos..." (Folios 408 y 409 de la Carpeta II, Gestión 2001-2004). *(Destacados de la Sala).*

*e- **Propuestas para la nueva Ley Orgánica de Educación presentadas ante la Asamblea Nacional por Red de Apoyo al Proyecto Nacional Educativo Nacional Altos Mirandinos. Los Teques.** En este documento se dejó constancia de la importancia del concepto de **Gobierno Escolar**, precisando que éste "...debe radicar en las **asambleas escolares** donde existe una representación equitativa y proporcional de los diferentes factores que concurren al hecho educativo; (...) [a tales efectos se propone] -Establecer acuerdos entre el personal administrativo, docente, obreros, representantes y alumnos, de manera que, se conforme un **gobierno escolar pluricultural**, que defina sus líneas de acción propia y de acuerdo con su realidad social...". Acerca del Estado Docente se acordó que "...Debe ser federal y descentralizado de acuerdo a lo consagrado en la constitución y debe regirse por el principio de integridad territorial, cooperación, solidaridad, concurrencia, responsabilidad y principios pedagógicos...".* (Folios 417 al 472 de la Carpeta II, Gestión 2001-2004). *(Destacados de la Sala).*

*f- **Jornada Nacional de Sistematización de las Propuestas Regionales.*** (Folios 474 al 481 de la Carpeta II, Gestión 2001-2004).

*g- **Encuentros y Jornadas Zonales y Encuentros Regionales de Comunidades Educativas.** Participación de los Estados Cojedes, Guárico, Apure, Amazonas, Falcón, Lara, Delta Amacuro, Carabobo, Miranda; Mérida, Nueva Esparta.* (Folios 495 al 524 de la Carpeta II, Gestión 2001-2004).

*h- **Jornada de Validación de la nueva propuesta de Comunidades Educativas**, en el contexto del Proyecto Educativo Nacional. Anzoátegui.* (Folios 526 al 547 de la Carpeta II, Gestión 2001-2004).

*i- **Aportes para el Debate (En segunda discusión) del Proyecto de Ley Orgánica de Educación, Cultura y Deportes**. Caracas.* (Folios 581 al 621 de la Carpeta II, Gestión 2001-2004).

Del análisis del expediente en cuestión, se observa que, paralelamente a la iniciativa de la Ley Orgánica de Educación de 2009, surgen las propuestas e **iniciativas** para modificar la Resolución N° 751 de 1986, publicada en la *Gaceta Oficial* de la República de Venezuela N° 33.598 del 14 de noviembre de 1986, en la cual se establecía el *Régimen Complementario sobre la Organización y Funcionamiento de la Comunidad Educativa*, fundamentada en el artículo 75 de la Ley Orgánica de Educación de 1980. Entre estas propuestas se destacan:

a- Circular del Ministerio de Educación Cultura y Deportes, dirigida al personal directivo de los planteles de la Zona Educativa del Estado Sucre, invitando a la discusión sobre Reforma de la Resolución N° 751. (Folios 692 al 694 de la Carpeta II, Gestión 2001-2004).

*b- **Hacia la construcción colectiva de una Nueva Resolución para las Comunidades Educativas (Sucre 2003).** En este documento se deja constancia de la necesidad de modificar la Resolución N° 751, aduciendo que ésta "...fue sin duda alguna, elaborada bajo la inspiración de la Representatividad y en alguno (Sic) de sus artículos no propicia la Democracia Protagónica, Corresponsable y Participativa que impulsa la CRBV [Constitución de la República Bolivariana de Venezuela], por lo tanto más que servir de instrumento de consolidación de la visión de la Democracia Participativa, se convierte en verdadero obstáculo para la organización de las comunidades en el ejercicio de sus derechos y deberes ciudadanos...".* (Folios 696 al 697 de la Carpeta II, Gestión 2001-2004).

c- Propuesta del Estado Carabobo en el marco de la Jornada de Reflexión sobre una Nueva Resolución de Comunidades Educativas (Diciembre 2003). Dirigida a "...Crear un instrumento jurídico basado en un nuevo enfoque estructural de la Ley Orgánica de Educación y su Reglamento, la Constitución de la República Bolivariana de Venezuela apuntalados en: Decretos, Resoluciones, Reglamentos Internos, que normen la participación institucional y ciudadana a fin de que deroguen la Resolución 751...". (Folios 699 al 709 de la Carpeta II, Gestión 2001-2004).

d- Discusión y Propuesta sobre la Resolución N° 751 (Municipio La Guásima-Estado Carabobo, 2004). Folios 1.269 al 1.283 de la Carpeta IV, Gestión 2004-2007).Señalando la necesidad de que en cada plantel funcione "...la comunidad educativa como una institución democrática y participativa sin ideologías políticas que lleve a contribuir al desarrollo de la gestión educativa...". En este orden de ideas ,se establece que las comunidades educativas "...deben organizarse en cooperativas que generen ingresos tanto para la institución, como para los miembros que la forman con lo cual se estimularía el trabajo productivo en beneficio de las instituciones escolares...".

*e- Propuesta Educativa sobre Comunidades Educativas (Municipio San Diego-Estado Carabobo, 2004). La Asociación Civil de Comunidad Educativa dejó establecido en dicha oportunidad que "...Podrán participar de las Comunidades Educativas personas vinculadas con el desarrollo de la Comunidad en general (...). Esto podrá hacerse pero de una forma reglamentada, es decir que genere algún beneficio a la **Comunidad Escolar**, siempre y cuando sea con fines educativos...". (Folios 1.285 al 1.293 de la Carpeta IV, Gestión 2004-2007). (Destacado de la Sala).*

*f- Propuesta a la Resolución N° 751 referida a las Comunidades Educativas (Morón, 2004), destacando la necesidad de hacer énfasis en "...La integración y participación de la escuela en el proceso de desarrollo local sustentable y sostenible de la comunidad en la que está inserta...". Agregando que, "...por disposición de la Constitución de la República Bolivariana de Venezuela y la Ley Orgánica de Educación, las **comunidades educativas** deben tener un **rol protagónico**, dentro de las instituciones [educativas]...". (Folios 1.316 al 1.331 de la Carpeta IV, Gestión 2004-2007). (Negritas de la Sala).*

*g- Reflexión y Revisión del Régimen Complementario sobre la Organización y Funcionamiento de las Comunidades Educativas. Resolución N° 751 (Parroquias Catedral-San José-El Socorro. Estado Carabobo). Se concluye entre otros aspectos en que "...La Comunidad Educativa, **no debe estar sujeta a ningún grupo político-partidista** y que la educación es un servicio público, fundamentada en el respeto a todas las corrientes políticas del pensamiento, con la finalidad de desarrollar el potencial creativo de cada ser humano y el pleno ejercicio de su personalidad en una sociedad basada en la participación activa...". (Folios 1.358 al 1.379 de la Carpeta IV, Gestión 2004-2007). (Destacados de la Sala).*

h- Jornada de Trabajo sobre la Discusión de la Modificación y/o Cambios de la Resolución N° 751, en la que se acordó establecer entre otros aspectos que, "...La Comunidad Educativa estará conformada por todos los Padres, Madres, Representantes, Estudiantes, Docentes, Personal Administrativo y Obreros de la institución educativa. También podrán formar parte de ella las personas naturales o jurídicas representantes de las diferentes organizaciones comunitarias locales previa presentación y aprobación de un proyecto vinculado con el Proyecto Educativo de la institución...". (Folios 1.403 al 1.417 de la Carpeta V, Gestión 2007-2008).

Con respecto a la referida documentación, se debe indicar que ésta tan solo constituye una pequeña muestra de las **iniciativas** consignadas en el expediente administrativo, cuyo contenido no fue impugnado ni desconocido por la parte recurrente. Es así que, transcurrido el primer período 2001-2009 que finaliza con la publicación de la vigente Ley Orgánica de Educación en la *Gaceta Oficial* N° 5.929 Extraordinario de fecha 15 de agosto de 2009, se sientan las bases para recopilar las propuestas y observaciones referentes al nuevo instrumento (Resolución N° 058) que habría de sustituir la tantas veces señalada Resolución N° 751.

En dicha Ley Orgánica de Educación se desarrolla el concepto del *Estado Docente* (artículo 5 *eiusdem*), señalando la necesidad que tiene el colectivo conformado por el estudiantado y los demás integrantes de la comunidad educativa de organizarse democráticamente para el ejercicio de sus derechos y deberes.

Se destaca como hecho comunicacional, que la Comisión Permanente de Educación, Cultura, Deportes y Recreación de la Asamblea Nacional, luego de publicar el 9 de agosto de 2009, en los diarios a nivel nacional, el Proyecto del referido instrumento (aprobado en sesión plenaria del día 5 de agosto de 2009), informara seguidamente que, "*...entre el 9 (...) y el 12 de agosto de 2009, se había recibido un centenar de correos electrónicos (...) en la Secretaría de la Comisión, con sugerencias que -a su juicio- servirán de insumos enriquecedores de la norma **y de las que se deriven de ella**, y también darán mayor legitimidad a lo que se discuta (...) Aquí se está siguiendo inéditamente un procedimiento que, por un lado, lo debate el pueblo; por otro, se debate en forma sistemática en la Comisión, luego va a la Plenaria de la Asamblea...*". (*Vid.* en http://www.asambleanacional.gov.ve .http://www. bbc.co.uk/mundo/america/2009/07/090701_0011_venezuela). (Destacado de la Sala).

De todo lo hasta aquí expuesto se desprende que las mencionadas propuestas e iniciativas (previas a la entrada en vigencia de la Ley Orgánica de Educación), nutrieron dicho Texto Legal, en virtud de las múltiples exigencias sobre la necesidad de desarrollar y propiciar la transformación del sistema educativo reforzando su *función social*; previendo mecanismos de participación e integración entre las familias, los educadores y los estudiantes, otorgando reconocimiento expreso a las organizaciones comunitarias del Poder Popular (consejos comunales, pueblos indígenas y demás organizaciones de la comunidad), en su condición de *corresponsables* del sistema educativo (Capítulo II, artículos 17, 18, 19, 20, 21, 22 y 23 de la Ley Orgánica de Educación).

En tal sentido, se debe destacar que la Ley Orgánica de Educación (2009), en concordancia con el mandato del Constituyente de 1999, consagra que uno de los fines de la Educación es el de "*...Desarrollar una nueva cultura política fundamentada en la participación protagónica y el fortalecimiento del Poder Popular, en la democratización del saber y en la promoción de la escuela como espacio de formación de ciudadanía y de participación comunitaria, para la reconstrucción del espíritu público en los nuevos republicanos y en las nuevas republicanas con profunda conciencia del deber social...*". (Numeral 2 del artículo 15 *eiusdem*).

Dicha finalidad es introducida en el texto de la Ley en referencia, bajo la concepción del Estado Docente, puesto que sus postulados permiten pregonar un **humanismo democrático** producto del Estado Social, en contraposición al humanismo clásico que sería "*...incapaz de comprender el ligamen de solidaridad entre los hombres que trabajan juntos para alcanzar el progreso, no para el beneficio individual solamente sino para el beneficio de todos...*", no para el aprovechamiento de unos pocos sino para el beneficio social, formando ciudadanos que estén en condiciones de servirse sirviendo a los demás. (Prieto Figueroa Luis Beltrán, *El Estado Docente*, Fundación Biblioteca Ayacucho, Caracas, p. 4 y 15).

En este contexto, la Ley Orgánica de Educación de 2009, en los literales a) y g) del numeral 2; literal e) del numeral 3 y literales a) y b) del numeral 4, todos del artículo 6, previó la necesidad de que los integrantes de la comunidad educativa se organizaran ulteriormente a la entrada en vigencia del citado instrumento jurídico, para desarrollar los mecanismos y procedimientos que le permitiese ejercer además de la contraloría social, otros derechos y deberes inherentes a la gestión educativa.

En consecuencia, bajo el influjo de esta nueva Ley Orgánica que facilita la concreción de los postulados constitucionales previstos en el comentado artículo 102, surge la imperiosa necesidad de modificar la mencionada Resolución N° 751 de fecha 14 de noviembre de 1986, vigente para entonces, pero desconectada de las reformas que se venían instaurando desde 1999 en el Sistema Educativo venezolano, y con ello la **iniciativa popular** de elaborar el nuevo instrumento (Resolución N° 058 impugnada), que desarrollase el Texto de la comentada Ley.

Lo expuesto refleja la dificultad de separar la **iniciativa popular** de ambos textos jurídicos, pues como se analizará más adelante, la Resolución N° 058, es el desarrollo reglamentario de las mencionadas disposiciones de la Ley Orgánica en referencia, cuestión que permite asegurar que se cumplió con este paso del procedimiento de consulta pública previsto en la Ley Orgánica de la Administración Pública.

II.-Lo atinente a la **Recepción de Observaciones y Propuestas** se puede concretar, en la etapa posterior a la entrada en vigencia de la Ley en referencia, dado que en forma concomitante surgen de la comunidad organizada propuestas específicas dirigidas a obtener la modificación y derogación de la indicada Resolución N° 751, como las siguientes:

a- Propuesta de la Región Occidental (Lara, Zulia, Yaracuy, Portuguesa, y Falcón) sobre la Nueva Normativa que regirá la Organización y Funcionamiento de las Comunidades Educativas en el marco de la Ley Orgánica de Educación). En este instrumento se concibe a la *"…Comunidad Educativa en el marco del Estado Docente, como un espacio socio-político y socio-educativo conformado por los distintos Colectivos Sociales que conviven en los Centros Educativos públicos y privados y sus comunidades aledañas…"*. (Folios 1.441 al 1.575 de la Carpeta VI, Gestión 2008-2010). (Negritas de la Sala).

b- Propuesta de la Región Andina (Mérida, Táchira y Trujillo) para la Normativa Legal sobre la Organización y Funcionamiento de las Comunidades Educativas. De dicho texto, surge como iniciativa la figura de la Asamblea del Consejo Escolar como *"…instancia ejecutiva de la Comunidad Educativa y está conformada por todos los miembros de la comunidad educativa, reunidos en sesión y representados los voceros de los consejos, organizaciones, comisiones y unidades. Las sesiones de la asamblea del Consejo Escolar serán ordinarias y extraordinarias…"* (Artículo 36 del Proyecto). (Folios 1.754 al 1.786 de la Carpeta VI, Gestión 2008-2010). (Destacados de la Sala).

c- Propuesta de la Asociación Venezolana de Educación Católica (AVEC) sobre las Nuevas Comunidades Educativas, tomando como referencia el artículo 20, numerales 1 y 2 de la Ley Orgánica de Educación del 15 de agosto de 2009. Se deja constancia de la Jornada de Trabajo sobre la discusión de la modificación y/o cambios de la Resolución N° 751 realizada del 28/09/2007 al 01/10/2007 y bajo esta iniciativa se define: *"…Comunidad Educativa, en el marco del Estado Docente constituye un espacio democrático de carácter social comunitario, cooperativo, organizado, participativo, protagónico, solidario y corresponsable. En cada plantel educativo oficial o privado tendrá una Comunidad Educativa la cual funcionará en su sede. El ámbito de acción de esta podrá ser a escala local y regional con visión de integración nacional en el marco del desarrollo endógeno sustentable…"*. (Artículo 1° del Proyecto). (Folios 2.051 al 2.089 de la Carpeta VII, Gestión 2008-2010).

d- Jornada de cierre de la Región Central (Aragua, Carabobo, Distrito Capital, Miranda y Vargas) sobre la Propuesta Normativa Legal de la Organización y Funcionamiento de las Comunidades Educativas. En esta actividad se destacó la importancia de la Comunidad Educativa constituida *"…en el marco del estado docente en un espacio democrático, de carácter social, comunitario, organizado, participativo, cooperativo, protagónico, solidario y corresponsable para fortalecer la socio-producción, el desarrollo endógeno y el poder popular…"*. (Folios 2.117 al 2.165 de la Carpeta VII, Gestión 2008-2010).

e- Propuesta sobre Nueva Normativa Legal de Comunidades Educativas (Estado Lara). En este Proyecto se destaca la necesidad de sustituir con carácter de urgencia la *"obsoleta"* Resolución N° 751 del 10 de noviembre de 1986, para adecuarla a la nueva propuesta de Comunidad Educativa Bolivariana como *"...espacio socio-político y socio-educativo conformado por los distintos Colectivos Sociales que conviven en los Centros Educativos y sus Comunidades aledañas: Estudiantes, Familias, Docentes, Trabajadores y Trabajadores, Consejos Comunales y Organizaciones Sociales..."*. (Folios 2.196 y 2.230 de la Carpeta VII, Gestión 2008-2010). (Resaltado de la Sala).

f- Propuesta sujeta a revisión sobre Normativa Legal de la Organización y Funcionamiento de la Comunidad Educativa que Suprima la Resolución N° 751 del año 1986 (Dirección General de Comunidades Educativas-Junio 2011). Dicho propuesta se sometió a la consideración de la Ciudadana Ministra del Poder Popular para la Educación, estimando entre otros aspectos que, *"...Los cambios políticos, sociales, económicos, culturales, ecológicos y educativos que (...) se viven en Venezuela, amerita*[ban] *un nuevo instrumento legal de las comunidades educativas que regul*[ara] *su aplicabilidad y funcionamiento..."*. (Folios 2.267 al 2.277 de la Carpeta VIII, Gestión 2010-2012).

Ahora bien, analizado el contenido de estas propuestas -las cuales no fueron impugnadas ni desconocidas por la recurrente- la Sala observa que, junto a otras contribuciones consignadas en las Carpetas VI, VII y VII, correspondientes a la Gestión de los años 2010 al 2012 (Expediente Administrativo), los diversos actores de la comunidad educativa convergen en la elaboración de las **Propuestas y Observaciones** siguientes:

A.- Sobre la necesidad de adecuar, modificar o derogar la referida Resolución N° 751 del año 1986, basada en la hasta entonces vigente Ley Orgánica de Educación de 1980.

B.- Propuestas acerca de una nueva Resolución fundamentada en la Constitución de la República Bolivariana de Venezuela, la Ley Orgánica para la Protección de Niños, Niñas y Adolescentes (*Gaceta Oficial* Extraordinario N° 5.5.859 de fecha 10/12/07), la Ley Aprobatoria de la Convención de los Derechos del Niño (*Gaceta Oficial* N° 34.541 de fecha 29/8/1990), la Ley Orgánica de los Consejos Comunales (*Gaceta Oficial* 39.335 de fecha 28/12/09) y la Ley Orgánica de Educación (*Gaceta Oficial* N° 5.929 Extraordinario de fecha 15/8/09).

C.- Todas las propuestas desarrollan el concepto de Comunidad Educativa dada la necesidad de establecer mecanismos de interacción entre las Escuelas, las Familias, el Estado y la sociedad organizada (consejos comunales, establecimientos públicos y privados identificados con la comunidad) debido a la consagración en la Ley Orgánica de Educación vigente de la noción del Estado Docente en el marco del Estado Social previsto en la Constitución de 1999.

Cumplida así esta segunda fase de **Recepción de Observaciones y Propuestas**, finalmente, en fecha 16 de octubre de 2012 fue dictada la Resolución N° 058 hoy impugnada, publicada en *Gaceta Oficial* N° 40.029 de la misma fecha, que recoge prácticamente todas las conclusiones y aportes antes comentados, ya que el referido instrumento recurrido se fundamenta en los artículos 5, 6, 51, 62, 70, 72, 102, 103 de la Constitución de la República Bolivariana de Venezuela, artículos 2, 6, 17 y 19 de la Ley Orgánica de Educación, artículo 4 de la Ley Orgánica para la Protección de Niños, Niñas y Adolescentes y artículo 2 de la Ley Orgánica de los Consejos Comunales.

Dicha Resolución derogó expresamente en su **Disposición Derogatoria Única**, la Resolución N° 751, con el objeto de desarrollar la organización y el funcionamiento del *Estado Docente*, facilitando la participación de las familias, la escuela, la sociedad y el Estado, sobre un esquema de corresponsabilidad en la eficiente prestación del servicio público de educación.

Por otra parte, en relación a la **Difusión** del Anteproyecto en cuestión, se advierte que también este paso se cumplió cabalmente y dadas las circunstancias particulares de la *iniciativa popular* que originó dicho Anteproyecto de Resolución esta fase se llevó a cabo durante todo el período 2001-2012, con la actuación y participación conjunta de los entes públicos y la comunidad al discutir y difundir los resultados del procedimiento a todos los niveles territoriales, recogiendo la *resonancia* de los problemas comunes, a fin de condensarlos y plasmarlos en una propuesta concreta o Anteproyecto, como fue indicado.

A manera de ejemplo, hemos enunciado anteriormente, en relación a iniciativa popular, como fue realizada la Jornada Nacional de Sistematización de las Propuestas Regionales, los Encuentros y Jornadas Zonales y Encuentros Regionales de Comunidades Educativas con la participación de los Estados Cojedes, Guárico, Apure, Amazonas, Falcón, Lara, Delta Amacuro, Carabobo, Miranda; Mérida, Nueva Esparta. Así también, la contribución directa del entonces Ministerio de Educación Cultura y Deportes mediante la distribución de la Circular dirigida al personal directivo de los planteles de la Zona Educativa del Estado Sucre, invitando a participar a la comunidad educativa en la discusión sobre Reforma de la Resolución N° 751, entre muchas otras.

A su vez, durante la etapa de recepción de Observaciones y Propuestas de la Resolución en cuestión, se evidencia entre muchos otros, el trabajo de difusión realizado por la Asociación Venezolana de Educación Católica (AVEC) sobre su Propuesta acerca de las Nuevas Comunidades Educativas con la elaboración y distribución de un Manual, en el que se deja constancia de los resultados de la Jornada de Trabajo sobre la discusión de la modificación y/o cambios de la Resolución N° 751 realizada del 28/09/2007 al 01/10/2007.

Finalmente, con posterioridad a la emisión de la Resolución N° 058 impugnada, se abre un período de difusión de su contenido, que va desde el momento de su publicación en fecha 16 de octubre de 2012, hasta el año siguiente, en virtud que por disposición del propio instrumento se previó como **Disposición Transitoria Dos** que la Resolución en cuestión, estaría "*...sujeta a la revisión, evaluación y modificación en el período de un año, a los fines de su perfeccionamiento...*".

Como mecanismos de difusión de la precitada Resolución N° 058 destacan entre otros, los siguientes:

a- **Presentación en *Power Point* elaborada por la Dirección General de Comunidades Educativas-Ministerio del Poder Popular para la Educación, a los fines de socializar la Resolución** N° **058.** (Octubre 2012) (Folios 2.871 al 2.949 de la Carpeta X, Gestión 2010-2012).

b- **Cuadro Comparativo entre la Resolución N° 751 (Derogada) y la Resolución N° 058 (vigente) elaborado para su difusión y discusión por la Dirección General de Comunidades Educativas-Ministerio del Poder Popular para la Educación.** (Octubre 2012) (Folios 2.950 y 2.951 de la Carpeta X, Gestión 2010-2012).

c- **Caracterización de los Consejos Educativos Constituidos por Regiones, según datos recogidos en mesas de trabajo, conversatorios para la socialización de la Resolución** N° **058** (Anzoátegui, Apure, Amazonas, Barinas, Bolívar, Carabobo, Cojedes, Distrito Capital, Falcón, Guárico, Mérida, Monagas, Nueva Esparta, Portuguesa, Táchira, Trujillo, Yaracuy, Zulia) (Folios 2.333 al 2.863 de la Carpeta IX).

Ahora bien, del reseñado análisis de las copias certificadas que se acompañan en el expediente administrativo -cuyo contenido, se insiste, no fue impugnado ni desconocido por la recurrente-, se concluye que los referidos pasos del procedimiento de consulta pública descritos en extenso en el citado artículo 139 de la Ley Orgánica de la Administración Pública y que la Sala ha sistematizado como: **Iniciativa, Difusión** y **Discusión del Anteproyecto** y finalmente, **Recepción de Observaciones** y **Propuestas**, se cumplieron plenamente de manera transparente como ha sido explicado, con la participación activa de la sociedad y los entes públicos.

Por consiguiente, se logró la **finalidad** de la norma contenida en el referido artículo, dirigida a obtener la *participación ciudadana* en la gestión pública y en la toma de decisiones relativas a las normas que puedan afectar el ejercicio de sus derechos, dando cabal cumplimiento a las pautas previstas por el Legislador Nacional en la citada Ley, pues como se ha explicado, la iniciativa del Anteproyecto de la Resolución impugnada surge desde las **bases** de la propia comunidad que confió en este proceso conjunto de creación, con sólidas perspectivas de tener efecto, como elemento esencial de la democracia participativa e incrementando de esta manera el sentido de la responsabilidad y el compromiso político y social de los ciudadanos.

Expuesto lo anterior, llama la atención la denuncia formulada por el apoderado judicial de la asociación civil accionante, al sostener en la oportunidad de celebrarse la audiencia de juicio, que la violación del principio de legalidad en este caso, se circunscribe a una cuestión meramente *formal* derivado del incumplimiento del proceso de consulta pública, en los términos establecidos en el artículo 139 de la Ley Orgánica de Administración Pública.

En este sentido, en el escrito consignado en fecha 17 de julio de 2013, el apoderado judicial de la recurrente afirmó concretamente lo siguiente: "*...celebramos que el MPPE* **[Ministerio del Poder Popular para la Educación]** *haya llevado a cabo estas consultas y debates, que incluso pudieron en todo caso haber conducido a la elaboración de un proyecto de Resolución regulatoria de los Consejos Educativos como forma de participación de las comunidades educativas en la gestión escolar.* Pero tales consultas durante ese largo período entre 1999 y 2012 no versaron sobre un anteproyecto concreto y específico de Resolución regulatoria de los llamados Consejos Educativos, que hubiese sido sometido a consulta pública, durante un lapso determinado de tiempo que debía fijarse para recibir las observaciones...". (Destacado de la Sala).

De la transcripción anterior, se evidencia que la parte accionante por el contrario, reconoce que sí se llevó a cabo el proceso de consulta pública en el presente caso, y admite que éste se realizó con la participación efectiva de las comunidades educativas.

Pareciera entonces que, en opinión de la parte actora, la Administración sólo estaría apegada a la *legalidad* si hubiese impuesto la discusión de un *Anteproyecto* de Resolución elaborado bajo su iniciativa *exclusiva*; pero no cuando la iniciativa emerge del propio Pueblo, como sucedió en el caso bajo análisis, en el que la participación incluso condujo a la redacción final de la Resolución N° 058 impugnada, cuyo contenido se conocía entonces a cabalidad.

Al respecto, debe enfatizar la Sala que, en el marco del *Estado Social de Derecho*, propugnado por el Constituyente de 1999, el Derecho debe ser interpretado y aplicado en función de la realidad social. De allí que, analizar este caso bajo los términos expuestos por la parte accionante, equivaldría a desconocer la efectiva participación ciudadana que se ha producido en el proceso de elaboración de la Resolución recurrida, así como, el cumplimiento del proceso de consulta pública previsto en el artículo 139 de la Ley Orgánica de Administración Pública, como cauce formal de dicha participación.

Por ello, el proceso de consulta pública se conjuga con el propio derecho constitucional a la participación democrática, que se expresa como un modelo de comportamiento social y político, fundamentado en los principios de la democracia participativa y protagónica descritos por el Constituyente de 1999.

Conforme a lo indicado, debe tenerse en cuenta que el concepto de democracia participativa y protagónica implica fundamentalmente el permitir el ejercicio real y efectivo del derecho que tiene el ciudadano de participar *permanentemente* en la toma de decisiones que le afecten la esfera jurídica de sus derechos e intereses y los de la colectividad en general.

Por otra parte, verifica esta Sala que la nulidad establecida en el artículo 140 de la Ley Orgánica de la Administración Pública está prevista para sancionar aquellos supuestos de elaboración de normas a espaldas del Pueblo; cuestión ésta que difiere, totalmente de lo acontecido en el presente caso, donde como se indicó, la participación ciudadana se ha producido en cumplimiento al contenido del artículo 139 de la mencionada Ley, al efectuarse una *consulta pública dinámica y continuada* durante todo el proceso de elaboración de la Resolución N° 058. Así se declara.

Por todas las razones expuestas, esta Sala desestima el alegato de violación del principio de legalidad, sustentado en el incumplimiento de los artículos 139 y 140 de la Ley Orgánica de la Administración Pública, pues del análisis del expediente se evidencia que la sociedad organizada ha sido suficientemente consultada; garantizando con ello, de manera efectiva, el derecho a la participación efectiva de los ciudadanos de manera permanente, incluso con posterioridad a la entrada en vigencia de la Resolución N° 058 recurrida.

En efecto, dicho texto contempla como **Disposición Derogatoria Dos**, que su contenido estaría sujeto a revisión, evaluación y modificación en el período de un año, a los fines de su perfeccionamiento, de forma que pudiese compaginarse con lo establecido en la **Disposición Derogatoria Uno**, en lo referente a la constitución y al funcionamiento de los Comité que conforman los Consejos Educativos, flexibilizando el sistema, al permitir que cada comunidad educativa, de acuerdo a sus propias características se fuera organizando, garantizando así la práctica democrática mediante las Asambleas Escolares, como máximas instancias de participación.

Al respecto se evidencia del análisis de la Carpeta IX del expediente administrativo (Folios 2.333 al 2.863), la conformación de más de cuarenta y cinco (45) Consejos Educativos en diferentes instituciones educativas en los cuatro municipios del Estado Delta Amacuro (Folios 2.504 al 2.507); Programa de alimentación escolar presentado ante la comunidad educativa en diciembre de 2012, por los Comité de alimentación, ambiente y salud (Folio 2.536); Acta Constitutiva del Consejo Educativo creado en el Centro de Educación Inicial Nacional "Delia Rosas" de fecha 22 de noviembre de 2012, ubicado en Los Jardines del Valle, Caracas, Distrito Capital y la conformación de ocho (08) Comité; Organización de siete (07) Comité como órganos constitutivos del Consejo Educativo producto de la I Asamblea Ordinaria de Padres, Madres y Representantes del Taller de Educación Laboral "La Castellana" (Folios 2.587 al 2.588); Creación de once (11) Comité Escolares Educativos en el instituto E.B.B. "Barrio San José" Carapita, Caracas (Folios 2.590 al 2.593) entre muchísimos otros, cuya constitución y funcionamiento viene dada en función de la particularidades que presenta cada localidad y su comunidad educativa y de acuerdo a sus propias necesidades y experiencias.

Por ello, resulta contradictorio que, invocando la presunta violación del derecho a la participación, se esté solicitando la nulidad de un instrumento normativo que precisamente en ejecución de la Ley Orgánica de Educación permite la participación de las distintas instancias ya previstas en dicho texto legal, regula su funcionamiento y facilita con ello la democratiza-ción del Sistema Educativo, en los términos establecidos en el artículo 102 de la Constitución de la República Bolivariana de Venezuela.

Finalmente entonces se concluye, que los referidos pasos del procedimiento de consulta pública, previstos en el artículo 139 de la Ley Orgánica de la Administración Pública, refe-rentes a la Iniciativa, Difusión y Recepción de Observaciones y Propuestas, se cumplieron plenamente de manera transparente con la participación activa y continuada del Poder Popu-lar, como ha sido explicado. Así se declara.

2.-Por otra parte, como se indicó, el apoderado judicial de la asociación civil accionante aunado a la denuncia de violación del principio de legalidad, por incumplimiento del proce-dimiento de consulta pública obligatoria, previsto en los artículos 139 y 140 de la Ley Orgá-nica de la Administración Pública, alegó que el acto impugnado viola "*...el derecho de los padres, madres y representantes y demás integrantes de la comunidad educativa, como acto-res claves y corresponsables del proceso educativo, a la **participación democrática y pro-tagónica** en la elaboración de las normas reglamentarias que pretendan organizar y regular precisamente la participación de la comunidad educativa en la gestión escolar, y así evitar que se aplique una normativa que ha sido dictada en manifiesta contravención de las dispo-siciones legales sobre la consulta pública obligatoria a la que debió estar sometida antes de su promulgación y entrada en vigencia, y por lo tanto en abierta violación del derecho cons-titucional y legal de la ciudadanía y de las comunidades organizadas en la gestión públi-ca...*". (Destacado de la Sala).

Habida cuenta de lo anterior, observa la Sala, que la parte accionante, para fundamentar la violación al derecho a la participación de los padres, madres y representantes retoma el alegato referido a la supuesta falta de cumplimiento o contravención "*...de las disposiciones legales sobre la consulta pública obligatoria a la que debió estar sometida* [la Resolución N° 58 recurrida] *antes de su promulgación y entrada en vigencia...*".

Por consiguiente, este Máximo Juzgador da por reproducidas las consideraciones y ra-zonamientos efectuados en el punto 1 de este fallo, relativo a la denuncia de violación del procedimiento de consulta pública obligatoria en el caso planteado y por ende, del principio de legalidad, ya que ha quedado suficientemente claro del análisis del expediente, que la sociedad organizada ha sido consultada cumpliendo con el contenido del artículo 139 de la Ley Orgánica de la Administración Pública, garantizando con ello, el derecho a la participa-ción efectiva de los padres, madres y representantes, de manera permanente, antes y después de la entrada en vigencia de la Resolución N° 058 de fecha 16 de octubre de 2012. En conse-cuencia, se declara improcedente este segundo alegato. Así se decide.

III. EL ORDENAMIENTO ORGÁNICO DEL ESTADO

1.   *El Poder Nacional: Competencia en materia de regulación del régimen de los Es-tados de Excepción*

TSJ-SC (1729)   **10-12-201**

Magistrada Ponente: Luisa Estella Morales Lamuño

Caso: Impugnación de varios artículos de la Constitución del Estado Guárico.

> Frente a casos de calamidad pública o conmoción civil, que produzcan daños materiales o pérdidas de vidas humanas, no se deriva del Texto Constitucional la posibilidad que los Gobernadores puedan asumir cualquier medida necesaria para afrontar tales hechos (artículo 136.29 de la Constitución del Estado Guárico), por el contrario, en ejercicio de sus competencias propias, la Asamblea Nacional reguló la actividad del Poder Ejecutivo a nivel nacional -Ley Orgánica sobre Estados de Excepción-, estadal y municipal, limitándolos a asumir las medidas contenidas en los instrumentos legales aplicables -Ley de la Organización Nacional de Protección Civil, Ley de Contrataciones Públicas o la Ley Orgánica de la Administración Financiera del Sector Público, entre otras-.

Formuladas las anteriores consideraciones, esta Sala pasa a conocer el fondo del asunto planteado en los siguientes términos:

Respecto al artículo 136, numeral 29 *eiusdem*, es preciso reiterar el criterio de esta Sala, contenido en el fallo de esta Sala N° 781/11, en el cual se analizaron previsiones similares de la Constitución del estado Bolivariano de Miranda en la materia, en los siguientes términos:

> *"(...) 'Artículo 337. El Presidente o Presidenta de la República, en Consejo de Ministros, podrá decretar los estados de excepción. Se califican expresamente como tales las circunstancias de orden social, económico, político, natural o ecológico, que afecten gravemente la seguridad de la Nación, de las instituciones y de los ciudadanos y ciudadanas, a cuyo respecto resultan insuficientes las facultades de las cuales se disponen para hacer frente a tales hechos. En tal caso, podrán ser restringidas temporalmente las garantías consagradas en esta Constitución, salvo las referidas a los derechos a la vida, prohibición de incomunicación o tortura, el derecho al debido proceso, el derecho a la información y los demás derechos humanos intangibles.*
>
> *Artículo 338. Podrá decretarse el estado de alarma cuando se produzcan catástrofes, calamidades públicas u otros acontecimientos similares que pongan seriamente en peligro la seguridad de la Nación o de sus ciudadanos y ciudadanas. Dicho estado de excepción durará hasta treinta días, siendo prorrogable hasta por treinta días más.*
>
> *Podrá decretarse el estado de emergencia económica cuando se susciten circunstancias económicas extraordinarias que afecten gravemente la vida económica de la Nación. Su duración será de hasta sesenta días, prorrogable por un plazo igual.*
>
> *Podrá decretarse el estado de conmoción interior o exterior en caso de conflicto interno o externo, que ponga seriamente en peligro la seguridad de la Nación, de sus ciudadanos y ciudadanas, o de sus instituciones. Se prolongará hasta por noventa días, siendo prorrogable hasta por noventa días más. La aprobación de la prórroga de los estados de excepción corresponde a la Asamblea Nacional. Una ley orgánica regulará los estados de excepción y determinará las medidas que pueden adoptarse con base en los mismos.*
>
> *Artículo 339. El Decreto que declare el estado de excepción, en el cual se regulará el ejercicio del derecho cuya garantía se restringe, será presentado, dentro de los ocho días siguientes de haberse dictado, a la Asamblea Nacional, o a la Comisión Delegada, para su consideración y aprobación, y a la Sala Constitucional del Tribunal Supremo de Justicia, para que se pronuncie sobre su constitucionalidad. El Decreto cumplirá con las exigencias, principios y garantías establecidos en el Pacto Internacional de Derechos Civiles y Políticos y en la Convención Americana sobre Derechos Humanos. El Presidente o Presidenta de la República podrá solicitar su prórroga por un plazo igual, y será revocado por el Ejecutivo Nacional o por la Asamblea Nacional o por su Comisión Delegada, antes del término señalado, al cesar las causas que lo motivaron.*

La declaración del estado de excepción no interrumpe el funcionamiento de los órganos del Poder Público'.

Asimismo, debe esta Sala examinar las normas constitucionales invocadas por el accionante y confrontarlas con las disposiciones transcritas que regulan la materia sometida al presente estudio, para lo cual observa lo siguiente:

El numeral 1 del artículo 164 de la Constitución de la República Bolivariana de Venezuela, establece que 'Es de la competencia exclusiva de los Estados: 1.- Dictar su Constitución para organizar los poderes públicos, de conformidad con esta Constitución', y el artículo 162.1 eiusdem, atribuye competencia a los Consejos Legislativos para 'Legislar sobre las materias de la competencia estadal'.

*Por su parte, el artículo 338 eiusdem, establece que '**ley orgánica regulará los estados de excepción y determinará las medidas que pueden adoptarse con base en los mismos**', aunado a que el mismo Texto Fundamental, delimita las competencias del Poder Nacional en la materia, en los siguientes términos:*

*'**Artículo 156. Es de la competencia del Poder Público Nacional**:*

(...)

*9.- **El régimen de la administración de riesgos y emergencias**.*

(...)

32.- La legislación en materia de derechos, deberes y garantías constitucionales; la civil, mercantil, penal, penitenciaria, de procedimientos y de derecho internacional privado; la de elecciones; la de expropiación por causa de utilidad pública o social; la de crédito público; la de propiedad intelectual, artística e industrial; la del patrimonio cultural y arqueológico; la agraria; la de inmigración y poblamiento; la de pueblos indígenas y territorios ocupados por ellos; la del trabajo, previsión y seguridad sociales; la de sanidad animal y vegetal; la de notarías y registro público; la de bancos y la de seguros; la de loterías, hipódromos y apuestas en general; la de organización y funcionamiento de los órganos del Poder Público Nacional y demás órganos e instituciones nacionales del Estado; y la relativa a todas las materias de la competencia nacional.

(...)

33.- Toda otra materia que la presente Constitución atribuya al Poder Público Nacional, o que le corresponda por su índole o naturaleza.

...omissis...

*'**Artículo 187. Corresponde a la Asamblea Nacional:***

*1.- **Legislar en las materias de la competencia nacional** y sobre el funcionamiento de las distintas ramas del Poder Nacional.*

...omissis...

*Artículo 236. **Son atribuciones y obligaciones del Presidente** o Presidenta de la República:*

(...)

*7.- **Declarar los estados de excepción** y decretar la restricción de garantías en los casos previstos en esta Constitución' (Destacado de la Sala).*

Sobre la base de las normas constitucionales parcialmente transcritas, esta Sala debe comenzar por advertir en términos generales que la Constitución de 1999, se inscribe desde una perspectiva jurídico constitucional de derecho comparado, en aquellos países en los cuales la respuesta normativa a situaciones extraordinarias, anormales o de crisis, que materialmente impiden la aplicación del ordenamiento jurídico diseñado para circunstancias de normalidad social, económica o política; se afronta mediante una regulación expresa o un régimen estatutario de derecho público para los estados de excepción (y no desde la previsión normativa general -como fue el caso del artículo 48 de la Constitución de Weimar o el artículo 16 de la Constitución francesa de la V República- o del vacío normativo -bajo la dogmática inglesa o norteamericana, con la aprobación con posterioridad de leyes de exoneración de responsabilidad o indemnity bills-), o en otro contexto, en circunstancias que habilitan la regulación dictada por parte del Presidente de la República, mediante el ejercicio de la competencia contenida en el artículo 236.8 de la Constitución -vgr.Decreto con rango, valor y fuerza de Ley Orgánica de Emergencia para Terrenos y Vivienda- (...)".

Asimismo, *"cabe destacar que el ordenamiento jurídico de excepción en los términos antes expuestos, comporta que el mismo sea coherente con el sistema jurídico institucional garantizado en el Texto Fundamental, en tanto la aplicación de ese régimen estatuario de derecho público, es posible por las circunstancias que impiden la aplicación del régimen jurídico ordinario y, se justifica necesariamente en la medida que el mismo es un medio para regresar a la normalidad normativa"* (*Cfr.* Sentencia de esta Sala N° 781/11).

Por otra parte, **no es posible afirmar que frente a circunstancias excepcionales surja un sistema normativo fuera o al margen de los principios del ordenamiento jurídico vigente, ya que lo que se genera es la posibilidad de aplicar un conjunto de normas de carácter excepcional inscritas en el sistema, teniendo por lo tanto su sustento y punto de referencia en el mismo,** por ello la Constitución prevé que la declaración del estado de excepción no interrumpe el funcionamiento de los órganos del Poder Público (Artículo 339), ni limita el ejercicio de la acción de amparo a la libertad o seguridad por la declaración del estado de excepción (Artículo 27), además prohibir a toda autoridad pública practicar, permitir o tolerar la desaparición forzada de personas una vez declarado el estado de emergencia, excepción o restricción de garantías (Artículo 45) -*Cfr.* Artículo 7 de la Ley Orgánica sobre Estados de Excepción-.

Corolario de tales asertos, es el mantenimiento de los principios generales vinculados con la responsabilidad de la Administración, aun cuando se esté bajo un régimen de excepción para afrontar crisis sociales, económicas o políticas, ya que el ejercicio del Poder Público no sólo acarrea responsabilidad individual por abuso o desviación de poder o por violación de la Constitución o la ley -conforme al artículo 139 de la Constitución-, sino genera la obligación de reparar los daños y perjuicios originados en responsabilidad de la Administración (Artículo 259 *eiusdem*) -*Vid.* Sentencia de esta Sala N° 1.542/08-.

Por lo tanto, **cabe sostener que si bien por sus características propias las normas que regulan las crisis, materialmente no pueden prever todos los supuestos o medios para resolución de las mismas, ello sólo comporta que las medidas a ser implementadas por los órganos competentes, deben necesariamente responder al marco normativo aplicable, con lo cual si bien se reconoce la discrecionalidad de la Administración, en forma alguna se justifica una actuación arbitraria, que desconozca los principios fundamentales que informan nuestro ordenamiento jurídico constitucional, en los precisos términos del artículo 25 de la Constitución de la República Bolivariana de Venezuela.**

Partiendo de esa perspectiva general, producto del examen de las normas constitucionales antes citadas, se advierte que la competencia para legislar y regular *"los estados de excepción y las medidas que pueden adoptarse con base en los mismos"*, corresponde a la Asamblea Nacional, así como *"el régimen de la administración de riesgos y emergencias"*, al Poder Público Nacional, por lo que la competencia atribuida a los Estados para la organización de los Poderes Públicos y el ejercicio de sus competencias, debe ser ejercida de acuerdo a lo previsto en la Constitución y el marco legislativo nacional que lo desarrolla. Además, la Sala en la mencionada sentencia N° 781/11, precisó que:

"(...) conforme a la Constitución y la Ley Orgánica sobre Estados de Excepción, los estados de excepción 'son circunstancias de orden social, económico, político, natural o ecológico, que afecten gravemente la seguridad de la Nación, de sus ciudadanos o de sus instituciones. Los estados de excepción solamente pueden declararse ante situaciones objetivas de suma gravedad que hagan insuficientes los medios ordinarios que dispone el Estado para afrontarlos' (Cfr. Artículo 2 de la Ley Orgánica sobre Estados de Excepción) y, su declaración, corresponde exclusivamente al Presidente de la República en Consejo de Ministros (Cfr. Artículo 15 eiusdem, en concordancia con los artículos 337 al 339 de la Constitución), lo cual posibilita en términos generales, que el Presidente de la República dicte de forma proporcional -en lo que respecta a gravedad, naturaleza y ámbito de aplicación- todas las medidas de orden social, económico, político o ecológico que estime convenientes para afrontar la situación de crisis.

Así, entre otras medidas el Presidente de la República puede limitar o racionar el uso de servicios o el consumo de artículos de primera necesidad, tomar las medidas necesarias para asegurar el abastecimiento de los mercados y el funcionamiento de los servicios y de los centros de producción, hacer erogaciones con cargo al Tesoro Nacional que no estén incluidas en la Ley de Presupuesto y cualquier otra medida que se considere necesaria para regresar a la normalidad, con fundamento en la Constitución de la República Bolivariana de Venezuela y la Ley Orgánica sobre Estados de Excepción, e incluso 'delegar su ejecución, total o parcialmente, en los gobernadores, alcaldes, comandantes de guarnición o cualquier otra autoridad debidamente constituida' que el Ejecutivo Nacional designe -Cfr. Artículos 17, 19 y 20 eiusdem-.

De ello resulta pues, que en ejecución de los preceptos normativos contenidos en la Constitución de la República Bolivariana de Venezuela y la Ley Orgánica sobre Estados de Excepción, no es posible que una autoridad distinta al Presidente de la República en Consejo de Ministros, pueda asumir competencias relativas a la declaratoria y gestión de los estados de excepción, en sus diferentes formas, como lo son el estado de alarma, estado de emergencia económica, estado de conmoción interior y estado de conmoción exterior".

Sobre la base de las anteriores consideraciones, esta Sala advierte del contenido de los artículos 156.9 y 32, 187.1, 236.7, 337, 338 y 339 de la Constitución de la República Bolivariana de Venezuela, en concordancia con la Ley Orgánica sobre Estados de Excepción, en comparación con las normas previstas en la Constitución del Estado Guárico, la similitud que existe entre algunas de las funciones que atribuye la Constitución a la Asamblea Nacional y al Presidente de la República, y las que contiene el artículo al artículo 136, numerales 9 y 30 de la Constitución del Estado Guárico, que atribuye al Gobernador del mencionado Estado, la competencia para *"decretar situaciones de emergencia en el Estado"* y *"por consiguiente para crear, modificar o suspender servicios públicos, en casos de comprobada necesidad".*

Ciertamente, frente a casos de calamidad pública o conmoción civil, que produzcan daños materiales o pérdidas de vidas humanas, no se deriva del Texto Constitucional la posibilidad que los Gobernadores puedan asumir cualquier medida necesaria para afrontar tales hechos (artículo 136.29 de la Constitución del Estado Guárico), por el contrario, en ejercicio de sus competencias propias, la Asamblea Nacional reguló la actividad del Poder Ejecutivo a nivel nacional -Ley Orgánica sobre Estados de Excepción-, estadal y municipal, limitándolos a asumir las medidas contenidas en los instrumentos legales aplicables -Ley de la Organización Nacional de Protección Civil, Ley de Contrataciones Públicas o la Ley Orgánica de la Administración Financiera del Sector Público, entre otras-.

Además, supuestos como los contenidos en el artículo 136, numeral 29 de la Constitución del Estado Guárico, podrían constituir previsiones normativas que desconocen la regulación nacional aplicable a los procedimientos para la contratación de la Administración Pública, conforme al contenido normativo de los artículos 141 y 156.32 de la Constitución de la República Bolivariana de Venezuela; 1, 2, 5.11 y 88 de la Ley de Licitaciones (*Cfr. Gaceta Oficial* N° 5.556 Extraordinario del 13 de noviembre de 2001) y 3, 6.16, 76.4 y 78 de la Ley de Contrataciones Públicas, a las cuales debe atender cualquier regulación de orden estadal. En tal sentido, basta señalar que los supuestos para que un órgano o ente de la Administración pueda acceder a regímenes estatutarios de derecho público vinculados con las denominadas normas de emergencia, deben ser consecuencia de circunstancias específicas e individualmente consideradas y limitadas al tiempo y objeto estrictamente necesario para corregir, impedir o limitar los efectos del daño grave en que se fundamenta su empleo.

De ahí que, la Sala reitere que constitucionalmente los Estados son favorecidos por el principio de autonomía para organizar sus Poderes Públicos, pero tal autonomía es relativa y por tanto está sometida a diversas restricciones establecidas en la Constitución y en la ley, por ello, el artículo 4 del Texto Fundamental, dispone que *"La República Bolivariana de Venezuela es un Estado federal descentralizado en los términos consagrados en esta Constitución" -Vid.* Sentencia de esta Sala N° 565/08-.

Por ello, si bien es posible que los Estados puedan desarrollar normas especiales vinculadas a las competencias propias del artículo 164 de la Constitución, ellas deben adecuarse al ordenamiento jurídico nacional que necesariamente las afecta, en la medida que la homogeneidad o estandarización por normas de rango legal dictadas por la Asamblea Nacional -en el ámbito de sus competencias-, viabilizan la consecución de un funcionamiento eficaz y adecuado de la prestación de servicios y bienes a los intereses generales de la República -*vgr.* Numerales 3, 4, 5 y 6 del artículo 164 *eiusdem*-.

En consecuencia, estima esta Sala Constitucional que la actuación por parte del entonces Consejo Legislativo Estadal al asignarle competencias tan similares a las que constitucional y legalmente -en los términos antes expuestos- están atribuidas a órganos del Poder Público Nacional como lo son la Asamblea Nacional y el Presidente de la República en Consejo de Ministros, resulta contraria a lo previsto en el Texto Fundamental.

En tal sentido, esta Sala estima conveniente reiterar la decisión N° 1.182/00, recaída en un caso muy similar al de autos, vinculada a la materia de usurpación de las funciones que constitucionalmente tiene atribuido el Poder Legislativo Nacional, y en extralimitación de atribuciones vinculadas a estados de emergencia y de alarma, en la cual se señaló lo siguiente:

"en el marco de la doctrina y la jurisprudencia patria, para que se configure el supuesto de la usurpación de funciones, se requiere que el órgano o funcionario presuntamente infractor o incurso en dicho vicio, ejerza o haya ejercido funciones o competencias públicas asignadas por la Constitución de la República o las leyes a otro órgano u órganos del Poder Público, sea nacional, estadal o municipal. Ello así, resulta necesario destacar que en criterio de esta Sala Constitucional, en el presente caso, se evidencia del texto de la Constitución del Estado Mérida, aprobada en fecha 7 de noviembre de 1995, publicada en la Gaceta Oficial de ese Estado N° 7 Extraordinario, de fecha 20 de abril de ese mismo año, que el Poder Legislativo del Estado Mérida no asumió competencias asignadas constitucionalmente al Poder Legislativo Nacional para regular la actividad del Ministerio Público, por lo que la trasgresión constitucional alegada no encuadra en el vicio de usurpación de funciones".

Sin embargo, conteste con el criterio transcrito, en esta oportunidad se observa que el Consejo Legislativo del Estado Guárico, incurrió en el vicio de extralimitación de atribuciones, ya que si bien no creó *ex novo* ningún ente u órgano -Gobernador y Consejo Legislativo- si le atribuyó algunas competencias que por mandato constitucional, corresponden a la

Asamblea Nacional y al Presidente de la República en Consejo de Ministros, con lo cual el Poder Legislativo de dicho Estado incurrió en el referido vicio, pues si bien es cierto que tenía competencia para organizar los Poderes Públicos de esa entidad federal a la luz de nuestra Constitución, no es menos cierto, que tal organización debió ser realizada de conformidad con lo dispuesto en la Constitución y la ley, es decir, debió respetar y tener como límites las normas constitucionales y legales atributivas de competencias a los distintos órganos del Poder Público Nacional.

Como consecuencia de las consideraciones expuestas, debe esta Sala Constitucional del Tribunal Supremo de Justicia declarar la inconstitucionalidad del artículo 136, numeral 29 de la Constitución del Estado Guárico, publicada en la *Gaceta Oficial* de dicha entidad federal bajo el N° 126 del 14 de diciembre de 2011 y, fija los efectos del presente fallo anulatorio *ex nunc* o hacia el futuro, esto es, a partir de la publicación del presente fallo por la Secretaría de esta Sala Constitucional. Así se decide.

2. *El Poder Judicial*

    A. *Tribunal Supremo de Justicia*

        a. *Competencias de la Sala Plena: Antejuicio de mérito*

TSJ-SP (62)   **17-10-2013**

Magistrada Ponente: Deyanira Nieves Bastidas

Caso: Fiscal General de la República Bolivariana de Venezuela vs. María Mercedes Aranguren Nassif.

El antejuicio de mérito es una prerrogativa procesal de la que sólo son acreedores los altos funcionarios del Estado, que garantiza el ejercicio de la función pública y, por ende, evita la existencia de perturbaciones derivadas de posibles querellas, injustificadas o maliciosas, que se interpongan contra las personas que desempeñan cargos de alta investidura, referidos en la norma constitucional antes transcrita.

En efecto, en caso que el Tribunal Señalado lo anterior, esta Sala Plena del Tribunal Supremo de Justicia, pasa a pronunciarse respecto de su competencia para conocer de la presente solicitud de antejuicio de mérito y a tal efecto, observa:

El artículo 266 numeral 3 de la Constitución de la República Bolivariana de Venezuela establece:

"Son atribuciones del Tribunal Supremo de Justicia:

(...) 3. Declarar si hay o no mérito para el enjuiciamiento del Vicepresidente o Vicepresidenta de la República, de los integrantes de la Asamblea Nacional o del propio Tribunal Supremo de Justicia, de los Ministros o Ministras, del Procurador o Procuradora General, del Fiscal o la Fiscal General, del Contralor o Contralora General de la República, del Defensor o Defensora del Pueblo, los Gobernadores o Gobernadoras, oficiales, generales y almirantes de la Fuerza Armada Nacional y de los jefes o jefas de misiones diplomáticas de la República y, en caso afirmativo, remitir los autos al Fiscal o a la Fiscal General de la República o a quien haga sus veces, si fuere el caso; y si el delito fuere común, continuará conociendo de la causa hasta la sentencia definitiva."

Así, las personas que se hallan investidas de las más elevadas funciones públicas, gozan de prerrogativas constitucionales para el ejercicio de sus funciones, siendo una de ellas el

antejuicio de mérito, cuyo conocimiento le corresponde a esta Sala Plena. En efecto, se ha señalado en reiterados fallos que el régimen del antejuicio de mérito previsto en la Constitución de la República Bolivariana de Venezuela, constituye una prerrogativa establecida para las autoridades del Estado, a los fines de proteger la labor de los funcionarios públicos que ocupan y desempeñan cargos de alta relevancia, por lo que procura la continuidad en el desempeño de las tareas esenciales que presupone el ejercicio de la función pública.

Así, el antejuicio de mérito es una prerrogativa procesal de la que sólo son acreedores los altos funcionarios del Estado, que garantiza el ejercicio de la función pública y, por ende, evita la existencia de perturbaciones derivadas de posibles querellas, injustificadas o maliciosas, que se interpongan contra las personas que desempeñan cargos de alta investidura, referidos en la norma constitucional antes transcrita.

En efecto, en caso que el Tribunal Supremo de Justicia, declarase que hay mérito para el enjuiciamiento, de los diputados o diputadas a la Asamblea Nacional, cosa que no prejuzga sobre el fondo del asunto, pues dicho proceso no tendrá lugar si la referida Asamblea Nacional no autoriza el enjuiciamiento; es decir, gozan además estos altos funcionarios del Estado de un régimen de inmunidad, cuyo allanamiento corresponde a la Asamblea Nacional.

Así lo establece, el artículo 200 *eiusdem,* cuyo contenido es el siguiente:

"Los diputados o diputadas a la Asamblea Nacional gozarán de inmunidad en el ejercicio de sus funciones desde su proclamación hasta la conclusión de su mandato o la renuncia del mismo. De los presuntos delitos que cometan los o las integrantes de la Asamblea Nacional conocerá en forma privativa el Tribunal Supremo de Justicia, única autoridad que podrá ordenar, previa autorización de la Asamblea Nacional, su detención y continuar su enjuiciamiento. En caso de delito flagrante cometido por un parlamentario o parlamentaria, la autoridad competente lo o la pondrá bajo custodia en su residencia y comunicará inmediatamente el hecho al Tribunal Supremo de Justicia".

En tal sentido, la inmunidad supone un régimen temporal de exención, aplicable mientras quien disfruta del mismo esté en ejercicio de sus funciones, salvo que el cuerpo legislativo correspondiente autorice el enjuiciamiento, acto denominado allanamiento, mediante el cual el funcionario en cuestión es despojado de su inmunidad para que pueda ser juzgado penalmente ante el órgano jurisdiccional competente.

Ahora bien, en el caso bajo examen, la ciudadana **MARÍA MERCEDES ARANGU-REN NASSIF**, es diputada a la Asamblea Nacional por el estado Monagas, en efecto, la norma constitucional reconoce, -tal como se señaló anteriormente-, a los integrantes de la Asamblea Nacional, dentro de los altos funcionarios que gozan de la prerrogativa del antejuicio de mérito.

Destacado lo anterior, se hace pertinente mencionar que el Código Orgánico Procesal Penal, señala:

"Artículo 376. Corresponde al Tribunal Supremo de Justicia declarar si hay o no mérito para el enjuiciamiento del Presidente o Presidenta de la República o de quien haga sus veces y de los altos funcionarios o funcionarias del Estado, previa querella de el o la Fiscal General de la República".

Y la misma norma adjetiva penal, advierte:

"Artículo 381. A los efectos de este Título, son altos funcionarios o funcionarias: el Presidente o Presidenta de la República, el Vicepresidente Ejecutivo o Vicepresidenta Ejecutiva de la República, Ministros o Ministras del Despacho, Procurador o Procuradora General de la República, Miembros del Alto Mando Militar, Gobernadores o Gobernadoras de los Estados, Diputados o Diputadas de la Asamblea Nacional, Magistrados o Magistradas del Tri-

bunal Supremo de Justicia, Contralor o Contralora General de la República, Fiscal General de la República, Defensor o Defensora del Pueblo, Rectores o Rectoras del Consejo Nacional Electoral, y Jefes o Jefas de Misiones Diplomáticas de la República".

En consecuencia, siendo que la ciudadana **MARÍA MERCEDES ARANGUREN NASSIF,** ostenta la prerrogativa procesal del antejuicio de mérito, corresponde a esta Sala Plena del Tribunal Supremo de Justicia, declararse competente para el conocimento de la presente solicitud, conforme a lo establecido en el artículo 112 de la Ley Orgánica del Tribunal Supremo de Justicia en concordancia con los lineamientos establecidos en el sentencia de la Sala Plena N° 6/2010. Así se decide.

(...)

-IV-
ADMISIÓN

A los fines de realizar el correspondiente pronunciamiento, esta Sala Plena considera de importancia señalar que dada la especialísima naturaleza jurídica del antejuicio de mérito, que arraiga un objetivo protector para garantizar la estabilidad institucional de la República, conlleva mecanismos que obstaculizan el ejercicio de la acción penal contra altos funcionarios del Poder Púbico, cuyo fundamento jurídico se halla contenido en el artículo 266, numerales 2 y 3 de la Constitución de la República Bolivariana de Venezuela, y en el artículo 37 del Código Orgánico Procesal Penal; que justifican la obligatoriedad de la solicitud de antejuicio de mérito ante este Alto Tribunal, y la consecuente declaratoria de éste, de hallar o no mérito para la persecución penal contra un alto funcionario, lo cual debe realizarse con carácter previo a la práctica de cualquier acto que implique tal persecución.

Destacado ello, se observa en el caso de marras que la vindicta pública ha proferido o manifestado que han surgido durante su investigación preliminar, elementos de convicción que comprometen a la ciudadana MARÍA MERCEDES ARANGUREN NASSIF, en la posible comisión de hechos punibles susceptibles de mérito para su enjuiciamiento, por lo cual ha requerido a esta Sala Plena del Tribunal Supremo de Justicia, la declaratoria de haber mérito para proseguir, valga decir persecución penal, y así tramitar la causa conforme a las reglas del procedimiento ordinario.

Vale aclarar que, aun cuando la ocurrencia de los hechos denunciados datan del año 2008; y siendo que tales son anteriores al escaño electoral (parlamentario) obtenido por la ciudadana MARÍA MERCEDES ARANGUREN NASSIF, cuya proclamación fue en el año 2010, por lo que se evidencia que no se había iniciado persecución penal en su contra, solo existe investigación preliminar que según acota la Fiscal General de la República, "(...) *no es más que la consecuencia lógica de la ocurrencia de un hecho con apariencia punible, que obliga a los órganos competentes a recopilar la mayor información posible sobre el mismo. Información que seguramente aportará datos sobre la identificación de sus posibles autores, entre quienes pudiera encontrarse un alto funcionario. (...)*"

De lo antes fundado, la Sala Plena advierte que al estar investida la ciudadana MARÍA MERCEDES ARANGUREN NASSIF, de cualidad de alta funcionaria, con su proclamación como Diputada a la Asamblea Nacional por el estado Monagas; y sin que anteriormente a dicha proclamación haya sido iniciada persecución penal en su contra, ni se desprende de las actuaciones evidencia de acto formal de imputación alguno; ha quedado hasta el presente revestida de la protección de inmunidad parlamentaria y goza de la prerrogativa de antejuicio de mérito.

Destaca esta Sala Plena que, pese a que de las actuaciones no riela constancia formal que la ciudadana MARÍA MERCEDES ARANGUREN NASSIF, ostente cualidad de alta funcionaria, con su proclamación como Diputada a la Asamblea Nacional por el estado Monagas; es reconocido y reviste carácter público, notorio y comunicacional, pues se ha acreditado a través de medios de comunicación nacionales e internacionales, cuyos instrumentos contentivos de publicaciones impresas, Portales Web, grabaciones y videos de las emisiones radiofónicas y audiovisuales, la difusión de tal condición o cualidad, toda vez que la uniformidad en los distintos medios de comunicación y su consolidación, constituyen la noticia formal. Valga lo acá señalado, conforme a jurisprudencia de la Sala Constitucional en sentencia N° 98 del 15 de marzo de 2000, caso: *"Oscar Silva Hernández"*, ratificada en el fallo N° 280 del 28 de febrero de 2008, caso: *"Laritza Marcano Gómez"*, que guardan relación con el hecho notorio comunicacional.

De otra parte, la Sala Constitucional del Tribunal Supremo de Justicia, en sentencia N° 1684/2008, caso: *"Carlos Eduardo Giménez"*, estableció el procedimiento a seguir en la tramitación de las solicitudes de antejuicio de mérito, en tal sentido, señaló lo siguiente:

"(...) El antejuicio de mérito se desarrolla a través de un procedimiento especialísimo de carácter obligatorio, sumario y previo, el cual rompe el esquema del procedimiento penal ordinario con base en un fuero constitucional y legal. En atención a su naturaleza previa, no le está permitido al órgano jurisdiccional competente (Tribunal Supremo de Justicia en Sala Plena) formular juicios valorativos sobre la acción, tipicidad, antijuridicidad, culpabilidad y punibilidad, sino la simple pero determinante declaratoria de mérito para la formación de la causa penal o enjuiciamiento propiamente dicho del funcionario. (...)"

Criterio recientemente reiterado por esta Sala Plena en fallo N° 10 de fecha 03 de abril de 2013 y publicado el 09 de abril de 2012, caso *Richard Miguel Mardo Mardo*.

Por su parte, el artículo 117 de la Ley Orgánica del Tribunal Supremo de Justicia, establece:

"Admitida la solicitud de antejuicio de mérito, la Sala Plena, dentro de los treinta días continuos siguientes convocará a una audiencia pública. Iniciada la audiencia, el o la Fiscal General de la República expondrá los argumentos de hecho y de derecho en que fundamenta su solicitud

Seguidamente, el funcionario o funcionaria y su defensor o defensora expondrán los alegatos correspondientes y contarán, en conjunto, con el mismo tiempo concedido al máximo representante del Ministerio Público, Se admitirá réplica y contrarréplica (...)"

De igual forma, el artículo 379 del Código Orgánico Procesal Penal, ordena:

"Recibida la querella, el Tribunal Supremo de Justicia convocará a una audiencia oral y pública dentro de los treinta días siguientes para que el imputado o imputada dé respuesta a la querella. Abierta la audiencia, el o la Fiscal General de la República explanará la querella. Seguidamente, el defensor o defensora expondrá los alegatos correspondientes. Se admitirán réplica y contrarréplica. El imputado o imputada tendrá la última palabra. Concluido el debate el Tribunal Supremo de Justicia declarará, en el término de cinco días siguientes, si hay o no mérito para el enjuiciamiento."

En consecuencia, atendiendo al procedimiento establecido en la sentencia de la Sala Constitucional del Tribunal Supremo de Justicia N° 1684/2008 caso: *"Carlos Eduardo Giménez"*, en concordancia con el artículo 117 de la Ley Orgánica del Tribunal Supremo de Justicia y el artículo 379 del Código Orgánico Procesal Penal, antes trascritos, vista la referida solicitud de antejuicio de mérito y verificados los requisitos de procedencia de la solicitud incoada por la ciudadana Fiscal General de la República Bolivariana de Venezuela, **LUISA ORTEGA DÍAZ** contra la ciudadana **MARÍA MERCEDES ARANGUREN NASSIF**,

quien ostenta cargo de funcionaria acreditada como Diputada a la Asamblea Nacional por el estado Monagas, por la presunta comisión de hechos punibles referidos a **PECULADO DO-LOSO PROPIO, ASOCIACIÓN PARA DELINQUIR** y **LEGITIMA-CIÓN DE CAPI-TALES**, previstos y sancionados en los artículos 52 de la Ley Contra la Corrupción; y, 4 y 6, en concordancia con el 16 de la Ley Orgánica contra la Delincuencia Organizada, aplicable *rationae temporis*; conforme lo dispuesto en el artículo 268 del Código Orgánico Procesal Penal, por aplicación supletoria a la cual hace referencia el artículo 118 de la Ley Orgánica del Tribunal Supremo de Justicia, la Sala Plena del Tribunal Supremo de Justicia de la República Bolivariana de Venezuela, la **ADMITE** en cuanto ha lugar en derecho. Así se declara.

En consecuencia, se acuerda convocar a una audiencia pública al sexto (6°) día de Despacho siguiente, a las diez de la mañana (10:00 a.m.), después que conste en autos la última notificación, de acuerdo con lo establecido en el artículo 117 de la Ley Orgánica del Tribunal Supremo de Justicia y el artículo 379 del Código Orgánico Procesal Penal.

TSJ-SP (80)   **6-11-2013**

Magistrada Ponente: Deyanira Nieves Bastidas

Caso: Fiscal General de la República Bolivariana de Venezuela vs. María Mercedes Aranguren Nassif.

El procedimiento de antejuicio de mérito requiere para su instauración el acaecimiento de una investigación preliminar por parte del Ministerio Público. Dicha investigación preliminar difiere, en esencia, de aquella que tiene lugar en el marco de un procedimiento penal ordinario, tal como lo dispone el Código Orgánico Procesal Penal.

Sobre esta especialísima institución jurídica, la Sala Plena de este Alto Tribunal, en sentencia N° 38, dictada en fecha 11 de julio de 2013, publicada el 16 de julio de 2013, caso *"Richard Miguel Mardo Mardo"*, ilustró que:

"(...) La institución jurídica del antejuicio de mérito, constituye una prerrogativa constitucional que corresponde a los altos funcionarios del Estado, destinada a brindar un especial fuero o protección a la función pública que los mismos desempeñan, en tutela del interés general. Su instrumentación encuentra su fundamento y regulación esencialmente en la Constitución de la República Bolivariana de Venezuela, el Código Orgánico Procesal Penal y la Ley Orgánica del Tribunal Supremo de Justicia; y de ella subráyese el carácter de fase previa que tiene el proceso para que la vindicta pública, en cabeza de la Fiscalía General de la República, pueda iniciar la persecución penal propiamente dicha, a los fines de establecer o desechar la posible autoría que vislumbra el Ministerio Público en su investigación preliminar.

Diferenciación hecha con el eventual juicio, la decisión que emita la Sala Plena del Tribunal Supremo de Justicia en torno a la existencia de mérito para el enjuiciamiento de un alto funcionario, no supone un prejuzgamiento acerca de su responsabilidad penal.

El Código Orgánico Procesal Penal, en su artículo 381 dispone la enumeración taxativa de los altos funcionarios que gozan de esta prerrogativa constitucional del antejuicio de mérito, en obsequio a la protección de la función pública que despliegan en el cumplimiento de las atribuciones que la Constitución de la República Bolivariana de Venezuela, la ley y demás actos sublegales le encomiendan, a saber: (...) Diputados o Diputadas de la Asamblea Nacional, (...) se ha previsto esta institución como un procedimiento especial, que habrá de instaurarse nada menos que ante el más Alto Tribunal de la República, cuando el Ministerio Público acopie elementos de convicción serios y fundados en torno a la posible participa-

ción de alguno de los ciudadanos que desempeñen tales altos destinos, capaz de comprometer su responsabilidad, en la presunta comisión de hechos punibles, siendo que la determinación sobre la existencia de mérito para la persecución penal y enjuiciamiento, si fuera así decidido, no supone un prejuzgamiento sobre la causa que tenga lugar de seguidas. (…)" (Resaltado propio).

Esta Sala Plena del Máximo Tribunal de la República, en diversos fallos ha hecho pronunciamientos relacionados con la institución del antejuicio de mérito, dejando sentado que:

"(...) El antejuicio de mérito en nuestro ordenamiento jurídico está concebido como una etapa previa al juicio, respecto a algunos altos funcionarios del Estado. Así está concebido en la Constitución de la República Bolivariana de Venezuela y en el Código Orgánico Procesal Penal. (...)

En este sentido, en sentencia de la Corte en Pleno de la extinta Corte Suprema de Justicia, de fecha 18 de enero de 1990, caso: José Ángel Ciliberto, se expresó que establecer la existencia de motivos suficientes para el enjuiciamiento de un alto funcionario del Estado '[...] significa analizar los elementos probatorios existentes en los autos con el objeto de establecer la perpetración de algún hecho presuntamente delictivo y la participación en el mismo del nombrado ciudadano, sin adelantar opinión sobre el fondo del asunto, pues la Corte no actúa, en este momento, como un Tribunal de la causa, sino que se concreta a examinar los recaudos traídos y deducir una precalificación de los hechos, así como sus eventuales consecuencias de carácter penal[...]'

En otra sentencia de la Corte en Pleno de la extinta Corte Suprema de Justicia de fecha, 25 de junio de 1992, caso: *Antonio Ríos*, se expresó lo siguiente:

'[...] El antejuicio de mérito es un instituto consagrado por la Ley Fundamental de la República en relación con los altos funcionarios que la misma señala en los ordinales 1ª y 2ª del artículo 215 [...]

a) El ante-juicio no constituye sino una etapa previa al posible enjuiciamiento de aquellos funcionarios respecto a los cuales la Ley Fundamental de la República lo consagra como una forma de resguardar el cumplimiento de sus funciones, ya que dicho procedimiento tiene por objeto evitar a los mismos el entorpecimiento producido por la apertura de causas penales posiblemente temerarias o infundadas. En el ante-juicio no se dicta propiamente una sentencia de condena, sino que sólo se tiene como fin, eliminar un obstáculo procesal para que un ciudadano comparezca a juicio, donde tendrá la oportunidad de para acreditar su inocencia.

b) El ante-juicio de mérito no debe implicar, en modo alguno, la búsqueda de la comprobación plena del cuerpo del delito ni de la culpabilidad del funcionario en relación con el cual opera dicho procedimiento especial, como si se tratase de un juicio propiamente dicho. Sólo se trata de constatar si los hechos imputados son punibles y si ciertamente la acusación está seriamente fundada como para formar causa. Por consiguiente, no se debe adelantar opinión sobre el fondo del asunto, pues de lo que se trata es de examinar los recaudos y deducir una precalificación de los hechos.

c) El ante-juicio de mérito tiene por objeto el análisis y estudio previos de las actas procesales, con el fin de establecer si de la reconstrucción de los hechos que de ella deriva, emergen presunciones vehementes de la comisión de un hecho punible y de que en la perpetración del mismo se encuentra comprometida la responsabilidad del funcionario.

En síntesis, se trata de establecer –como lo señala la decisión de este Supremo Tribunal de fecha 1950 (G.O. N° 6, p. 23)– si existe 'mérito suficiente' para que sea sometido a juicio el funcionario acusado. Para lograr este objetivo debe observarse si se configura o no el hecho punible que se le imputa y si existen fundados indicios de haber participado en la realización del mismo [...]'.

De igual manera, en sentencia de fecha 20 de mayo de 1993, de la Corte en Pleno de la extinta Corte Suprema de Justicia, caso: Carlos Andrés Pérez Rodríguez, se expresó que en el antejuicio de mérito '[...] se trata de un procedimiento especial en un doble aspecto: En primer lugar por lo que atañe a los sujetos enjuiciables y en segundo término, por lo que se refiere al procedimiento.

*En el primer caso, únicamente a los Altos Funcionarios están sometidos al Antejuicio de Mérito por ante el más Alto Tribunal de la República. Y en cuanto a las características procedimentales, la Ley ha previsto determinados elementos, entre los cuales se destaca que dada su finalidad fundamental, el Antejuicio, como su misma denominación lo indica, **no indica un juicio propiamente dicho, sino un pronunciamiento previo a la causa, que cuando se declara con lugar constituye la base para la iniciación del juicio o de su prosecución, según las normas aplicables en cada caso. No constituye por ello un indicativo de absolución o condena, sino una declaratoria acerca de la procedencia o no de la apertura del juicio penal correspondiente. (...)".* (Sentencia N° 24 del 15 de mayo de 2003, Caso: Julián Isaías Rodríguez Díaz, Fiscal General de la República contra Carlos Rafael Alfonzo Martínez, General de División (G.N.)* (Resaltados de la cita y corchetes propios)*

Así también, la Sala Constitucional ha caracterizado al procedimiento especial del antejuicio de mérito, a semejanza de una etapa inicial para un eventual enjuiciamiento de altas autoridades.

Valga citar la sentencia N° 233 del 11 de marzo de 2002, la cual se expresó de la siguiente manera:

*"(...) [el] procedimiento conocido como antejuicio de mérito, (...) ha sido definido por la jurisprudencia y la doctrina como un procedimiento especial, de única instancia, previo y distinto al juicio penal propiamente dicho. Es decir, a semejanza de una etapa inicial **(in jure actum)**, en cuya primera fase se califican los hechos como relevantes o no para pasar, si fuere el caso, a la segunda fase del juicio de fondo, **(in judicium)**, ya que, quien tiene derecho a ese antejuicio o juicio de mérito, se inviste de una **prerrogativa (jure esse)**.*

En otras palabras, el antejuicio de mérito se traduce en una prerrogativa para la altas autoridades del Estado, prevista en la Constitución de la República Bolivariana de Venezuela, en su artículo 266, numerales 2 y 3, así como en el artículo 5, numerales 1 y 2 de la Ley Orgánica del Tribunal Supremo de Justicia, y en el artículo 377 del Código Orgánico Procesal Penal (...)". (Resaltados de la cita)

Asimismo, en la sentencia N° 29 del 30 de abril de 2008, esta Sala Plena apuntó sobre el carácter de prerrogativa constitucional del antejuicio de mérito lo siguiente:

"(...) Así, las personas que se encuentran investidas de las más elevadas funciones públicas, gozan de prerrogativas constitucionales para el ejercicio de sus funciones, siendo una de ellas el antejuicio de mérito, cuyo conocimiento le corresponde a esta Sala Plena.

En tal sentido, ha señalado el Máximo Tribunal en reiteradas decisiones que el régimen del antejuicio de mérito previsto en la Constitución de la República Bolivariana de Venezuela consiste en un privilegio para las altas autoridades del Estado, que tiene por objeto proteger la labor de los funcionarios públicos que ocupan y desempeñan cargos de alta relevancia, en procura de la continuidad en el desempeño de las tareas esenciales que corresponden al ejercicio de la función pública. En otras palabras, el antejuicio de mérito es una prerrogativa procesal de la que son acreedores los altos funcionarios del Estado, para garantizar el ejercicio de la función pública y, por ende, evitar la existencia de perturbaciones derivadas de posibles querellas, injustificadas o maliciosas, que se interpongan contra las personas que desempeñen una alta investidura.

De manera que, ante la supuesta comisión de un hecho punible por parte de los altos funcionarios, la ley le otorga la facultad al titular de la acción penal, específicamente, al Fiscal General de la República, para proponer formalmente, ante la Sala Plena de este Tribunal

*Supremo de Justicia, solicitud de antejuicio de mérito, mediante una querella, como lo seña-
la el artículo 377 de Código Orgánico Procesal Penal, lo que también puede ser realizado
por la víctima, a criterio de la Sala Constitucional, tal como lo dejó sentado en sentencia
número 1.331 de fecha 20 de junio de 2002 (caso: Tulio Álvarez vs. Fiscal General de la República) (...)".*

Es así como también, esta Sala Plena ahondó sobre la figura del antejuicio de mérito
como un procedimiento especial en un doble aspecto, en cuanto a los sujetos enjuiciables y
en lo que se refiere al procedimiento, a saber:

*"(...) Se trata de un procedimiento especial en un doble aspecto, en cuanto a los sujetos en-
juiciables y en lo que se refiere al procedimiento:*

*En relación a los sujetos enjuiciables, únicamente los altos funcionarios están sometidos al
antejuicio de mérito ante el más Alto Tribunal de la República.*

*Y en cuanto al procedimiento, las disposiciones legales y la jurisprudencia han delimitado la
finalidad del antejuicio de mérito: no constituye un juicio propiamente dicho, sino un pronunciamiento previo a la causa, que cuando se declara con lugar constituye la base para la
iniciación del juicio, según las normas aplicables en cada caso.*

*Por consiguiente, no constituye una sentencia de absolución o de condena, sino una declara-
toria acerca de la procedencia o no de la apertura del juicio penal correspondiente. Tiene
como finalidad resguardar el cumplimiento de las funciones de los altos funcionarios del Estado, ya que dicho procedimiento tiene por objeto evitar a los mismos el entorpecimiento
producido por la apertura de causas penales posiblemente temerarias o infundadas.*

*En efecto, el antejuicio de mérito constituye un privilegio que otorga la Constitución de la
República Bolivariana de Venezuela a los altos funcionarios del Estado, que no pueden ser
sometidos a juicio penal sin que medien razones graves que los vinculen con hechos punibles
cuya existencia debe ponerse de manifiesto en la audiencia del antejuicio y que la evidencia
de esta relación debe ser declarada por el Tribunal Supremo de Justicia. Incluso, cabe añadir que, por su propia naturaleza, este privilegio es renunciable por el favorecido, lo que
abona en beneficio de la tesis de que no estamos ante un proceso penal según las disposiciones del Código Orgánico Procesal Penal, sino de un antejuicio de mérito que controla los
hechos para determinar si tienen o no carácter delictual.*

*Además, el antejuicio de mérito no debe implicar, en modo alguno, la búsqueda de la com-
probación plena del cuerpo del delito ni de la culpabilidad del alto funcionario; sólo se trata
de constatar si los hechos imputados son punibles y si ciertamente la querella está seriamente fundada como para formar la causa penal. En consecuencia, no debe adelantarse opinión
sobre el fondo del asunto, pues de lo que se trata es de examinar los recaudos y precalificar
los hechos (...)". (Sentencia N° 50 del 10 de junio de 2008, Caso: 'Carlos Eduardo Giménez
Colmenares)*

En esa misma tónica jurídica, respecto al rol del Fiscal o la Fiscal General de la República en el procedimiento especial de antejuicio de mérito, esta Sala Plena en la sentencia
N° 6 del 14 de enero de 2010, dejó sentado que:

"(...) Rol del Fiscal o la Fiscala General de la República.

*Respecto a la competencia del Fiscal o de la Fiscala General de la República en el marco
del trámite del Antejuicio de Mérito, esta Sala Plena debe precisar lo que sigue:*

*La Constitución de la República Bolivariana de Venezuela, en su artículo 266, numerales 2 y
3, en concordancia con su único aparte, le asigna a esta Sala Plena del Tribunal Supremo de
Justicia la atribución de declarar si hay o no mérito para el enjuiciamiento del Presidente o
Presidenta de la República o quien haga sus veces, y de otros Altos Funcionarios, estableciendo de igual modo los lineamientos fundamentales del procedimiento para determinar su
responsabilidad penal. Tales lineamientos, respecto al procedimiento del antejuicio, son re-*

cogidos por la Ley Orgánica del Tribunal Supremo de Justicia y el Código Orgánico Proce-
sal Penal, el cual se inicia a instancia del Fiscal o de la Fiscala General de la República,
bien se trate de delito de acción pública o bien de delitos enjuiciables a instancia de la parte
agraviada.

Por su parte, el Código Orgánico Procesal Penal, en su artículo 377, ubicado dentro del
Título IV (referido al procedimiento en los juicios contra el Presidente de la República y
otros altos funcionarios públicos) del Libro Tercero (dedicado a los procedimientos especia-
les), dispone que corresponde al Tribunal Supremo de Justicia declarar si hay o no mérito
para el enjuiciamiento del Presidente o Presidenta de la República o de quien haga sus ve-
ces y de los Altos Funcionarios del Estado, previa querella del Fiscal o de la Fiscala Gene-
ral de la República.

Como puede apreciarse de lo supra transcrito, en el trámite del antejuicio de mérito el
máximo representante del Ministerio Público tiene atribuida la competencia exclusiva para
instar dicho trámite sin distingo de la naturaleza del delito denunciado –delitos de acción
pública o delitos enjuiciables a instancia de la parte agraviada-; por cuanto el antejuicio de
mérito es un procedimiento especial, establecido con relación a los altos funcionarios del
Estado que tienen a su cargo las funciones públicas más relevantes; procedimiento destina-
do a que este Alto Tribunal determine si existe o no mérito para el posterior enjuiciamiento
una vez desaforado el Alto Funcionario.

Ello es así, ya que con el trámite del antejuicio de mérito se protegen funciones públicas
trascendentales para el Estado y la sociedad de aquellas acciones destinadas a perturbarlas,
pudiendo afectarse además del interés público, la gobernabilidad'. (Subrayado de la cita)

V
DEL ANÁLISIS DEL ESCRITO Y ALEGATOS DE LA DEFENSA

Antes de emitir pronunciamiento respecto a la argumentación de hecho y de derecho expuesta por la Fiscal General de la República en la querella mediante la cual solicita el antejuicio de mérito, considera esta Sala necesario analizar, en primer lugar, las solicitudes que fueron planteadas por la defensa privada de la ciudadana María Mercedes Aranguren Nassif.

Pasa esta Sala Plena a pronunciarse respecto de los planteamientos expuestos, en razón de que es deber de todos los órganos jurisdiccionales velar por el respeto al Estado de Derecho, con fundamento en la Constitución de la República Bolivariana de Venezuela y las demás normas del ordenamiento jurídico que fueren aplicables; ello, por lo que en tal sentido observa que:

Respecto al contenido del escrito, el cual la defensa privada tituló como CAPÍTULO SEGUNDO -Sobre la tipicidad objetivo-, -Sobre la falta de tipicidad-, -Sobre el sobresei-miento-; de cuyo texto se desprende que:

"(...) la atipicidad de acuerdo con lo dispuesto en el último aparte del artículo 378 del
Código Orgánico Procesal Penal, constituye motivo legal que hace procedente el sobresei-
miento, pues señala ese artículo, que cuando el Tribunal Supremo de Justicia declare que no
hay motivo para el enjuiciamiento pronunciará el sobreseimiento. Efectivamente, todo enjui-
ciamiento penal tiene como base necesaria la existencia de un hecho punible. De tal modo
que si ese hecho punible no tiene existencia real, no hay motivo para un enjuiciamiento pe-
nal, y opera por ello el sobreseimiento. (...)".

Respecto a ello, ha sido enfática la Sala Constitucional de este Alto Tribunal, precisa-mente sobre el antejuicio de mérito que:

"(...) En atención a su naturaleza previa, no le está permitido al órgano jurisdiccional competente (Tribunal Supremo de Justicia en Sala Plena) formular juicios valorativos sobre la acción, tipicidad, antijuridicidad, culpabilidad y punibilidad, sino la simple pero determinante declaratoria de mérito para la formación de la causa penal o enjuiciamiento propiamente dicho del funcionario. (...)" (Sentencia N° 1684/2008, caso: "Carlos Eduardo Giménez").

Siguiendo el criterio de la jurisprudencia patria, el procedimiento a seguir en la tramitación de las solicitudes de antejuicio de mérito, a esta Sala Plena actuando como órgano jurisdiccional, le está vedado formular juicios valorativos sobre la tipicidad; solo a ésta le corresponde oportunamente el emitir el pronunciamiento respecto a la declaratoria de mérito para el enjuiciamiento de los funcionarios y funcionarias, a los que hace referencia la Constitución de la República Bolivariana de Venezuela y la ley.

Respecto a la norma contenida en el artículo 378 del Código Orgánico Procesal Penal, la misma advierte el tipo de sentencia que se dictará a consecuencia de la declaratoria de no haber motivo o mérito para el enjuiciamiento, no del juicio valorativo del obstáculo legal vinculado con la tipicidad, tal como lo hace ver el abogado en su escrito, para hallar fundamento en el decreto de sobreseimiento; toda vez que, tal como lo sentenció la Sala Constitucional, no le está permitido al órgano jurisdiccional competente (Tribunal Supremo de Justicia en Sala Plena) formular juicios valorativos sobre la acción, tipicidad, antijuridicidad, culpabilidad y punibilidad.

Respecto al contenido de título denominado CAPÍTULO TERCERO, los defensores privados, alegan que, "(...) [los] hechos en los que se basa la ciudadana Fiscal General de la República, no configuran el delito previsto en el artículo 52 de la Ley Contra la Corrupción, porque este exige, como elemento esencial para su existencia, **que la ciudadana MARÍA MERCEDES ARANGUREN NASSIF, se haya apropiado o distraído, en provecho propio o de otro, los bienes del patrimonio público o en poder de algún organismo público, cuya recaudación, administración o custodia tengan por razón de su cargo,** lo cual no resulta evidenciado de los elementos esgrimidos por la ciudadana Fiscal General de la República, siendo por tanto procedente, solicitar de la Sala Plena del Tribunal Supremo de Justicia, el sobreseimiento respecto del delito de **PECULADO DOLOSO PROPIO,** descrito en el artículo 52 de la Ley Contra la Corrupción, de conformidad con lo previsto en el último aparte del artículo 378 del Código Orgánico Procesal Penal, por atipicidad, en relación con artículo 49.6 de la Constitución de la República Bolivariana de Venezuela, que establece que ninguna persona podrá ser sancionada por actos u omisiones que no fueren previstos como delitos, faltas o infracciones en leyes preexistentes. (...)". (Destacado del original).

Luego en su Capítulo Cuarto, señalan:

"(...) pues no fundamenta la aplicación de ese artículo en la demostración de hechos que evidencien y que permitan apreciar objetivamente, que la ciudadana MARÍA MERCEDES ARANGUREN NASSIF, haya ocultado bienes relacionados a una actividad delictiva o ilícita, por sí misma o a través de persona Interpuesta; o que haya convertido, custodiado, administrado u ocultado dolosamente bienes provenientes de hechos ilícitos.

Si no que fundamenta su imputación, en hechos que no configuran ese delito, pues lo que alegó como fundamento de la solicitud de antejuicio de mérito es que, supuestamente la empresa Administradora Inmobiliaria Monumental de Maturín C.A., '[...] no registró con transparencia sus operaciones mercantiles, ni elaboró estados de ganancias y pérdidas, [...]' y '[...] tampoco enteró al Tesoro Nacional ni Municipal las cantidades que cobró por concepto de obligaciones tributarias durante su periodo de vigencia, producto de sus actividades comerciales, [...]'.

En relación con el Capítulo Quinto, del escrito defensoril, plantea que:

*"(...) La Fiscal General de la República solicita el antejuicio de mérito y hace imputación por el delito de **ASOCIACIÓN PARA DELINQUIR,** porque considera que los funcionarios de la Gobernación del Estado Monagas, presuntamente organizaron una estructura con apariencia de figura pública, constituyéndose inclusive con fondos provenientes de la Gobernación del estado Monagas, por un tiempo de ocho (8) meses, y presume, la ocurrencia del delito en comento, porque para materializar durante su tiempo de funcionamiento, las actividades presuntamente ilegales emprendidas por la empresa Administradora Inmobiliaria Monumental de Maturín C.A., se debió contar con una relación de roles y papeles dentro de la organización a los fines de lograr la consecución criminal presuntamente dirigida por la ciudadana **MARÍA MERCEDES ARANGUREN,** como Presidenta de la misma.(...) que la intención que aparece demostrada con la creación de la empresa Administradora Inmobiliaria Monumental de Maturín C.A., no fue la de asociarse para cometer delitos, sino que la intención que aparece manifestada en el mismo cuerpo del acta constitutiva de dicha empresa (...) solicitar de la Sala Plena del Tribunal Supremo de Justicia, el sobreseimiento respecto del delito de **ASOCIACIÓN PARA DELINQUIR,** (...)".*

Visto los anteriores alegatos, por sí solos se contrastan con los cincuenta y un (51) elementos de convicción, promovidos por la vindicta pública, en cuya mayoría la defensa no hizo descargo, no refutando ni explicando su existencia; solo se limitó a manifestar lo ya conocido en las actuaciones y esgrimir que los hechos no se corresponden, sin aportar otros elementos que hagan presumir la desvinculación de aquellos; a criterio de esta Sala, de la lectura de los hechos y medios de convicción aportados por el Ministerio Público, se obtiene la inteligible posibilidad o presunción de una necesaria profundización que vaya más allá de una investigación preliminar; tanto así que la misma ciudadana María Mercedes Aranguren Nassif, expuso en plena audiencia oral y pública, que la Fiscalía del Ministerio Público debía indagar más, sobre todo cuanto se había realizado para mantener al Stadium denominado "Monumental de Maturín", lo cual indica que la misma ciudadana objeto de este proceso, amerita de una investigación que implique el ejercicio de la acción penal con actos consideradas como de persecución penal personalizada.

Ante el argumento, esbozado por la ciudadana María Mercedes Aranguren Nassif, quien señaló que se habían hecho muchas indagaciones, por parte del Ministerio Público, durante la investigación preliminar, pero que faltaba mucho que investigar; es oportuno para esta Sala observar que el artículo 37 del Código Orgánico Procesal Penal dispone lo siguiente:

*"Cuando para la persecución penal se requiera la previa declaratoria de haber mérito para el enjuiciamiento, el o la Fiscal que haya conducido la **investigación preliminar** se dirigirá a el o la Fiscal General de la República a los efectos de que éste o ésta, solicite de ser pertinente, la declaratoria de haber lugar al enjuiciamiento. Hasta tanto decida la instancia judicial correspondiente, o cualquiera otra instancia establecida por la Constitución de la República Bolivariana de Venezuela, las de los Estados u otras Leyes, no podrán realizarse contra el funcionario investigado actos que impliquen una persecución personal, salvo las excepciones establecidas en este Código.*

La regulación prevista en este artículo no impide la continuación del procedimiento respecto a los otros imputados". (Resaltado de esta Sala)

Del artículo transcrito se desprende que el procedimiento de antejuicio de mérito requiere para su instauración, el acaecimiento de una investigación preliminar por parte del Ministerio Público. Ahora bien, dicha investigación preliminar difiere, en esencia, de aquella que tiene lugar en el marco de un procedimiento penal ordinario, tal como lo dispone el Código Orgánico Procesal Penal. Ello es así, cónsono con la naturaleza jurídica del antejuicio de mérito, procedimiento distinto del propio juicio que luego pueda ventilarse. Esta investigación elemental -la del antejuicio- está destinada a recabar primariamente elementos de convicción, cuya obtención no implique persecución penal individualizada del alto funcionario contra el cual se haya instaurado el antejuicio de mérito. El Ministerio Público, en conocimiento de la ocurrencia de hechos presumiblemente ilícitos, no puede nada menos que acumular todos los indicios que favorezcan a una futura investigación formal, lo que redundará en el esclarecimiento de las condiciones de tales hechos y en la determinación de la posible autoría.

Precisamente es en tal razón que, no podía el Ministerio Público, ahondar más allá de lo que le permite el objeto de la investigación preliminar, para así evitar traspasar los límites entre los actos propios de tal y la persecución penal.

Punto aparte lo anterior, la Sala Plena considera que no ha lugar el derecho la solicitud de decreto de sobreseimiento, a razón del fundamento esbozado por la defensa de la ciudadana María Mercedes Aranguren Nassif. Así se declara.

TSJ-SP (84)   28-11-2013

Magistrado Ponente: Malaquías Gil Rodríguez

Caso: Procurador del Estado Bolivariano de Miranda vs. Diosdado Cabello Rondón.

La Sala Plena ratifica que no sólo es competente para conocer de una solicitud de antejuicio de mérito contra el Presidente o Presidenta de la República o quien haga sus veces y otros altos funcionarios del Estado, sino también, de las solicitudes conexas de sobreseimiento o de desestimación de denuncias formuladas en su contra, pues son actos procesales estrechamente vinculados al enjuiciamiento. En este sentido, declara sobreseída la solicitud de antejuicio de mérito contra el ciudadano Diosdado Cabello.

En primer lugar, debe la Sala pronunciarse sobre su competencia para conocer la solicitud de sobreseimiento planteada, previo a lo cual es necesario hacer las siguientes consideraciones:

Mediante escrito de fecha trece (13) de noviembre de dos mil doce (2012), la ciudadana Luisa Ortega Díaz, actuando con el carácter de Fiscal General de la República Bolivariana de Venezuela, solicitó ante esta Sala Plena del Tribunal Supremo de Justicia se declare el sobreseimiento de la causa, abierta en virtud de la denuncia formulada en fecha trece (13) de mayo de dos mil nueve (2009), por el ciudadano Procurador del Estado Bolivariano de Miranda, contra el ciudadano Diosdado Cabello Rondón (actualmente Diputado Presidente de la Asamblea Nacional).

Ahora bien, a los fines de determinar su competencia, estima necesario esta Sala Plena, hacer referencia al contenido del artículo 266 de la Constitución de la República Bolivariana de Venezuela, cuyos numerales 2 y 3 establecen lo siguiente:

"Artículo 266. Son atribuciones del Tribunal Supremo de Justicia:

(...)

2. Declarar si hay o no mérito para el enjuiciamiento del Presidente o Presidenta de la República o quien haga sus veces y, en caso afirmativo, continuar conociendo de la causa previa autorización de la Asamblea Nacional, hasta sentencia definitiva.

3. Declarar si hay o no mérito para el enjuiciamiento del Vicepresidente Ejecutivo o Vicepresidenta Ejecutiva, de los o las integrantes de la Asamblea Nacional o del propio Tribunal

Supremo de Justicia, de los Ministros o Ministras, del Procurador o Procuradora General, del Fiscal o la Fiscal General, del Contralor o Contralora General de la República, del Defensor o Defensora del Pueblo, los Gobernadores o Gobernadoras, oficiales, generales y almirantes de la Fuerza Armada Nacional y de los jefes o jefas de misiones diplomáticas de la República y, en caso afirmativo, remitir los autos al Fiscal o la Fiscal General de la República o a quien haga sus veces, si fuere el caso; y si el delito fuere común, continuará conociendo de la causa hasta la sentencia definitiva.

(...)

La atribución señalada en el numeral 1 será ejercida por la Sala Constitucional; las señaladas en los numerales 2 y 3, en Sala Plena; (...)"

De acuerdo a lo dispuesto en la norma parcialmente transcrita, corresponde a la Sala Plena del Máximo Tribunal de la República declarar si existe o no mérito para enjuiciar al Presidente de la República y los demás altos funcionarios allí señalados, dentro de los que se encuentran los Gobernadores o las Gobernadoras de los Estados. Asimismo, prevé el citado artículo el procedimiento aplicable para determinar la responsabilidad penal de dichas autoridades, cuando la mencionada Sala decida afirmativamente.

Es oportuno señalar, que el antejuicio de mérito constituye una prerrogativa procesal de la cual gozan determinados funcionarios -expresamente mencionados en el citado artículo 266 de la Constitución de la República Bolivariana de Venezuela- frente a denuncias o querellas infundadas que, eventualmente, pondrían en riesgo el normal ejercicio de la función pública. *Vid.*, entre otras, sentencia de la Sala Plena número 2 del doce (12) de enero de dos mil once (2011).

Ahora bien, la disposición constitucional antes transcrita -artículo 266- se encuentra establecida en forma similar en la Ley Orgánica que rige las funciones del Tribunal Supremo de Justicia, cuyos artículos 112 y 114 establecen lo siguiente:

"Artículo 112. Corresponde a la Sala Plena del Tribunal Supremo de Justicia declarar si hay o no mérito para el enjuiciamiento del Vicepresidente Ejecutivo o Vicepresidenta Ejecutiva; de los o las integrantes de la Asamblea Nacional o del Tribunal Supremo de Justicia; de los ministros o ministras del Poder Popular; del Procurador o Procuradora General de la República; del o la Fiscal General de la República; del Contralor o Contralora General de la República; del Defensor o Defensora del Pueblo; del Defensor o Defensora del Pueblo; del Defensor Público o Defensora Pública General, de los Rectores o Rectoras del Consejo Nacional Electoral, de los gobernadores o gobernadoras; oficiales, generales y almirantes de la Fuerza Armada Nacional Bolivariana en funciones de comando y de los jefes y jefas de misiones diplomáticas de la República.(...)"

"Artículo 114. La Sala Plena también es competente para conocer y decidir de la solicitud de desestimación de la denuncia de querella, o bien de la solicitud de sobreseimiento contra los altos funcionarios o ' altas funcionarías señalados en los artículos anteriores, conforme a las causales previstas en el Código Orgánico Procesal Penal. En estos casos, la solicitud deberá ser presentada únicamente por el o la Fiscal General de la República dentro de los treinta días hábiles siguientes a la recepción de la denuncia o querella.

En caso de que sea declarada con lugar la desestimación de la denuncia o querella, se remitirá las actuaciones al o la Fiscal General de la República para su archivo definitivo, previa notificación de aquél contra quien se interpuso la denuncia o querella. En caso contrario, si la Sala Plena rechaza la desestimación de la denuncia o querella o la solicitud de sobreseimiento, solicitará al o la Fiscal General de la República proseguir con la investigación. En estos casos, si el delito fuere de acción privada, se requerirá instancia de la parte presuntamente agraviada para continuar con la investigación, en cuyo caso corresponderá al o la Fiscal General de la República presentar la solicitud formal del antejuicio de mérito".

Por otra parte, el Título IV del Libro Tercero del Código Orgánico Procesal Penal publicado en la *Gaceta Oficial de la República Bolivariana de Venezuela* número 5.930 Extraordinario de fecha cuatro (4) de septiembre de dos mil nueve (2009), aplicable para la fecha de la denuncia, actualmente Título V del Libro Tercero del Código Orgánico Procesal Penal vigente, publicado en la *Gaceta Oficial de la República Bolivariana de Venezuela* número 6.078 Extraordinario del quince (15) de junio de dos mil doce (2012), establece el "*PROCEDIMIENTO EN LOS JUICIOS CONTRA EL PRESIDENTE O PRESIDENTA DE LA REPÚBLICA Y OTROS ALTOS FUNCIONARIOS O ALTAS FUNCIONARIAS DEL ESTADO*", en cuyo desarrollo ratifica la competencia del Máximo Tribunal para decidir preliminarmente la procedencia del enjuiciamiento de esos funcionarios. En efecto, el artículo 377 del mencionado Código de 2009, hoy artículo 376, dispone lo que sigue:

> "*Artículo 377. Corresponde al Tribunal Supremo de Justicia declarar si hay o no mérito para el enjuiciamiento del Presidente o Presidenta de la República o de quien haga sus veces y de los altos funcionarios o funcionarías del Estado, previa querella de el o la Fiscal General de la República*".

Como se desprende de las normas constitucionales y legales citadas, corresponde a este Tribunal Supremo de Justicia, en Sala Plena, el conocimiento de los antejuicios de mérito, así como también de las solicitudes de desestimación de denuncias o sobreseimiento de causas, presentadas por el o la Fiscal General de la República, conforme a las causales preestablecidas en el Código Orgánico Procesal Penal, cuando se trate de las autoridades antes señaladas.

Así lo ha establecido la Sala Plena en numerosas decisiones y, más recientemente, en la sentencia número 7 de fecha veintitrés (23) de febrero de dos mil doce (2012), cuando determinó: "*...no sólo [ser] competente para conocer de una solicitud de antejuicio de mérito contra el Presidente o Presidenta de la República o quien haga sus veces y otros altos funcionarios del Estado, sino también, de las solicitudes conexas de sobreseimiento o de desestimación de denuncias formuladas en su contra, pues son actos procesales estrechamente vinculados al enjuiciamiento, al extremo que, dependiendo de lo decidido, el pronunciamiento que se formule podría incidir directamente en aquellos, razón por la cual, dejar tales pronunciamientos en un órgano jurisdiccional distinto a lo ordenado por el Texto Fundamental implicaría una franca subversión del mismo (Vid. Sentencias Nros. 110 del 25 de septiembre de 2008 y 117 del 16 de octubre de 2008)*".

En el caso de autos, la ciudadana Fiscal General de la República Bolivariana de Venezuela, de conformidad con el artículo 318 (numeral 2) del Código Orgánico Procesal Penal, solicita el "(...) *SOBRESEIMIENTO de la investigación* N° *01-F65-NN-0010-10, (nomenclatura de la Fiscalía 65° a Nivel Nacional) (...)*", iniciada con ocasión de la denuncia interpuesta en fecha trece (13) de mayo de dos mil nueve (2009), formulada por el abogado Rafael David Guzmán Reverón, titular de la cédula de identidad número 10.338.016 e inscrito en el Instituto de Previsión Social del Abogado bajo el número 57.741, actuando con el carácter de **Procurador del Estado Bolivariano de Miranda**, contra el ciudadano **Diosdado Cabello Rondón**, titular de la cédula de identidad número 8.370.825, quien se desempeñaba en el cargo de Gobernador del Estado Bolivariano de Miranda, por la presunta comisión del delito de **MALVERSACIÓN**, previsto y sancionado en el artículo 56 de la Ley Contra la Corrupción; por tanto, en atención a que el referido ciudadano Diosdado Cabello Rondón goza de la prerrogativa constitucional del antejuicio de mérito por ocupar en la actualidad el cargo de Diputado Presidente de la Asamblea Nacional, esta Sala declara su competencia para conocer de la solicitud formulada por la Fiscal General de la República. **Así se declara.**

V
CONSIDERACIONES PARA DECIDIR

Establecida como ha sido la competencia de este órgano jurisdiccional para pronunciarse en torno a la solicitud de sobreseimiento formulada por el Ministerio Público, estima pertinente esta Sala Plena acotar las siguientes consideraciones:

En primer lugar, constata que la denuncia interpuesta por el Procurador del Estado Bolivariano de Miranda, se concreta, esencialmente, en sostener que en contravención a la normativa jurídica que regula la materia, el ciudadano Diosdado Cabello Rondón, en su carácter para aquel entonces de Gobernador de la precitada entidad federal, acordó la realización de una transferencia a favor del Servicio Autónomo Fondo Nacional de los Consejos Comunales (SAFONACC) por la cantidad de Ciento Cincuenta Millones de Bolívares (Bs. 150.000.000,oo), lo cual efectuó sin soporte documental alguno que diera cuenta de la sinceridad y legalidad del traspaso en cuestión, en el sentido de que se desconoce de cuántos y en qué consisten los proyectos a financiar, sus costos y cuáles son los Consejos Comunales beneficiarios; en tal contexto, el denunciante afirma que *"...a pesar de que en definitiva corresponde al Ministerio Público como titular de la acción penal determinar si los hechos anteriormente narrados son constitutivos de delito, por lo cual le concierne examinar los méritos de la presente denuncia a los fines de emprender una investigación penal relacionada con los hechos anteriormente narrados; como representante judicial y extrajudicial del Estado Bolivariano de Miranda, en defensa de sus derechos e intereses y en atención al derecho que tiene la colectividad de obtener cuentas claras y saber con certeza la legalidad o no del destino de los recursos públicos administrados por los funcionarios públicos, debo señalar lo siguiente a los efectos de proponer una pre-calificación jurídica de los hechos ya denunciados: (…) Por ello, consideramos que el Ministerio Público a los efectos de emprender una investigación y tomar posición respecto a los hechos antes denunciados debe tener en consideración lo establecido en el siguiente artículo de la Ley contra la Corrupción: Artículo 56. El funcionario público que por dar ilegalmente a los fondos o rentas a su cargo una aplicación pública diferente a la presupuestada o destinada, causare daño o entorpeciera algún servicio público, será penado con prisión de seis (6) meses a cuatro (4) años"*.

Por su parte, el Ministerio Público al recibir la denuncia de marras, ordenó su sustanciación y, subsiguientemente, realizó un conjunto de diligencias destinadas al esclarecimiento de los hechos denunciados como presuntamente contrarios a ley, en consecuencia, concluye con base a las resultas arrojadas por la averiguación adelantada que: *"En definitiva, conforme al análisis técnico financiero efectuado a la operación presupuestaria incriminada en autos, se logró determinar que los recursos traspasados por parte de la Gobernación del Estado Bolivariano de Miranda hacia el Servicio Autónomo Fondo Nacional de los Consejos Comunales (SAFONACC), en resumen, fueron orientados al financiamiento de quinientos sesenta y dos (562) proyectos, de carácter comunitario, productivos, sociales y vivienda a veintiún (21) municipios del Estado Bolivariano de Miranda, (…) [por lo que] no existe menoscabo alguno del patrimonio público en el presente caso, por cuanto no se verifica ninguna aplicación distinta a la prevista en la Ley, para el uso o destino de dichos fondos. Sin embargo, el denunciante ha señalado que (...) presuntamente se configur[ó] el delito de MALVERSACIÓN, tipificado en el artículo 56 de la Ley Contra la Corrupción. Por ello, resulta necesario hacer mención del tipo penal invocado, el cual prevé: (...) [de allí que] desde el punto de vista punitivo, esto es, para el cumplimiento cabal de todos los elementos vinculados a la tipicidad del delito en cuestión, es necesario determinar que el funcionario público que administre los fondos o rentas estatales les dé un destino diferente, o una aplicación arbitraria, es decir que esos fondos públicos o rentas estén inequívocamente destinados para un fin determinado y que se aplique a otro diferente, lo cual no ocurrió en el presente caso, puesto que nos encon-*

tramos ante una inversión ordenada según lo presupuestado por Ley. Mucho menos enton-ces, podremos si quiera pensar en la modalidad agravada de tal delito, además que del aná-lisis de la presente causa no se desprende la existencia de daño alguno o entorpecimiento de algún servicio público como consecuencia de la transferencia de los fondos o recursos al SAFONACC (...) [por consiguiente] resulta incontrovertible que los extremos exigidos por los artículos 56 y 57 de la Ley Contra la Corrupción no se encuentran satisfechos en el pre-sente caso, puesto que no se cumplen ninguno de los requisitos indispensables para la exis-tencia de dichos tipos penales. En otras palabras, los hechos bajo examen (transferencia de recursos) fueron verificados, determinándose que sí acontecieron, pero no se corresponden o adecuan a la descripción de ningún supuesto de hecho normativo, en consecuencia, son atípicos. (…) [por tanto solicita se] decrete el **SOBRESEIMIENTO** *de la presente investiga-ción (…) [dado que] no existe elemento alguno de interés procesal que permita demostrar la existencia de un hecho punible…".*

Ahora bien, del estudio riguroso que ha realizado esta Sala Plena en torno a la situación factico jurídica a que se contrae la denuncia interpuesta por el Procurador del Estado Boliva-riano de Miranda, consistente esencialmente en referir la forma irregular, en su opinión, en que fue realizada una trasferencia de recursos de la Hacienda Pública de la referida entidad federal a favor del Servicio Autónomo Fondo Nacional de los Consejos Comunales, este órgano jurisdiccional aprecia, en primer lugar, que la misma se basa principalmente en la suposición de que tal operación presupuestaria contravino el ordenamiento jurídico, habida cuenta de no contar con los soportes documentales. Tal situación lo motiva a recurrir a la Fiscalía General de la República para que ésta realice la respectiva investigación, en función de esclarecer los hechos y consecuencialmente establecer las responsabilidades a que haya lugar conforme a derecho.

De tal forma que, el denunciante no especifica con claridad el hecho trasgresor del or-den legal; dicho en otros términos, su actuación se orienta a narrar de forma genérica una situación que, en su criterio, entraña elementos que provocan incertidumbre, por cuyo moti-vo, se reitera, es que procede a requerirle al Ministerio Público la apertura de una averigua-ción. De manera que, sin contrarrestar la flexibilidad que comporta y caracteriza a la institu-ción de la denuncia, en tanto instrumento jurídico destinado a poner en conocimiento del órgano investigador una situación determinada que probablemente resulte relevante en la esfera del Derecho Penal; tal concepción jurídica no puede ser óbice para que la denuncia posea una técnica en su confección que garantice el aporte de elementos fundados que hagan pertinente la realización de la investigación.

En este orden de ideas, la breve disertación que antecede, tiene por objeto advertir que en el presente caso, pese a lo genérico de la denuncia, el Ministerio Público procedió a inves-tigar de cara al cumplimiento de su deber y en la perspectiva de despejar las dudas acerca de la legalidad y sinceridad del prealudido traspaso financiero, cuyo proceder denota una espe-cial valoración de la necesidad de esclarecer situaciones que en la dinámica política nacional adquieren un grado de relevancia y, por tanto, de repercusión, que imponen la aplicación de un examen menos exigente y riguroso de los requisitos que deben satisfacer toda denuncia a los efectos de su tramitación, especialmente, en un contexto histórico en el que en muchos casos se hace uso de esta figura jurídica, más que con un propósito de sincera actitud de lucha contra las prácticas irregulares en la administración de la cosa pública, con fines meramente de proselitismo político, es decir, en función de menoscabar el prestigio del adversario políti-co, al tiempo de fomentar un falso ambiente de generalizada impunidad, que indubitablemen-te impacta en la opinión de los administrados en torno al sistema institucional de la República y, primordialmente, sobre la credibilidad de sus autoridades.

De otra parte, esta Sala Plena infiere del elenco de recaudos que cursan en el correspondiente expediente, fundamentalmente, del Informe de la Experticia Financiera Nro. CG-DO-DIPF: 0739, practicada por la Dirección de Investigaciones Penales y Financieras de la Guardia Nacional Bolivariana, que a los recursos financieros objeto de la transferencia no se les aplicó un uso distinto a aquel para el cual fueron destinados en la correspondiente previsión presupuestaria, pues como lo indica el artículo 3 del Decreto proferido por el Gobernador de ese entonces, vale decir, ciudadano Diosdado Cabello Rondón, el "…traspaso en referencia tiene como finalidad, transferir recursos al Servicio Autónomo Fondo Nacional de Consejos Comunales (…) para la ejecución de proyectos de los Consejos Comunales…", lo cual, adminiculado con la relación detallada de los proyectos financiados por el SAFONACC que corre inserta en la precitada Experticia Financiera, conducen a este órgano judicial a la conclusión de que existe una congruencia entre la finalidad y el empleo de los recursos financieros objeto del traspaso.

Adicionalmente, cabe agregar que esta Sala Plena no constata con base a las actas y autos contenidos en el expediente, que en ocasión al traspaso sobre el que recayó la investigación realizada por el Ministerio Público, se haya afectado negativamente la prestación de un servicio público, es decir, que un servicio público a consecuencia de esta transferencia haya sufrido un daño o se haya entorpecido su prestación.

En síntesis, en criterio de esta Sala Plena la transferencia de recursos a que se contrae la investigación fiscal contenida en el presente expediente, no reviste carácter penal o delictivo, toda vez que es la materialización de una operación financiera subsumida en el marco regulatorio de la actividad presupuestaria y financiera del sector público; por cuya razón, la fundamentación de la petición de la Fiscal General de la República Bolivariana de Venezuela, en el sentido que se proceda a declarar el "…**SOBRESEIMIENTO** de la investigación N° 01-F65-NN-0010-10…" en un todo de acuerdo con lo contemplado en el numeral 2 del artículo 318 del Código Orgánico Procesal Penal, es jurídicamente procedente.

A mayor abundamiento, es menester abordar el contenido y alcance del aludido dispositivo legal invocado por el Ministerio Público, el cual, a la letra es del tenor siguiente:

"Artículo 318. El sobreseimiento procede cuando:

(...)

*2. **El hecho imputado no es típico** o concurre una causa de justificación, inculpabilidad o de no punibilidad (...)".*

(Destacado de la Sala)

En este sentido, cabe traer a colación lo que sostuvo el Juzgado de Sustanciación de la Sala Plena del Tribunal Supremo de Justicia en decisión número 62, de fecha primero (1) de noviembre de dos mil seis (2006), en lo tocante al significado del término "típico" en las Ciencias Jurídicas y, al efecto, textualmente acotó lo que se apunta a continuación:

"En las ciencias jurídicas el vocablo "típico" traduce lo peculiar, característico, símbolo representativo, todo aquello que incluye en sí la representación de otra cosa y, a su vez, es emblema o figura de ella; pero más específicamente dentro del campo del derecho penal, viene a significar lo que incluye tipicidad o descripción exacta en la ley como delito o falta, siendo la tipicidad un presupuesto del delito que implica una perfecta adecuación, de total conformidad entre un hecho de la vida real y algún tipo penal. (Vid. Enciclopedia Jurídica Opus, Tomo VIII, p. 160). Señala el profesor Mariano Jiménez Huerta (México, D.F., 1955) que la "tipicidad" es "… una genuina expresión conceptual del moderno Derecho punitivo, que hace referencia al modo o forma que la fundamentación política y técnica del Derecho penal ha creado para poner de relieve que es imprescindible que la antijuridicidad esté de-

terminada de una manera precisa e inequívoca. Su significación conceptual se simboliza en el tipo, esto es, en el "injusto descrito concretamente por la ley en sus diversos artículos, y a cuya realización va ligada la sanción penal (Mezger, citado por Jiménez Huerta)". Así, el principio del nullum crimen nulla poena sine lege, consagrado en la Carta Fundamental en su artículo 49.6, logra la necesaria dinámica y funcionalidad a través de la doctrina de la tipicidad, permitiendo afirmar que toda conducta típica está integrada por dos componentes fundamentales, su parte objetiva (aspecto externo de la conducta o comportamiento) y su parte subjetiva (voluntad), las cuales deben encajar en la parte objetiva y en la parte subjetiva del tipo penal."

Así pues, en el caso bajo análisis, se reitera, esta Sala Plena del Tribunal Supremo de Justicia no evidencia que el traspaso presupuestario-financiero objeto de la investigación, constituya a la luz del ordenamiento jurídico patrio un *"hecho típico"*, es decir, la *"...descripción exacta en la ley como delito o falta, (...) que implica una perfecta adecuación, de total conformidad entre un hecho de la vida real y algún tipo penal..."*, por tanto, sancionable penalmente, toda vez que la configuración fáctica de la transferencia de marras, no se subsume en ninguna descripción normativa como un hecho antijurídico.

En consecuencia, del riguroso estudio que ha efectuado este Tribunal Supremo de Justicia, en Sala Plena, de la situación factico jurídica que obra en autos, en especial, del conjunto de elementos y consideraciones jurídicas resultantes de las actuaciones realizadas por el Ministerio Público, forzosamente debe concluir que el hecho a que se contrae la denuncia no comporta una contrariedad con el ordenamiento jurídico regulatorio de la materia objeto de la investigación, antes bien, aprecia esta Sala Plena con fundamento a las referidas actuaciones que la transferencia presupuestaria realizada se adecua plenamente a las operaciones presupuestarias inherentes al ejercicio de la función administrativa; de la misma manera, constata que existe una cabal congruencia entre el destino de los recursos y el uso dados a estos; así como, que en ocasión a dicho traspaso no se ocasionó daño al patrimonio público o a la prestación de un servicio público.

Con base en las consideraciones expuestas, estima esta Sala Plena que los hechos denunciados por el Procurador del Estado Bolivariano de Miranda en su escrito de fecha trece (13) de mayo de dos mil nueve (2009), consignado ante la Fiscalía General de la República, no revisten carácter penal. En consecuencia, lo procedente es declarar el sobreseimiento de la causa, conforme a lo previsto en el numeral 2 del artículo 318 del Código Orgánico Procesal Penal aplicable para la fecha de la solicitud, hoy numeral 2 del artículo 300 del Código vigente. **Así se declara.**

En virtud de la anterior declaratoria, se ordena la devolución de las actuaciones al Ministerio Público a los fines de su archivo definitivo, previa notificación del ciudadano Diosdado Cabello Rondón, en cumplimiento de lo previsto en los artículos 284 del Código Orgánico Procesal Penal vigente (antes artículo 302) y 114 de la Ley Orgánica del Tribunal Supremo de Justicia. **Así se decide.**

B.   *Competencias de la Sala Constitucional: Facultad de avocamiento*

TSJ-SC (1650)   **19-11-2013**

Magistrado Ponente: Juan José Mendoza Jover

Caso: Revisión de Sentencia.(David R. Uzcátegui Campins.)

La Sala Constitucional no sólo hará uso de la facultad de avocamiento en los casos de posible transgresión del orden público constitucional, ante la ocurrencia de acciones de diversa índole en las cua-

les se podría estar haciendo uso indebido de los medios jurisdiccionales para la resolución de conflictos o con el fin de evitar el posible desorden procesal que se podría generar en los correspondientes juicios, sino también cuando el asunto que subyace al caso particular tenga especial trascendencia nacional, esté vinculado con los valores superiores del ordenamiento jurídico, guarde relación con los intereses públicos y el funcionamiento de las instituciones o que las pretensiones que han generado dichos procesos incidan sobre el ejercicio de los derechos fundamentales de los ciudadanos, particularmente sus derechos políticos.

En lo atinente a la orden impartida por esta Sala Constitucional a los fines de que la Sala Político Administrativa, se constituyera de modo accidental, procediera a dictar una nueva decisión con sujeción a las orientaciones expuestas en el fallo antes referido, conoce esta Sala por notoriedad judicial que mediante la decisión N° ADI-002 del 29 de octubre de 2013, suscrita por la Magistrada Trina Omaira Zurita, fueron declaradas con lugar las inhibiciones presentadas en el expediente por parte de los Magistrados Emiro García Rosas, Evelyn Marrero Ortíz y Mónica Misticchio Tortorella, fundamentadas en el numeral 5 del artículo 42 de la Ley Orgánica de la Jurisdicción Contencioso Administrativa, así como en el numeral 6 del mismo artículo la última de las nombradas Magistradas, concluyendo dicha decisión en la orden de remisión de las actuaciones a la Secretaría de la Sala Político Administrativa para la constitución de la misma de forma accidental.

Ello así, la Sala aprecia que a la presente fecha no se ha procedido a constituir la Sala Político Administrativa accidental tal como lo ordenó la mencionada sentencia de esta Sala.

Por otra parte, la Sala aprecia que los ciudadanos María Esther Carrillo, Linda Carolina Aguirre Andrade y Carlos Luis Mendoza Guyón, titulares de las cédulas de identidad N°s. 7.296.672, 10.449.621 y 11.741.565 e inscritos en el Instituto de Previsión Social del Abogado bajo los N°s. 31.337, 56.641 y 101.960 respectivamente, representantes judiciales de la Contraloría General de la República, el 18 de noviembre del presente año, presentaron escrito *"a los fines de manifestar el interés de nuestra representada, en que sea resuelto lo ordenado por la Sentencia N° 1047 de fecha 29 de julio de 2013, en virtud de la proximidad del proceso electoral a efectuarse el día 08 de diciembre de 2013, y las 'dudas razonables' formuladas por los vecinos y electores del Municipio Baruta del Estado Miranda, mediante escrito presentado en fecha 07 de noviembre del mismo año, ante la Sala Político Administrativa de este Máximo Tribunal (...) con respecto al sentido y alcance de la Sentencia emanada de esta Sala, así como ante la incertidumbre que dicha decisión genera en relación con la ejecución de la sanción de inhabilitación para el ejercicio de funciones públicas impuesta al ciudadano David Ricardo Uzcátegui Campins (...), la cual comenzaría a ejecutarse al momento en que concluya su mandato como Concejal del mencionado Municipio..."*.

Los representantes judiciales de la Contraloría General de la República, luego de efectuar referencias al escrito de los vecinos electores del Municipio mencionado y de aludir al procedimiento en que tuvo lugar la determinación de la responsabilidad administrativa del ciudadano David Ricardo Uzcátegui Campins y la consecuente imposición de la sanción de inhabilitación, precisaron un relato sobre las irregularidades administrativas en que incurriría la cámara municipal y en particular el referido ciudadano.

Asimismo argumentaron el interés de la Contraloría General de la República en las resultas de la tramitación de la causa, en atención a su naturaleza jurídica y a su participación en el procedimiento administrativo y judicial devenido de la determinación de responsabilidad administrativa y la sanción recurridas.

De otra parte expone este escrito diversas consideraciones y apuntes sobre la materia de control fiscal inherentes a las situaciones fácticas y el derecho involucrado en los procedimientos administrativo y judicial que tuvieron lugar en la propia sede del Máximo Órgano Contralor y en la Sala Político Administrativa, respectivamente, las cuales podrán ser valoradas por esta Sala en el marco del proceso que sea conducente según el presente fallo. Finalmente, el escrito incluye en su petitorio que *"...se estudie la fórmula para resolver con celeridad los planteamientos expuestos, ante la situación de incertidumbre que existe tanto para lu Contraloría General de la República en cuanto al cumplimiento de la sanción de inhabilitación impuesta, cuya observancia corresponde vigilar al Organismo Contralor, a fin de garantizar la salvaguarda del patrimonio público, la ética y moral administrativa, así como para los electores del Municipio Baruta del Estado Miranda. Igualmente, solicita[n] respetuosamente [se] revoque la medida de suspensión de efectos acordada mediante la Sentencia N° 1047 de fecha 29 de junio 2013, en aras de garantizar el interés público involucrado en el presente caso...".*

Asimismo, este escrito de la Contraloría General de la República, fue acompañado de la copia simple de una diligencia consignada en el expediente que cursa ante la Sala Político Administrativa, suscrita por los ciudadanos Kiomara Scovino, Guitta Mattar de Abouhamad, Andrea Capriles y otros, quienes se identifican como vecinos del Municipio Baruta del Estado Miranda, asistidos por el abogado Federico Estaba Di Capua, inscrito en el Inpreabogado bajo el N° 63.015 y solicitan a esa Sala *"...instrumente a la brevedad las medidas tendentes a constituir la Sala Accidental, a efectos de que ésta emita, con la urgencia que la situación amerita, un nuevo pronunciamiento conforme a lo ordenado por la Sala Constitucional, y especialmente, en atención a que los hechos que se imputan al concejal David Uzcátegui, no fueron desconocidos o desvirtuados por éste en la secuela del proceso, lo cual, hace presumir fundamentalmente que se le aplicará una sanción o se ratificará (incluso atenuada) la ya acordada, situación ésta de interés fundamental para el Municipio Baruta...".*

En tal sentido, de manera preliminar a cualquier otra consideración, debe observarse que tal como lo dispone el artículo 25.16 de la Ley Orgánica del Tribunal Supremo de Justicia, es competencia privativa de esta Sala Constitucional:

> *"16.- Avocar las causas en las que se presuma violación al orden público constitucional, tanto de las otras Salas como de los demás tribunales de la República, siempre que no haya recaído sentencia definitivamente firme".*

En relación con esta extraordinaria potestad, consecuente con las altas funciones que como máximo garante de la constitucionalidad y último intérprete del Texto Fundamental han sido asignadas a esta Sala Constitucional, la doctrina vertida en su jurisprudencia ha dispuesto que el avocamiento es una figura de superlativo carácter extraordinario, toda vez que afecta las garantías del juez natural y, por ello, debe ser ejercida con suma prudencia y sólo en aquellos casos en los que pueda verse comprometido el orden público constitucional (*Vid.* sentencias N°s. 845/2005 y 1350/2006).

No obstante, esta Sala no sólo hará uso de esta facultad en los casos de posible transgresión del orden público constitucional, ante la ocurrencia de acciones de diversa índole en las cuales se podría estar haciendo uso indebido de los medios jurisdiccionales para la resolución de conflictos o con el fin de evitar el posible desorden procesal que se podría generar en los correspondientes juicios, sino también cuando el asunto que subyace al caso particular tenga especial trascendencia nacional, esté vinculado con los valores superiores del ordenamiento jurídico, guarde relación con los intereses públicos y el funcionamiento de las instituciones o que las pretensiones que han generado dichos procesos incidan sobre el ejercicio de los derechos fundamentales de los ciudadanos, particularmente sus derechos políticos. El esfuerzo de esta Sala debe, en fin, dirigirse a aclarar las dudas y agenciar los procesos previstos para darle respuesta a los planteamientos de los ciudadanos y garantizar el ejercicio de sus derechos (*Vid.* sentencia N° 795 del 20 de junio de 2013).

Así pues, la jurisdicción constitucional en la oportunidad respectiva debe atender al caso concreto y realizar un análisis en cuanto al contrapeso de los intereses involucrados y a la posible afectación de los requisitos de procedencia establecidos para la avocación, en los términos expuestos, con la finalidad de atender prontamente a las posibles vulneraciones de los principios jurídicos y los derechos constitucionales que procedan.

De esta manera, la competencia de la Sala establecida en la referida disposición viene determinada, como se expuso, en función de la situación de especial relevancia que pueda afectar en cierta medida al colectivo, en cuyo caso, la Sala al observar los intereses en conflicto podría aportar su criterio en aras de salvaguardar la supremacía del Texto Fundamental y, así, el interés general.

En ese orden, toda vez que, tal como se apreció, la Sala Político Administrativa accidental no ha sido constituida y que se plantea en el presente caso la circunstancia de intereses en conflicto, siendo estos correspondientes, por una parte al ciudadano recurrente solicitante de revisión, y por la otra a la colectividad de electores votantes en el Municipio Baruta del Estado Bolivariano de Miranda, éstos últimos a quienes corresponde el derecho político activo consagrado en el artículo 63 Constitucional; habida cuenta además, de la naturaleza de las infracciones en materia de control fiscal que serían objeto del análisis por parte de la Sala Político Administrativa, las cuales se vinculan con la administración de fondos de la hacienda pública municipal y, por ende, con la salvaguarda de los intereses patrimoniales municipales, la ética y moral administrativa, esta Sala determina avocar la causa que cursa en la Sala Político Administrativa antes descrita, como fórmula conducente para conocer de la misma de forma célere según la ley y los precedentes jurisprudenciales, y decidir el recurso contencioso administrativo de nulidad con arreglo al ordenamiento jurídico aplicable. Así se decide.

Como consecuencia del avocamiento aquí acordado, se ordena a la Sala Político Administrativa que remita todas y cada de las actuaciones que cursen en el expediente N° 2005-5478 de la nomenclatura de esa Sala, contentivo del recurso contencioso administrativo de nulidad antes descrito, en el lapso de cinco (5) días hábiles contados a partir de su notificación. Así se decide.

De otra parte, en efecto, siendo un hecho comunicacional que el ciudadano David Ricardo Uzcátegui Campins presentó su candidatura ante el Poder Electoral para participar en las elecciones municipales destinadas a la escogencia del cargo de Alcalde del Municipio Baruta del Estado Miranda, lo cual fue posible en atención a la medida cautelar que dictó esta Sala Constitucional mediante la precitada sentencia N° 1047, consistente en la suspensión de los efectos de la Resolución N° 01-00-096 de fecha 30 de marzo de 2005, dictada por el Contralor General de la República, mediante la cual se le impuso la sanción de inhabilitación para el ejercicio de funciones públicas por el período de cinco (5) años, con fundamento en el artículo 105 de la Ley Orgánica de la Contraloría General de la República y del Sistema Nacional de Control Fiscal, mientras se culminaba el esclarecimiento de las denuncias formuladas por la parte solicitante con arreglo a lo ordenado por esta Sala en el citado fallo y los consecuenciales actos subsiguientes, se plantea el imperativo de equilibrar los intereses en conflicto, pues si bien es cierto la Sala apreció en la oportunidad de dictar la aludida medida cautelar, que para salvaguardar la situación jurídica del justiciable e impedir una eventual lesión irreparable o de difícil reparación se procedía con dicha suspensión de los efectos de la Resolución del Máximo Órgano Contralor, se presenta la circunstancia sobrevenida de que debe proveerse a los electores del Municipio Baruta del Estado Miranda, en obsequio al artículo 63 Constitucional, la suficiente garantía y seguridad jurídica que les permita contar con opciones electorales para el cargo de Alcalde que no supongan incertidumbre alguna sobre la posibilidad cierta de que quien eventualmente pudiera resultar electo, de ser favorecido con la mayoría de electores, pueda asumir y desempeñar dicho alto destino ejecutivo municipal con certidumbre y de conformidad con la ley, sin que penda necesariamente dicho ejercicio, de procesos judiciales o administrativos preexistentes.

En ese sentido, en virtud de lo estatuido por los artículos 26 y 49 de la Constitución de la República Bolivariana de Venezuela y por el artículo 130 de la Ley Orgánica del Tribunal Supremo de Justicia, en aras de garantizar la tutela judicial efectiva y el debido proceso, atendiendo a las circunstancias del caso y procurando el equilibrio de los intereses en conflicto, al igual que considerando que tal como lo ha afirmado la jurisprudencia de esta Sala Constitucional, las medidas cautelares tienen un carácter eminentemente temporal y por tanto, pueden ser objeto de modificación o revocatoria, en cualquier tiempo, aun cuando no haya finalizado el proceso principal, ya que el juez debe ponderar lo conducente y actuar con arreglo al equilibrio, aun provisional, de los intereses que puedan resultar encontrados, esta Sala revoca la medida cautelar contenida en el punto cinco del dispositivo vertido en la aludida sentencia N° 1047 del 29 de julio de 2013. Así se decide.

En concordancia con lo expuesto, decidida como ha sido la revocatoria de la medida cautelar antes señalada, en aras de salvaguardar del modo más integral posible el derecho al sufragio consagrado en los artículos 5 y 63 de la Constitución de la República Bolivariana de Venezuela, correspondiente a los ciudadanos electores del Municipio Baruta del Estado Miranda, y particularmente, tutelando los derechos políticos de los ciudadanos integrantes de la organización política o grupo de éstas que hayan presentado la postulación del ciudadano David Ricardo Uzcátegui Campins, esta Sala estima oportuno que se reitere la información relativa al cronograma electoral fijado por el Consejo Nacional Electoral para las elecciones municipales a celebrarse el venidero 8 de diciembre del presente año, en lo atinente a la "sustitución y modificación de las postulaciones nominales", en cuya ordinaria aplicación este lapso vence el día 28 de noviembre del presente año.

C. *La Administración de Justicia: Autonomía e independencia del juez*

TSJ-SC (1264)   **1-10-2013**

Magistrado Ponente: Arcadio Delgado Rosales

Caso: Impugnación del artículo 177 de la Ley Orgánica Procesal del Trabajo.

La Sala Constitucional declara la inconstitucionalidad del artículo 177 de la Ley Orgánica Procesal del Trabajo, al imponer la obligación a los jueces de la jurisdicción laboral de interpretar disposiciones normativas de carácter legal, en detrimento del principio de autonomía e independencia del juez para adoptar la decisión más acertada en un caso concreto, atendiendo las circunstancias que rodean al mismo.

No obstante lo anterior, se observa que la denuncia por inconstitucionalidad del artículo 177 de la Ley Orgánica Procesal del Trabajo, formulada por la parte actora, infringe el orden público constitucional, al pretender obligar o vincular a los jueces de instancia de la jurisdicción laboral a que sigan la doctrina emitida por la Sala de Casación Social de este máximo Tribunal, lo cual es contrario a la disposición constitucional del artículo 335, razón por la cual esta Sala, haciendo uso de la facultad que le confiere el artículo 336.1 de la Carta Magna y el artículo 25.1 de la Ley Orgánica del Tribunal Supremo de Justicia, de oficio, pasa a resolver la inconstitucionalidad de la aludida norma. Así se decide.

El artículo 177 de la Ley Orgánica Procesal del Trabajo establece lo siguiente:

"Los Jueces de instancia deberán acoger la doctrina de casación establecida en casos análogos, para defender la integridad de la legislación y la uniformidad de la jurisprudencia".

Dentro de este contexto, debe acotarse que esta Sala en sentencia núm. 1.380/2009 del 29 de octubre, caso: *José Martín Medina López*, estableció con carácter vinculante que el artículo 177 de la ley adjetiva del trabajo *"es contrario a lo dispuesto en el artículo 335 de la Carta Magna al pretender obligar o vincular a los jueces de instancia a que sigan la doctrina de casación, siendo que las únicas decisiones que tienen tal carácter vinculante son las dictadas por esta Sala en interpretación de las normas y principios contenidos en la Constitución y en resguardo de la seguridad jurídica y del principio de confianza legítima. Así se declara.*

En consecuencia, esta Sala Constitucional, en uso de la potestad prevista en el artículo 334 de la Constitución de la República Bolivariana de Venezuela, desaplica por control difuso el artículo 177 de la Ley Orgánica Procesal del Trabajo, teniendo el presente fallo carácter vinculante para todos los tribunales de la República, incluso para las demás Salas de este Tribunal Supremo de Justicia. Así se decide."

Ahora bien, el artículo 335 de la Constitución de la República prevé lo siguiente:

"Artículo 335. El Tribunal Supremo de Justicia garantizará la supremacía y efectividad de las normas y principios constitucionales; será el máximo y último intérprete de la Constitución y velará por su uniforme interpretación y aplicación. ***Las interpretaciones que establezca la Sala Constitucional sobre el contenido o alcance de las normas y principios constitucionales son vinculantes para las otras Salas del Tribunal Supremo de Justicia y demás Tribunales de la República.***" (destacado del presente fallo).

En efecto, conforme a la norma transcrita, la máxima aspiración del constituyente al trazar el Estado de Derecho y de Justicia fue la uniformidad de las decisiones dictadas por los Tribunales de la República y el Tribunal Supremo de Justicia, con el propósito de generar confianza a los justiciables en una correcta administración de justicia.

De allí, que subyace el deber jurisdiccional de interpretar lo interpretado, que no es más que el acatamiento al precedente jurisprudencial en los casos análogos, en la medida que sea posible ajustarlo a la situación en concreto, con un objetivo que apunta hacia tras aspectos fundamentales: **confianza legítima de los justiciables, seguridad jurídica y la necesidad de garantizar la uniformidad en los fallos** (*Vid.* sentencia núm. 3.180/2004 del 15 de diciembre, caso*: Rafael Ángel Terán Barroeta y otros*), a pesar de la tensión que pueda generarse entre la estabilidad de las decisiones y la progresividad de la interpretación.

Sin embargo, cuando las leyes están bien definidas y los supuestos de hechos son claramente parecidos o análogos, no hay duda de que los jueces deberían arribar al mismo resultado, basándose en las leyes instauradas en casos previos; pero cuando la regla es ambigua o los hechos son complejos o las circunstancias varíen o cuando la posible solución resulte injusta, los precedentes jurisprudenciales pudieran definir el punto de partida para el análisis, pues en estos casos el juez tiene la potestad, orientado por el principio de autonomía e independencia para tomar sus decisiones, de apartarse del precedente jurisprudencial bajo un razonamiento debidamente motivado.

En este orden de ideas, resulta pertinente traer a colación la sentencia de la Sala Constitucional 1.309 del 17 de septiembre de 2001, caso: *Hermann Escarrá*, en la cual se refirió al deber jurisdiccional de interpretar lo interpretado, en los términos siguientes:

> "*La Constitución de la República Bolivariana de Venezuela prevé dos clases de interpretación constitucional. La primera está vinculada con el control difuso de la constitucionalidad de las leyes y de todos los actos realizados en ejecución directa de la Constitución; y la segunda, con el control concentrado de dicha constitucionalidad. Como se sabe, **el artículo 334 de la Constitución de la República Bolivariana de Venezuela impone a todos los jueces la obligación de asegurar la integridad de la Constitución;** y el artículo 335 eiusdem prescribe la competencia del Tribunal Supremo de Justicia para garantizar la supremacía y efectividad de las normas y principios constitucionales, **por lo que declara a esta Sala Constitucional su máximo y último intérprete, para velar por su uniforme interpretación y aplicación, y para proferir sus interpretaciones sobre el contenido o alcance de dichos principios y normas, con carácter vinculante, respecto de las otras Salas del Tribunal Supremo de Justicia y demás tribunales de la República (jurisprudencia obligatoria).** Como puede verse, la Constitución de la República Bolivariana de Venezuela no duplica en estos artículos la competencia interpretativa de la Constitución, sino que consagra dos clases de interpretación constitucional, a saber, la interpretación individualizada que se da en la sentencia como norma individualizada, **y la interpretación general o abstracta prescrita por el artículo 335, que es una verdadera jurisdatio, en la medida en que declara, erga omnes y pro futuro (ex nunc),** el contenido y alcance de los principios y normas constitucionales cuya interpretación constitucional se insta a través de la acción extraordinaria correspondiente. Esta jurisdatio es distinta de la función que controla concentradamente la constitucionalidad de las leyes, pues tal función nomofiláctica es, como lo ha dicho Kelsen, una verdadera legislación negativa que decreta la invalidez de las normas que colidan con la Constitución, aparte que la interpretación general o abstracta mencionada no versa sobre normas subconstitucionales sino sobre el sistema constitucional mismo. El recto sentido del artículo 335 de la Constitución de la República Bolivariana de Venezuela hace posible la acción extraordinaria de interpretación, ya que, de otro modo, dicho artículo sería redundante en lo dispuesto por el artículo 334 eiusdem, que sólo puede dar lugar a normas individualizadas, como son, incluso, las sentencias de la Sala Constitucional en materia de amparo. La diferencia entre ambos tipos de interpretación es patente y produce consecuencias jurídicas decisivas en el ejercicio de la jurisdicción constitucional por parte de esta Sala. Esas consecuencias se refieren al diverso efecto de la jurisdictio y la jurisdatio y ello porque la eficacia de la norma individualizada se limita al caso resuelto, mientras que la norma general producida por la interpretación abstracta vale erga omnes y constituye, como verdadera jurisdatio, una interpretación cuasiauténtica o paraconstituyente, que profiere el contenido constitucionalmente declarado por el texto fundamental.*
>
> *Por supuesto que la eficacia de la norma individualizada para el caso resuelto implica la interpretación vinculante de las normas constitucionales que ha sido establecida para resolver el problema, ya que, siendo la norma individualizada, eo ipso, decisión del caso concreto, el contenido y el alcance de su motivación normativa quedan ligados, tópicamente, al problema decidido, y su obligatoriedad sólo podría invocarse conforme a la técnica del precedente (stare decisis) [precedente vinculante, aceptar lo decidido]. Si esto es así, la interpretación de la jurisprudencia obligatoria y la determinación de la analogía esencial del caso objeto de consideración judicial son indispensables para que la jurisprudencia sea aplicable a un caso análogo. Como dice Carl Schmitt "el caso precedente estaría entonces incluido en su decisión y sería el paradigma concreto de los casos subsiguientes, los cuales tienen su derecho concreto en sí mismos, no en una norma o en una decisión. Cuando se considera al nuevo caso como un caso igual al precedente, en su igualdad concreta queda incluido también el orden que aparecía en la decisión judicial previa" (Sobre los tres modos de pensar la ciencia jurídica, Madrid, Tecnos, 1996, trad. de Monserrat Herrero, p. 61). Como se verá de inmediato la acción de interpretación constitucional del artículo 335 de la Constitución de la República Bolivariana de Venezuela está severamente restringida por la técnica fundamental y por la jurisprudencia de la Sala Constitucional, entre otras cosas, porque la juris-*

dicción constitucional, aun como jurisdatio, no puede afectar el principio de la división del poder ni autorizar la injerencia en la potestad de los demás poderes públicos y, mucho menos, vulnerar el principio de la reserva legal.

En razón de este criterio, la Sala ha rechazado la acción extraordinaria de interpretación, cuando el contenido y alcance de las normas y principios constitucionales deben ser estatuidos por el poder legislativo nacional. Ello no significa, sin embargo, que la falta de regulación legal impida el recabamiento de la tutela de los derechos fundamentales, pues dicha tutela debe reconocer el derecho transgredido de conformidad con su contenido constitucionalmente declarado, a tenor de lo dispuesto en los artículos 19 y 22 de la Constitución de la República Bolivariana de Venezuela. La tutela constitucional declarada, basada en la interpretación de los principios y normas constitucionales que fundamentan el fallo, vale, entonces, para el problema resuelto, y la jurisprudencia obligatoria derivada de la motivación se contrae al carácter individualizado de la sentencia, independientemente de la vinculatoriedad que resulte de su eficacia como precedente para casos sustancialmente análogos. Por último, la obligatoriedad del precedente no se limita sólo a la exigencia tópica del problema, exigencia que, como ya se vio, no depende de una subsunción lógica, sino de la inducción decisoria que el problema suscita y de la potestad de la Sala Constitucional para ejercer su competencia jurisdiccional. Pues la Sala, como instancia interpretativa máxima, no está vinculada por su propia interpretación, pese a que su práctica interpretativa esté sujeta a la justificación interna y a la externa ya indicada, sin las cuales la seguridad jurídica y la misma justicia resurtirían en desmedro de los valores superiores de la Carta Magna. Se explica, así, como dice Dworkin (op. cit., p. 441), que "la fuerza gravitacional de un precedente se puede explicar apelando, no a la procedencia de imponer leyes, sino a la equidad de tratar de manera semejante los casos semejantes" (negritas propias).

Asimismo, la Sala ha establecido que la última parte de la aludida disposición del artículo 335 de la Carta Magna constituye una obligación para el juez –en lo que respecta a la regla del derecho– dada por una directiva racional, dotada de autoridad, cuyo incumplimiento se sanciona con la nulidad de la sentencia dictada; así pues, en sentencia núm. 1.314/2002 del 19 de junio, se precisó lo siguiente:

"El a quo no se atuvo a la doctrina de la Sala antes transcrita, y violentó el procedimiento establecido para la tramitación del juicio de amparo, pues, de acuerdo con la doctrina antes transcrita, dicho procedimiento era de obligatorio cumplimiento, ya que de conformidad con lo establecido en el artículo 335 de la Constitución de la República Bolivariana de Venezuela, las interpretaciones que establezca esta Sala son vinculantes para las otras Salas de este Tribunal y para los demás Tribunales de la República. Las violaciones reiteradas del procedimiento establecido por esta Sala para la tramitación del juicio de amparo son de tal entidad, que resulta desvirtuado en su totalidad el espíritu y propósito la sentencia dictada por esta Sala, la cual encuentra sustento en el nuevo orden constitucional instituido, y en el artículo 257 de la Constitución de la República Bolivariana de Venezuela, que mira al proceso como un instrumento fundamental para la realización de la justicia, además de transgredir el artículo 49 de la Constitución relativo al derecho que tenían las partes, en el juicio de amparo, a la defensa, al acceso al órgano jurisdiccional y a un proceso debido, es decir, con todas las garantías que exige la tutela judicial efectiva. La conducta observada por el juzgado a quo es violatoria de los artículos 24, 26, 334 y 335, todos de la Constitución de la República Bolivariana de Venezuela, referidos a la aplicación inmediata de las normas en los procesos que estén en curso; al derecho de acceso a la justicia; al derecho de ampararse ante los tribunales; a la obligatoriedad judicial de asegurar la integridad de la Constitución; a la vinculación obligatoria a la interpretación de las normas y principios constitucionales desarrollados por esta Sala Constitucional.. Visto lo anterior y de conformidad con lo establecido en el artículo 25 de la Constitución, lo procedente en el presente juicio de amparo, es declarar la nulidad absoluta de todas las actuaciones y de la sentencia del 16 de marzo de 2000, dictada por el Juzgado (...); en consecuencia, se ordena la reposición de la causa al estado de que otro Juez Superior de igual categoría de la misma circunscripción judicial se pronuncie sobre la admisibilidad de la acción de amparo, puesto que el a quo ya emi-

tió opinión al fondo del asunto" (destacado propio) [también véase sentencias de esta Sala números 1.038/2000 del 10 de mayo, caso: Corporación Alas de Venezuela C.A.; 2.673/2001 del 14 de diciembre, caso: DHL Fletes Aéreos C.A., 2.756/2002 del 12 de noviembre, caso: Contraloría General de la República; 548/2003 del 17 de marzo, caso: Katerine Miguens Albert; 1.080/2003 del 9 de mayo, caso: José Miguel Márquez Rondón; 2.314/2003 del 21 de agosto, caso: Tatiana Mauri de Salazar; 2.409/2003 del 8 de agosto, caso:Eliéser Gómez Chivico; 442/2004 del 23 de febrero, caso: Ismael García; 401/2004 del 19 de marzo, caso: Servicios La Puerta S.A.; 3.149/2004 del 15 de diciembre, caso: Cementerio Metropolitano Monumental S.A.; 366/2007 del 1 de marzo, caso: Jorge Reyes Graterol; 578/2007 del 30 de marzo, caso: María Elizabeth Lizardo Gramcko; 1.132/2007 del 22 de junio, caso: Arnaldo Jiménez Brugera; entre otras].

Conforme al razonamiento que precede, debe concluirse, por una parte, que la jurisprudencia no es fuente directa del derecho, de allí que las sentencias emanadas de las otras Salas que conforman este máximo Tribunal tienen una importancia relevante para las partes en litigio, en virtud de la función de corrección de la actividad jurisdiccional de los tribunales de instancia que las mismas ejercen, con el fin de defender la integridad de la legislación y la uniformidad de la jurisprudencia, en atención a los principios de la confianza legítima de los justiciables y la consecuente expectativa plausible, que prevé el artículo 26 de la Constitución de la República, pero que comporta flexibilidad para adaptarse a los cambios que demanda la sociedad, siempre que se use con mesura, sin que ello atente contra el principio de autonomía de los jueces para decidir.

Así las cosas, estima la Sala que el legislador al dictar la disposición del artículo 177 de la Ley Orgánica Procesal del Trabajo, fue más allá del diseño del Estado de Derecho y de Justicia implantado en nuestra Carta Magna, al imponer la obligación a los jueces de la jurisdicción laboral de interpretar disposiciones normativas de carácter legal, en detrimento del principio de autonomía e independencia del juez para adoptar la decisión más acertada en un caso concreto, atendiendo las circunstancias que rodean al mismo, además de los principios de legalidad, equidad y justicia, puesto que el juez solo está vinculado al ordenamiento jurídico y a la interpretación que de forma autónoma realice de ese ordenamiento (primer párrafo del artículo 253 constitucional). Aunque ello no obsta para que los jueces de instancia acojan la doctrina de casación establecida en casos análogos, atendiendo la integridad de la legislación y la uniformidad de la jurisprudencia.

Esta Sala reitera, que la situación prevista en el artículo 335, transcrita *supra*, es distinta, ya que corresponde a la Sala Constitucional, como máximo garante e intérprete del Texto Fundamental, establecer el alcance y contenido de las normas y principios constitucionales en armonía con el ordenamiento jurídico vigente, a través de sentencias con carácter vinculante –pero por mandato constitucional-, lo cual se basa en la necesidad de evitar que las sentencias sean totalmente imprevisibles (ello involucra la confianza legítima) o que las sentencias que se dicten sean contradictorias de forma caótica, sin que ello conlleve a pensar que se está vulnerando la independencia de los jueces, pero ello porque la propia Constitución de la República lo establece, lo que conlleva a pensar que de no existir esta norma constitucional y un precepto legal la reprodujere fuese de dudosa constitucionalidad.

En consecuencia, a tenor de los argumentos expuestos en el presente fallo, resulta imperioso para esta Sala declarar la nulidad del artículo 177 de la Ley Orgánica Procesal del Trabajo, por ser contrario a la disposición del artículo 335 de la Constitución de la República. Así se decide.

Se ordena la publicación del presente fallo en la Gaceta Judicial y en la *Gaceta Oficial* de la República Bolivariana de Venezuela, bajo el siguiente título: **DECISIÓN QUE ANULA EL ARTÍCULO 177 DE LA LEY ORGÁNICA PROCESAL DEL TRABAJO**; por tanto, se ordena remitir la copia certificada de la presente sentencia a dichos órganos de divulgación. De igual manera, se ordena reseñar la decisión en el portal web de este máximo Tribunal, bajo el mismo título. Así se decide.

IV. EL ORDENAMIENTO TRIBUTARIO DEL ESTADO

1. *Tributos*

A. *Contribuciones especiales: Contribución al Fondo de Promoción y Financiamiento del Cine*

TSJ-SC (ACC) (1447)   **24-10-1013**

Magistrado Ponente: Juan José Mendoza Jover

Caso: Impugnación del artículo 52 de la Ley de la Cinematografía Nacional.

La Sala Constitucional declaró sin lugar el recurso de nulidad del artículo 52 de la Ley de la Cinematografía Nacional, que establece que las empresas que presten servicio de difusión de señal de televisión por suscripción con fines comerciales, sea esta por cable, por satélite o por cualquier otra vía creada o por crearse, pagarán al Fondo de Promoción y Financiamiento del Cine (FONPROCINE), una contribución especial.

Del análisis de las actas del expediente y de la apreciación de las exposiciones de la parte recurrente, de las representaciones de la Procuraduría General de la República, de la Asamblea Nacional, y del Ministerio Público, esta Sala observa lo siguiente:

En el presente caso, los abogados Alfredo Travieso Passios, Margarita Escudero León, Moisés A. Vallenilla Tolosa, María Verónica Espina Molina, Nelly Herrera Bond, Xabier Escalante Elguezábal, Álvaro García Villafranca y María Elisa Briquet Mármol, en su condición de apoderados judiciales de la CORPORACIÓN TELEMIC C.A., GALAXY ENTERTAINMENT DE VENEZUELA C.A., NET UNO C.A., SUPERCABLE ALK INTERNATIONAL S.A., TV CABLE.COM C.A., y VEARCO TELECOM C.A., respectivamente, interpusieron ante esta Sala Constitucional, recurso de nulidad por razones de inconstitucionalidad, conjuntamente con pretensión cautelar, contra el artículo 52 de la Ley de la Cinematografía Nacional, publicada en la *Gaceta Oficial de la República Bolivariana de Venezuela* N° 38.281, de 27 de septiembre de 2005, el cual fue admitido en decisión dictada por esta Sala Constitucional N° 2109, del 28 de noviembre de 2006, desestimándose la pretensión cautelar innominada que plantearon los recurrentes y, ordenándose las notificaciones correspondientes.

Posteriormente, el 24 de noviembre de 2009, esta Sala Constitucional, mediante acta cursante a los folios 209 al 212 de la pieza principal del expediente, dejó constancia de la realización de la audiencia oral y pública, en la cual se indicó que:

(…) De la revisión de las actas del expediente y de las exposiciones de las partes, la Sala niega la apertura del lapso probatorio por considerar el presente asunto como de mero derecho, de acuerdo a los recaudos que constan en el expediente y por tanto la causa queda en fase de sentencia y se tramitará sin relación ni informes.

Se declaró terminado el acto.

Luego, como se señaló anteriormente, el 10 de agosto de 2011, se declaró constituida la Sala Accidental para conocer la presente causa, asignándose la ponencia al Magistrado Doctor Juan José Mendoza Jover, a los fines de dictar la decisión correspondiente.

En ese sentido, esta Sala pasa a realizar las siguientes consideraciones:

Cursa a los folios 1 al 8 del "Anexo 1" del expediente, copia simple de la *Gaceta Oficial* de la República Bolivariana de Venezuela, N° 38.281, del 27 de septiembre de 2005, mediante la cual, se publicó la Ley de la Cinematografía Nacional, cuyo artículo 2, señala que: *"La cinematografía nacional comprende todas aquellas actividades vinculadas con la producción, realización, distribución, exhibición y **difusión de obras cinematográficas** en el territorio nacional"* (Negritas de la Sala).

De igual forma, el artículo 15 *eiusdem*, indica lo siguiente:

Artículo 15. Las personas naturales o jurídicas que en el territorio nacional realicen actividades relacionadas con la creación, producción, importación, exportación, distribución, exhibición y **difusión de obras cinematográficas** de carácter publicitario o no, así como aquellas asociaciones, fundaciones, centros de cultura, de enseñanza y escuelas que se dediquen al cine; **están en la obligación de inscribirse en el Registro de la Cinematografía Nacional.** Igualmente, deberán inscribirse en este Registro las obras cinematográficas, los videogramas o videocintas y las obras publicitarias o propagandísticas que se comercialicen o exhiban en el país (Negritas de la Sala).

También, el artículo 18 de la referida ley, indica que: "Se declaran de interés público y social los servicios y actividades de difusión cultural cinematográfica".

Asimismo, el artículo 36 de la misma Ley, establece lo siguiente:

Artículo 36. A los fines de realizar las funciones de promoción, fomento, desarrollo y financiamiento al cine, se crea un fondo autónomo sin personalidad jurídica, denominado Fondo de Promoción y Financiamiento del Cine que utilizará las siglas FONPROCINE, adscrito y administrado por el Centro Nacional Autónomo de Cinematografía (CNAC), con patrimonio separado, el cual estará constituido por los siguientes aportes:

(…) 4.- Los aportes que se deriven de las contribuciones especiales que se contemplan en el Título VIII de esta Ley, las cuales serán enteradas y pagadas por los obligados a realizarlo, en la oportunidad que determine esta Ley y el Reglamento respectivo, en una cuenta del Fondo de Promoción y Financiamiento del Cine (FONPROCINE), conforme con el procedimiento que se establezca (…).

A su vez, el artículo 41 de la citada Ley, indica que:

Artículo 41. El Centro Nacional Autónomo de Cinematografía (CNAC), ejercerá las facultades y deberes que le atribuye el Código Orgánico Tributario a la Administración, en relación con la recaudación y fiscalización de las tasas, **contribuciones especiales** y multas establecidas en esta ley (Negritas de la Sala).

Asimismo, es importante destacar el contenido de los artículos 51 y 52 de la referida Ley, los cuales son del tenor siguiente:

Artículo 51. Las empresas que presten servicio de televisión de señal abierta con fines comerciales, pagarán al Fondo de Promoción y Financiamiento del Cine, FONPROCINE, una contribución especial, calculada sobre los ingresos brutos percibidos por la venta de espacios para publicidad (…) La presente disposición no se aplicará a las empresas que presten servicio de televisión de señal abierta, con fines exclusivamente informativos, musicales, educativos y deportivos.

Artículo 52. Las empresas que presten servicio de difusión de señal de televisión por suscripción con fines comerciales, sea esta por cable, por satélite o por cualquier otra vía creada o por crearse, pagarán al Fondo de Promoción y Financiamiento del Cine (FONPROCINE), una contribución especial que se recaudará de la forma siguiente:

Cero coma cincuenta por ciento (0,50 %) el primer año de entrada en vigencia de la presente Ley, uno por ciento (1%) el segundo año y uno coma cinco por ciento (1,5 %) a partir del tercer año, calculado sobre los ingresos brutos de su facturación comercial por suscripción de ese servicio, que se liquidará y pagará de forma trimestral dentro de los primeros quince días continuos del mes subsiguiente al trimestre en que se produjo el hecho imponible.

Por otra parte, los artículos 147, 148, 151 y 152 de la Ley Orgánica de Telecomunicaciones, establecen lo siguiente:

Artículo 147. Quienes con fines de lucro presten servicios de radiodifusión sonora o de televisión abierta, pagarán al Fisco Nacional un impuesto del uno por ciento (1%) de sus ingresos brutos, derivados de la explotación de tales servicios.

Quienes presten cualquier otro servicio de telecomunicaciones con fines de lucro, deberán pagar al Fisco Nacional un impuesto del dos coma tres por ciento (2,3%) de sus ingresos brutos, derivados de la explotación de tales servicios (…).

Artículo 148. Quienes presten servicios de telecomunicaciones con fines de lucro, deberán pagar a la Comisión Nacional de Telecomunicaciones una contribución especial del medio por ciento (0,50%) de los ingresos brutos, derivados de la explotación de esa actividad, los cuales formarán parte de los ingresos propios de la Comisión Nacional de Telecomunicaciones para su funcionamiento (…).

Artículo 151. Quienes presten servicios de telecomunicaciones con fines de lucro deberán aportar al Fondo de Servicio Universal el uno por ciento (1%) de sus ingresos brutos (…).

Artículo 152. Quienes presten servicios de telecomunicaciones aportarán al Fondo de Investigación y Desarrollo de las Telecomunicaciones el medio por ciento (0,50%) de sus ingresos brutos (…).

De igual forma, cursa a los folios 9 al 215 del "Anexo 1" del expediente, copia simple de las Habilitaciones Generales otorgadas por la Comisión Nacional de Telecomunicaciones, para realizar actividades de telecomunicaciones en los términos y bajo las condiciones que allí se especifican, a las siguientes sociedades mercantiles: CORPORACIÓN TELEMIC, C.A.; NETUNO, C.A.; SUPERCABLE ALK INTERNACIONAL, S.A.; TV CABLE.COM, C.A.; y, VEARCO PUBLICIDAD, C.A.

Asimismo, cursa a los folios 228 al 296 del "Anexo 1" del expediente, copia simple del *"Informe sobre el impacto económico y presupuestario del Proyecto de Ley de Reforma Parcial de la Ley de Cinematografía Nacional",* emanado de la Oficina de Asesoría Económica y Financiera de la Asamblea Nacional, y en el cual, se señaló, entre otros aspectos, lo siguiente:

(…) Examinada la incidencia económica y presupuestaria que se derivaría de la aplicación de la reforma a la Ley de Cinematografía Nacional se encontró que esta elevaría el actual ingreso del CNAC en 8.638,4 %, pues pasaría de Bs. 3.155.000.000 a montos que bien pudieran estar en el orden de los Bs. 264.811.750.267. Es claro que esto debe implicar el que el Estado interrumpa la asignación de recursos presupuestarios al CNAC dejando que este se sostenga exclusivamente mediante la recaudación de contribuciones. Pero, aún más, estos resultados también pueden estar indicando que la tasa fijada para algunas de las contribuciones resulta demasiado alta (…).

En el PLCN se propone fomentar y apoyar la producción cinematográfica nacional mediante la creación de diversas contribuciones parafiscales de parte del sector audiovisual (exhibidores, empresas de televisión por suscripción y de señal abierta, agencias de publicidad, entre otros). La reforma persigue independizar el financiamiento de apoyo de las producciones nacionales de los aportes del Estado (…).

Esta reforma será la primera que recibe la Ley de la Cinematografía Nacional desde que fue aprobada, en 1993 (…).

Es de señalar que no quedan claros los beneficios que pueden recibir las empresas que prestan servicios de televisión por suscripción a cambio de la contribución especial estipulada en el Artículo 45°. (*sic*) El beneficio podría venir dado por mayor cantidad y mejor calidad de obras cinematográficas venezolanas, sin embargo, resulta difícil pretender que las empresas mencionadas tengan el suficiente interés en la producción cinematográfica nacional como para incurrir en estos costos (…).

De ser aprobada la Reforma de Ley de Cinematografía Nacional se plantearía una recaudación que se encuentra entre Bs. 30 Millardos y Bs. 34 millardos respectivamente, mientras que los requerimientos para incrementar en un 100% la producción cinematográfica nacional oscilan entre Bs. 6 Millardos y 12 millardos de bolívares. Aun existiendo una evasión que sobrepase el 65%, sería posible llevar a cabo el objetivo de realizar ocho películas nacionales de calidad (…).

Visto lo anterior, se evidencia que el artículo 52 de la Ley de la Cinematografía Nacional, norma cuya nulidad se solicitó, establece que las empresas que presten servicio de difusión de señal de televisión por suscripción con fines comerciales, sea esta por cable, por satélite o por cualquier otra vía creada o por crearse, pagarán al Fondo de Promoción y Financiamiento del Cine (FONPROCINE), una contribución especial.

Ahora, en **primer lugar**, en cuanto al alegato de los recurrentes referido a que dicha norma es inconstitucional por cuanto, en su entendido, viola los principios de razonabilidad y proporcionalidad, al ser incluidas las empresas que representan dentro del ámbito de aplicación de la contribución especial establecida en dicho artículo, señalando que las empresas que prestan el servicio de transmisión por suscripción se limitaban a una actividad de retransmisión de programación que había sido creada por aquellas empresas cuyo objeto es producir dicha programación; y que, la difusión a la que hace referencia la Ley de la Cinematografía Nacional, tenía una específica limitación por cuanto, señalaba que, exclusivamente, son las obras de cinematografía nacional las que deben ser difundidas, tarea que, en su criterio, está comprendida dentro de las actividades de las plantas o canales de televisión.

Al respecto, esta Sala observa que el artículo 2 de la Ley de la Cinematografía Nacional, antes transcrito, es claro al señalar que la cinematografía nacional comprende todas aquellas actividades vinculadas con la producción, realización, distribución, exhibición y "difusión" de obras cinematográficas en el territorio nacional, es decir, que comprende, entre otras actividades, la difusión de obras cinematográficas en general dentro del territorio nacional. Asimismo, se observa que el artículo 15 *eiusdem,* establece que las personas naturales o jurídicas, que en territorio nacional realicen entre otras actividades, la difusión de obras cinematográficas, están en la obligación de inscribirse en el Registro de la Cinematografía Nacional.

En ese sentido, como bien lo afirmaron los representantes de la Asamblea Nacional, la televisión por suscripción participa tangiblemente en la difusión final a todos sus suscriptores, del producto derivado de la industria cinematográfica, con lo cual, reciben a cambio un beneficio económico; fundamento éste de la creación de una contribución especial para financiar dicha actividad.

Asimismo, respecto a que, supuestamente, en el texto del Informe Sobre el Impacto Económico y Presupuestario del Proyecto de Ley de Reforma Parcial de la Ley de Cinematografía Nacional, emitido por la Oficina de Asesoría Económica y Financiera de la Asamblea

Nacional, en el mes de octubre del año 2003, bajo el número Serie IE-1003-181, se señalaba que las operadoras de transmisión por suscripción no entran dentro del ámbito de aplicación de la Ley de la Cinematografía Nacional, y en particular de la contribución especial creada en dicha Ley, esta Sala, luego de una revisión exhaustiva de dicho Informe, observa del contenido del mismo, que no se evidencia tal afirmación.

Sin embargo, hay que resaltar que, si bien en el referido Informe se indicó que la tasa fijada para algunas contribuciones resultaría demasiado alta, y que, no quedaban claros los beneficios que pudieran recibir las empresas que prestan servicios de televisión por suscripción a cambio de la contribución especial, no es menos cierto que, tal informe no tiene un carácter vinculante, y que los estudios realizados por la Asamblea Nacional antes de la aprobación de la Reforma de la mencionada Ley de la Cinematografía Nacional, arrojaron la racionalidad de dicha contribución.

Del mismo modo, es importante resaltar que el Proyecto de Reforma de la Ley de la Cinematografía Nacional, tal como lo afirmaron los representantes de la Asamblea Nacional, se fundamentó en el impacto económico que representa dicha industria y en la necesidad de ajustar la Ley de la Cinematografía Nacional sancionada el 15 de agosto de 1993, y publicada en la *Gaceta Oficial de la República Bolivariana de Venezuela* (Extraordinaria) N° 4.626, del 08 de septiembre de 1993, a los nuevos preceptos constitucionales.

De igual forma, esta Sala considera imperativo señalar lo afirmado por los representantes de la Asamblea Nacional respecto que, la Comisión Permanente de Desarrollo Económico de la Asamblea Nacional realizó las discusiones correspondientes con el objeto de elaborar los Informes para la Primera y Segunda Discusión en la Plenaria de dicha Asamblea Nacional, en la cual intervinieron diputados, especialistas y técnicos en el área, y se realizaron consultas a distintos organismos públicos y privados, así como a las instituciones oficiales como el Servicio Autónomo Nacional Integrado de Administración Aduanera y Tributaria (SENIAT) y a la Comisión Nacional de Telecomunicaciones (CONATEL), la cual, también contó con el apoyo de la Cámara de la Industria del Cine y del Video, la Asociación Nacional de Autores Cinematográficos, el Sindicato Nacional de Trabajadores de Radio, Teatro, Cine y Televisión y el Circuito Gran Cine, todo lo cual, dio como resultado que se sancionara la Ley de la Cinematografía Nacional en el año 2005, cuyo objeto principal es la promoción y estimulación de la actividad e industria cinematográfica Nacional.

En virtud de lo anterior, esta Sala considera que las empresas CORPORACIÓN TELEMIC C.A., GALAXY ENTERTAINMENT DE VENEZUELA C.A., NET UNO C.A., SUPERCABLE ALK INTERNATIONAL S.A., TV CABLE.COM C.A. y VEARCO TELECOM C.A., al recibir un beneficio económico por la difusión de obras cinematográficas en el territorio nacional, se encuentran, en consecuencia, dentro del ámbito de aplicación de la Ley de la Cinematografía Nacional, por lo que, se desestima el alegato sobre la supuesta violación de los principios de razonabilidad y proporcionalidad.

En **segundo lugar**, en cuanto a la afirmación de los recurrentes sobre que la Ley de la Cinematografía Nacional parte de un supuesto de hecho erróneo al calificar a las televisoras por suscripción como difusores de obras cinematográficas, señalando que sus representadas no eran en sí mismas empresas de radiodifusión, y que, por el contrario, ellas recibían en la fase descendente de una señal de satélite una transmisión por parte de las empresas programadoras, y que la difundían a través de mecanismos alternos (conexión directa por cables de fibra óptica o transmisión satelital directa a antenas receptoras individuales), y no a través del método tradicional de antenas terrestres.

Sobre este argumento, esta Sala estima que, al contrario de lo afirmado por los recurrentes, dichas empresas, al recibir por parte de las empresas programadoras cualquier transmisión y luego difundirla, es decir, propagarla bien sea a través por conexión directa por cables de fibra óptica o transmisión satelital directa a antenas receptoras individuales, si están cumpliendo con la actividad vinculada con la difusión de obras cinematográficas en el territorio nacional, como lo establece el artículo 2 de la Ley de la Cinematografía Nacional. También, del propio dicho de los recurrentes, se evidencia que las empresas que representan pagan una tarifa a las empresas programadoras, a cambio de la autorización de redifusión. Por lo que, se desestima el alegato aquí planteado.

En **tercer lugar**, los recurrentes manifestaron que las empresas operadoras de transmisión por suscripción, no recibían beneficio alguno por la contribución especial que se veían obligados a cumplir, trayendo a colación lo afirmado por los expertos de la Oficina de Asesoría Económica y Financiera de la Asamblea Nacional, quienes indicaron en su Informe, que: *"no quedan claros los beneficios que pueden recibir las empresas que prestan servicios de televisión por suscripción a cambio de la contribución especial"*.

Al respecto, esta Sala aprecia que, al contrario de lo manifestado por los recurrentes, las empresas que prestan servicio de difusión de señal de televisión por suscripción, sí reciben un beneficio al cumplir con la contribución establecida en el artículo 52 de la Ley de la Cinematografía Nacional, el cual está conformado, entre otros aspectos, por mayor cantidad y mejor calidad de obras cinematográficas que formarían parte del contenido audiovisual que serían transmitidos a todos sus suscriptores a través de la señal por ellas generadas.

Por otra parte, esta Sala observa que es un hecho notorio que las empresas que prestan servicio de difusión de señal de televisión por suscripción, reciben el pago directo de los suscriptores por la transmisión de la programación ofertada, por lo que, mal pueden señalar los recurrentes que la contribución especial prevista en el artículo 52 de la Ley de la Cinematografía Nacional, rompía con la racionalidad necesaria que constitucionalmente debía cumplir toda obligación tributaria.

En **cuarto lugar**, los recurrentes indicaron que la Ley de la Cinematografía Nacional excluyó expresamente de su aplicación a las empresas que presentan servicio de televisión de señal abierta con fines exclusivamente informativos, musicales, educativos y deportivos, y que al pretender gravar a las empresas difusoras por suscripción que retransmiten esos canales de contenido temático, en su entendido, se configuraba una irracional distinción violatoria del derecho a la igualdad de sus representadas, establecido en el artículo 21 de la Constitución de la República Bolivariana de Venezuela.

En ese sentido, esta Sala observa que las empresas que prestan servicio de televisión de señal abierta con fines exclusivamente informativos, musicales, educativos y deportivos, previsto en el artículo 51 de la Ley de la Cinematografía Nacional, no se encuentran en igualdad de condiciones ni en las mismas circunstancias que las empresas que prestan servicio de difusión de señal de televisión por suscripción, las cuales están contempladas en el artículo 52 *eiusdem*, ello porque, en principio, nos encontramos ante dos sujetos pasivos distintos, es decir, las empresas que prestan servicio de televisión de señal abierta con fines informativo, musical, educativo y deportivo, tienen como finalidad primordial presentar una programación específica para incentivar el aspecto cultural de la sociedad; en cambio, las empresas que prestan servicio de difusión de señal de televisión por suscripción, tiene como objeto difundir, además de los canales de contenido temático, un conjunto de canales diversos y con fines comerciales, por lo que, al no encontrarse dichas empresas en igualdad condiciones, esta Sala considera, que mal pueden afirmar los recurrentes que se les vulneró el derecho de igualdad a las empresas que representan, pues para que se verifique dicha violación, es necesario que los sujetos se encuentren en igual o similar situación jurídica y que le sean aplicados supuestos de hecho y consecuencias jurídicas diferentes.

Al respecto, esta Sala, en sentencia N° 1325, del 04 de julio de 2006, estableció lo siguiente:

(…) es oportuno hacer referencia al contenido del artículo 21 de la Constitución de la República Bolivariana de Venezuela, el cual consagra el principio de igualdad en los siguientes términos:

"Artículo 21. Todas las personas son iguales ante la ley; en consecuencia:

1. No se permitirán discriminaciones fundadas en la raza, el sexo, el credo, la condición social o aquellas que, en general, tengan por objeto o por resultado anular o menoscabar el reconocimiento, goce o ejercicio en condiciones de igualdad, de los derechos y libertades de toda persona.

2. La ley garantizará las condiciones jurídicas y administrativas para que la igualdad ante la ley sea real y efectiva; adoptará medidas positivas a favor de personas o grupos que puedan ser discriminados, marginados o vulnerables; protegerá especialmente a aquellas personas que por alguna de las condiciones antes especificadas, se encuentren en circunstancia de debilidad manifiesta y sancionará los abusos o maltratos que contra ellas se cometan.

3. Sólo se dará el trato oficial de ciudadano o ciudadana; salvo las fórmulas diplomáticas.

4. No se reconocen títulos nobiliarios ni distinciones hereditarias".

Respecto a la interpretación que debe dársele a la norma *ut supra* transcrita, **la Sala ha expresado en reiteradas oportunidades que el derecho a la igualdad implica brindar el mismo trato a todas las persona que se encuentran en idénticas o semejantes condiciones, por lo que aquellos que no se encuentran bajo tales supuestos podrían ser sometidos a un trato distinto, lo que hace posible que haya diferenciaciones legítimas, sin que tal circunstancia implique *per se* discriminación o vulneración del derecho a la igualdad** (*Vid.* entre otras, sentencia de esta Sala N° 972 del 9 de mayo de 2006).

Ciertamente, el derecho a la igualdad proclama entre otras cosas que toda persona sea tratada por la ley en forma igualitaria lo cual conlleva inexorablemente a rechazar todo tipo de discriminación, pero si bien ello es así, tal circunstancia no implica que en determinados casos cierta disposición legal pueda estipular tratos diferentes, siempre y cuando estos no sean arbitrarios y encuentren justificación en la particular situación en que puedan encontrarse los individuos (Negritas de esta Sala).

En ese sentido, esta Sala concluye que, en el presente caso, no hubo vulneración del derecho a la igualdad y a la no discriminación, pues quedó demostrado que los sujetos regulados por las normas antes citadas, son diferentes.

En **quinto lugar**, en cuanto a lo manifestado por los recurrentes, respecto a que existía una doble imposición, en el sentido de que el artículo "53" de la Ley de la Cinematografía Nacional preveía una contribución especial para las empresas prestadoras de servicios de televisión abierta, siendo que ya se encontraban pechados por una contribución especial y que nuevamente, al ser retransmitidos por las empresas operadoras de transmisión por suscripción, volvían a ser pechados, considerando que, en el primer caso, los contribuyentes sí obtenían un beneficio directo del resultado de las actividades del ente parafiscal (FONPROCINE), y que, en el segundo caso, no existía beneficio alguno que pudiera recoger el contribuyente que se dedica a la retransmisión de la programación.

En el presente caso, se observa que los recurrentes citaron erradamente el artículo 53 de la Ley de la Cinematografía Nacional, siendo lo correcto, el artículo 51 *eiusdem*, el cual, establece que: *"Las empresas que presten servicio de televisión de señal abierta con fines comerciales, pagarán al Fondo de Promoción y Financiamiento del Cine, FONPROCINE, una contribución especial"*. Por otra parte, el artículo 52 *ibídem*, indica que: *"Las empresas que presten servicio de difusión de señal de televisión por suscripción con fines comerciales, sea esta por cable, por satélite o por cualquier otra vía creada o por crearse, pagarán al Fondo de Promoción y Financiamiento del Cine (FONPROCINE), una contribución especial"*.

Ahora, se evidencia que los anteriores artículos imponen una contribución especial a sujetos diferentes que realizan una actividad distinta entre uno y otro, por lo que, esta Sala considera que al no existir identidad entre los mismos sujetos, mal podían afirmar los recurrentes que existe una doble imposición tributaria, por lo que se desestima tal alegato.

En **sexto lugar**, los recurrentes señalaron que existía una doble tributación interna con respecto a la contribución especial consagrada en la Ley de la Cinematografía Nacional y el impuesto y las contribuciones especiales establecidas en los artículos 147, 148, 149, 151 y 152 de la Ley Orgánica de Telecomunicaciones, cuya inconstitucionalidad se manifestaba, en su entendido, por la concurrencia de la misma materia rentística contrariando los artículos 156, 179 y 183 de la Constitución de la República Bolivariana de Venezuela.

En cuanto a lo anterior, esta Sala observa que el artículo 52 de la Ley de la Cinematografía Nacional prevé una contribución especial que deberán pagar las empresas que presten servicio de difusión de señal de televisión por suscripción al Fondo de Promoción y Financiamiento del Cine (FONPROCINE); mientras que, de la lectura de los artículos 147, 148, 149, 151 y 152 de la Ley Orgánica de Telecomunicaciones, se observa que los mismos contemplan un impuesto o aporte que deberán pagar, quienes, con fines de lucro, presten servicios de radiodifusión sonora o de televisión abierta, así como quienes presten cualquier otro servicio de telecomunicaciones con fines de lucro, al Fisco Nacional, a la Comisión Nacional de Telecomunicaciones, al Fondo de Servicio Universal y al Fondo de Investigación y Desarrollo de las Telecomunicaciones.

Así, tal como afirmaron en sus escritos los representantes de la Procuraduría General de la República, de la Asamblea Nacional y del Ministerio Público, se evidencia que la Ley de la Cinematografía Nacional y la Ley Orgánica de Telecomunicaciones refieren a hechos imponibles diferentes, a saber: el hecho imponible dispuesto en el artículo 52 de la Ley de la Cinematografía Nacional es la prestación del servicio de difusión de señal de televisión por suscripción, y; el hecho imponible establecido en la Ley Orgánica de Telecomunicaciones es la prestación de servicios de telecomunicaciones, lo cual, de conformidad con el artículo 4 *eiusdem*, comprende: *"toda transmisión, emisión o recepción de signos, señales, escritos, imágenes, sonidos o informaciones de cualquier naturaleza, por hilo, radioelectricidad, medios ópticos u otros medios electromagnéticos afines, inventados o por inventarse"*. Motivo por el cual, esta Sala considera que no existe la doble tributación interna alegada por los recurrentes, la cual se desestima.

En **séptimo lugar**, los recurrentes manifestaron que el establecimiento de una contribución especial en la Ley de la Cinematografía Nacional, acrecentaba la carga impositiva que soportan las empresas de telecomunicaciones, y en especial las empresas de transmisión por suscripción, violándose, en su entendido, los artículos 316 y 317 de la Constitución de la República Bolivariana de Venezuela, referidos a las garantías de la capacidad contributiva y la no confiscatoriedad tributaria.

Al respecto, los artículos 316 y 317 de la Constitución de la República Bolivariana de Venezuela, establecen lo siguiente:

Artículo 316: El sistema tributario procurará la justa distribución de las cargas públicas según la capacidad económica del o la contribuyente, atendiendo al principio de progresividad, así como la protección de la economía nacional y la elevación del nivel de vida de la población; para ello se sustentará en un sistema eficiente para la recaudación de los tributos.

Artículo 317: No podrá cobrarse impuestos, tasas, ni contribuciones que no estén establecidos en la ley, ni concederse exenciones y rebajas, ni otras formas de incentivos fiscales, sino en los casos previstos por las leyes. Ningún tributo puede tener efecto confiscatorio (…).

En ese sentido, se entiende por capacidad contributiva a la capacidad económica de los contribuyentes para participar en los gastos públicos, y en cuanto a la no confiscatoriedad del tributo, el mismo se refiere en los casos en que la tributación que se impone resulta excesiva y desproporcionada respecto de la capacidad contributiva del contribuyente (*Ver* sentencia de esta Sala N° 3571, del 06 de diciembre de 2005, caso: *Alfonzo Rivas & CIA*).

Ahora, esta Sala, de las actas del presente expediente, observa que los recurrentes consignaron, en copia simple, las habilitaciones otorgadas por la Comisión Nacional de Telecomunicaciones a las empresas recurrentes, así como, el *"Informe sobre el impacto económico y presupuestario del Proyecto de Ley de Reforma Parcial de la Ley de Cinematografía Nacional"*, los cuales, a criterio de esta Sala, no constituyen prueba suficiente para demostrar que efectivamente la capacidad contributiva de dichas empresas se vea afectada por la imposición de la contribución especial establecida en el artículo 52 de la Ley de la Cinematografía Nacional, y que la misma resulta confiscatoria y violatoria de su derecho de propiedad.

De allí que, esta Sala estima que el alegato aquí formulado por los recurrentes resulta improcedente, por cuanto no fueron aportados al expediente las pruebas necesarias para demostrar que la contribución especial prevista en el artículo 52 *eiusdem*, pudiera ocasionar la supuesta violación del principio constitucional de la capacidad contributiva y la no confiscatoriedad.

De esta manera, en virtud de las consideraciones anteriormente expuestas, y visto que el artículo 52 de la Ley de la Cinematografía Nacional no resulta violatorio de los derechos garantizados por la Constitución, esta Sala Constitucional declara sin lugar el recurso de nulidad interpuesto por los abogados Alfredo Travieso Passios, Margarita Escudero León, Moisés A. Vallenilla Tolosa, María Verónica Espina Molina, Nelly Herrera Bond, Xabier Escalante Elguezábal, Álvaro García Villafranca y María Elisa Briquet Mármol, en su condición de apoderados judiciales de CORPORACIÓN TELEMIC C.A.; GALAXY ENTERTAINMENT DE VENEZUELA C.A.; NET UNO C.A.; SUPERCABLE ALK INTERNATIONAL S.A.; TV CABLE.COM C.A.; y VEARCO TELECOM C.A., respectivamente. Así se decide.

V. LA JURISDICCIÓN CONTENCIOSO ADMINISTRATIVA

1. *El Contencioso Administrativo de anulación*

   A. *Admisibilidad: Requisitos del libelo*

   TSJ-SPA (1192)   **23-10-13**

   Magistrada Ponente: Mónica Misticchio Tortorella

   Caso: Federación Venezolana de Béisbol vs. Ministerio del Poder Popular para el Deporte

Si en la demanda ejercida alguna de las partes es una persona jurídica debe indicarse la denominación o razón social y los datos relativos a su creación o registro.

Se observa que los apoderados judiciales de la Federación Venezolana de Béisbol afirmaron, en su escrito recursivo, que su representada está *"constituida como una asociación civil y social sin fines de lucro, reconocida su Junta Directiva según Providencia Administrativa dictada por el Ministerio del Poder Popular para el Deporte en fecha 12 de junio de 2009, signada con el N° 078/2009"*, sin indicar los datos relativos a su creación o registro.

Asimismo, se advierte de las actas procesales que la representación judicial de la parte recurrente no acompañó a su escrito libelar el instrumento del cual se desprenda la naturaleza jurídica de la mencionada Federación, limitándose a señalar que se trata de una asociación civil y que su Junta Directiva fue reconocida por el Ministerio del Poder Popular para el Deporte.

Tampoco se evidencian del instrumento poder anexado los datos de identificación o creación de la presunta asociación civil, pues los otorgantes sólo se refieren a un Estatuto Orgánico de la Federación Venezolana de Béisbol aprobado por el aludido Ministerio que, en todo caso, no consta en autos.

En ese contexto, tenemos que la Ley Orgánica de la Jurisdicción Contencioso Administrativa, en sus artículos 33, 35 y 36, dispone:

"Artículo 33. El escrito de la demanda deberá expresar:

(...omissis...)

3. Si alguna de las partes fuese persona jurídica deberá indicar la denominación o razón social y los datos relativos a su creación o registro (...)".

"Artículo 35. La demanda se declarará inadmisible en los supuestos siguientes:

(...omissis...)

4. No acompañar los documentos indispensables para verificar su admisibilidad (...)".

"Artículo 36. Si el Tribunal constata que el escrito no se encuentra incurso en los supuestos previstos en el artículo anterior y cumple con los requisitos del artículo 33, procederá a la admisión de la demanda, dentro de los tres días de despacho siguientes a su recibo. En caso contrario, o cuando el escrito resultase ambiguo o confuso, concederá al demandante tres días de despacho para su corrección, indicándole los errores u omisiones que se hayan constatado.

Subsanados los errores, el Tribunal decidirá sobre la admisibilidad dentro de los tres días de despacho siguientes (...)".

Como puede apreciarse de las normas citadas, si en la demanda ejercida alguna de las partes es una persona jurídica debe indicarse la denominación o razón social y los datos relativos a su creación o registro (artículo 33), se declarará su inadmisibilidad cuando no se acompañen los documentos indispensables para verificar su admisibilidad (artículo 35) y, en caso de que no se cumpla con las exigencias previstas en las normas anteriores, o en el supuesto de que el escrito resulte ambiguo o confuso, el Tribunal concederá al demandante tres (3) días de despacho para su corrección, indicándole los errores u omisiones verificados (artículo 36).

Por ello, y dado que en el escrito de nulidad no se indicaron los datos de creación o registro de la Federación Venezolana de Béisbol, así como tampoco se consignó el documento contentivo de esa información, indispensable para la admisión del recurso contencioso administrativo ejercido, de acuerdo con lo dispuesto en el artículo 36 de la Ley Orgánica de la Jurisdicción Contencioso Administrativa, se le concede a los apoderados judiciales de la aludida Federación el lapso de tres (3) días de despacho, contados a partir de que conste en autos su notificación del presente fallo, para que subsanen la omisión en que incurrieron y consignen el documento de creación o registro de su mandante. Transcurrido el tiempo otorgado, y en caso de incumplimiento, esta Sala declarará la inadmisibilidad del recurso. Así se decide. Así se declara.

     B.   *Intervención de terceros*

     TSJ-SPA (1511)   **18-12-2013**

     Magistrado Ponente: Emilio Ramos González

     Caso: Red de Padres y Representantes vs. Ministerio del Poder Popular para la Educación.

     En los casos en que se pretende la nulidad de un acto administrativo de *efectos generales*, cualquier persona plenamente capaz, sea esta natural o jurídica, le bastará demostrar su interés jurídico actual para intervenir en juicio.

     Previo a emitir el pronunciamiento de fondo del recurso de nulidad planteado, esta Sala observa que los ciudadanos Fidel Ángel Orozco, Horacio Álvarez, Elías Santana, Luis Fernández y las ciudadanas María Angélica Alliegro González, Adelaida Capriles Lizarraga, Gloria Inés Capriles de Baccei, Yurima Díaz, Vivian Díaz, Ariela Favaloro, Alexandra Sobrevila, Corina Mileo, Ana Machado, Indira Morales Aragort, Ivette Trinidad Silva, María Fernández, Betty Crespo, Airim Mabel Cahuana Villegas, María Isabela Raidi, Rosa Yamilet Romero Díaz, Anarella Curiel, Claudia Ramírez, y otras personas, con nombre ilegible en el expediente, asistidos (as) unos (as) por la abogada Karla Peña, y otros (as), por la abogada Kitty Oriette Schadenford Capriles, quien también actúa en su propio nombre y representación, antes identificados (as), manifestaron su voluntad de **adherirse** al recurso contencioso administrativo de nulidad interpuesto por la asociación civil RED DE PADRES Y REPRESENTANTES el 8 de noviembre de 2012, contra la Resolución N° 058 emanada del Ministerio del Poder Popular para la Educación, publicada en la *Gaceta Oficial* N° 40.029 del 16 de octubre de 2012.

     Igualmente, la ciudadana María Gabriela Shiera, asistida por la abogada Karla Peña, ya identificadas, procediendo con el carácter de Presidenta de la Junta Directiva de la SOCIEDAD DE PADRES Y REPRESENTANTES DEL COLEGIO INTEGRAL EL ÁVILA (SOPREAVILA), también expresó su voluntad de adherirse al aludido recurso de nulidad interpuesto.

     Así también, la ciudadana Rosa Yamilet Romero Díaz, asistida por la abogada Kitty Oriette Schadenford Capriles, antes identificadas, procediendo con el carácter de representante autorizado de la ASOCIACIÓN DE PADRES Y REPRESENTANTES DEL COLEGIO CLARET (APREC), concurrió para adherirse al recurso de nulidad en referencia.

     Ahora bien, respecto a la figura de la intervención de terceros, el artículo 370 del Código de Procedimiento Civil, aplicable por remisión expresa del artículo 31 de la Ley Orgánica de la Jurisdicción Contencioso Administrativa, establece lo siguiente:

     *"...**Artículo 370**. Los terceros podrán intervenir, o ser llamados a la causa pendiente entre otras personas en los casos siguientes:*

...Omissis...

3° Cuando el tercero tenga un interés jurídico actual en sostener las razones de alguna de las partes y pretenda ayudarla a vencer en el proceso..."

La disposición transcrita permite que personas ajenas al proceso puedan intervenir en él, en forma voluntaria o forzosa, siempre y cuando se encuentren dentro de alguno de los supuestos establecidos en la aludida norma.

En concreto, respecto a la intervención voluntaria de terceros en una causa determinada, en sentencia N° 4577 de fecha 30 de junio de 2005, la Sala señaló lo siguiente:

*"...La **intervención adhesiva** es aquella intervención voluntaria de un tercero respecto de un proceso pendiente, quien por tener interés jurídico actual, ingresa al mismo para apoyar las razones y argumentos de una de las partes procesales en la posición que ésta ostente en el proceso. Es decir, la actividad procesal del tercero adhesivo busca sostener las razones de alguna de las partes, para ayudarla a lograr el mejor éxito en la causa.*

La condición para la procedencia de esta intervención es que el interés que el tercero debe tener, conforme a lo dispuesto en el artículo 379 del Código de Procedimiento Civil, es un interés jurídico actual, originado bien porque la decisión del proceso influya sobre el complejo de derechos y deberes del interviniente, mejorando o empeorando su situación jurídica o bien porque teme sufrir los reflejos o efectos indirectos de la cosa juzgada. En el primero de los supuestos mencionados, estamos ante la denominada intervención adhesiva simple y en el segundo de los supuestos estamos ante la denominada intervención litis consorsial, o intervención adhesiva autónoma, según algún sector de la doctrina.

La intervención litis consorsial ocurre, cuando la sentencia firme del proceso principal haya de producir efectos en la relación jurídica del interviniente adhesivo con la parte contraria, considerándose a éste como litisconsorte de la parte principal, a tenor de lo dispuesto en el artículo 147 del Código de Procedimiento Civil. (V. Art. 381 eiusdem)

Por el contrario a lo que ocurre en la intervención litis consorsial, en la intervención adhesiva simple el tercero no discute un derecho propio, y en consecuencia, no amplía la pretensión del proceso, su función es coadyuvante de una de las partes principales, y se refleja en el hecho de defender un interés ajeno en el conflicto, lo que lo convierte en parte accesoria o secundaria de la principal...".

Conforme a la sentencia parcialmente transcrita, la intervención voluntaria de terceros requiere, necesariamente, la existencia de un interés jurídico actual respecto a lo discutido en el proceso, ya sea porque la decisión del órgano jurisdiccional incida positiva o negativamente sobre sus derechos o intereses (*intervención adhesiva simple),* o porque tema sufrir los efectos indirectos de la cosa juzgada, según lo dispuesto en el artículo 381 del citado Código Adjetivo (*intervención litis consorsial o adhesiva autónoma*).

Cabe destacar que dependiendo del tipo de intervención, el tercero actuará en la causa con la condición de verdadera parte o como un tercero adhesivo simple, lo cual será determinante para establecer los efectos que originará la sentencia definitiva.

Ahora bien, en los casos en que se pretende la nulidad de un acto administrativo de *efectos generales*, cualquier persona plenamente capaz, sea esta natural o jurídica, le bastará demostrar su interés jurídico actual.

En efecto, actualmente el artículo 29 de la Ley Orgánica de la Jurisdicción Contencioso Administrativa consagra que, *"...[e]stán legitimadas para actuar en la Jurisdicción Contencioso Administrativa todas las personas que tengan un interés jurídico actual...".*

Por lo tanto, una vez advertida la cualidad que tiene toda persona (natural o jurídica) legalmente capaz, de solicitar la nulidad de un acto administrativo de efectos generales, debe determinarse la forma como puede intervenir en un proceso de esta naturaleza y, a tal efecto, se aprecia de los términos en que fue planteada la referida solicitud, que la intervención pretendida por los solicitantes y las solicitantes se presenta conforme a lo dispuesto en el citado ordinal 3° del señalado artículo 370 del Código de Procedimiento Civil.

Así, habiéndose requerido la nulidad de un acto de efectos generales, como lo es la Resolución N° 058 impugnada y no configurándose ninguna de las causales de inadmisibilidad, resulta forzoso para esta Sala **admitir la adhesión** al presente juicio de los ciudadanos y las ciudadanas antes identificados (as), pues sus requerimientos denotan la existencia de intereses jurídicos vinculados con el objeto de la controversia planteada. Así se decide.

VI. LA JUSTICIA CONSTITUCIONAL

1. *Recurso de Interpretación Constitucional*

TSJ-SC (1322)   **8-10-2013**

Magistrado Ponente: Arcadio Delgado Rosales

Caso: Interpretación del artículo 77 de la Constitución de la República Bolivariana de Venezuela.

La Sala Constitucional reitera que el recurso de interpretación constitucional no puede ser considerado como un recurso destinado a finalidades meramente académicas para la resolución de cualquier duda, por lo que el solicitante debe demostrar la existencia de un interés jurídico actual, legítimo, fundado en una situación jurídica concreta que lo legitime para acudir a la Sala, a fin de solicitar la referida interpretación.

Delimitada como ha sido la competencia para conocer de la presente solicitud de interpretación, esta Sala pasa a decidir y, para ello, observa:

A los fines de determinar la admisibilidad de la pretensión de autos, la Sala estima conveniente reafirmar la doctrina que ha venido planteando desde que reconociera la existencia y relevancia de una especial acción mero declarativa destinada a precisar *"(...) el núcleo de los preceptos, valores o principios constitucionales, en atención a dudas razonables respecto a su sentido y alcance, originadas en una presunta antinomia u oscuridad en los términos, cuya inteligencia sea pertinente aclarar a fin de satisfacer la necesidad de seguridad jurídica, siempre y cuando tal duda nazca de actos, hechos o circunstancias cuyo procesamiento o solución no le estén atribuidos a un órgano distinto"* (Véase en *Revista de Derecho Público* N° 83 de 2000 en pp. 247 y ss.) (Véase en *Revista de Derecho Público* N° 84 de 2000 en pp. 264 y ss) Véase en *Revista de Derecho Público* N° 85-86/87-88 de 2001 en pp. 45 y ss.)

La jurisprudencia de esta Sala ha perfilado como causales de inadmisibilidad de la pretensión de interpretación de normas constitucionales las plasmadas en sentencia (Véase en *Revista de Derecho Público* N° 89-90/91-92 de 2002 en pp. 379 y sig.)

en los siguientes términos:

"...1.- Legitimación para recurrir. Debe subyacer tras la consulta una duda que afecte de forma actual o futura al accionante.

2.- Novedad del objeto de la acción. Este motivo de inadmisión no opera en razón de la precedencia de una decisión respecto al mismo asunto planteado, sino a la persistencia en el ánimo de la Sala del criterio a que estuvo sujeta la decisión previa.

3.- Inexistencia de otros medios judiciales o impugnatorios a través de los cuales deba venti-larse la controversia, o que los procedimientos a que ellos den lugar estén en trámite (Sentencia N° 2.507 de 30-11-01, caso: 'Ginebra Martínez de Falchi').

4.- Que no sean acumuladas acciones que se excluyan mutuamente o cuyos procedimientos sean incompatibles (tal circunstancia fue sancionada en la sent. N° 2627/2001, caso: 'Morela Hernández').

5.- Cuando no se acompañen los documentos indispensables para verificar si la acción es admisible.

6.- Ausencia de conceptos ofensivos o irrespetuosos.

7.- Inteligibilidad del escrito.

8.- Representación del actor...".

Esta Sala, analizando los requisitos de admisibilidad del recurso de interpretación, dejó sentado en sentencia N° 1.415 /2000 (caso: *Freddy H. Rangel Rojas* y *Michel Brionne Gandon*), en relación con la legitimación que debe poseer aquel que incoa este tipo de recursos, lo siguiente:

"...Resuelto lo anterior, esta Sala pasa de seguidas a precisar los requisitos de admisibilidad de la acción de interpretación de la Constitución, en atención al objeto y alcance de la misma; son ellos los siguientes:

1.- Legitimación para recurrir. En cuanto a la legitimación exigida para el ejercicio del recurso de interpretación constitucional, esta Sala reafirma el criterio que sostuvo en la decisión N° 1077/2000 (caso: Servio Tulio León) de exigir la conexión con un caso concreto para poder determinar, por un lado, la legitimidad del recurrente y, por otro, verificar la existencia de una duda razonable que justifique el movimiento del aparato jurisdiccional en la resolución del mismo. En dicho fallo se dijo lo siguiente:

'Pero como no se trata de una acción popular, como no lo es tampoco la de interpretación de ley, quien intente el 'recurso' de interpretación constitucional sea como persona pública o privada, debe invocar un interés jurídico actual, legítimo, fundado en una situación jurídica concreta y específica en que se encuentra, y que requiere necesariamente de la interpretación de normas constitucionales aplicables a la situación, a fin de que cese la incertidumbre que impide el desarrollo y efectos de dicha situación jurídica. En fin, es necesario que exista un interés legítimo, que se manifiesta por no poder disfrutar correctamente la situación jurídica en que se encuentra, debido a la incertidumbre, a la duda generalizada'...".

En atención a las consideraciones expuestas, advierte esta Sala, una vez analizado el confuso escrito de solicitud de interpretación, que el recurrente dice actuar en nombre propio en su condición de abogado, sin señalar un supuesto concreto, es decir, sin aludir a la conexión con un caso específico que lo haya hecho instar este órgano jurisdiccional para resolver su petición, requisito que, por cierto, no se ve satisfecho con la simple referencia al tema de que la acción mero declarativa de relación concubinaria al ser de naturaleza contenciosa constituye un vacío legal frente a los casos en que no existan herederos sino sólo el concubino o concubina sobreviviente, de lo que concluye esta Sala que el solicitante no demuestra la existencia de un interés jurídico actual, legítimo, fundado en una situación jurídica concreta que lo legitime para acudir a esta Sala, a fin de solicitar la referida interpretación; por lo que siendo ésta una condición indispensable de admisibilidad del mismo de acuerdo con lo establecido en la sentencia antes referida, resulta forzoso para la Sala en atención a lo establecido en el artículo 133, cardinal 3 de la Ley Orgánica del Tribunal Supremo de Justicia, establecer la ausencia de legitimación del ciudadano Jesús Antonio Alvarado Rendón en el presente caso y declarar la inadmisibilidad del recurso Así se decide.

Determinado lo anterior, considera oportuno esta Sala Constitucional del Tribunal Supremo de Justicia aclarar que no puede olvidarse que, si bien el recurso de interpretación constitucional tiene una finalidad preventiva, como es la de declarar el sentido y alcance de ciertas normas del Texto Fundamental y evitar así dudas que puedan ir en desmedro de su cumplimiento, no puede ser considerado como un recurso destinado a finalidades meramente académicas para la resolución de cualquier duda.

Al contrario, esta Sala, desde su primera decisión en la materia, procuró ceñir el recurso a supuestos determinados, fuera de los cuales no se hace necesaria la intervención del Supremo Tribunal, porque la interpretación es un medio procesal que es de por sí excepcional. Así se declara.

2. *Acción de Amparo Constitucional*

TSJ-SC (1825)   **17-12-2013**

Magistrado-Ponente: Luis Fernando Damiani Bustillos

Caso: Julio Andrés Borges Junyent vs. Juzgado de Sustanciación de la Sala Plena.

No resulta plausible el ejercicio de acciones de amparo contra decisiones u omisiones del Tribunal Supremo de Justicia.

Del análisis de las actas que conforman el presente expediente, esta Sala observa que la presente acción de amparo constitucional ha sido interpuesta contra una supuesta omisión de pronunciamiento del Juzgado de Sustanciación de la Sala Plena de este Máximo Tribunal, respecto de varias solicitudes efectuadas por la representación judicial del ciudadano Julio Andrés Borges Junyent, con ocasión de la querella presentada por éste contra el ciudadano Michael Leeroy Reyes Argote, Diputado (suplente) a la Asamblea Nacional, por el delito de lesiones personales, así como también respecto a la declaratoria de cuál es el órgano jurisdiccional competente para el conocimiento de ese proceso penal, todo ello con ocasión de la declinatoria de competencia que efectuó ante dicha Sala Plena el Juzgado Quinto de Primera Instancia Municipal en Funciones de Control del Circuito Judicial Penal del Área Metropolitana de Caracas.

Respecto a la posibilidad de intentar acciones de amparo contra omisiones de órganos jurisdiccionales, esta Sala estableció en sentencia N° 67/2000, (la cual hoy se reitera), lo siguiente:

"En el presente caso, la acción de amparo fue planteada contra la omisión de la Juez Primero de Primera Instancia de Menores de la Circunscripción Judicial del Estado Lara. Ahora bien, establece el artículo 4 de la Ley Orgánica de Amparo sobre Derechos y Garantías Constitucionales lo siguiente:

'Igualmente procede la acción de amparo cuando un Tribunal de la República, actuando fuera de su competencia, dicte una resolución o sentencia u ordene un acto que lesione un derecho constitucional.

En estos casos, la acción de amparo debe interponerse por ante un Tribunal Superior al que emitió el pronunciamiento, quien decidirá en forma breve, sumaria y efectiva'.

Al considerar este supuesto, es menester añadir que si bien se menciona en la norma el amparo contra 'una resolución, sentencia o acto' del tribunal, debe entenderse comprendida además en la misma disposición, la posibilidad de accionar en amparo contra un tribunal por su falta de pronunciamiento; situaciones que constituyen una omisión que podría también ser susceptible de configurar un caso de violación de derechos de rango constitucional y, por tanto, equiparable a un vicio de incompetencia del tribunal '*latu sensu*' -en sentido material y no sólo formal- que, como ha interpretado la Corte Suprema de Justicia, es el que debe atribuírsele al término "incompetencia" a que se refiere la referida norma. (*Vid.* sentencia de la Sala Político-Administrativa de la Corte Suprema de Justicia, N° 621 de fecha 22 de noviembre de 1993).

Por tanto en el caso de autos, dada la materia u objeto de la acción de amparo incoada, la cual -como se indicó- es la presunta omisión de la Juez Primero de Primera Instancia de Menores de la Circunscripción Judicial del Estado Lara en proveer lo conducente para dar cumplimiento a la ejecución de la sentencia de fecha 2 de julio de 1998, debe tomarse en consideración la hipótesis que contempla el artículo 2 de la referida Ley Orgánica de Amparo sobre Derechos y Garantías Constitucionales en concordancia con el artículo 4 *ejusdem*, razón por la cual resultaba en efecto competente para conocer de la acción de amparo constitucional el Juzgado Superior Segundo en lo Civil, Mercantil y de Menores de la Circunscripción Judicial del Estado Lara ...".

Precisado lo anterior, se observa que el numeral 6 del artículo 6 de la Ley Orgánica de Amparo sobre Derechos y Garantías Constitucionales dispone lo siguiente:

"Artículo 6.- No se admitirá la acción de amparo:

(…)

6) Cuando se trate de decisiones emanadas de la Corte Suprema de Justicia."

Entonces, de conformidad con lo dispuesto en la norma antes citada, no resulta plausible el ejercicio de acciones de amparo contra decisiones u omisiones de este Tribunal Supremo de Justicia.

Así, vista entonces la prohibición expresa de la ley que rige la materia del amparo constitucional, del ejercicio de tal acción en contra de las sentencias, actuaciones u omisiones de alguna de las Salas de este máximo organismo jurisdiccional, se concluye que la presente solicitud de tutela constitucional resulta a todas luces inadmisible, toda vez que ésta tiene por objeto impugnar una supuesta omisión de pronunciamiento endilgada al Juzgado de Sustanciación de la Sala Plena de este Máximo Tribunal, el cual constituye un órgano adscrito a una de las Salas que conforman este Tribunal Supremo de Justicia, y por tanto, se entiende que lógicamente dicha acción abarca como supuesto agraviante a la referida Sala. Así se declara.

Con base en los planteamientos expuestos a lo largo del presente fallo, esta Sala Constitucional debe declarar, y así lo declara, inadmisible la acción de amparo constitucional ejercida por los abogados Elenis Del Valle Rodríguez Martínez, Carlos Isaías Aponte González y Claudia Valentina Mujica Áñez, actuando con el carácter de apoderados judiciales del ciudadano Julio Andrés Borges Junyent, contra el Juzgado de Sustanciación de la Sala Plena de este Tribunal Supremo de Justicia. Así se decide.

RESEÑA BIBLIOGRÁFICA

"TRATADO DE DERECHO ADMINISTRATIVO. DERECHO PÚBLICO EN IBEROAMÉRICA"
(Autor: Allan Brewer-Carías, Civitas/Thomson Reuters. Pamplona, 2013)

Miguel Ángel Sendín García
Universidad Europea Miguel de Cervantes

Un simple vistazo a la magna obra que tengo el placer de comentar convencería, creemos (ya se sabe que en el ámbito doctrinal siempre hay espacio para la disensión), suficientemente a cualquiera de que no puede ser objeto de una recensión conforme a los medios y formas tradicionales. El abanico de temas y de cuestiones en ella examinada es tan amplio y la calidad con la que se trata de tan entidad, que resultaría en extremo arbitrario seleccionar algunos de ellos para esbozar lo que no sería más que la burla de un verdadero comentario.

No queremos tampoco, nos parecería una auténtica blasfemia, perder la oportunidad de su publicación para limitarnos a realizar una convencional y poco valiosa enumeración de tomos, títulos y contenidos. Espero se nos permita el atrevimiento de verter un par de observaciones de fondo sobre dos aspectos muy concretos que nos parece que la aparición de este trabajo pone de manifiesto de una manera rotunda.

La primera de ellas nos enfrenta ante una verdad que nos resulta especialmente hiriente. No se puede negar que no es ni mucho menos habitual que una editorial española nos ofrezca la edición de una obra, más de alcance general, de un compañero iberoamericano. Podría argumentarse que es la simple consecuencia de que compartamos una lengua común, lo que hace innecesario una edición española de trabajos que pueden consultarse en su edición originaria, pero no es una respuesta sincera.

Pensamos más bien que nuestra doctrina, tan apegada en muchos casos al gusto por la cita de la doctrina extranjera, no da el sitio que se merece a los autores de nuestras tierras hermanas del otro lado del Atlántico. Situación que nos parece extraña dada la proximidad cultural y la profunda relación que nuestro país ha tenido desde siempre con el mundo Iberoamericano, pero sobre todo injusta, pues supone silenciar un tesoro de valor incalculable.

Los que hemos tenido la fortuna de trabajar desde hace ya manos de la mano de nuestros compañeros americanos sabemos de la calidad de su ciencia, de su profesionalidad y de su saber hacer. No hay mejor prueba que la de los hechos, por eso no vamos a perdernos en argumentos y justificaciones superfluos, quien quiera probar la verdad de lo que aquí se dice no tiene más que leer el Tratado que el profesor Brewer-Carías nos ofrece. Simplemente la obra de un maestro del Derecho administrativo, de lectura imprescindible.

El otro elemento que queremos subrayar se inscribe en un ámbito más espiritual. La obra y la trayectoria del profesor Brewer-Carías nos sitúa ante las puertas de una cuestión no muy estudiada por la ciencia jurídica. A diferencia de lo que ocurre en otras profesiones, en que la reflexión sobre los aspectos deontológicos de la profesión es intensa, pocas veces los que cultivamos la investigación jurídica reflexionamos sobre los compromisos ligados a nuestra dedicación.

Nosotros creemos que el Derecho es una ciencia, con sus peculiaridades, como no, pero una ciencia al fin y al cabo y eso, pensamos, conlleva sus servidumbres. El hombre de ciencia debe tener un compromiso con su arte, que le debe llevar a respetar la importancia de su trabajo para la colectividad por encima de sus propios intereses personales. En definitiva debemos investigar no por promocionar en nuestra carrera académica o por un prurito de vanidad, sino por el valor que tiene en el servicio a todos.

Las miserias del día a día, poco comprensivas con las actitudes elevadas, nos llevan, como resistirse a esa debilidad, a olvidarnos de ese compromiso con la ciencia. Al final lo relevante pasa a ser la acreditación para acceder a un determinado contrato o la consecución de un sexenio, que son los acontecimientos que acaban decidiendo, nos guste admitirlo o no, en gran medida nuestra carrera investigadora.

Es bueno, por ello, encontrarse de vez en cuando con un "coloso" como el profesor Brewer-Carías, que nos transporta por encima de la podredumbre de lo cotidiano. La trayectoria del maestro ha sido la de un tozudo apego a los deberes de su oficio. No importa cuántas zancadillas le haya puesto la vida, nunca le ha impedido seguir maravillándonos con su arte. El Tratado que glosamos nos parece, pues, un auténtico monumento contra el desaliento, el fruto de una insistencia sobrehumana por mantenerse fiel a la suprema importancia de la ciencia. Por más obstáculos que se hayan puesto en su camino el maestro ha seguido enviando con persistencia infinita regularmente sus investigaciones a la imprenta. Una suerte de sacerdocio académico que engrandece nuestra profesión.

Quién esto escribe no puede dejar de pensar en la trascendencia que el ejemplo de esta loable actitud vital tiene para nosotros. Somos lo queramos o no un país en crisis, lo que ha supuesto, aunque no se hable mucho de ello, que se haya vista truncada abruptamente las carreras de muchos estudiosos del Derecho administrativo. La ya normalmente larga carrera académica se está haciendo en muchos casos infinita. No son, no obstante, los peor parados, pues parte importante de lo más granado de una generación de administrativistas puede que se vea obligada, si siguen así las cosas, a abandonar, y en algunos casos a no iniciar, su carrera académica para simplemente poder sobrevivir.

En este panorama desolador, la obra del profesor Brewer-Carías supone un rayo de luz y una lección de vida. Una trayectoria académica ejemplar que nos enseña que nuestra ciencia es más importante que nuestros intereses personales, lo que nos obliga a seguir sirviéndola, incluso en estos tiempos oscuros en que, como diría el gran Gerardo Diego, "no está el aire propicio".

TRATADO DE DERECHO ADMINISTRATIVO. DERECHO PÚBLICO EN IBEROAMÉRICA. UNA RECENSIÓN NO CONVENCIONAL

Víctor Rafael Hernández-Mendible
Profesor de Derecho Administrativo en la
Universidad Monteávila

Resumen: *Esta crónica describe un importante libro publicado recientemente, que sistematiza medio siglo de investigación y desarrollo de las categorías fundamentales del Derecho Administrativo iberoamericano.*

Palabras claves: *Derecho administrativo; Derecho Iberoamericano; Ius Commune Administrativo.*

Abstract: *This chronicle outlines an important book published recently, which systematizes half-century of research and development of the fundamental categories of Latin American Administrative law.*

Key words: *Administrative law; Latin American law; Administrative Ius Commune.*

Atendiendo a la convocatoria formulada por la Facultad de Ciencias Jurídicas y Políticas de la Universidad Monteávila, de Caracas (Venezuela), conjuntamente con el Centro de Estudios de Derecho Público de la misma universidad y la Editorial Jurídica Venezolana, el día 3 de diciembre de 2013, a las 17.30 hora local, en el Salón de Sesiones del Consejo Universitario, tuve el privilegio de presenciar juntos a muy distinguidos profesores de Derecho Administrativo de las distintas universidades de Caracas, la inhabitual presentación de una magna obra académica como lo constituye el TRATADO DE DERECHO ADMINISTRATIVO. DERECHO PÚBLICO EN IBEROAMÉRICA, que recoge una parte de la producción intelectual más extensa e integral que ha desarrollado profesor alguno en la historia de Venezuela y posiblemente una de las más completas de Hispano América.

El acto que tuvo una duración de algo más de una hora, fue presidido por el Decano de la Facultad de Ciencias Jurídicas y Políticas de la Universidad Monteávila, profesor Eugenio Hernández Bretón. En esa oportunidad realizaron una intervención formal, el director de la Escuela de Derecho de la Facultad de Ciencias Jurídicas y Políticas de la Universidad Monteávila, el profesor Carlos García Soto, quien dio la bienvenida a todos los asistentes y se refirió a la importancia del acto; el profesor de la Universidad Central de Venezuela y autor de la obra Allan R. Brewer-Carías, quien por encontrarse en el exilio como consecuencia de la persecución política a la que se encuentra sometido desde hace aproximadamente una década, realizó su intervención desde la ciudad de Nueva York, a través de videoconferencia; el profesor de la Universidad Católica Andrés Bello, José Antonio Muci Borjas, quien presentó el Tratado y habló sobre su significado; y el director del Centro de Estudios de Derecho Público, profesor José I. Hernández, quien pronunció las palabras de clausura. Igualmente participaron manifestando sus impresiones sobre la importancia y el valor de la publicación, los profesores Henrique Iribarren Monteverde, Juan Garrido Rovira, Román José Duque Corredor, Alberto Blanco-Uribe Quintero y Jesús María Alvarado.

Este ambicioso proyecto, del que había tenido noticias directas durante su preparación por conversación con su autor, el profesor Allan R. Brewer-Carías, ha culminado felizmente en 2013, con una edición de gran calidad, en pasta dura, coauspiciada por la Fundación de Derecho Público y la Fundación Editorial Jurídica Venezolana y publicado por el sello editorial Civitas-Thomson Reuters.

La obra cuenta con el prólogo del Catedrático de la Universidad Carlos III de Madrid, Luciano Parejo Alfonso, quien con notable capacidad de síntesis realiza una exhaustiva y a su vez concreta exposición de la vida pública, trayectoria académica y obra del autor, para dar paso a éste, quien seguidamente efectúa una presentación en la que da cuenta de las razones que lo condujeron a asumir este extraordinario periplo editorial y de las dificultades que tuvo que sortear luego de dos inicios inconclusos, para en su tercer intento llegar a feliz puerto en la travesía y entregar la carga completa y a salvo, gracias a lo que se puede disfrutar ahora del producto de medio siglo de actividad académica dedicada al Derecho Administrativo.

La característica de la obra permite advertir que ésta no puede ser una recensión tradicional, porque no resulta posible comentar todos los temas desarrollados en cada uno de los tomos, dado que ello excedería este corto espacio y menos apropiado resulta efectuar una selección a discreción de unos temas en detrimento de otros, pues ello puede conducir a mutilar el análisis, brindando una visión incorrecta, sesgada o superficial, que desfigure la intención y el gran esfuerzo del autor.

Por ello, lo que procede es indicar que el Plan General de la Obra está estructurado en 6 volúmenes, en los que se abordan las categorías fundamentales de la disciplina del Derecho Administrativo. Así se tiene que la composición del Tratado de Derecho Administrativo. Derecho Público en Iberoamérica, es la siguiente:

Tomo I.   *El Derecho Administrativo y sus principios fundamentales*, pp. 1120.

Tomo II.   *La Administración Pública*, pp. 1080.

Tomo III. *Los actos administrativos y los contratos administrativos*, pp. 1064.

Tomo IV.   *El procedimiento administrativo*, pp. 972.

Tomo V.   *La acción de la Administración: Poderes, potestades y relaciones con los administrados*, pp. 1071.

Tomo VI.   *La jurisdicción contencioso administrativa*, pp. 1131.

En estos tomos se recoge de manera sistemática toda la obra académica sobre Derecho Administrativo publicada durante cinco décadas, producto de las investigaciones realizadas tanto en el Instituto de Derecho Público de la Universidad Central de Venezuela, como en la Universidad de Cambridge (Inglaterra), en la Universidad de París (Francia) y en la Universidad de Columbia (Estados Unidos de América), que incluye desde los aportes iniciales presentados en la tesis doctoral sobre "Las Instituciones Fundamentales del Derecho Administrativo y la Jurisprudencia Venezolana", Universidad Central de Venezuela, Caracas, 1964; pasando por los trabajos que constituyeron el primer intento de realización de este proyecto titulado *Derecho Administrativo*, Volumen I, Universidad Central de Venezuela, Caracas, 1975; y el segundo intento de abordaje con la publicación titulada *Derecho Administrativo*, Tomos I y II, Universidad Externado de Colombia, Bogotá, 2005.

El profesor Brewer-Carías presenta su legado histórico jurídico de Derecho Público en general y Derecho Administrativo en particular, del que sin duda se puede sentir plenamente orgulloso, por haber sido pionero en adentrarse en los recovecos de la jurisprudencia de la primera parte del siglo XX y haberla analizado, para a partir de allí comenzar a descubrir los criterios y reglas de un Derecho Administrativo que se irá construyendo, desarrollando y consolidando tanto a nivel de principios, legislación, jurisprudencia y doctrina científica -con su aporte y el de muchos otros, entre quienes se cuentan sus alumnos y los alumnos de éstos-, todo ello concomitante a su prolongado período de vida académica que ha combinado con el desempeño de distintas responsabilidades en cargos públicos, lo que además evidencia que ha tenido el privilegio de vivirlo en primera persona no como espectador, sino desempeñando un auténtico rol protagónico.

El testimonio que brinda esta obra es invaluable, porque por una parte muestra la importancia del estudio, la investigación y la producción de nuestra disciplina jurídica desde sus raíces, lo que se inicia en tiempos en los que no existían los buscadores digitales, menos aún el correo electrónico, ni los libros electrónicos que tanto facilitan el trabajo académico en los tiempos actuales, circunstancias que en ningún momento constituyeron óbice para realizar buena parte de la investigación, acudiendo durante muchos años a esos edificios que a las nuevas generaciones le resultan tan extraños, que tienen grandes espacios, con muebles de madera, llenos de ficheros y muchos tomos de publicaciones en soporte de papel, que se conocen con el nombre de bibliotecas, en donde se pueden encontrar referencias bibliográficas antiguas y recientes, textos que contienen las recopilaciones de sentencias o la sistematización de la jurisprudencia, los boletines o gacetas oficiales de cada época, auténticas joyas editoriales e históricas, que guardan importantes fuentes de investigación y producción jurídica en sus distintos ámbitos y que afortunadamente las nuevas generaciones de profesores, investigadores, abogados y estudiantes podrán aprovechar y tener mayor accesibilidad para su utilización, por una parte, gracias a las nuevas tecnologías que han permitido la digitalización e incluso su consulta en línea a través de Internet; y por la otra, a la voluminosa cantidad de referencias bibliográficas que brinda el Tratado, para que puedan ubicar de manera inmediata las fuentes originales.

Por otro lado, la obra constituye el testimonio más elocuente de que el profesor Brewer-Carías ha sido un incansable lector, un acucioso investigador, un infatigable autor y un generoso difusor del conocimiento adquirido y producido por él, a partir de las experiencias vividas, las reflexiones efectuadas y del enriquecimiento intelectual experimentado, gracias al provecho sacado a la lectura y la investigación.

La sólida formación intelectual del profesor Brewer-Carías se aprecia de manera transversal en todo el desarrollo del Tratado, lo que permite evidenciar que los temas abordados no están expuestos de manera lineal, cerrada, anquilosada, sino que las tesis formuladas han sido revisadas, corregidas, enmendadas y actualizadas en una auténtica manifestación de honestidad intelectual, de quien siempre ha considerado que la producción académica se va realizando por aproximación, de cara a la lectura y entendimiento de los tiempos históricos, políticos, jurídicos, económicos y sociales en que se desenvuelven, que es lo que le permite llevar el pulso, para que el transcurso de los acontecimientos se pueda comprender y plasmar en la evolución y renovación del pensamiento y de la producción científica.

También resulta insoslayable destacar que siendo el profesor Brewer-Carías un auténtico conocedor de los Principios generales del Derecho, a lo que se suma su trayectoria como comparatista –desde joven ha sido miembro activo de la Academia Internacional de Derecho Comparado de la que es su actual Vicepresidente-, ha dedicado una buena parte de su actividad académica a la investigación, el estudio y la publicación de temas relacionados con el Derecho Administrativo en los países de Iberoamérica, en la búsqueda de contribuir a la construcción de un *Ius Commune* Administrativo, tal como se puede apreciar en los distintos trabajos incluidos dentro del Tratado. Es justamente esta razón, lo que hace que la obra trascienda lo local y se proyecte más allá de las fronteras nacionales, hasta alcanzar una efectiva dimensión iberoamericana.

Este Tratado pone de manifiesto una verdadera demostración de la vitalidad y extraordinaria capacidad de trabajo, disciplina, constancia, entusiasmo y fe en el Derecho, -incluso en la adversidad-, que únicamente poseen los auténticos Maestros, para enseñar no solo con las palabras, sino con el ejemplo.

La labor de sistematización efectuada sin duda constituye una referencia para las presentes y futuras generaciones de profesores, estudiantes, abogados y demás operadores jurídicos, quienes encontrarán en la publicación los antecedentes, el surgimiento, la evolución y la consolidación del Derecho Administrativo, –antes de que se iniciasen los ataques para materializar su pretendida destrucción–, pero asimismo también constituye una reserva que podrá ser utilizada cuando llegue el momento de la reconstrucción, una vez se restablezca el Estado de Derecho y la democracia en Venezuela, pues los avances alcanzados están debidamente documentados para servir de punto de referencia que permita garantizar el desarrollo y el progreso en el futuro.

Finalizo estas sucintas palabras, con mi personal agradecimiento –que creo recoge la opinión de la mayoría de los profesores serios venezolanos– al Maestro iberoamericano Allan R. Brewer-Carías, por haber consolidado en este medio siglo una de las escuelas más importantes del país y además felicitándolo por la contribución que con su ejemplo personal, a través de la dedicación a la investigación, el desarrollo y la innovación del Derecho Administrativo, ha hecho a través de este *Tratado de Derecho Administrativo*, a los integrantes de la comunidad académica de Iberoamérica.

ÍNDICE

ÍNDICE ALFABÉTICO DE LA JURISPRUDENCIA